广东省教育厅资助的研究项目（资助文号为：粤教研字〔2011〕77号）

高等学校廉政风险防控体系之 财务防控系统研究

李文豪　著

WUHAN UNIVERSITY PRESS
武汉大学出版社

图书在版编目(CIP)数据

高等学校廉政风险防控体系之财务防控系统研究/李文豪著.—武汉：
武汉大学出版社,2015.10
ISBN 978-7-307-17056-8

Ⅰ.高…　Ⅱ.李…　Ⅲ.高等学校—财务管理—研究—中国
Ⅳ.G647.5

中国版本图书馆 CIP 数据核字(2015)第 248873 号

责任编辑:陈　红　　责任校对:汪欣怡　　整体设计:马　佳

出版发行:**武汉大学出版社**　(430072　武昌　珞珈山)
(电子邮件:cbs22@whu.edu.cn　网址:www.wdp.com.cn)
印刷:武汉中远印务有限公司
开本:720×1000　1/16　印张:27.5　字数:393 千字　插页:1
版次:2015 年 10 月第 1 版　　2015 年 10 月第 1 次印刷
ISBN 978-7-307-17056-8　　定价:56.00 元

前　　言

　　高等学校是教书育人的神圣殿堂，一旦发生严重违纪违法问题，就会在社会上造成很坏的影响，损害教育的社会道德教化功能及引领作用。深入开展高等学校廉政风险防控工作，有效遏制高等学校的腐败行为，事关"科教兴国"战略实施的成败、全民素质与综合国力的提高和中华民族的伟大复兴。

　　高等学校已经不是原来的廉政净土，高等学校廉政建设是国家廉政建设的重要组成部分。教育部约谈复旦大学 15 位校长，其原因表面上是举报问题，实际上是财务管理问题、预算执行力问题，这充分说明高等学校存在廉政风险，廉政风险主要是财务管理问题，而财务管理问题主要是预算执行力问题。

　　拙作《高等学校财务工作质量保证体系研究》和《高等学校预算执行力研究》已引起新华社广东分社的关注并发文评论，足以证明社会对高等学校廉政风险防控的重视。

　　本书指出高等学校存在的廉政风险问题最终表现为财务廉政风险，列举了高等学校廉政风险的表现，分析了高等学校廉政风险存在的原因，并进一步指出高等学校廉政风险防控体系存在的缺陷主要是廉政建设重视高、大、空的大体系建设，忽视了财务防控系统的建设，过分强调教育效果和自律，忽视了与廉政风险密切相关的财务防控系统建设。本书提出了高等学校廉政建设的基本思路和基本原则，指出必须加大力度进一步完善高等学校廉政风险防控体系的建设，建立健全高等学校廉政风险防控体系之财务防控系统的建设，使高等学校廉政风险防控体系进一步完善教育功能、预防功能和惩处功能。

　　高等学校廉政风险防控体系之财务防控系统建设是一个系统工程，只有从财务工作质量保证体系的建设入手，才能使其从根本上发挥作

1

用。高等学校财务管理体制的确立能理顺财务利益关系，防止国有资产流失；经济责任制是高等学校廉政风险防控的基础；收入管理防控能防止截留收入，私设"小金库"的廉政风险；预算执行力是高等学校廉政风险防控的核心；高等学校廉政风险防控必须提升支出管理的质量；高等学校标准定额是提升廉政风险效能的基础。

本书的结构如下：前言；第一章　高等学校财务廉政风险防控概述；第二章　高等学校的财务廉政风险及其成因；第三章　高等学校廉政风险防控体系及其缺陷；第四章　高等学校建立健全财务廉政风险防控系统的必要性；第五章　高等学校财务廉政风险防控系统建设的内涵；第六章　高等学校财务廉政风险防控系统的体制组织保证；第七章　高等学校财务廉政风险防控系统的经济责任制；第八章　建立健全高等学校财务岗位责任制，重点防控财务人员廉政风险；第九章　提升预算执行力是高等学校财务廉政风险防控系统建设的核心；第十章　加强收入管理，抓源头防控财务廉政风险；第十一章　加强高等学校支出管理，提升财务廉政风险防控系统的质量保证；第十二章　规范高等学校会计电算化行为，科学防控财务廉政风险；第十三章　高等学校会计控制是财务廉政风险防控系统的基础；第十四章　加强财务监督，健全财务廉政风险防控系统的监督职能；第十五章　加强廉政文化建设，增强财务廉政风险防控系统的软功能；第十六章　高等学校财务廉政风险防控系统建设的评估。

由于受实践条件和水平的限制，笔者只就影响高等学校廉政风险防控的因素、成因及构建科学的高等学校廉政风险防控系统进行初步的探讨，未能对其进行深入的研究。随着经济的发展和高等学校改革的不断深化，教育主管部门必然将更加重视高等学校财务廉政风险防控系统的研究。本研究是广东省教育厅资助的研究项目（资助文号为：粤教研字［2011］77号），笔者将进一步拓展视野，继续关注高等学校廉政风险防控研究的发展动态，为进一步构建高等学校科学的财务廉政风险防控系统作出应有的贡献。

李文豪

2015 年 10 月于广州

目　录

第一章　高等学校财务廉政风险防控系统概述

第一节　高等学校财务廉政风险防控系统的相关概念

一、廉政风险防控相关概念的界定

（一）廉政

《晏子春秋·问下四》记载:"廉政而长久,其行何也?""廉"的内在含义可以包括"清白、公正、高洁"等;"政",则与现在的意思基本相通,即为"行政"的意思,是指对国家权力的行使与运行进行管理。廉政就是在行使或运行国家权力时要保证过程的廉洁与公正。与"廉政"相反的词,便会令人想到"腐败"。在当今社会的发展中,经常被人们所提及的"廉政"通常针对的对象是政府部门的工作人员,针对的现象是在行使权力的时候公正廉洁。廉政,就广义而言,是指廉洁政治或国家公务人员廉洁从政;就狭义来说,是指国家机关及其公务人员依法行使职权,不滥用公共权力为团体或任何个人谋取私利,保持政治清明的一种状态。

廉政就是指廉洁从政,具体是指国家公职人员在执行国家公务时要廉洁奉公,不利用其权力和影响力为个人、亲属和小集团谋取私利。具体来说,国家公职人员在经济生活中不行贿受贿,勤俭、节约、不铺张浪费、挥霍国家钱财;在政治生活中要勤奋、公正,遵守国家法律、法规,认真履行职责,依法办事、忠于职守;在社会生活中,要积极弘扬社会主义道德规范,倡导健康生活方式,尊重人民意愿，关心人民疾苦，为民造福。"廉政"的对立面就是"腐败"。

（二）风险

风险指的是不幸事件发生的概率，也可以说指一个事件产生的后果是我们不希望看到的可能性。风险就是活动或事件消极的、人们不希望的后果发生的潜在可能性，风险是在一定条件下某种现象是否发生及其对社会是否造成损失和损失程度的可能性，是不幸事故发生的不确定性。

（三）廉政风险

1. 廉政风险的概念

廉政风险是指党员干部在执行公务或日常生活中发生腐败行为的可能性，或者说是实施公共权力的主体可能产生或发生滥用公共权力谋取私利的可能性。廉政风险的实质是一种政治权力的风险。廉政风险是指国家公职人员在执行国家公务和日常生活中，由于不正确履行廉洁奉公职责，利用其权力和影响力谋取私利，从而出现的各种腐败行为的可能性。廉政风险的表现形式，是各种形式的违法乱纪、贪赃枉法和腐败犯罪行为发生的可能性。

2. 廉政风险产生的主要原因

廉政风险产生的主要原因来自于教育上的不到位、制度上的不完善、监督上的不合理以及党员干部未能在廉洁方面自律而可能产生的不廉政行为的风险。廉政风险是腐败滋生的内在隐患，廉政风险存在于每个拥有公共权力的岗位上，权力存在的地方，就是职权滥用可能存在的地方。也正是由于廉政风险是潜在危机的可能性，这表明这种可能性是可以防范并加以控制的，因此，必要的防控措施就凸显出其降低腐败行为发生的极为重要的作用。

3. 廉政风险与腐败的区别

（1）腐败是指国家机关工作人员滥用公共行政权力，为个人、亲属、朋友及特定关系人谋取不正当利益的行为。腐败的最大特点是滥用公共权力，表现是为个人或者单位团体及其亲属、朋友、特定关系人谋取不当利益，直接后果是侵害了国家、集体和普通百姓的共同利益，危害国家、集体和社会公众正当利益，间接后果就是造成社会风气败坏、激化干群矛盾，降低执政者的社会威信和动摇国家政权。

（2）廉政风险和腐败的主体都是权力的拥有者，但是不同的地方在于，腐败是国家行政权力的拥有者因对权力的滥用而产生侵害国家和人民利益的具有侵害性的行为，其结果是一种实质性的侵害事实，已经对国家、集体、他人的利益造成了危害。而廉政风险则是一种具有长期性的潜在行为，不利于被人发现，它的形成源自于对权力的滥用而产生的不廉洁的行为带来风险的可能性，其带来的结果是具有不确定性的。

（3）如果廉政风险由可能性的结果转化为侵害性的事实，就发生了质的改变，那么廉政风险就转化成了腐败。

（4）做好廉政风险的防控工作，把握好腐败与廉政风险的界限，是预防腐败发生的有效措施。

4. 廉政风险的特征

廉政风险是指国家公职人员在履行职务过程中发生的腐败行为的可能性。这种可能性一旦变为现实，就将成为党和国家机关进行严肃追究和惩处的对象。廉政风险实质是指腐败行为还没有发生，只不过是有一些迹象苗头或这些腐败的迹象苗头在发展变化过程之中，其发展变化的趋势还不确定。从这种不确定性可以看出廉政风险有以下几个基本特征：

（1）客观存在性

廉政风险源于权力，是权力的衍生品、附属物。只要有权力就存在滥用权力的可能性，就有廉政风险。这种风险是客观存在且不以人的意志为转移的，不管我们承不承认它都存在。廉政风险有高低、大小之分，廉政风险的高低、大小和权力主体手中掌控的权力大小是成正比的，权力主体的权力轻重和管理范畴的大小取决于权力的大小和管理环境，越是直接管理或间接管理人、财、物等稀缺资源的权力，其廉政风险程度就越高，权力小，其廉政风险的程度也随之降低。

（2）潜在性

廉政风险是潜在的，尚未发生的行为，一旦廉政风险发生了，腐败行为就得以实现了，就成为风险事故了。廉政风险是隐藏在行政权力运行之中的，不是已经发生的现实问题，它还没有直接造成损失和危害，恰恰因为这种隐蔽性特点，往往容易使人们视而不见。廉政风险的潜在性，是隐藏在各种权力交换过程之中的，随着客观形式的发展，特别是腐败与反腐败博弈过程中，各种权力交换的方式会不断地发生变化，这也是我们应当认真研究的问题，只有如此，我们才能及时发现廉政风险源，做到从源头控制腐败行为的发生。

（3）可预测性

国家行政权力的正常运行是在国家法律、法规的规范下有序运行的，是有规律可循的。廉政风险是源于对行政权力的无原则的交换和滥用，是对行政权力正常运行规律的一种破坏和背离，这种破坏和背离是有痕迹和线索的，对这种痕迹和线索进行总结、归纳和分析就会发现其规律性，因而也是可以进行预测，并根据相关因素的变化提出警示报告的。

（4）可事前防范和控制

廉政风险与不可抗拒的自然力量风险不同，它是一种人文风险，这种风险来自于人为因素。所以，通过加强对行政权力运行过程的监督管理，及时调整相关政策，采取有效措施，可以化解风险因素，化险为夷、转危为安，把廉政风险转化为腐败的几率降到最低，甚至可以彻底杜绝腐败行为的发生。

（5）高度危险性

廉政风险如果得不到有效控制，一旦大范围聚集爆发，必将给国家财产造成巨大损失，给社会的廉洁性带来巨大的破坏，给改革开放和国家经济建设带来巨大冲击，甚至会引起社会动荡，导致一个政党、一个国家的灭亡。对个人而言，廉政风险一旦发生就会对本人有效履行职责，对事业、家庭、社会各个方面产生不良影响。

5. 廉政风险防控机制

（1）机制

本指机器的构造和运作的原理，从机器的构造方面来说，它的第一层含义是，机器是由哪些部分组成的以及为什么是由这些部分组成的；从动作的原理方面来说，它的第二层含义是，机器是如何工作的以及为什么要这样工作。机制已经成为人们口中的时尚字眼，并且被应用到各个不同的领域当中，包括教育、行政、管理、社会等等，因此就有了不同领域范畴的机制。随着机制在各种文件刊物等中的应用，在任何一个领域或是系统中，机制已经逐渐起着基础性的理论作用。

（2）廉政风险防控

是对廉政风险的防范与控制，在党风廉政建设上运用管理科学的相关理论，建立科学的防范管理制度，健全遏制腐败滋生的长效机制。

（3）廉政风险防控管理

是在一个肯定有廉政风险的环境里把风险减至最低的管理过程，实施这一管理的主要目的是针对廉政风险，采取措施防止腐败行为发生，使腐败发生的几率降到最低限度。

（4）廉政风险防控机制

是中国共产党为了强化党风廉政建设，吸取国外在反腐倡廉工作中取得的成功经验，并在党内各个领导阶层的建设中实施抵制腐败现象的一个创新实践。廉政风险防控机制理论是一种特殊的系统管理理论，它主要是反映廉政风险管理过程中各种制度、方法、措施相互联系和作用的规律。

（四）高等学校腐败

1. 高等学校腐败的概念

高等学校腐败是指高等学校由于制度、组织、机构、措施等的混乱，转化为道德行为或者社会风气的堕落或败坏，产生公共权力的行使者利用公共权力，以行使或者不行使职权，为自己或他人牟取不正当权益侵犯公共利益的行为廉政风险。

2. 高等学校腐败的特征

（1）高等学校腐败的行为主体是高等学校公共权力的行使者，包括校级领导、各层次干部、教师及行政后勤管理人员。

（2）高等学校腐败的行为客体是公共权力，公共权力是为了保障社会全体成员公共意志的实现，经社会全体成员认可而形成的一种管理国家公共事务的公共力量，它具有权威性，是社会公共利益的体现。

（3）高等学校腐败行为的方式是滥用国家权力，滥用国家权力首先表现为国家公共权力的行使者利用掌握的权力，为牟取私利，违反授权的范围、限度和程序等行使国家权力，从而致使国家、人民利益受损的行为。这是滥用权力的一个主要方面。其次表现为应当行使公共权力时却不作为。这体现在当国家需要公共权力的行使者行使权力，发挥公共权力应有作用时，他们却置之不理，不发挥作用，致使社会正常有效的运行遭到破坏。

（4）高等学校腐败行为的目的是牟取私利，腐败的本质即为以权谋私，这种"私利"指腐败行为主体追求的物质利益，包括金钱、商品、服务等以及为了精神满足获取的非物质利益，包括名誉、地位、晋升机会等。无论腐败主体的行为目的是物质利益还是精神利益，都是他们私利，与社会公共利益无关。

（5）高等学校腐败行为的后果是严重损害公共利益，公共权力是由人民赋予的，公共权力的滥用势必造成公共利益的损害，同时也亵渎了人民的信任。从经济学角度来看，行使公共权力的目的在于保持和增加公共的经济收益，而行使公共权力的过程实质上是对一定的经济利益的再分配过程。

二、高等学校财务廉政风险防控系统

1. 高等学校财务廉政风险防控系统的概念

高等学校财务廉政风险防控系统是指通过建立健全高等学校的财务廉政风险防控措施，降低财务廉政风险转化为腐败或经济犯罪的可能性，从根本上降低腐败或经济犯罪发生率的一种防范体系。它是依靠某些手段，采取专门性的防治措施，以此来达到让各个组成要素之间相互制约、相互连接、相互作用，从而防止、遏制在高等学校内腐败的机会，减弱腐败的动机，进而从根本上降低腐败发生率的一种防范体系。其实质是把握暗藏于腐败内部的客观规律，研究和分析预防腐败体系各项内在的规律，从而形成一种行之有效的高校预防腐败体系。从主观上来说，高校预防腐败体系是要让高校党政领导干部增强防腐抗腐的能力；从客观上来说，预防腐败体系旨在减少甚至根除腐败发生的客观环境因素。

2. 构建高等学校财务廉政风险防控系统的依据

依据《建立健全惩治和预防腐败体系 2008—2012 年工作规划》的要求，高等学校必须加大力度，构建财务廉政风险防控系统，建立和完善高等学校的廉政风险惩防体系。

（1）高等学校应坚持开展邓小平理论和"三个代表"重要思想的教育培训，突出科学发展观的教育，深入贯彻八项规定相关精神，为开展反腐倡廉工作奠定良好理论基础，深入开展反腐倡廉形势任务、方针政策和重大决策部署的教育培训，提高运用理论政策解决实际问题的能力。（2）高等学校需要调动和协调校内各个环节，使每个组成部分都能相互联系、相互制约，从而遏制腐败的发生机会，降低腐败的发生率。必须建立和完善各种相关制度，如财务管理制度、会计制度、信息公开制度、招生制度等等，以此来约束和规范行政权力的运行。

（3）高等学校应加强监督体系的建设，建立健全党内民主监督、纪检委监督、行政监督等，使高等学校的腐败现象得到一定程度上的遏制。

第二节　高等学校廉政风险防控系统的目标和任务

一、高等学校廉政风险防控系统的目标

中央纪委、教育部、监察部颁布的《关于加强高等学校反腐倡廉建设的意见》，进一步提出了强化高等学校反腐倡廉建设的意见，丰富并完善了我国高等学校廉政风险防控制度的重要内容。高校应根据国家提出的强化意见，对相关的廉政风险防控工作加以改进并完善，以实现高校廉政风险防控的目标。

（一）提高教育针对性，构筑思想道德防线

教育是基础，是保持公务人员思想不腐败的重要防线，对有效

防范廉政风险具有重要意义。从剖析腐败分子违纪违法的案件来看，他们之所以陷入腐败泥潭，最初都是从思想观念开始变化的。事实上，现在的反腐倡廉教育不可谓不少，示范教育、法制教育、警示教育、岗位廉政、职业道德教育等，虽取得了一定的成效，但是仍然存在一些长期以来没有解决好的问题，如：将教育视为软任务，会上说得重要，会后却不重视；讲究教育形式上的规定动作，照搬照抄、走过场；教育形式、方法与教育内容的针对性不强，没有区分不同对象，泛泛而学；教育的覆盖面不全，存在盲区、死角；教育的深度不够，没能在被教育者的内心世界产生比较强烈的共鸣等。

（二）提高制度科学性，构筑制度保障防线

开展廉政风险防控管理工作，必须有相应的制度作保障。制度要发挥防范廉政风险的功能就要在设计上坚持与时俱进，具有前瞻性、严密性、可操作性和科学性。在注重标本兼治、综合治理、惩防并举、注重预防方针的基础上，要体现用制度管权、管人、管事，并通过制度创新将制度管权管人管事落到实处。在制度建设上应当克服急躁的功利思想，保持理性思维，在动态的环境中考察制度的严密性、规范性和科学性，确保制度的可操作性和执行力。

（三）提高监督实效性，构筑权力监控防线

对权力实施卓有成效的监控，是廉政风险防控管理的重要环节。腐败案件的发生多与监控机制的缺失、弱化、失灵有着一定程度的关联。当前干部监督，无论是下级对上级监督、上级对下级监督，还是同级监督，都存在各种各样的难题，这些问题往往使现有监督失之于宽、失之于软，监督效果大打折扣。

（四）加强廉政风险防控系统建设，降低高校重点领域诱发腐败的风险

高校内腐败现象时有发生，发生的领域也在不断扩大，高发的领域主要涉及基础建设领域、财务管理领域、招生领域、采购领域等高校内廉政风险的重点领域，其表现形式也在重点领域内分三大类：经济类腐败的风险、行业类腐败的风险以及学术类腐败的风险。经济类犯罪是高校领导干部在基建、财务、采购等涉及人、

财、物的管理时，为寻求其中的经济利益而产生的腐败倾向。随着社会对高等人才的需要与重视，学术腐败行为已经成为高校腐败现象高发的雷区。这种行为不仅阻碍了前沿科学知识的创新与进步，还严重影响了高等教育在人们心目中的神圣地位。行业类犯罪也是高校常见的腐败行为，严重影响高校的发展。因此，高校针对重点领域的风险表现，建立相应的防控措施，从一定程度上可以降低诱发腐败的风险，对高校重点领域内的廉政建设发展是十分必要的。

（五）推动高校领导干部的廉洁作风

高校重点领域廉政风险防控机制的建设，有助于强化领导干部廉洁自律的作风。高校内廉政思想的建设，潜移默化地在人们的思想中形成了廉洁自律的意识，也为腐败的侵蚀设置了严格关卡。高校对廉政思想的高度重视与深化应用，使得每一个党员干部都时刻注意自己的一举一动，规范自己的行为；高校对廉政风险防控机制的研究，也使得每一个党员领导干部的一举一动都在透明的环境下进行，规范了权力的运行。因此，高校内重点领域的廉政风险防控机制建设有利于推动高校领导干部的廉洁作风，提高高校廉政风险防控的工作效率。

二、高等学校廉政风险防控系统的主要任务

（一）明确工作目标是高等学校廉政风险防控系统的首要任务

依法治国，用法律和制度的手段指导和规范我们的各项工作，是党的十五大以来国家行政机关工作成功经验的总结，是党和国家对新时期各级政府、行政管理机关工作提出的新要求，也是各级政府、行政机关奋斗的目标和工作必须遵循的基本原则。反腐倡廉，加强党风廉政建设，防预腐败案件的发生，是提高干部队伍素质保证干部正确履行职责，执法为民的政治保障。因此，将加强法律和制度建设，运用科技加制度的方法，强化对行政权力运行的监督和和制约，强化预防在惩治腐败中的地位和作用，不断提高预防腐败工作的科学化、制度化和规范化的水平设定为廉政风险防控工作机制的总体目标，将建立健全惩治预防腐败体系作为具体目标，为廉政风险防控机制的建设指明了方向，为廉政风险防控机制框架的构

建和功能设定，提供了理论依据。

（二）进一步完善高等学校廉政风险防控系统的领导体制和工作机制

廉政风险防控管理工作机制的建立和运行，是各级国家行政机关一项全局性的工作，它与我们党和国家反腐倡廉建设工作的目标方向是一致的，有很多具体工作内容和方式方法是一致甚至是相互重合的。它的工作内容涉及每一个部门和每一个部门方方面面的工作。因此，廉政风险防控机制建设工作的领导体制和工作方式，是与我们党和国家纪检监察工作相一致的。它应当是在各级党委或党组的统一领导下，由党委书记负总责、由纪委负责组织协调，纪检组长（或者责成一名分管执法监督工作的副局长）具体抓，纪检监察部门（或者责成督察内审、巡视、负责法制等执法监督的部门中的一个部门）作为具体牵头部门，负责组织协调，各相关部门积极参与配合，共同实施内控，才能有效动员各方面的力量，共同发挥内控机制的作用。牵头部门负责制订廉政风险防控工作实施方案，协助党委具体分解和落实廉政风险防控任务，并对廉政风险防控机制运行过程进行监督、考核和评价。各相关部门按职责分工，负责制定相关工作制度、梳理工作规范，落实具体的廉政风险防控工作任务。

（三）梳理权力事项，明确岗位责任体系

对照有关法律、法规和相关文件精神，结合机构改革，对各级政府及其各职能部门的权力事项，特别是行政管理权、人、财、物管理权、行政执法权等进行全面梳理，列出"权力清单"。按照机构设置和工作模式，严格划分不同岗位的权力使用范围，针对不同类别权力的特征和作用，建立职权清楚、责任明确的岗位责任体系，同时，将党风廉政建设的要求融入每一个岗位，实现权力、岗位、责任、义务的有机结合，做到各司其职、各负其责。

（四）优化教学、科研和行政的工作流程，科学配置相关权力

在坚持依法治国和为被管理者提供优质高效服务的原则基础上，针对不同部门的权力事项和用权方式，简化权力运行程序，下放行政权力，提高工作效率，优化权力运行流程，明确具体权力事项的业务操作程序，做到下一道程序对上一道程序进行控制，每道程序之间互相制衡。在"精简、下放、提高、优化"行政权力的基础上，科学配置权力，编制权力运行流程图，对权力事项的运行程序、行使依据、承办岗位、职责要求、监督制约环节、相对人的权利、投诉举报途径和方式等内容，以图示的方式表达出来，通过流程图将权力行使过程进行固化，使每项权力的行使过程都做到可视可控。

（五）用制度规范高等学校各级各类公职人员行为

根据国家法律、法规和规范性文件，对国家公职人员的每一项行为都要进行梳理、分析和研究，制定出统一的标准规范，使所有的工作行为都有法可依，有据可循。紧紧围绕"行政管理权和行政执法权"运行轨迹，全面清理整合工作规程和内部管理制度，总结实践中的一些行之有效的经验和办法，进行规范和固化，上升为制度。建立起一系列既有实体性内容，又有程序性要求的工作制度，既明确规定应当怎么办，又要规定违反规定后如何处理，形成一整套环环相扣的制度链条，相互监督、相互制约、相互协调和相互促进，保证行政权力的和谐有序运行。

（六）实施科学风险管理，完善动态开展机制

实施科学的风险管理，实现对风险事前预警、事中提醒、事后追究的防范和控制。从分析权力运行风险入手，对行政管理、行政执法和人事管理中可能引发风险的各种信息进行识别，并根据不同风险程度和风险成因，采取相应的风险应对策略和措施，实现风险的有效防范、控制和化解。行政执法权力风险查找的重点是一般行政审批、行政确认、行政处罚等环节；行政管理权力风险查找的重点是干部任用、资金分配、项目决定、资产处置，以及许可权、审批权、征收权、处罚权、强制权等权力比较集中的重点部位和关键环节。风险点的查找，应当按照"对照岗位职责—梳理岗位职权—找准权力风险点—公示接受建议"的统一流程，由部门和个人结合工作实际，主动查找，并将查找出来的结果集中公示。对查找出的风险，要按照权力运行频率高低、人为因素大小、自由裁量幅度的高低、制度机制漏洞的多少、危害损失的严重程度等对风险点进行分级评估，明确各部门在风险管理中的责任，健全防控措施。要把风险排查、风险分析、风险应对等工作落实到具体岗位、具体人员和具体工作环节，使风险管理真正科学管用。

（七）强化权力运行过程中的信息沟通

充分利用政务信息管理系统，强化对权力运行过程中的信息沟通。将权力行使过程变为信息处理过程，强化程序的严密性，弱化人为因素，遏制随意性，形成制约机制。要依托政务信息系统、行政执法管理信息系统、纪检监察管理信息系统和人事管理信息系统等管理信息系统，逐步将以审批事项为重点的各类权力运行纳入信息化管理，使各类信息互融互通，便于沟通和监控，实现实时监督、控制和综合分析，做到全程留痕，可查可控。要进一步运用好现有的监控决策、执法考核、执法监察等信息系统，切实掌握各类事项的受理、承办、审核、批准、办结等信息，做到实时监控，全程制约。

（八）加强廉政文化建设，营造高等学校良好的财务廉政风险防控文化氛围

加强廉政文化建设，培育、塑造以法治文化、廉政文化为核心的内控环境。廉政风险防控机制的顺畅运行，需要一个与之相适应的管理理念、组织机构、岗责体系业务流程等要素构成的内控环境。在内控环境中，人是起决定性的作用的，这是因为，所有的制度都需要有与制度要求相适应的人来执行，这其中起重要作用的是人们的思想理念和能力素质。加强廉政文化建设，将依法治国、依法行政、廉洁行政的观念和实施科学化、专业化、精细化管理的思想内化为各级领导干部的思想观念，成为全体国家公职人员的共识，并将这种廉政思想和管理理念贯穿于各项工作的始终，引导全体工作人员加强对依法行政思想和科学防控管理理念的认知，牢固树立依法行政、防范执法风险和廉政风险的观念，在工作实践中不断调整自己的行为模式，为廉政风险防控机制的顺利运行创造良好的实施环境。

（九）政务公开，阳光执法

阳光是最好的防腐剂，公开是最好的监督。要认真落实国家有

关部门关于政务公开的部署和要求，按照"公开是原则，不公开是例外"的要求，严格执行党务公开、政务公开制度，对各部门的权力进行汇总统计，审核认定、编制目录，明确公开的要求、时限、范围，实现权力、责任、流程、制度、风险"五个公开"，使权力在阳光下透明规范运行，不断提高权力运行的透明度和公信力，拓展监督渠道，促进廉政防控管理制度在运行过程中不断调整完善。

（十）双管齐下，加强与外部控制的联系和有效衔接

加强与外部控制的联系和有效衔接，促进廉政风险防控机制的不断完善。廉政风险防控制度，既包括内部控制，又包括外部控制，内部控制与外部控制是各自独立存在的，分别运用不同的方式，从不同的侧面对行政机关的"行政管理权和行政执法权"运行进行监督，这两者不同的监督控制机制，又可以相互联系，相互补充，共同发挥作用。在廉政风险防控机制建设过程中，要注意做好与外部控制的沟通、联系和衔接，更好地发挥这两种控制机制的合力作用。廉政风险防控机制建设是一个系统工程，在廉政风险防控机制建设和运行过程中要注意与公、检、法、纪检监察机关等外部控制部门的沟通、联系，及时发现内控工作中存在的问题，督促各部门把明确权责、规范流程、风险排查、完善制度等要求落实到位，发挥内控的作用。积极学习、借鉴外部控制的一些好的经验和做法为我所用，促进内控机制的不断完善，更好地发挥内控作用。

第三节　廉政风险防控的基本理论

一、关于廉政风险防控的"三道防线"理论

在廉政风险防控管理机制建设过程中，要结合"惩防体系建设"、纪检监察工作制度及工作方式方法，建立健全事前预防、事中监控、事后处置的廉政风险防范的"三道防线"，通过各项具体工作的开展，形成廉政风险防控的措施体系，通过这些措施的综合运用，有效地降低廉政风险转化为腐败行为的概率，降低廉政风险

爱岗敬业、廉洁勤政的文化理念。

六是创新形式，营造廉政文化家庭氛围。充分调动干部家庭督廉的积极性，要把廉政教育与家庭美德教育结合起来，大力推动廉政文化进家庭。家庭美德是每个公民在家庭生活中应该遵循的行为准则。通过组织领导干部家庭成员观看反腐倡廉影视片、阅读廉政书报、举办领导干部配偶廉政培训班、评选表彰领导干部"廉内助"、组织领导干部配偶参加重要的廉政教育活动和签订助廉洁承诺书、开展联谊活动等形式，让干部职工家庭积极参与，提高干部职工的廉政自觉性和家庭携手督廉的主动性，使干部不仅在工作圈，而且在生活圈、社交圈和娱乐圈都能够慎独自省。充分发挥"廉内助"的作用，树立好家风，管理好子女，严格把好收礼关、人情关、社交关，加强对领导干部家庭成员的廉洁教育，使家家把好廉洁关，形成和谐清廉的家风。

七是积极开展预防职务犯罪警示教育，做到警钟长鸣，要让每一名干部都铭记"三个告诫"、算好"三本账"，要珍惜工作岗位、珍惜个人前程、珍惜家庭幸福生活。

八是目标引导，建立廉政文化共同愿景。积极开展愿景体系建设活动，要形成"国家公职人员廉政文化共同愿景"，愿景是组织或个人真心追求的最终目标，对个人或组织成员的行为起感召和引领作用。要注重发挥愿景的引领作用，积极引导干部努力实践愿景，并以此为动力进一步激发组织成员创业创新的热情，促进廉政文化发展，推进事业又好又快发展。

九是完善机制，建立健全廉政文化建设的目标管理机制、考核评价和激励机制。加强对廉政文化建设工作的领导和协调。加强对廉政文化建设的投入，将廉政文化建设纳入制度化、规范化轨道，为廉政风险防控创造一个良好的外部环境。

3. 加强制度建设

加强制度建设，为风险防控工作的开展提供制度保证。制度即约束和调整人们的社会交往行为的规则体系，这一体系包括正式制度（宪法、法律、法规、规章、条例）、非正式制度（价值观念、道德观念、惯例）以及二者的实施机制。制度作为规范人们行为的规则体系，它具有实施强制性、行为规范性、长期稳定性和过程连续性等特点，它与其他社会规则相比，更强调通过科学、严格的程序和严密的规定来约束和保证人们行为的规范性。制度一经确定，无论是正式制度，还是非正式制度，其组织中的任何成员都应当严格服从，组织中的任何成员都没有超越制度之上的特权，无论是谁违反制度的行为都将要受到相应的制裁。中共中央下发的《建立健全教育、制度、监督并重的惩治和预防腐败体系实施纲要》中明确提出："要加强反腐倡廉制度建设，充分发挥制度在惩治和预防腐败中的保证作用。要进一步加大预防腐败的力度，必须在完善制度上下工夫，推进反腐倡廉工作的制度化、法制化，发挥法规制度的规范和保证作用。"

从惩防体系建设和廉政风险防控管理工作开展情况看，当前应当重点做好如下反腐倡廉制度建设，为廉政风险防控工作的顺利进行提供制度保障。

一是要加强党内民主和党内监督制度建设，规范党内干部的廉洁从政行为。我们国家各级政府机关，都是在党的一元化领导下开展工作，行使行政权力的，党内民主和监督制度的建立是全社会民主监督制度建立的楷模和表率，只有党内民主监督制度健全、完善，社会民主监督制度的建立才能成为可能，所以在反腐倡廉制度建设过程中，要完善党内民主集中制的各项具体制度，如建立健全党委会议事决策工作制度和程序，凡是应当由常委会、全委会讨论决策的重大事项，必须进入常委会和全委会讨论决策程序；全面推行党代表大会代表任期制、试行党代表大会常任制，积极探索党的代表大会闭会期间履行职责的有效途径和形式，健全党内情况通报、情况反映、重大决策征求意见制度；实行党务公开，增强各级党组织工作的透明度；细化《中国共产党党内监督条例》及其各项配套制度，完善党内监督办法，在保障党员的各项权利的基础上，强化上下级之间、党委班子成员之间相互监督力度；建立和完善领导干部重大事项报告、个人收入申报和家庭财产申报和公开制度；认真落实《中国共产党巡视工作条例》，建立科学合理的干部考评机制和奖惩机制，进一步规范各级党的领导干部廉洁从政行为。

二是加强反腐倡廉立法和违纪违法行为惩处制度建设的工作。在认真总结反腐倡廉工作经验基础上，及时将基层在实践中创造的，经过实践检验的反腐倡廉经验和成功做法，进行提炼、加工并上升为具体工作制度，在此基础上，不断创造条件，经过反复论证和征求意见，通过相应的立法程序，将其上升为党内规章制度或国家法律法规。要有计划、分步骤地制定或修订一批法律、法规和条例，如修订中华人民共和国《刑法》、《刑事诉讼法》，完善惩治贪污贿赂等职务犯罪规定，研究论证建立国家公职人员财产申报方面的法律制度，制定规范国家公职人员从政行为方面的法律法规，提高反腐倡廉法制化水平，改变实践中以党纪政纪处分取代其他处分的不良现象。根据实际需要，抓紧研究制定《中国共产党纪律处分条例》和《行政机关公务员处分条例》的配套规定和党纪政纪处分的有关规定，为及时处理违法违纪人员奠定基础。

三是要规范行政权力运行过程，建立健全行政全权力监督制衡制度。权力导致腐败，没有制衡的权力必然会导致腐败行为的发生。因此，要对行政权力进行科学的管理，以权力制约权力。在廉政风险防控机制建设过程中，结合各级地方政府、部门的机构改革，科学设置机构和岗位，依职责配置权力，对每种权力都要明确使用范围、权力使用标准，权力运行程序和应当承担的责任，同时加强各种权力之间的监督和制约，严格控制越权行为，控制和减少自由裁量权，形成结构合理、配置科学、程序严密、制约有效的权力运行机制，从而避免权力的重复行使或"权力真空"，减少以权谋私的机会和空间，使权力行使获得预期效果。在当前，重点是要强化集体领导制度，从法律法规的层面上规定，凡属于"三重一大"事项，既重大决策、重要干部任免、重大项目安排和大额度资金的调度使用等，必须由领导班子集体作出决定，否则追究个人独断的法律责任。

四是实行阳光行政，建立健全政务公开制度。阳光是最好的防腐剂，公开透明有利于群众的监督。要按照公共政策和权力运行公开透明的要求，在党内实行党务公开，积极推进政务公开、财务公开、选人用人公开等的基础上，进一步加强阳光政务建设，拓宽权力运行特别是行政审批事项、重大决策事项、干部人事任免等公开透明的深度，对公众关注度较高、公益性强和公共权力大的部门要实行重点公开，让群众有更多的知情权；建立重大事项票决制、公示制，实行公共部门财政支出公开透明制度和审计结果社会公告制度，自觉接受社会监督，防止腐败滋生蔓延。

五是要按照公开、民主的原则，推进干部人事制度改革，建立健全领导干部公开选拔制度。借鉴县、乡人大代表直选的方式，探索并逐步推行领导干部公推公选制度，真正体现民情民意；完善党内选举制度，普遍推行党组织领导人差额选举制，逐步实行党代表直选制，完善候选人提名制度，进一步健全党内罢免、弹劾制度等，真正树立起党代会在党内权力机关的权威，确保选准党组织的领导干部；全面推行公开考试选拔制度，按照公平、公正和平等的原则，加大选拔标准和程序的透明度，确保权力主体具有较高的政治水平、业务素质和组织管理能力。要建立法规制度建设和重大决策社会讨论、群众论证、民主听证制度，完善民主决策、民主评议制度，充分保障群众的发言权、决策权和评议权。

六是积极探索，从源头上防控廉政风险的制度建设。我们在加强市场化改革的过程中，要按市配置资源的价值取向，研究探索符合市经济发展要求的资源配置制度。对工程招投标和政府采购等人民群众关心的项目，都要通过公开交易的方式，通过市场机制来进行配置，从源头上消除权力"寻租"可能产生廉政风险的客观条件。同时要结合行政管理审批制度的改革，建立和完善与之相适应的行政管理与监控制度；配合财政、金融和投资体制改革，建立和完善财政转移支付、国库集中支付、企业金融监管、金融账户实名等相应的制度；结合司法体制改革，明确公、检、法、司等部门机构的工作职责及其相互之间的配合、制约关系，建立完善、健全的侦察、检察、审判、监督、执行、过错追究等一系列制度，从源头做好权力集中，高风险行业、部门的廉政风险预防工作。

（二）事中监控——第二道防线

事中监控主要是指有关廉政风险的各相关要素正在集聚、发生的过程之中，这些风险要素动向如不能得到及时发现，并采取有效措施加以控制，就有可能使这些风险要素向有损于廉洁的方向发展，甚至酿成风险事故，导致腐败行为发生，给我们党和国家的事业造成损害。这个阶段防控工作的重点是及时发现问题，采取适当防控措施，改变和控制廉政风险要素的发展方向。这个阶段主要由以下几项工作任务组成：

1. 全面收集有关廉政风险行为的信息

全面收集有关廉政风险行为的信息，监督行政权力运行过程中的每一个环节，及时发现廉政风险要素变化趋势。在具体实践工作中，应当针对腐败现象多发易发、涉及"权、钱、人"等的关键环节和重要领域，在规范权力运行、明确岗位责任的基础上，对这些权力运行过程中的每个环节都要进行全面、连续的动态监督，广泛收集在权力运行过程中所有与廉政行为有关的信息，如权力行使人思想意识，是否存在权力"寻租"，"以权谋私"等易造成廉政风险的主观思想意识；在行政权力运行过程中，行政权力配置是否合理，决策权和执行权是否相互分离、相互制约，对重点权力岗位和领域权力的监督制约是否到位，存不存在监督不力，权力制约真空地带，是否具有促使廉政风险滋生和发展的客观环境条件；在行政权力监督过程中，是否还存在着监督缺失或监督不到位等信息，只有在充分了解和掌握这些信息，并在此基础上进行系统分析，才能认识和掌握影响廉政风险发生的各项具体因素变化的趋势，为及时调整工作目标、方式方法和防范控制风险措施提供有价值的基础性依据，从而避免或降低廉政风险发生的几率，控制廉政风险造成的危害。

廉政风险信息的收集和整理，可以通过多种渠道，多种手段并用的方式，以扩大信息的来源渠道和提高信息质量。一是通过自查获取信息，各单位和部门要按照党风廉政建设责任制和廉政风险防范管理实施细则的相关规定，从组织领导、岗位职责分工、廉政制度规定、前期廉政预防措施的落实、考核与修正等方面，定期对本单位的情况进行自查。二是要开展经常性的专项廉政检查，收集廉政风险信息。三是要充分重视人民群众的来信来访，群众意见箱、监督电话等监督形式，从中发现廉政风险信息。四是通过民主生活会、群众评议、述职述廉等形式发现有关工作人员在工作中不廉洁的信息。五是通过各种媒体、网络收集社会舆情信息，从中发现廉政风险信息。

2. 强化行政权力运行过程中的监督制约

（1）强化行政权力运行过程中的监督制约，保证行政权力规范运行，彻底消除廉政风险因素发生作用的机会。廉政风险的形成是需要具备一定条件的，从主观条件看，权力的行使者具有不廉洁的主观思想意识，而客观条件就是权力行使过程中存在着权力被滥用的可能，也就是行政权力运行过程中缺少相应的监督和制约，为具有不廉洁思想意识的人实施不廉洁行为提供了相应的客观条件。廉政风险防控管理就是要及时消除这些条件，不给不廉洁者实施不廉行为机会。要想消除这些机会，就要研究行政权力运行过程，强化对权力运行过程的监督和制约，防范行政权力被滥用。

（2）如何建立健全权力的监督和制约机制

第一，要加强对干部选拔任用权力的监督和制约，建立健全领导干部选拔任用相关制度，要从德、能、绩、勤、廉几方面，对拟推荐提拔的干部进行审查把关，只有在选人用人上不出问题，才会营造出风清气正的良好工作环境，不廉洁的行为才没有生存和发展的市场。

第二，要强化对行政权力的双向交叉和相互制衡管理制度，要对那些手中握有重要权力的重点单位、重点岗位，实行重点监督，防止权力滥用。

第三，要推行领导干部任期制度、回避制度和重要岗位的交流、轮岗等制度。

第四，加强关键部门和重点领域的廉政风险防控制度创新，重点研究建立和健全"三重一大"事项的集体决策制度，按照决策和执行分离的原则，把加强和改进廉政风险防控作为工作重点，强化对行政权力的监督力度。

第五，要整合监督力量，在继续完善党内、人大、政协、政府、审计、司法、舆论、群众等原有监督力量的基础上，充分发挥社会民间机构、网络媒体等新兴监督力量，努力形成全社会人人参与监督的氛围，积极发挥人民群众参与监督的积极性，不断扩大监督的范围，改进监督的方法，消除行政权力运行过程中缺少监督的"真空地带"，使贪污腐败等不廉洁行为没有发生的机会和条件。

3. 建立健全廉政风险考核评价体系

建立健全廉政风险考核评价体系，开展经常性的检查考核工作，对廉政风险进行及时预警。廉政风险的产生需具备一定主观和客观条件，及时发现风险苗头，掌握廉政风险因素的变化规律和发展趋势，就需要通过开展经常性的检查考核来实现。开展检查考核，就需要建立健全科学的廉政风险管理考核评价体系，明确考核评价内容，规范考核评价方式、方法，增加考核评价结果运用的作用。要建立健全科学的廉政风险管理检查考核评价系，发挥好检查考核在廉政风险管理中的重要作用。

第一，要明确廉政风险管理检查考核评价的范围和内容。廉政风险贯穿于风险管理的全过程，融会于风险管理的方方面面，因此对廉政风险防控管理的检查考核应覆盖风险管理全过程，也就是对廉政风险管理中的计划、执行、考核、修正四个环节运行全过程中的每一项工作从内、外两个方面，不同的角度进行检查考核和分析评价。从内部来看，内部检查考核主要是看廉政风险管理目标是否制定，目标制定得是否符合实际，廉政风险管理领导和组织机构建立及运行情况；廉政风险管理实施细则的制定及落实情况；廉政风险点的查找和预防措施制定和实施情况等。外部评价主要考察社会公众对党风廉政建设和反腐败工作的亲身感受和主观认知，主要包括干部作风、依法行政、廉洁从政、廉政效能等四个方面。

第二，规范评价方法，实现廉政风险管理考核的科学化。在内部考核中，应当明确和细化相关考核程序。主要通过查阅有关廉政资料、进行民主测评和问卷调查等方法进行。在查阅廉政风险管理资料过程中，要采取随机抽样与专家评议方法，通过查阅文件、个别谈话、走访座谈、实地查看等方法，广泛收集与廉政风险管理相关的资料和信息，进行定量定性分析。在述职述廉和民主测评过程中，要注意规范民主测评的程序与方法，准确确定参与述职述廉和民主测评大会的人员范围，规定民主测评的程序和方法。在问卷调查中，要设计好问卷的内容，选择好问卷发放的对象，努力做到对象明确，回收及时全面，在问卷统计分析中要充分运用社会调查技术以及统计方法等，保证评价结果的信度和效度。在社会评价方面，要摆脱"自己评自己"的困境，委托社会中介机构参与评价，以增强评价结果的公平性、客观性和公信力。在社会评价过程中，使用态度认知评价方法，广泛收集不同社会群体对党风廉政建设的亲身感受和主观认知。在认知量化方面，可以采用国际通用的测量主观认知的李克特量表（Lidert Scale）。在正式调查之前，要对调查问卷的问题进行分辨率测算，以保证调查问题的针对性、有效性和可信性。在调查统计过程中，要对调查收集的数据信息进行有效性分析，以保证调查结果的信度。

第三，注意检查考核成果的在廉政风险管理过程中的运用。由于廉政风险管理检查考核成果，是通过一系列规范的程序和方法得来的，具有较高的权威性，它不但是进一步调整风险管理措施，修正下一个风险管理循环实施细则的重要依据，也是各级领导班子和领导干部进行干部管理的重要依据之一。因此应充分重视检查考核结果的运用。在各级党委、政府工作部门领导班子党风廉政建设考核和政府行政督查考核管理系统中，应当增加对廉政风险防控情况检查考核的内容，检查考核结果要成为对各级领导和具体工作人员进行奖惩的重要依据，同时还应当将考核结果存入干部廉政档案，作为提拔任用干部的重要依据，从而调动他们参与廉政风险管理的积极性。

（三）事后处置——第三道防线

事后处置指廉政风险行为已经发生，不廉洁行为已经给社会造成一定危害，如果不采取果断的控制措施，这种不廉洁行为可能演变为腐败案件，其危害程度和社会影响面可能进一步扩大。这个阶段的主要任务是针对中期监控过程中发现的廉政风险防控中的问题和不足，根据存在问题严重程度和风险情节，按照分级管理的原则，采取相应的措施消除风险隐患，防止苗头性、倾向性问题演化为腐败案件的可能性，尽最大可能降低或减少廉政风险的社会危害性。在第三道防线中主要通过以下一种或几种措施并用控制廉政风险事态的发生和发展。

1. 对存在风险隐患的单位和个人进行警示提醒

针对在中期监控过程中，通过人民群众举报、来信来访、社会舆情反映出的问题；民主测评、社会评议中发现的问题；廉政风险检查考核中发现的问题；纪检监察机关、审计机关等其他外部监督部门发现并转交办理的问题等，要对这些存在风险隐患的单位和个人，廉政风险管理部门通过询问函、信访约谈、重点提醒等方式进行相应的警示提醒，以督促当事单位或个人认真进行自查自省，努力做到"有则改之，无则加勉"。其中，警示询问函，主要针对廉政风险管理检查考核过程发现的没有按照规定要求落实党风廉政责任制和廉政风险防控管理措施的单位和个人发出，要求其在规定的时间内作出情况说明，提出具体的防控廉政风险的整改措施。信访约谈，主要是针对群众信访举报、网络舆情、媒体监督中反映出的廉政风险问题，对有关单位负责人或当事人进行面对面约谈，要求其对所反映的问题进行回答或说明，提供能够证明事件真实情况的相应证据，以供组织全面了解、核实所反映问题的真伪，做出准确的判断。重点提醒，主要是针对单位内部民主测评或外部社会评议过程中发现的问题，或在日常廉政风险管理中通过其他渠道发现的问题，用警示提醒或书面沟通的方式进行重点提醒教育，督促其改正。

2. 对存在风险苗头的个人进行诫勉纠错

针对那些有廉政风险苗头或倾向的单位负责人或直接责任人经过警示提醒后，仍然没有采取相应的改正措施或者改正不彻底的；在廉政风险防控管理中没有认真履行"一岗双责"或者履行不到位的；没有建立健全和严格执行"三重一大"等相关廉政制度的；在行政权力行使过程出现的一些苗头性风险问题，还没有造成损失的廉政风险行为，通过进一步的告诫劝勉、纠正偏差等形式纠正工作中的错误，防止廉政风险行为进一步升级演化为腐败事件。

3. 对已经发生轻微违法违纪行为的单位和个人责令整改

针对那些通过诫勉纠错，仍然没有改正或者改正不彻底的行为；对于已经发生违法违纪行为，但由于情节轻微不够给予纪律处分的行为；对于涉及《中国共产党纪律处分条例》、《中国共产党党员领导干部廉洁自律若干规定准则》等有关廉政的党纪国法中有关内容的高风险行为，但由于情节轻微，不构成党纪政纪处分的不廉洁行为的单位或个人，采取限期改正，消除风险隐患，或者强制履行相关义务，排除、降低和控制风险所造成的危害。责令整改措施主要是通过限期整改和强制履行两种方式来实施的。

4. 对腐败行为进行严格的惩罚和处理

针对那些违反党纪、国法，应当受到相应惩罚的机关、单位及其工作人员，按照相应的规定进行处理。严格的惩罚处理对腐败分子具有震慑作用，对于廉政风险防控工作具有促进作用。对不廉洁行为的惩处可以根据不同的情况，采取不同的手段和方式。对违反党纪条规的党员领导干部，要依法依纪严肃处理，对存在收送现金、有价证券和支付凭证，或者放任、纵容配偶、子女和身边工作人员，特别是关系密切的人员经商办企业或从事中介活动谋取非法利益的，参加赌博等突出问题的党员领导干部，应当进行组织调整，调离权力较为集中的原工作岗位，再依纪依法进行相应的惩罚处理；对于经常发生不廉洁行为、群众反映大，虽不能构成党纪政纪处理但社会影响坏的干部应当进行岗位调整。在对腐败行为进行组织处理的过程中，要加大经济制裁的力度，不能让腐败分子在经济上占便宜，要增加其腐败的成本，对查处过程中发现的腐败赃款赃物应当一律上缴国库，任何单位、部门不得私自截留、挪用，对巨额财产来源不明的，应当一律予以追缴。在对腐败行为依据党纪国法进行严厉惩处的同时，还应当通过案情通报、社会舆论宣传等方式对腐败行为进行道德上的谴责，以在全社会形成鞭挞贪腐行为，弘扬廉洁向上的社会风气。

5. 及时移送违法犯罪案件

及时移送违法犯罪案件，积极配合司法机关办案。这主要是针对那些廉政风险已经转化为腐败犯罪，而且社会危害严重，影响面大的案件，其行为严重到不仅仅是要受到党纪、政纪的处理，而且是已经违反国家相应的法律，应当受到刑罚的惩罚了，对于这类严重的廉政风险案件，应当积极配合执法执纪机关调查，配合国家司法机关、审判机关的调查处理。廉政风险管理部门在对本单位发生的廉政风险案件进行全面调查、分析、评估的基础上，对那些严重的违法案件应当通过法定程序，及时移送检察机关，并积极配合检察机关对犯罪嫌疑人的侦查和公诉，对违法犯罪行为进行坚决的打击。在此基础上，对每一件国家机关工作人员由于不廉洁而引发的职务犯罪案件进行全面的剖析，从腐败分子的思想根源、腐败犯罪的途径和手段，腐败行为造成的危害和社会影响等方面进行全面的分析，从中总结廉政风险发生、发展的规律，为预防职务犯罪和廉政风险防控积累经验和教训。

二、构建廉政风险防控框架及运行机制的基础理论

预防腐败理论、内部控制理论、全面风险管理理论是廉政风险防控机制建设的基础理论。

（一）预防腐败理论

1. 预防腐败理论的概念

预防腐败理论是我们党关于反腐倡廉一系列思想认识和工作安排在理论上的升华。其核心是要求各级党委、政府及其工作部门的人员，从教育、制度、监督这三者并重来构建惩防腐败体系，实现"标本兼治、综合治理，惩防并举、注重预防"的预防腐败的战略方针。这是我们党在认真总结改革开放以来反腐败斗争正反两方面经验的基础上，从注重治标向标本兼治、预防为主转变的结果。这是我党领导人民在开展反腐败斗争中逐渐走向成熟的重要标志。这个理论的提出是以党的十七届四中全会指出"在坚决惩治腐败的同时加大教育、监督、改革、制度创新力度，更有效地预防腐败，不断取得反腐败斗争新成效"为标志的。

2. 预防腐败理论的"六个体系"核心内容

（1）抓好反腐倡廉教育体系建设，要把反腐倡廉教育工作纳入各级党委宣传教育总体规划之中，统一安排、统一部署，在党委统一领导下，依靠各部门力量，形成反腐倡廉教育的强大合力，把加强思想道德建设当做拒腐防变的第一道防线。

（2）要着力构建和完善反腐倡廉制度体系，解决权力运行规范和依据问题。

（3）构建和完善反腐倡廉监督体系，解决权力运行中的监督和制约问题。

（4）要着力构建和完善从源头上防治腐败改革体系，解决滋生腐败的深层次矛盾和问题，根本出路在于改革。

（5）要着力构建和完善预防腐败社会信用体系，解决全社会理想、信念和价值标准问题。

（6）要着力构建和完善廉政评价和腐败预警体系，解决预防腐败工作中的奖惩和激励问题。

3. 预防腐败理论的切入点

建立健全预防腐败机构为切入点，理顺各职能部门关系，完善预防腐败工作的领导体制和工作机制。加强组织领导，不断推进预防腐败制度创新机制建设。预防腐败理论是指导当前开展反腐倡廉建设工作的理论基础，各种具体的预防腐败工作方法和思路应当在此理论指导下有序开展和进行。

（二）内部控制理论

1. 内部控制理论

内部控制理论是现代新兴的管理理论，注重对过程的控制和风险的防范，广泛应用于企业管理，特别是会计、金融、保险等行业，一般是指管理主体为了达到特定目标所采用的一系列的管理程序和方法。

2. 内部控制理论的四个阶段

（1）20世纪40年代之前，是内控理论的萌芽阶段，主要是停留在内部牵制层面上。内部牵制主要着重组织内部分工的控制，它是内部控制中有关组织控制、职务分离控制的雏形。

（2）20世纪80年代，是内部控制结构论时期，这是内控理论发展比较活跃的时期，其中最具代表性意义的是1988年AICPA（美国会计学会）在《审计准则公告》第55号中将内部控制界定为控制环境、会计制度和控制程序等三个方面。

（3）20世纪90年代，最有代表意义的是COSO在1992年发布了《内部控制——整体框架》（IC—IF），这个报告将内部控制的目标确定为财务报告目标、经营目标和遵循法规的目标三个目标，同时将内部控制进一步拓展为五个要素，即控制环境、风险评估、控制活动、信息与沟通、监控。它第一次将风险评估和信息与沟通纳入内部控制中，并且作为内部控制的重要方式和主要内容。

（4）21世纪初，这是内部控制理论发展的一个关键时期，2002年6月，美国国会通过了《萨班斯-奥克利斯法案》（SOX），其中第404条要求在美国上市的公司的CEO和CFO要签字声明对建立和维护内部控制系统负有法律强制性的职责，并且每年要对企业内部控制体系及其有效性进行评价。2004年，COSO发布了《企业风险管理框架》（ERM），其中提出风险管理的四个目标和八个要素。

3. 内部控制理论的四个目标

（1）战略目标——高层次目标，与使命相关联并支撑其使命；

（2）经营目标——有效和高效率地利用其资源；

（3）报告目标——报告的可靠性；

（4）合规目标——符合适用的法律和法规。

4. 内部控制理论的八项要素

内部环境、目标制定、事项识别、风险评估、风险应付、控制活动、信息与沟通、监控。

5. 内部控制理论的特征

（1）内部控制是由内部人员实施的控制，内部控制的责任主体来自于组织内部，是该组织的负责人、有关管理层和相关人员来共同实施的控制行为。

（2）内部控制是对组织内部事务的控制，也就是说，内部控制仅就组织内部管理所涉及的事务进行控制，组织内部所涉及的方方面面事务都在控制范围之内，内部控制具有全员性，全方位性和全过程性的特点。

（3）内部控制的方法和手段是通过制定政策、制度和程序规范，控制过程实施来实现的。内部控制作为一个管理系统，依据管理目标制定相应的内部管理制度、政策和程序规范，为实现组织管理目标提供标准和依据，控制过程是为了及时发现组织运行状态与制定的既定标准之间存在的差异和问题，及时进行相应的调整，从而保证组织活动始终在设定的标准范围之内。

（4）内部控制是对控制目标的实现提供合理保证的过程。在内部控制中不仅要制定严密的控制政策、控制程序，依据这些政策和程序制定相应的控制制度，更为重要的是要能保证这些制度的贯彻执行。内部控制不仅包括制度制定、实施，还包括制度实施效果评价、反馈和制度不断改进调整等过程，通过这些过程和环节，保证内部控制目标的实现。

（三）全面风险管理理论

1. 全面风险管理理论的概念

全面风险管理理论是在企业内部控制和风险管理理论基础上发展而来的一种企业管理理论。具体是指企业围绕经营管理总体目标，通过企业管理的环节和过程来执行风险管理的过程和方法。其形成的标志是 COSO 颁布了《企业风险管理框架》的正式稿，这个框架将企业风险管理的构成分为八个相互关联的要素，各要素贯穿在企业的风险管理过程之中。全面风险管理理论是在总结内部控制理论的基础上形成的，风险管理与内部控制正在融合。两者之间是相互影响，相互促进，共同提高的关系。内部控制是全面风险管理的一个必要环节，全面风险管理包含内部控制的全部内容，内部控制是全面风险管理的重要的核心内容。

2. 全面风险管理理论的构成要素

（1）内部环境

主要是指一个组织系统内成员的风险管理理念、对风险的态度及其风险偏好、组织文化、组织成员中的诚信、道德价值观、管理者职责和权力分配方式、组织成员的工作、生活方式等方面内容。内部环境是风险管理的基础，影响着组织战略和目标的制定、日常经营活动，信息与沟通体系以及组织对风险的识别、评估和应对，及其控制活动等方面。

（2）目标制定

是指企业在既定的任务和背景下，如何选择和制定战略目标，及选择和制定相关具体目标，并将其细分至企业的方方面面，与战略目标保持一致。企业管理中必须先有目标，管理者才能识别影响其实现目标的潜在风险事项。企业风险管理就是要确保管理者能够采取恰当的程序去制定目标，确保所制定的目标支持和符合该企业的使命和愿景并与它的风险偏好或风险容限一致。

（3）事项识别

风险管理者必须识别可能对企业产生影响的各种潜在事项。这些潜在事项对管理具有负面或正面的影响，或两者兼而有之。对于具有负面影响的潜在事项，管理者要对这些风险进行分析、评估和做出反应。

（4）风险评估

风险管理者应当对各种可能对企业产生影响的潜在事项，从可能性和影响程度两个方面对事项进行评估，一般采用定性和定量相结合的方法进行评估。风险评估时既要考虑原来固有的风险，也要考虑剩余风险。固有风险是风险管理者没有采取任何措施来改变风险的可能性或影响的情况下，一个企业所面临的风险。剩余风险是在风险管理者采取防范措施后仍然残余的风险。

（5）风险应对

在对风险进行相关评估的基础上，风险管理者通常可以采取回避风险、分担风险、转移风险、承受风险四种方式来应对风险。

（6）控制活动

这是风险管理者根据风险评估结果，对可能出现的风险制定和采取的一系列相应政策、程序和措施。控制活动贯穿于整个风险管理过程，存在于各个层级和各个职能机构中。

（7）信息与沟通

在组织管理过程中，各个层级都需要相应的信息，通过信息的沟通和交流，用以识别、评估和应对风险。信息可以来自组织内部，也可以来自外部。信息与沟通可以是组织内部各部门之间的沟通，也可以是组织内部与组织外部进行信息交流和沟通。

（8）监控

是指在风险管理过程中，风险管理者随时对风险构成要素的存在和运行进行评估，必要时加以修正的活动过程。监控方式由内部监控和外部监控两方面组成。通过监督风险管理者将他们所评价出的企业风险管理缺陷等重要信息向企业最高管理层报告，以便改进管理。

第二章　高等学校的财务廉政
风险及其成因

第一节　高等学校的财务廉政风险、腐败及犯罪

一、高等学校的财务廉政风险

(一) 教职工个人思想道德风险

每个人的不正当社会行为都和个人的政治修养、道德品质、思想观念、性格特点等个人主观思想意识有关。思想道德风险主要是放松世界观改造，造成理想信念动摇，政治素质低下，背离社会主义荣辱观；在日常工作中不思进取、得过且过，玩忽职守，给国家、集体造成损失；因私欲、私利等自身思想道德偏差，违反职业操守和行为规范，或授意他人违反职业操守，构成"以权谋私"等严重违纪违法后果的廉政风险。

(二) 管理体制廉政风险

1. 高等学校的党政决策廉政风险

党政决策居于高等学校各类管理活动的核心位置，决定和支配学校里的各种管理行为。防范这方面的风险，建立和完善相关制度直接关系到学校党风廉政建设的发展。这方面的风险主要有：学校、教学单位民主机制不健全、缺乏制衡力，领导班子及其成员民主意识淡薄，违反民主集中制原则，重大事项决策由个人或少数人说了算，议事制度形同虚设，造成决策失误，影响班子团结协作和干群关系；重大决策决策过程民主和透明程度不够，征求意见环节缺失。同时，对重大决策结果落实和督查不力，影响工作进度和

效果。

2. 高等学校民主决策廉政风险

提高决策科学化水平，依法决策是前提，科学决策是目标，民主决策是保障。建立健全领导、专家、群众相结合的决策机制，充分发扬民主，依靠集体的力量进行科学决策，就可以对决策进行及时补充和修正，保证学校的顺利发展。高校在这方面存在的风险主要有：民主治校、教授治教、专家治学的作用没有充分发挥，影响学校决策的民主性、科学性和专业性，造成决策失误。表现在：教职工代表大会代表履责意识不强，履责机制缺失，教职工代表大会制度形同虚设；教授委员会、学术委员会、学位委员会等专业委员会的组织机构和工作机制不健全，造成科学决策不科学，专业决策不专业。

（三）运行机制廉政风险

运行机制是规范权力运行的保障，但是在现实条件下个别单位不能根据改革发展和党风廉政建设的形势需要，及时完善各项规章制度，进行相应的机制调整，造成部分制度可操作性不强，贯彻落实不到位；部分机制缺乏相互支撑、相互制约，约束力和监督力的作用不明显，不能形成有效的监督和制约措施，使个人自由裁量空间不断扩大，各部门间的权力缺乏有效制衡和监督制约，从而造成部门权力失控，个人行政行为失范，滥用职权、"以权谋私"现象严重，廉政风险隐患不断加大。

1. 干部人事管理

（1）干部管理

为规范干部选拔任用和管理工作，防止和纠正用人上的不正之风，建设高素质党政领导干部队伍，中央出台了《党政领导干部选拔任用工作条例》等规定。对照相关法律法规的具体要求，结合学校实际，可以发现，学校在干部管理方面存在以下风险：①干部选任管理方面。岗位设置科学论证不足，存在随意性；岗位选拔条件标准单一，缺乏针对性；干部推荐、考察、民主测评程序和机制不健全，缺乏有效性；干部档案信息审核机制缺失，存在弄虚作假现象；干部任免事项酝酿、民主决策机制不健全；试用期培养考核机制缺乏科学性，指导培养不够；干部任期制管理不规范，人、财、物岗位交流机制不规范；个别高校甚至存在选人、用人违规和"买官卖官"、"跑官要官"等现象，影响干部队伍建设科学健康发展。②干部选任监督方面。干部监督"四项制度"落实不到位，对选任过程缺乏有力制衡，造成管理漏洞；干部考察预告、竞争上岗过程、任前公示等环节缺乏透明度，民主监督渠道不畅；群众信访受理及核查机制不健全，群众意见得不到重视；纪委、监察、组织联席会议机制不规范，监督力度不够，给违规行为可乘之机；干部选任回避制度执行不力，造成"唯亲任人"；干部选任责任追究机制不健全，滋长违规选任风气。③干部管理考核方面。后备干部队伍管理流于形式，滋生随意选人土壤；政治理论和党风廉政教育针对性不强，学习教育培训制度缺乏力度；领导干部廉洁从政各项法规未能落实到位，监督制约有效手段匮乏，存在个人违规"死角"；领导班子及领导干部考核机制缺乏科学性和有效性，科学发展观和正确政绩观要求未能充分体现；领导班子民主生活会重形式轻效果，问题整改落实不力；对干部的经济责任过程监管缺乏力度，不利于对腐败的有效预防。

（2）人事管理

为加强学校人事管理，使各项管理标准化、制度化、规范化，提高工作效率，促进教职员工的勤政廉政，增强其生机与活力，应该在人员聘用及管理、工资待遇、技术职称等方面建立和完善相应的制度，防范存在以下的廉政风险：新进人员选聘方面。新进人员（包括教学单位、后勤集团等各类人员选聘）岗位设置缺乏计划控制和科学论证，选聘标准不确定，程序不严格，缺乏有效监督制约机制；人才引进缺乏有效监管机制，面试考核和审核程序把关不严，引进效果难以保证，也易引起现有人才流失；人员聘用和管理制度不完善，合同履行和监管不力，造成虚报冒领薪酬的违规行为，制度形同虚设。同时，教职工劳动纪律执行情况缺乏有效监管，纪律处分处罚措施缺乏依据。

（3）薪酬审核发放方面

学校人事分配制度缺乏合理性和激励性，没有体现相对公平和优劳优酬原则；下拨院系的岗位业绩津贴额度计划不足或过多，可能导致下年预发放情况明显加大；医疗保险缴费基数核定不准确，影响教职工无法正常享受医疗保险待遇；校内医疗补助基金使用未经校内医疗补助委员会审批，可能造成基金使用不当。各教学单位在对所属教职工进行年度考核与津贴发放时，存在审核不细、把关不严等问题，津贴分配发放原则和标准不合理，有失公平公正。

（4）职称岗位评聘及基层学术组织负责人推免方面

学校和教学单位专业技术职务和岗位职级晋升制度不健全，岗位指数设置、评聘条件确定、评审过程组织、评议办法选取缺乏科学性和规范性，滋生重指标轻实绩、公正公平缺失等现象；申报材料把关不严，造成评聘材料弄虚作假现象；评审专家组成不合理，回避制度形同虚设，造成重关系轻能力、拉选票走后门、以权谋私等现象。基层学术组织负责人推荐任免不规范，造成选人用人的随意性，职工反响强烈。

2. 财务管理

为规范高等学校财务行为，加强财务管理，提高资金使用效益，促进事业发展，根据国家和上级有关法规，结合学校特点，有必要加强各种财务管理制度，堵塞管理中可能存在的如下漏洞：财务管理制度不健全，违规设立收费项目，收入管理不规范；违反收支两条线，虚报冒领，形成贪污、资金挪用和"小金库"；校内预算经费性质（国拨经费、自筹经费）、额度分配不合理，造成资金争取的"暗箱操作"；票据的使用不规范，造成违规使用现象；经费支出审批程序不严格，造成虚开发票、账物不符，资金利用效益降低；对二级财务监管不到位，会计委派形同虚设，诱发违规问题，甚至造成管理失控；教学单位经费使用不规范，审批不严格，管理混乱；引进人才配套科研启动金立项审查不严格、评审不规范、经费使用不合规，导致资助后效果不理想，且无法避免使用者中期调离给学校造成的经济损失及负面影响；科研经费使用违反合同条款，审批程序不规范，以致出现虚报冒领、套取经费、违规报销等现象。

3. 采购管理

据库中学生的成绩记录，不严格履行相关规定或违规审批，使不符合规定的修改成绩或者补录成绩的相关申请得到批准；违规出具成绩单和相关证明材料等，或出具与学生实际情况不符的成绩单和相关证明材料等。出题教师及教务人员泄露考试内容谋取私利，监考人员不认真履责甚至营私舞弊，评卷教师评人情卷，教务人员私自涂改考试成绩等。

第三，奖助学金发放方面。国家、社会、学校各级各类奖助学金制度建设有待完善，学生奖助学金申报、评审、公示环节存在虚报、漏报、错报现象；各级各类奖助学金评审、发放、监管机制不健全不规范，存在资金挪用风险；奖助学金管理缺少监管，发放存在随意性，不能做到公开公正公平。

第四，思想政治辅导员选任管理方面。违反国家和学校关于辅导员队伍建设的制度规定，辅导员选聘不能坚持任职标准，回避制度执行不力，存在以招聘为由谋取私利，任人唯亲，擅自安排不符合条件的人员担任辅导员现象；辅导员招聘过程缺乏透明度，监督机制和责任追究机制不健全。

第五，各项评奖评优和学生党员发展方面。对学生评奖评优工作重要性意识淡薄，没有充分发挥积极导向作用；评奖评优相关工作制度有待完善，学生考评体系尚不健全、不科学；评奖评优工作监管机制未落实，申报、评审、公示环节不规范，滋生违规评选风气，造成不公正现象；学生党员发展推荐程序不规范，公开透明机制不健全，工作随意性大。

第六，学生学籍管理方面。工作人员无视岗位廉政建设，私自修改学生（含继续教育）学籍、身份信息等，为冒名顶替的滋生提供条件；私自制作、发放学历、学位证书，制造假文凭、假学位；继续教育学生学习管理中，考试命题组织、试卷保密、考试监考、考卷评阅、成绩核定管理混乱，造成违规违纪，有失公正公平。研究生学籍管理工作风险表现为退学、休学等环节缺乏准确性，易引起管理上的混乱。免试推荐研究生方面，相关单位保研遴选工作制度、工作流程不健全，存在违规操作风险；保研遴选资格审核机制不健全，出具与实际情况不符的证明材料，影响遴选工作公正公平，损害广大学生的利益；没有形成有效的监督和责任追究机制，滋生违规遴选风气；教学单位对免试推荐研究生的学生成绩统计方法不规范，名额分配欠缺公平，因人而异，造成不公正现象。

（四）岗位职责风险

行政权力是按岗位进行设置和分配的，每个岗位的权力和责任都是不一样的。在实践中，岗位设置和权力配置不合理，造成岗位职责不清，在岗人员不能履行"一岗双责"或履行不到位；或者是权力配置不当，造成自由裁量空间过大，难以把握；或者是各岗位间权力运行不透明，促使暗箱操作现象频繁发生；或者是各岗位间在职责划分上缺少监督和制衡，易出现违反民主集中制，独断专行等廉政风险。

（五）业务流程风险

业务流程是组织内部为了达到特定的目标，按业务工作性质而设定的一系列活动。在这个活动中严格规定每项工作的先后顺序、工作内容、工作方式、工作责任等方面内容，以起到提高效率，规范行为的作用。业务流程风险是指因工作流程设计不完善、缺乏相互制约或执行不力，评估衡量体系缺失、不能及时优化，导致效果与目标的偏离，进而可能造成具体工作人员工作行为不顺畅，或者是不能正确履行职责，或者是在工作中不作为或乱作为，导致以权谋私、失职渎职等廉政风险或严重腐败行为的出现。

（六）教育行风建设廉政风险

1. 本科招生管理廉政风险

招生工作人员忽视岗位廉政建设，失职失责，利用职权暗箱操作、以权谋私。高考远程录取程序不规范，监控措施不到位，造成擅自调整考生专业、违规录取现象；艺、体特长生资格审核、现场测试、成绩核定监管不严，滋生违规问题；高考自主选拔录取管理不规范，考生资格审查、命题组织、试卷保密、考试监考、考卷评阅、成绩核定、名单确定等关键环节缺乏有效监控，产生管理漏洞；成人高考录取程序不规范，没有监控制约措施，造成违规录取，权钱交易。

2. 研究生招生管理

考生信息审核措施不力，未能将持有假身份证或学历信息的考生排除，导致虚假信息上报国家，造成招生工作的混乱；出题、试卷印刷及传递环节泄题，试题保密工作存在风险；招生考试环节存在考生违纪作弊现象，影响招生的公正公平；复试环节，复试原则和录取办法缺乏公开透明，泄露笔试考题，招考教师不严格履行职责甚至协助舞弊，面试缺乏公平公正，存在打"人情分"等现象。

3. 科研项目管理

校内项目申报论证、审批过程不规范，建设内容的确立和各建设子项投资额度确定，未经集体讨论，审核程序不完善，随意性大，存在暗箱操作的现象，影响校内科研资源的合理分配；项目立项申报忽视技术论证环节，形成管理"真空"。项目结余资金用途不准确、不公开，导致误用、滥用、甚至违规使用；项目调整未按国家有关规定办理，调整随意化、人情化，使项目不能按照批复内容进行建设，造成超标等现象。

4. 学术诚信管理

在科研中，抄袭、剽窃他人学术成果现象屡禁不止；教师利用学生搭车署名行为渐成惯例；导师对指导的学生未进行严格教育和认真把关，没有及时制止学生对他人成果的抄袭、剽窃；科研成果鉴定急功近利、弄虚作假。学位论文的学术不端检测制度不规范，造成暗箱操作，漏检避检，从中获取私利。

（七）外部环境风险

所有的行政权力都是在一定的环境条件下发挥作用的，这些环境条件对权力运行有巨大的影响作用。外部环境风险主要是指行政管理相对人在行政管理过程中对管理者进行利益诱惑或施加其他非正常影响，在这个过程中个别国家机关工作人员，可能经受不住来自外部环境的影响，造成权力失控、行为失范，导致失职渎职、权钱交易等严重后果的廉政风险。

二、高等学校由廉政风险引发为腐败的主要表现

高等学校存在财务廉政风险，这些廉政风险如果防控不到位，

必将引发腐败，高等学校的腐败主要表现为三个方面：

（一）高等学校的经济类腐败

1. 高等学校经济类腐败的领域

经济类腐败主要是指在高校经济活动中出现的腐败行为，多发生在高校管钱、管物的部门和校办企业，其主要特征是贪污、受贿、挪用公款、私设"小金库"、滥发私分钱物等。

2. 高等学校经济类腐败的主要表现形式

工作人员在学校基建、维修等工程，以及学校仪器设备、教材图书、学生用品、取暖用煤、学生食堂的膳食、校医院所需药品器械等大宗物品的采购过程中，不按规定招投标或搞假招标，从中收受回扣，中饱私囊；学校财务管理人员或直接贪污、挪用公款，或公款私存侵吞利息，或与社会人员相勾结进行诈骗，或违规操作，造成学校大量资金损失，学校内部机构、院系侵占截留国家拨付经费和外单位赞助资金等，私设"小金库"，集体滥发私分，或购买物资占为己有，校办企业经营管理人员中发生的各种腐败行为等。它不仅包括社会上一般企业容易发生的各种经济类腐败现象，而且更具有我国国有企业的腐败特征，如盈利不上缴、亏损学校补、个人得好处。科研经费的使用或管理者以各种名目和手段私自套取科研经费，用于个人奖金、津贴、旅游或其他非科研目的，或者将科研经费购置的设备器材据为己有，甚至贪污、挪用。

（二）高等学校的行业类腐败

1. 高等学校行业类腐败的领域

主要是指发生在招生、考试、收费等活动中的腐败行为。

2. 高等学校行业类腐败的主要表现形式

这种腐败行为具有明显的教育行业特点，主要表现为：学校招生人员滥用职权、徇私舞弊，招收关系生、人情生；有的利用学生求学心切，以帮助学生入学、选系、改专业等为名索贿受贿；在教学考试中，有的教师收受学生钱物私自修改学生考试分数，帮助学生蒙混过关；在学生管理中，有的教师利用各种评比、奖励、资金发放等工作便利谋取私利，或收受学生钱物，或直接贪污、挪用保管的经费。

（三）高等学校的学术类腐败

1. 高等学校学术类腐败的领域

主要指在高校学术运作和管理活动中存在的腐败行为。

2. 高等学校学术类腐败的主要表现形式

特点是学术活动受到非学术因素，如行政权力、金钱、关系、人情等的侵扰和影响。主要表现形式有：在学术论文、著作的撰写、发表、出版过程中，一些人抄袭剽窃、弄虚作假，审稿时拉关系、托人情，出版时买卖或盗用书号；在职称申报、科研立项以及科研成果鉴定评奖中，材料"注水"、骗取课题、虚假炒作；在职称评审、导师遴选、科研基金发放、各种奖项的评比等过程中，以人情甚至金钱关系代替学术的公正，循私照顾、内幕交易、程序草率，由此也带来了参选者送钱送物等不正之风的盛行；一些很少进行学术研究的人沽名钓誉，利用手中的权力或者职务的便利，获取学术职称或学术荣誉，捞取个人资本。

三、高等学校由廉政风险引发的经济犯罪

（一）高等学校由廉政风险引发的经济犯罪的概念

经济犯罪是指在商品经济的运行领域中，为牟取不法利益，违反国家经济法规，严重破坏社会经济秩序，依照刑法应当受到其处罚的行为。经济犯罪活动与杀人、抢劫、盗窃等其他形式的犯罪有着显著的差别。它最终的目标是获得资金，一次得手非法获利数额大大超过其他形式的犯罪。

（二）经济犯罪的种类

1. 信用卡诈骗罪

使用伪造、作废的信用卡，或者冒用他人的信用卡，或者利用信用卡恶意透支进行诈骗活动，数额较大的行为。

2. 信用证诈骗罪

使用伪造、变造的信用证或者附随的单据、文件，使用作废的信用证，骗取信用证以及其他虚构事实或者隐瞒真相的方法进行信用证诈骗活动，骗取货物或者银行款项的行为。

3. 保险诈骗罪

投保人、被保险人或者受益人故意虚构保险标的，对发生的保险事故编造虚假的原因或者夸大损失程度，编造未曾发生的保险事故，或者故意造成被保险人死亡、伤残或者疾病，骗取保险金，数额较大的行为。

4. 合同诈骗罪

以非法占有为目的，在签订履行合同过程中，骗取对方当事人的财物，数额较大的行为。

5. 侵犯著作权罪

以营利为目的，未经著作权人许可，复制发行其文字作品、音乐、电影、电视、录像作品、计算机软件及其他作品或者出版他人享有专有出版权的图书，或者未经录音、录像制作者许可，复制发行其制作的录像或者制作、出售假冒他人署名的美术作品，违法所得数额较大或者有其他严重情节的行为。

6. 职务侵占罪

公司、企业或者其他单位人员利用职务上的便利，将本单位的公共财物占为己有数额较大的行为。

7. 金融凭证诈骗罪

以非法占有为目的，采用虚构事实、隐瞒真相的方法，使用伪造、变造的委托收款凭证、汇款凭证、银行存单等其他银行结算凭证进行诈骗活动的行为。

8. 票据诈骗罪

故意使用伪造、变造或作废的汇票、本票、支票，冒用他人汇票、本票、支票，或者签发空头支票或与预留印鉴不符的支票，签发无资金保证的汇票、本票或在出票时作虚假记载骗取财物，数额较大的行为。

9. 集资诈骗罪

以非法占有为目的，使用诈骗方法非法集资，数额较大的行为。

10. 有价证券诈骗罪

使用伪造、变造的国库券或者国家发行的其他有价证券骗取财物数额较大的行为。

11. 非法吸收公众存款罪

行为人违反国家有关规定，非法吸收公众存款或者变相吸收公众存款扰乱金融秩序的行为。

（三）高等学校的经济犯罪案例

高等学校的经济犯罪主要有：侵犯著作权罪；职务侵占罪（贪污受贿罪）；票据诈骗罪等，涉及案例多，影响极坏。

1. 某大学原常务副校长（正厅级）陈某、原常务副书记（正厅级）龙某受贿案

以受贿罪，判处陈某有期徒刑 12 年，并处没收个人财产人民币 15 万元；判处龙某有期徒刑 10 年，并处没收个人财产人民币 5 万元。法院经审理查明：2000 年至 2009 年，被告人陈某在担任某大学副校长、常务副校长期间，利用职务便利，在学生公寓、筹建分校等项目中，为 H 集团提供帮助，收受该集团董事长巴某贿赂的人民币 115 万元、美元 1 万元；为 Z 集团在该大学承接工程提供帮助，收受该集团分公司经理陈某贿赂的人民币 5 万元和 6000 美元；为该大学后勤保障部等部门在申请工作经费、解决拖欠款项等方面提供帮助，多次收受上述单位负责人贿赂的人民币共计 11.9 万元。2000 年至 2003 年，被告人龙某在担任该大学副校长期间，利用职务便利为 H 集团与该大学联合修建学生公寓及施工过程中谋取利益，收受巴某贿赂的人民币 41 万元；为 Z 集团在该大学承接工程提供帮助，收受陈某贿赂的人民币 20 万元。陈某、龙某身为国家工作人员，分别利用担任某大学副校长、常务副校长的职务便利，为他人谋取利益，收受他人巨额贿赂，其行为均已构成受贿罪。

2. 某外国语学院继续教育学院原院长王某、原办公室主任王某某私分国有资产案件

2006 年 7 月至 2009 年 1 月间，被告人王某、王某某在分别担任某外国语学院继续教育学院院长、办公室主任期间，以购买办公用品的名义购买购物卡，或将收取的学生住宿费收款后不入账而以奖金、劳务费、过节费等名义，发放给继续教育学院教职员工及外聘教师，共计 514 万余元。

3. 某理工大学原党委书记白某受贿案

白某利用职务便利，在学校工程设计业务以及某工程学院设计研究所企业性质证明中，为该工程学院设计研究所所长沈某谋取利益，先后四次以少付装修材料款、接受商品房首期付款等形式，由本人或者通过其子收受沈某送的人民币 66 万余元、欧元 1000 元以及价值人民币 1.6 万余元的钻戒一枚。

第二节　高等学校廉政风险案件中
经济犯罪的典型特征

近年来，高等教育规模快速扩张，在高等学校经费来源及使用的市场行为逐渐增多的背景下，校园内的经济腐败和职务犯罪案件呈上升势头，高等学校的经济犯罪具有以下的典型特征。

一、高等学校权力集中部门和岗位的违法违纪案件易发多发

一些干部利用教育资源的调配权、审批权、采购权、监管权等权力谋取私利。据检察机关分析，教育系统已经成为职务犯罪六大高发领域，而且高校违法违纪案件的数量在教育系统所占的比重比较高。2007 年，中纪委驻教育部纪检组监察局对四川、浙江、陕西、重庆、江苏等 9 个省市违法犯罪案件情况进行专项调查显示：高校腐败案件数量在教育系统案件总数中的比重一直居高不下。有关资料显示，高校个别领导干部和公职人员利用职务便利，通过权钱、权色、权学交易发生的受贿、贪污、侵占、挪用公款案件占到高校腐败案件的 90% 以上，涉案金额从数万元到上千万元不等，造成的社会影响较大。天津高等学校信访举报数据显示，群众反映的问题主要集中在贪污受贿、违反廉洁自律规定、违反财经纪律、失职渎职，占总举报数的 74.88%。

二、廉政风险案件集中在重点领域

违法违纪案件主要集中在基建、招生、采购等工作领域和重点

环节。当前，高等学校主管基建、招生、采购的校级、处级干部相继成为不法商人拉拢侵蚀的攻击目标。近年来全国高校校级干部违法违纪案件中，绝大多数与基建工程的招投标、发包、追加工程、结算工程款等环节出问题有关；个别校领导和公职人员利用决定学生能否上学、能否取得学籍的权力，在特招、自主招生等环节上徇私舞弊，大肆贪污受贿；还有个别人员利用大宗教学仪器、图书教材、网络设备、药品采购的职务之便，大肆收受"回扣"。2001—2011 年天津市高校纪检监察系统查办案件数据显示，以私分国有资产、贿赂、贪污、挪用公款和巨额资产来源不明为主要形式的贪污贿赂（占 22.99%）和以私设小金库、截留私分国有资产为主要形式的违反财经纪律（占 11.49%）等问题比较突出。

三、违纪行为主体多元化

1. 从事高等学校管理的党政干部特别是领导干部问题比较突出

据已知的违法违纪案件分析，从校党委书记、校长、副校长到处长、科长乃至财务会计和一般员工，都有违法违纪案例的发生，因此高校违法违纪案件具有一定的普遍性。如 2006 年某工业大学商业贿赂系列案的 9 名案犯中，8 名案犯为负责采购学生教材和图书的管理员；某科技大学所属医学院只有 4 人的教材科几乎每周都拿书商的回扣款发"红包"，4 年共瓜分了 81.57 万元。

2. 绝大多数案件的行为主体属于行政管理干部

绝大多数案件的行为主体属于行政管理干部，且具有副教授以上的专业职称，有的还是博士、博导，招生、基建、后勤、财务、校办产业等内设部门的人员比例较高。2001—2011 年，天津市高校纪检监察部门共立案查处违纪人员 101 人，挽回经济损失 2481.07 万元。其中处级以上党员干部 27 人（占 26.74%），科级干部 19 人（占 18.81%），一般干部 14 人（占 13.86%），以教师、教辅人员、后勤职工等非校内机关公职人员为主的其他人员 41 人（占 40.59%）。

四、串案、窝案越来越多

单一作案减少，串案、窝案越来越多，在同一基建工程受贿案件中，校长、副校长与处长、副处长或主管会计、出纳共同参与，集体谋划，分工合作，呈现出"集体扎堆腐败"的特点。如，某经贸学院的经济犯罪案件涉案金额达 600 多万元，涉案人员达 33 人，其中处级干部 11 人，科级干部 12 人。某石油化工学校受贿案，领导班子中有 4 人被捕。某政法学院基建处 4 名处级干部被司法部门立案。再如，2004 年四川省高校发生的"教材腐败案"，涉及全省 13 所高校的 36 人被立案侦查，3 名处级干部受贿百万元以上，涉嫌犯罪总金额高达一千多万元。

五、高等学校财权部门成"重灾区"

湖北省有关部门关于高校领导干部违法违纪典型案件查处情况通报指出：目前高校经济腐败案发案急剧上升，主要发生在权力集中、资金流量大的领域，基建、采购、招生等财权部门是"重灾区"。自 2003 年 1 月至 2005 年 10 月，武汉市检察机关查办武汉地区高校领导干部职务犯罪案件 41 件 46 人。这 46 人中，涉及基建招投标及后勤维修工程领域的 18 人，占 39%；教材、教学设备等采购部门 15 人，占 33%；招生环节 7 人，占 15%；财务管理环节 6 人，占 13%。备受关注的"某大学基建招投标案"中，该大学原副校长李某在任校长助理、副校长期间，多次收受开发商、建筑承包商贿赂计人民币 86.2 万元；原校长助理吴某，校规划建设处原处长张某、副处长万某、副处级干部吴某，原财务处长彭某等人也在基建工程招投标活动中受贿，总额达 200 万元。同样是分管后勤的某科技大学附属医院原副院长刘某，先后收受业务往来单位及个人贿赂 22 万多元。某经济学院基建处处长朱某、某民族大学基建处处长郑某等人也相继涉嫌经济犯罪"栽了跟头"。

高等学校密集的省份陕西，近年来"落马"的 7 名厅级高校领导干部中，有 6 名是因分管基建受贿而"翻船"。采购是高校经济腐败的又一个"温床"。

高等学校财权部门频发的经济犯罪案件在很大程度上体现了现行我国高校的普遍状况，也凸显了问题的严重性和亟待解决性。

六、高学历与低"免疫力"形成强烈反差

高等学校经济腐败案件的多数涉案人员都有一个共同的特点，即具有高学历、高职称，同时对社会不良风气的免疫能力又极为低下。在湖北大学基建招投标案中，工程承包商借打牌拉拢大学几位管基建的干部，打牌前先给每人发 1 万元作赌资，事发后一名涉案人员曾辩白说："这不过是朋友聚会，在一起娱乐，怎么会是犯罪呢？"其对法律法规的无知，很有典型性。对法律的无知和私欲膨胀，导致这些人抵御不住社会不良风气的诱惑，在违法犯罪的路上越走越远。犯罪嫌疑人的另一个共同特点是由被动到主动。"我没有受贿，我没有犯罪，是他硬要往我包里塞钱！"高校几名犯罪嫌疑人在接受讯问时都说过类似的话，这令检察人员很是震惊。某大学原副校长李某在《悔过书》中这样剖析自己的堕落过程："周围的朋友过得潇洒……渐渐看不惯的现象也逐渐接受，思想开始滑坡，经不住金钱诱惑，私欲贪财之心滋长起来，开始敢收几千元的红包，后来装有几万元的信封也照收不误……"难以置信的是，还有人知法犯法，为的竟是"不伤面子"。某大学网络教育学院原院长郭某，先后收受网络工程承建单位、网络设备供应商提供的贿赂款 30 余万元，他在交代犯罪事实时说："不收下蛮伤别人的面子。"

七、廉政风险引发的职务犯罪凸显监管漏洞

高等学校案件呈上升势头的原因，除了个体主观问题外，监管缺位起到了推波助澜的作用。在信息招投标采购中，虽然学校也有制度，如设立领导小组、分管校领导把关等，但实际操作中还是采购中心全权负责。在采购过程中，所谓"阳光招标"只是走程序，申请项目的部门既没有参与权，也没有建议权，更没有监督权，这就为采购项目的暗箱操作提供了机会。而对采购项目的审计则往往是事后行为。检察人员举例说，某大学每年采购额在 3 亿元左右，

全由采购中心原主任成某的"一支笔"当家，他在负责该校设备采购及工程发包工作中先后多次收受 12 家供应商贿赂计 40 多万元。而在这个中心分管教学及科研设备采购的原副主任鲁某也很快步其后尘。某教育学院教育管理系有关负责人集体贪污案也很典型。相当长一段时间，原先的系主任刘某、系副主任屠某、党总支书一记常某等 3 人利用财务管理漏洞，将每年全省培训中小学校长及非师范专业教师的费用打入会计个人户头，金额最高时达 200 多万元，完全是自由支配。一些教职员工表示，慑于领导的学术地位，即便平时对他们的一些作为有看法，也不敢提出建议或劝告。检察人员说："个别部门中，个人一言论代替了国家政策和学校制度，这正是高校经济犯罪案开始上升的重要原因。"

第三节　高等学校廉政风险的成因

高等学校廉政风险频发，并引发腐败和经济犯罪，情况十分严重，究其成因是多方面，值得深入研究探讨。

一、转型期高等学校价值观的变迁

1. 制度、体制和机制不完善

我国正处在社会经济体制转型当中，旧体制的弊端在一定范围内仍然存在，同时新体制刚处于起步阶段，尚不成熟；两种经济体制并行有时还会发生摩擦和冲突，同时新体制真正形成前也存在一些漏洞。正因为当前这种制度、体制和机制的不完善，给腐败现象提供了方便，提供了腐败交易的土壤。

由于种种原因，中华人民共和国成立初期在经济领域实行高度行政化的计划经济。在这种经济体制下，经济生活中的各种生产资料和生产指标都严格地接受行政命令，个人几乎没有一点经济上的自主权。党的十一届三中会以后，中国把经济改革的目标定位为建立社会主义市场经济体制。由于中国在经济改革中同样实行的是渐进的改革模式，因此，在中国的经济领域就出现了一个新旧体制共存和逐步转换的过程。这两种经济体制的共存，使得某些腐败现象有了在两种经济体制夹缝中生存的空间，给腐败行为留下了制度漏洞。因此，当前在经济改革中出现了一些歪门邪道，"你有政策，我有对策"，一些人歪曲现行经济政策，利用经济管理工作的漏洞进行各种违法活动。

2. 当前社会上不正之风的影响

当前高校已不是与社会绝缘的"象牙塔"，社会上不正之风吹进校园，个别思想道德观念不强的领导干部在利益面前蠢蠢欲动，贪拿取占。社会上不法分子为了求取私利，将目标定位在高校，专门拉拢腐蚀那些意志不坚定的领导干部，行贿受贿、权钱交易等，严重地败坏了大学的风气。

3. 封建腐朽思想和资本主义思想的残余和侵烛

中国经历了漫长的封建社会阶段，而腐败现象则是封建主义残余影响尚未肃清的表现。部分党员干部身上发生的某些腐败行为，追根溯源都是来自于封建主义的特权意识和等级观念。另外，随着改革开放的进一步深入，不仅西方的先进技术、管理经验和优秀制度传入国内，奢靡主义以及极端个人主义等糟粕也乘虚而入。实行改革开放政策必然会带来一些坏的东西，影响我们的人民。要说有风险，这是最大的风险。

二、高等学校的权力运行产生财务廉政风险

高等教育是一个复杂的社会系统。政府、高等学校与学生都为社会服务，各自又是社会的一部分，相互不能替代。而社会还包括三者以外的各种利益集体，这些利益又不同程度地影响着政府、学校与学生。政府通过公共财政等管理，支持高等学校培养人才，满足社会的人才需求。因此，高校权力结构可以分为行政权力、学术权力、其他利益群体的权力三个部分。我国的高等教育则具有自己的特点：

（一）政治权力、行政权力对学术权力的挤压

在高等学校中，政治权力和行政权力通过法律授权，建立了庞大的组织体系。在学校以下设学院、学系，学院与学系的党政领导一般由学校任命，在校、院、系之间形成了严格的等级，权力中心

在学校。在各种学术权力机构中，党政治理人员（当然大多本身也在学术上具有一定权威）占据相当大的比例，使得学术权力成为政治权力、行政权力的附庸。

从高等教育的本质来说，学术权力应当在高校处于主导地位，确立学术权力在高校内部权力关系中的主导地位，这是由高校的职能及其特征所决定的。在学术发展日趋专业化的时代，大学内的基本活动是学术性工作，而学术活动是根据学科来进行和组合的，由此形成分裂的专业，相对松散的组织结构，并不太严格的学院或学部、系或讲座层次。

（二）学术权力是学校治理的核心力量

在高等学校的权力结构中，学术权力应该居于主导地位。明确学术权力的主导地位，并没有否认政治权力和行政权力的重要地位。政治权力、行政权力主要是为了保障学术活动的顺利、有效实施。政治权力在高校发展中居于领导地位。无论是政治权力还是行政权力都不是高校的本质特征，其职责都是为了实现以人才培养为中心的学术活动的正常进行。政治权力和行政权力的作用更多地体现为创造学术自由的氛围，组织各种力量和资源实现学科专业建设的目标，其动员力、执行力直接关系到学术活动的正常进行，也直接关系到高校的发展。学术权力的实现需要法律法规的刚性规定的支撑，需要大学章程等具有法律效力的文件确立相应的程序、规则和方式，使其在制度层面获得存在和发展的基础和动力。但在我国高等教育的现实情形中，学术权力与行政权力的主次关系恰恰被颠倒了过来。

（三）党委行政权力高度集中

1. 党委领导下的校长负责制

《高等教育法》规定高等学校实行党委领导下的校长负责制，对于保证高校坚持党的领导、坚持正确的政治方向具有重要的意义。但是，高校内部权力结构还必须遵循高等教育发展规律，必须符合高校特点。高校的领导关系只有符合大学的本质特征，才可能构建合理有效的权力结构，也就是说，党委领导下的校长负责制，在实践中必须与高校的特点有机结合起来，通过制度建设明确规范高校内部政治权力的范围和运行方式，是完善党委领导下的校长负责制的重要课题。

2. 党委行使权力的形式

党委的职能主要体现在把握高校办学方向和相关的政治思想工作上，党委政治权力的发挥主要是以宏观性和超前性为特点，校长的行政权力主要是为了保障大学治理的高效运转。在新的历史条件下，政治权力的实现必须积极探索新方式，既要遵循政治权力的运行规律，也必须适应高校的特点。根据现代执政党的经验，政治领导最有效的途径是将党的意志通过民主的立法程序变为法律的规定。在高校治理中，政治权力的实现同样需要通过一定的表达形式，即建立一套民主程序，使党的基层组织提出的议案在民主程序中通过，成为学校治理的决议，并以党委的思想政治工作保证党的路线、方针和政策得以贯彻落实。党委领导下的校长负责制是"党委领导"和"校长负责"相结合的权力关系。从实际运作来看，"党委领导"实际上也是通过行政治理运作的方式，使政治决策行政化。公立高校的校长一般由政府任命，党委和校长共同组成高校的领导体系。

《高等教育法》规定，"党委领导"职责比较原则，校长行使职权方式缺乏严格的程序规定，因而容易导致架空"校长负责"，甚至以党委领导取代校长在高校治理运作中的地位。学校党委要把主要精力放在想全局和抓大事上，解决倾向性问题，抓关键性工作；要查办不按程序办事和随意插手越权办事，为校长依法独立负责地解决各种问题和正确行使自己的职权创造良好的外部环境。在明确党委领导权及其范围和运行方式的同时，需要进一步明确党委如何确保校长职责的实施，这不仅是党委议事规程的问题，实际上也是高等教育法制建设的重要问题。规范政治权力与行政权力的效力范围，有利于高等学校的校长全面负责本学校的教学、科学研究和其他行政治理工作，有利于提高校长对党委领导的决策执行力。

三、思想政治工作薄弱

邓小平曾经指出，十年最大的失误是教育，这里我主要是讲思想政治教育。多年来，我们的一些同志埋头于具体事务，对政治动态不关心，对思想工作不重视，对腐败现象警惕不足，纠正的措施也不得力。腐败现象很严重，这同不坚决反对资产阶级自由化有关系。由于对腐败的危害性认识不足，有些领导不重视思想战线的斗争，忽视党的建设，造成党不管党的状况，放松了对党员的政治理论教育和优良传统教育以及党风党纪教育，加上执行党的纪律失之于宽、失之于软的现象长期得不到解决，导致一部分党员干部党性不纯，个人主义膨胀，进而走上了一条腐化堕落的道路。

通过教育手段约束风险易发群体力度不够，缺乏对高等学校领导、管理人员等的警示廉政风险教育。高等学校的反腐倡廉教育工作必须紧密结合高等学校领导干部的思想实际，大力提高反腐倡廉教育的针对性和实效性，形成廉洁光荣、贪腐可耻的良好校园氛围，筑牢高校领导干部的思想道德底线，摒弃拜金主义、享乐主义的价值观，抑制产生廉政风险的动机，促使高校领导干部养成清正廉洁、求真务实的良好作风。加强高校教师师德师风和学术道德建设，促使高校教师遵守学术道德，严防学术腐败，遏制学术不端行为，立德立言，正己正人，为高校营造良好的学术氛围。

四、高等学校运行机制存在严重的财务廉政风险

高等学校的财务廉政风险存在于高等学校的教学、科研、行政及后勤管理的各个环节，廉政风险的风险点，存在于高等学校廉政风险高发的领域，基建维修、物资设备采购、招投标、招生考试和后勤外包等。高等学校未能在管理机制中，完善对廉政风险的防控，未能对风险发生的主体特点进行有针对性的防控工作，廉政风险防控系统功能不健全，对"管钱、管物、管人、管证、管权"等廉政风险多发领域，频发违法违纪案件的部门在业务流程、制度规范、管理监督等方面的廉政风险点未能建立健全权力制衡机制，使这些领域的工作业务与廉政风险防控互相偏废，重业务轻防控。

高等学校廉政制度建设相对滞后。高等学校在廉政制度建设上只是停留在对廉政知识及廉政价值观念的口头教育和灌输，并没有将相应的廉政制度的内涵普及教工群体甚至学生群体。其表现形式

更多的只停留在一些表面，对制度、体质等源头的建设缺乏系统性，不够健全和完善，刚性约束不强，超前性研究不够，制度建设显得相对滞后，与时代要求的廉政制度建设和反腐倡廉的形势极不适应。特别是在廉政制度建设的激励和惩戒机制、长效机制等方面研究得不深，操作性不强，存在明显缺陷。廉政制度对高等学校党政领导干部行使权力作出了很多原则性的规定，具体可操作的细则较少，缺乏对落实制度的程序性规定，尤其是领导干部过于集权，带头破坏原则的行为造成严重的负面影响，导致上行下效，较好的制度被破坏，这也会影响制度建设的与时俱进。

五、高等学校的监督体制不到位，廉政风险引发腐败并滋生职务犯罪

只要权力不受监督或监督不力，腐败就是自然而然的结果，腐败不会因为大学的神圣和清雅就绕道而行，腐败更不会因为大学的良知和道德就渐然而退。腐败就像桶里的水，就像气球里的空气，只要有一个洞、一个孔，它都可能窜出来肆虐一番，或小打小闹或兴风作浪，在它的眼里，有道德之分、没有雅俗之别，一旦权力的篱笆有了缝，圣人都可能逃不脱私欲和利益的诱惑。这不仅是大学的权力规律，也是全社会的权力规律。目前我国高等学校监督制约体制不完善，制度执行力度不够。为适应较大规模高等学校的发展要求，近两年高等学校普遍进行了以学院制建设为核心的内部管理体制改革，很多高校在改革中只强调"权力下放、重心下移、自主管理"，而忽视了监督制约机制的配套建设，使权力处于失控状态。有些高校虽然制定了一些规章制度，但执行力度不够，制度形同虚设。出现个别二级学院负责人曲解"一支笔审批制度"，滥用权力，造成挪用公款、虚报冒领私分钱物等腐败现象的发生。

在中国特色的社会主义建设新时期，经济建设是党和国家一切工作的中心，随着经济的发展，各级、各种权力对经济的影响越来越大。

权力与经济之间的联系也越来越多，如何防止权力与经济活动的联系演变为权力与金钱的交易，便成为一个十分紧迫的现实课

题。高等学校校内监督、群众监督、法律监督体系还不完善，还没有形成一套精细缜密的权力监督制约机制，对腐败现象还不能防患于未然。高等学校领导对市场经济条件下理财环境的新变化、新问题缺少重视与研究，仍然按照计划经济的思想去指导财务工作，致使财务工作出现管理不到位，漏洞较多。财务工作管理面狭窄，功能单一。很多高等学校的财务工作仍然是墨守成规，沿用单纯核算型的管理模式，使学校大宗物资采购、基建工程、投资等经济工作中很多重要环节的财务监管缺位，给腐败分子以可乘之机。

六、高等学校廉政文化建设不到位

（一）高等学校廉政文化建设理论研究欠缺

就目前来说，专门研究高校廉政文化建设的人员不多，廉政文化建设的理论成果也相对不足，没有形成一个浓郁的理论研究氛围和研究环境。一些从事反腐倡廉工作的同志，大多也是有着丰富的实践经验，但其理论水平和廉政文化理论学术研究水平又相对比较缺乏，不能对廉政文化进行深入研究。另外，我国对高校廉政文化建设的理论研究时间较短，总体上研究高校廉政文化建设的理论还不成熟，没有对高校的廉政文化建设做深入的研究，还没有形成一套公认的系统性理论。从有关数据统计来看，真正具有相关专题研究的专家屈指可数，像清华大学的任建明教授、福建农林大学的郑传芳教授等，属于其中的佼佼者。

（二）高等学校廉政文化建设认识不到位或缺位

个别领导干部对高校廉政文化建设的重要性认识不到位或认识缺位。没有真正认识到廉政文化建设对高校发展的重要性，认为廉政文化建设都是软指标，仅仅采取开会、宣传、收看幻灯片或廉政警示片等简单形式；也有些领导认为高校廉政文化建设与自己无关，都是纪检部门的事，上级部门来检查时，才张贴几幅宣传画，象征性地征订一些杂志，完全忽略了廉政文化建设的精神实质和精髓，往往把张贴几句警示语、组织几场演出当作廉政文化建设的全部内容，不注重从廉政理念的内涵上做提升，缺乏了廉洁价值观的培养，忽视了廉洁制度的健全，也没有专门的行为规范约束。

　　一些普通教职工对廉政文化建设的认识也不到位。高校教职员工都受过良好的优质教育，是高校教书育人的主力军，师德要求廉洁从教、以德树人，但现实生活中，很多老师认为廉政和自己没什么关系，自己没什么权力，也不会有什么腐败贪污的行为发生。还有一些老师认为营造廉洁文化氛围，对学生进行廉政文化教育都是政治理论课老师的责任，和自己无关。还有一些老师为了个人利益在学术上造假，贪污科研费用等，这些行为和做法直接影响了教师的光辉形象，也直接影响着大学生的人生观和价值观。

　　许多大学生对廉政文化缺乏认识，廉洁意识淡薄，认为自己还是一个学生，和贪污腐败根本沾不上边，因此他们对社会上的腐败现象视若无睹，渐渐对根除腐败持怀疑态度；还有些学生平时不思进取，考试作弊替考，为当学生干部和入党走后门、拉关系，为评优评先贿赂老师和辅导员等。这些都是对廉政文化建设认识不到位的表现。

（三）　高等学校廉政文化建设教育内容缺乏针对性

　　当前有些高校廉政文化建设内容、形式还存在着一些亟待解决的问题。一是廉政教育缺乏针对性、系统性，导致廉政教育效果不明显，廉政教育活动没有渗透力，往往流于表面，难有实效。有些高校开展各项廉政教育活动时没有层次安排，没有把学生、党员干部、一般教师区分开来，结果造成不同人群对廉政建设认识不统一。甚至少数干部还认为学校是一方净土，老师只要做好教学工作就行了，廉政是学校领导干部的事情；而部分学校领导也认为学校就是清水衙门，经费就那一点，搞不了什么贪污腐败，廉政建设对付一下就行了。正因为这样，一些学校的廉政文化建设实际上收效甚微，廉政教育活动没有渗透力。二是廉政教育内容单调，缺乏载体。许多高校开征廉政建设仅限于开会、作报告，对学生的廉洁教育也只是"树典型、听讲座"，没有搭建有效平台开展廉政主题教育活动，忽视了校园网络、广播、橱窗、报纸等媒体的作用，不能从文化角度审视、评价干部，没有充分利用各种载体陶冶师生情操，很少把大学生廉洁教育融入校园文化建设和舆论环境建设。有些高校只注重硬环境的投入，对于廉政文化这种软文化和软实力的投入不够，资金投入不到位，廉政设施、廉政基地，师生的廉政物质文化建设往往滞后，不能得到及时保证。对目前大学生中非常普遍的考试作弊、代考，为评先进、评优、入党贿赂辅导员，论文抄袭、造假等问题，没有针对性地展开廉洁思想教育，导致廉政文化教育效果不理想。

（四）高等学校廉政文化建设教育方式形式单一

有些高校只注重法律制度和纪律规范等硬性规定教育，没有将廉政文化与大学生的理想信念教育相结合，不愿意在培养大学生正确的世界观、人生观和价值观等软性教育上花费时间，只负责告诉大学生哪些可以做，哪些不可以做，但具体到为什么可以做，为什么不可以做，没人来解释和讲解，使得大学生对廉政知识只能知其然而不知其所以然，没有使大学生认识到腐败会带来哪些严重危害和后果。还有一些学校没有将优秀的传统文化与当今时代精神和民族精神相结合，没有将廉政文化贯穿于当前的民族精神和时代创新精神中，缺乏一定的时效性。还有一些高校在廉政文化建设中不分主次、不分对象，眉毛胡子一把抓，不能将廉政文化建设贯穿到日常教学实践中，没有把廉政理念融入专业学习的各个环节中，没有将廉政理念渗透到教学实践的各个方面。

（五）高等学校廉政文化建设监督机制乏力

很多高校在进行廉政文化建设时责任主体不明确，没有专设部门来统筹廉政文化建设工作，即使有专门的部门，也是分头管理，各自为政，缺乏统一指挥，没有协调组织，呈现出忽冷忽热、穷于应付的局面。学校往往将不同群体的廉洁教育分给不同的部门，比如干部的廉政教育归纪委，学生的廉洁教育归学工部，教职工的廉洁教育有的在工会、有的在人事处、有的甚至没有主管部门；而且，在一些特定时间段里（如党风廉政建设宣传教育月期间）抓得热火朝天，而过了特定时间，就偃旗息鼓，没有警钟长鸣，将廉政文化建设作为日常工作开展起来。

高等学校廉政文化建设是一项复杂的、长期的系统工程，需要一套行之有效的监督机制做保障，但现实中，很多高校没有形成统一的党政齐抓共管的监督机制，缺乏强有力的监督和制约，或者监督机制软弱，有人评价现在的监督是：上级检查雾里看花，党内民主监督流于形式，群众监督形同虚设。没有形成统一协调的领导机制和工作机制，高校内思想政治教育部门、纪检部门和相关监督部门各自为政；特别是有些高校在进行校园文化建设时没有注意将廉政文化建设纳入其中，没有结合教学部门统一部署工作，落实检查考核效果，导致高校廉政文化建设成效不大。由于缺乏有效的监督机制，制衡权力的力量很小，这样的结果往往是腐败问题败露出来了才想到制度上的漏洞，亡羊补牢悔之晚矣。

（六）高等学校廉政文化建设没有建立长效机制

学校缺乏长期、有效的廉政文化建设规划。目前各高校普遍重视校园廉政文化建设，但各高校廉政文化建设的力度还显得不够，没有把廉政文化建设纳入党的建设和构建和谐校园的整体规划中，只是按照上级的要求安排一些活动，被动地应付检查，也没有真正开展常规性工作，比如定期召开廉政工作会议、交流工作经验、研究问题、布置和督查廉政文化建设，没有建立完善的上下联系，没有建立各部门及二级学院之间相互沟通的立体网络。

缺少配套的廉政文化建设保障机制。高校内部的一些管理制度只是停留在书面上，与现实情况和实际工作脱节，没有实际效果，而高校内部纪检监察力量本来就薄弱，从而导致一些高校内部纪检监察机构形同虚设，监督、管理不能真正落实。

学校各部门缺乏协调配合，不能形成廉政文化建设合力。高校廉政文化建设作为涉及反腐倡廉工作的系统工程，纪检监察部门需要调动组织、人事、学工、团委、科研、财务、教务、基建、招投标等涉及人、财、物管理的各个职能部门密切协作配合，需要广大教师、班主任、辅导员和学生广泛参与，形成廉政文化建设整体合力。但从目前的情况来看，很多高校的纪检监察部门势单力薄、力不从心，处于"单打独斗"的尴尬状态，没有真正建立起形成整体合力的工作机制。

高校廉政文化建设是一个复杂系统的长期工程，需要各个部门通力合作、协调建设，道德自律能够发挥对人性的激励，但如果缺乏制度的约束，道德有时也不堪一击。在今天物欲横流的社会氛围中，手里掌握一定权力的人一旦燃起对物欲的渴望，道德约束就会显得虚弱无力，因此，高校急需建立一套规范的、行之有效的约束机制和监督机制。

（七）高等学校廉政文化建设没有形成廉洁的校园文化环境

校园文化环境主要是指学校的三风建设：教风、学风和管理作风。在现实的教学实践中，很多学校不重视三风建设，没有形成廉洁的校园文化氛围。很多高校只注重抓教师的教学质量，认为学校就是培养人才的，教师学术搞好了，就能给学生传授更多知识，学生就更容易成才，所以很多高校把工作重点和精力全都放在教师队伍学术水平方面，对教师的道德情操重视程度不够，近年发生了一系列学术抄袭案件。

高等学校学风不佳，考试舞弊、替考时有发生，学校只注重学生考试成绩，不重视道德培养，评优评先也主要参考学生考试成绩。有些大学生政治信仰迷茫，认为学与不学一个样，学习动机更加功利化；有些缺乏明确的学习目标，精力旁移，网瘾难戒，学习品质和学习能力普遍下降，整个校园没有形成积极向上的良好学风，更没有"为中华崛起而读书"的豪情和使命感；有些学生不爱学习，甚至消极地认为这是个"拼爹"的年代。这种现象值得引起重视。

高等学校领导官僚作风严重，唯我独尊、独断专行，容忍不了不同声音，组织内部没有民主集中，党员干部的生活作风、思想作风无人监管或者监督不够，不时爆出校长、教授嫖娼的丑闻，大大败坏了高校的风气，影响了高校在社会上的声誉，有些人甚至说高校部分科研人员"白天是教授，晚上是禽兽"。最近曝光的某学院团委副书记艳照门事件、某职业技术学院团委干部艳照门事件等等，也反映出当前高校部分领导干部生活作风糜烂，道德操守急待提高；最近湖南某高校原院长嫖宿被抓也被传为"佳话"，这些都是高校不注重加强领导组织作风、管理作风、生活作风、学习作风等的表现。面对严峻的形势，高等学校各部门要相互配合、相互协调，特别是领导干部要率先垂范，科学、严谨地切实抓好高等学校管理作风，发扬民主，发动群众，通力合作，形成和谐、廉洁、清正的校园风气。

　　廉政文化进校园，应该坚持引导原则和接受原则，从领导、教师和学生三个层面抓起，通过学科教育、主题文化活动教育、增加社会实践等三个途径，大力弘扬廉政文化。廉政教育和学科教学相结合，廉洁教育和法制教育相结合，廉政文化和传统文化相结合，在高校中形成廉洁奉公、诚信做人、遵纪守法的道德意识氛围，使广大干部师生树立起廉洁从教、廉洁做事、廉洁一生的坚定信念，从而构建和谐、廉洁的校园环境。

第三章 高等学校廉政风险
防控体系及缺陷

第一节 国家廉政风险防控体系的构成

国家廉政风险防控体系为高等学校廉政风险防控保驾护航，我国廉政风险防控体系由国家廉政风险防控的机构体系、廉政风险防控制度体系、廉政风险防控信息系统和廉政风险防控监督体系等部分及其相互作用的机制构成的。国家廉政体系是一个综合性的结构，包括纪律检查机关、行政监察机关、审计机关、人民检察院及国家预防腐败局机构，也包括反腐倡廉的目标定位及检验标准，还包括反腐倡廉的政治文化、社会价值和思想观念基础。国家廉政体系为高等学校反腐倡廉提供了综合性的制度设计，为高等学校整体性的反腐倡廉保驾护航。

一、国家廉政风险防控的机构体系

（一）纪律检查机关

1. 纪律检查机关的机构设置

在《中国共产党章程》（以下简称《章程》）中纪律检查机关指中央纪律检查委员会。简而言之，既包括"中纪委"这一中央层级的检查机关，还包括各级地方的纪律检查委员会。根据《章程》的规定，纪律检察机关的主要职责是坚定拥护党章以及各种法律法规，对党政部门所执行党的路线、方针政策、决议执行情况的具体情况进行详细监察与督查，同时还有义务帮助党委进一步强化党建以及反腐败工作。根据法律规定，地方各级政府的监察机关与纪律检查机关合署办公。

2. 纪律检查机关的职责

（1）维护党员拥有的正当权益；

（2）依法处置或清除党内的违法犯罪分子；

（3）依据相关规定对党的路线、方针政策、决议执行情况进行检查、督查；

（4）强化党员履行自身义务、严格遵纪守法的思想观念，提升自己反腐蚀的思想觉悟。

3. 纪律检查机关的履职范围

（1）各个层级的纪律检查机关都有权检查或处理违法违纪的案件，也有权处罚违法违纪的党员，同时还可以接受党员对不法分子的控告、检举。

（2）中央委员会必须及时处理中纪委所检查或举报的中央委员会内部成员的违法乱纪行为；同时各级地方纪律委员会拥有监督对应级别党委及成员的权利。

（3）上级纪委有权检查、监督下级纪委的具体工作情况；同时上级纪委拥有批准以及改变下级纪委审定案件结果的权力。

（二）行政监察机关

1. 行政监察机关对党政机关内部进行督察的意义

（1）对党内领导干部或直接负责执行的有关部门及成员产生的贪污贿赂的腐败等违法行为进行严厉查处，有利于进一步深入反腐败的斗争；

（2）有利于整顿违法乱纪风气或行为，进一步落实促进政治、经济等多个领域发展措施，有助于将廉政建设进程向前推进。

2. 行政监察机关的职责

《中华人民共和国行政监察法》第 18 条规定，行政监察机关的监察对象主要是国家行政机关及其公务员和国家行政机关任命的其他人员，其职责有：

（1）监督、检查各级行政机关是否认真遵守法律、法规以及各级行政机关是否认真执行了政府的命令与决定；

（2）受理对检查对象违反行政纪律行为的控告、检举；

（3）调查处理检查对象违反行政纪律的行为；

（4）受理法律、法规规定的申诉。另外，若检查对象对所获得处分不服而提出申诉，行政监察机关要予以受理；

（5）履行法律、行政法规规定的其他责任。

3. 行政监察机关的权限

（1）监察机关有权监察有关部门或人员是否依法办事、依法决策。

（2）监察机关有权调查相关部门或人员是否违反相关法律规定或有其他犯罪行为。

（3）监察机关有权依据已审定的检查结果对相关部门或个人提出有约束力的建议。

（4）监察机关有权根据相关法律法规运用监督权力调查案件结果或针对一定事项，向被监察机关和人员做出决定，该决定具有一定法律效力。

（5）监察机关拥有接受、处理案件与申诉的权力。

（6）监察机关有权受理、复审被监察对象所申诉的不服处分。

（7）监察机关有权将被监察对象的违法犯罪案件移交给相关司法机关处置。

（8）监察机关有权对于正在处理的案件提请相关部门协助，如公安机关。

（9）监察机关拥有在必要时聘请专业技术人员或相关部门、人员参与监察、调查的权力。

（三）反贪污贿赂局

1. 反贪污贿赂局的机构设置

反贪污贿赂局设立在检察机关内部，是法律明确授权的可进行专门的调查工作和采取强制性措施的侦查机关，具有侦查权，侦查国家工作人员的职务犯罪。国家防腐局直接隶属国务院并在监察部挂牌，国家防腐局全权负责一切关于预防腐败的工作。在组织架构上，国家监察部部长兼任国家防腐局的局长，另设两位副局长。其中，由副部长级别的副局长专门负责国家防腐局的日常事务，国家监察部的副部长则兼任另一位副局长。国家防腐局下设办事机构——办公室（综合处、一处、二处、三处、四处）来运行日常工作。

2. 反贪污贿赂局的职责

（1）搜集确定犯罪事实需要的一系列相关材料；

（2）对有关证人和犯罪嫌疑人依法进行询问或讯问；

（3）依法查处犯罪分子的钱物或银行存款户头；

（4）搜查相关犯罪嫌疑人可能出现的地方，如住所，有权对其搜身以寻找犯罪证据，可依法对嫌疑物（文字或电子文件）进行检查；

（5）现场勘探、检验与犯罪事实相关的住址、财物。

（四）审计机关

1. 审计机关的机构设置

审计机关是依照国家法律规定设立、代表国家行使审计职权的国家机关。各级审计机关都是本级政府组成部分和职能部门。

2. 审计机关的主要负责

审计监督国务院各部门、地方各级人民政府及其各部门和国有的金融机构与企业事业组织的财务收支，根据中国《宪法》和《审计条例》相关规定，国务院设立审计署；县级以上地方各级人民政府设立审计机关；审计署和省、自治区、直辖市以及计划单列城市的审计机关，根据审计工作的需要，可以在重点地区、部门设立派出机构，进行审计监督。

二、国家廉政风险防控制度体系

（一）廉政风险预防制度体系

1. 高等学校廉政风险预防体系是从根本上降低腐败发生率的一种防范体系

即调动社会上一切可利用的积极因素，依靠某些手段，采取一系列专门性的防治措施，以此来让各个组成要素之间相互制约、相互连接、相互作用，从而防止、遏制在高等学校内腐败的机会，减弱腐败的动机，进而从根本上降低腐败发生率的一种防范体系。其实质是把握暗藏于腐败内部的客观规律，研究和分析预防腐败体系各项内在的规律，从而形成一种行之有效的高等学校预防腐败体系。从主观上来说，高等学校预防腐败体系是要让高等学校党政领导干部增强防腐抗腐的能力；从客观上来说，预防腐败体系旨在减少甚至根除腐败发生的客观环境因素。

2. 廉政教育制度体系构建道德防线

加强高校廉政制度建设教育构筑思想道德防线是高等学校廉政制度建设的重要任务和有效措施。只有树立牢固的制度意识，自觉遵守制度，维护制度权威，制度作用才能充分发挥出来。廉政制度的教育一定要深入，通过深入、细致的教育，促使高等学校师生深刻准确地理解廉政制度的思想内涵，加强高等学校师生对廉政制度的认同感，提高其遵守并运用制度的意识和能力；通过教育理论与实践相结合，完善廉政制度防控体系。

3. 廉政建设的体制机制制度体系构建权力制衡廉政防线

根据中共中央《建立健全教育、制度、监督并重的惩治和预防腐败体系实施纲要》的要求，建立科学严密的权力运行机制。一是健全廉政制度建设组织机构；二是健全干部人事管理和改革制度；三是健全财务管理制度，强化内部审计工作制度；四是建立健全基建工程招投标及物资采购制度；五是健全和完善政务公开；六是建立反腐倡廉制度执行机制。

4. 领导干部的权力运行制度将权力关进制度的笼子

建立健全完善、结构合理、配置科学、程序严密、制约有效的领导干部权力运行机制。

（二）廉政风险防控信息系统

廉政风险防控信息系统是保障廉政风险体系有效运行的载体，没有信息系统的支持，廉政风险防控体系内部的各组成部分将无法进行信息交流，整个系统也就不能成为一个系统。可见廉政风险防控信息系统的运转直接关系到廉政风险防控体系的实际绩效，因此，需要设计一个功能完备、运转顺畅的信息采集、交流、跟踪、分析、反馈系统。目前在我国并没有这样的一套系统，在这里，笔者大胆想象可以设计一套利用互联网传播的廉政风险防控办公系统。可以效仿 OA 办公系统运行，在这个系统内部，需要以上提到的所有廉政支柱的加入，各个廉政系统成员通过这个系统连接成一个整体。廉政风险防控信息系统的整个应用可以划分为三个相对分离的逻辑层，每一层都有其定义好的接口。第一层为表示层，用于显示数据，包括 HTML 表单、JavaApplet、JSP 等系统，是展现给廉政风险防控体系系统内工作人员和各级廉政主客体的图形界面。表示层通过规定的廉政风险防控工作流程和接口来完成廉政信息数据的上报和下达流程。信息系统的底层为数据层，即数据中心。它用来完成统一的数据管理和数据交换接口的实现。主要包括各廉政风险防控客体的廉政风险点的指标变化情况，纪检监察机构、司法机构、审计部门等定期提供的数据和反腐败情况统计报表。信息系统中连接表示层和数据层的是中间层即应用逻辑层，是为了获取数据需要调用的代码，这一层将表示层接收到的数据格式化并显示出来。由此构成一个完整的信息系统，对廉政信息系统中廉政主体和客体之间产生的信息数据通过后台处理的方式在前台表现出来。在这个系统中，信息的采集、统计、上报应该由具体单位内部纪委或相关部门负责，政府及其部门应该直接向上级政府和部门上报数据和信息，其他行业和组织应该向其主管政府部门上报信息，最后向廉政风险防控主体呈报。在这个过程中，信息的收集、处理、汇总、反馈工作都应该落实到个人和部门身上，形成每个人、每个部门都参与的有效机制。

（三）廉政风险防控监督体系

1. 审计监督

国家审计署主要负责组织领导、协调监督各级审计机关的业务，各级审计机关依照国家法律规定审计地方政府各部门和管辖范围内企事业单位的财政、财务收支及资金使用效益。可见审计部门的业务范围也是针对廉政客体的。由于审计部门的独特性质与业务特点，其直接与单位的账务部门打交道，便于迅速掌握单位的廉政建设状况，审计部门进行廉政风险防控监督是最适合不过的选择。

2. 社会监督

社会监督包括国际社会监督和国内监督，国际社会监督是国际社会对我国反腐败工作的调查和评价，如透明国际每年发布的清廉指数排名，另外也包括一些国际组织和研究人员对我国社会腐败程度的研究调查。应该积极关注这些相关信息，以便了解旁观者对我国反腐倡廉工作的看法，也可以为我国反腐工作提供新的思路。国内监督包括个人监督和组织监督，个人监督即发挥人民群众的信访作用，深入调查人民群众对反腐倡廉的真实想法。组织监督主要是以第三部门为核心力量，发挥我国廉政风险防控工作的监督作用。

3. 媒体监督

近年来媒体监督在监督系统中发挥着最为重要的作用，尤其是新兴网络媒体的力量不容小觑。媒体监督可以迅速吸引社会眼球，最近几年就有不少腐败案件是经由网络媒体最先报道，然后引起相关部门的关注，最后惩处了腐败分子。但是需利用好媒体的力量，既要发挥其时效性、广泛传播性的特点，也要防止不实报道被居心不良的人利用煽动网络暴力的现象发生。

第二节　高等学校廉政风险防控体系

一、高等学校纪检法规的表现形式

高等学校纪检法规的表现形式主要有：党章、准则、条例、规定、规则、守则、办法、实施细则、解释、答复等。

行政监察法律规范的表现形式主要有：宪法、法律、行政法规、地方性法规、国务院部门规章、地方政府规章、自治条例和单行条例及立法、司法、行政解释等。各级党政机关为贯彻执行纪检监察法规，结合当地实际作出的具体规定，也具有纪检监察法规性质。

二、高等学校党委纪律监察

以《党章》为核心理念的高校党委纪律监察纪检监察机关的监督，广义是指各级党的纪律检查、行政监察机关分别依照《党章》和国家法律对工作对象实施的党纪检查、行政监察执法行为。

1. 四项基本权力

检查权、调查权、建议权和决定权。

2. 检查和监察的基本职能

纠偏职能、惩处职能、教育职能以及合法权益人的保护职能。

3. 内部监察机构

高等学校内部纪检监察机关，应是依法成立的党的纪律检查和国家监察机关（合署办公）的分支机构，受同级党委和上级纪检监察机关的双重领导。随着我国进入全面建设小康社会的攻坚阶段，党风廉政建设和反腐败斗争的形势更为复杂，任务更加艰巨，对各级纪检监察机关履行职能的标准和要求也越来越高。党的十七大报告指出："要在坚决惩治腐败的同时，更加注重治本，更加注重预防，更加注重制度建设，拓展从源头上防治腐败工作领域。"强化纪检监察机关的监督职能，是落实十七大精神、抓好党风廉政建设和预防腐败工作的治本之策，是加强我党执政能力建设的重要课题，也是对高校全面建设、改革与发展的有力促进和保障。

三、高等学校专项纪律监察

根据中央纪委、监察部、教育部的规定，高校纪律监察部门要认真贯彻中央纪委和部党组有关精神，把思想政治建设作为高校领导班子建设的根本，落实领导干部党性修养和作风养成的具体要求。同时要认真贯彻落实中央纪委、教育部、监察部《关于加强高等学校反腐倡廉建设的意见》精神，着力解决党性党风党纪方面反映突出的问题。高校纪检监察部门要认真开展"做党的忠诚卫士、当群众的贴心人"主题实践活动。

四、落实党风廉政建设责任制，构建反腐倡廉责任体系

（1）高等学校反腐倡廉建设是高校党的建设的重要组成部分，是依法治教、规范管理的内在要求和基本内容。

（2）高等学校党委是反腐倡廉建设的责任主体，担负着全面领导反腐倡廉建设的政治责任。

（3）高等学校行政领导班子要认真抓好教学、科研和其他行政管理中的反腐倡廉工作。

（4）高等学校党政主要负责人对学校反腐倡廉建设要做到重要工作亲自部署，重大问题亲自过问，重点环节亲自协调，重要信件亲自批阅，重要案件亲自督办。

（5）高等学校纪委是高校党内监督的专门机关，要在同级党委和上级纪委的双重领导下开展工作。

（6）高等学校院系党政领导班子、各职能部门和各级领导干部要按照"一岗双责"和"谁主管，谁负责"的要求，认真执行党风廉政建设责任制，各负其责，齐抓共管，形成合力，努力构建权责明晰、逐级负责、层层落实的反腐倡廉建设责任体系。

（7）各省（区、市）纪委、党委教育工作部门和教育行政部门要加强对高校反腐倡廉建设工作的组织，求真务实、严谨细致，营造出良好的工作氛围。

第三节　高等学校财务廉政风险防控系统建设的缺陷

我国一直非常重视高等学校财务廉政风险防控系统建设，大力投入对廉政风险防控管理的研究和探索，但腐败问题并没有根治，反而在一些地区和部门存在更加严重的腐败行为，必须认真对高等学校的廉政实践进行分析，找出其存在的缺陷，并加以分析，引以为戒，以便采取相应的措施解决问题。

一、高等学校财务廉政风险防控系统缺乏深度

我国目前正处于经济快速发展期，物质财富累积较快，有了许多投机分子可钻的空子，行政管理人员面临的诱惑较多，反腐败工作形势尤为严峻，建立廉政风险防控体系越发困难，常常达不到预期的深度：

（1）高等学校在思想认识上存在严重不足，对廉政风险防控不够重视，导致贯彻执行廉政风险防控的工作不够有力，缺乏主动性和积极性，不能有效地预防与控制腐败。

（2）高等学校的廉政风险防控管理工作流于形式，并没有真

正取得效果。反腐败工作并没有落到实处，廉政建设也只是完成上级的任务，廉政风险防控工作并没有真正在基层广大单位和地域生存扎根。

（3）高等学校法律制度不完善，廉政风险防控体系的建立缺乏刚性依据和硬性规定，使得很多单位和个人存有侥幸心理。

二、高等学校财务廉政风险防控系统缺乏广度

廉政风险的防控是一项相当复杂的系统工程，我国的廉政机制不够健全，缺乏广度。

（一）廉政风险防控系统建设缺乏前瞻性

当前许多地方和行业建立的廉政制度是在某种腐败现象发生以后才针对这种问题进行调查研究制定起来的，没有体现出廉政风险防控体系的"防"的特点，只是阶段性的应急措施。从整个系统构建来说，这些阶段性的廉政制度很难发挥预防腐败的作用，不能统筹纳入廉政风险防控机制中来。

（二）廉政风险防控体系缺乏完整性

目前建立的廉政制度大多有排查廉政风险点、控制风险和风险处理等内容，但缺乏与之相配套的辅助机制，如缺乏特定的信息传输与反馈通道，监督机制发挥不到位，没有形成相应的责任落实制度等，使得制度的建立没有与公职人员的岗位职责和考核奖惩制度挂钩，难以落到实处。

三、廉政风险防控体系缺乏力度

我国廉政立法制度不够完善，缺乏专门针对建立和实施廉政风险体系的法规制度，导致廉政制度建设实践缺乏硬性规定，地方制度建设呈现出随意性，良莠不齐的状态。

我国目前的反腐败工作主要是由上至下开展起来的，由中央发布相关规定，然后地方政府再进行相应的制度建设。社会和舆论监督发挥的作用较小，媒体监督的力度也不够，应该重视自下而上的监督方式，形成反腐倡廉的社会气氛。

我国廉政风险防控体系的建立还处于起步状态，发展时间较

短，目前的廉政实践暴露出很多问题：如制度建设停留在口号层面，并未落到实处；涉及岗位和部门的廉政风险内容较多，对公务人员的廉政监督较少，没有形成专门针对公务员而设的制度规定；制度建设多为引导性规定，没有将惩治措施形成硬性制度规定，导致对腐败分子的惩罚措施具有很大弹性。当前我国廉政风险防控体系建设不够完善，漏洞较大，难以使我国反腐败工作取得预期效果。面对严峻的腐败形势，尽快将廉政风险防控体系建设成完整、长效机制才是当务之急，为此，需要找出导致我国廉政建设现状的原因，为构建廉政风险防控体系提供新思路。

四、缺乏对腐败行为的防控实效

从目前高等学校廉政风险的建设情况来看，往往专注于建立廉政风险防控机制建设，认为建立健全机制才是廉政防控的重点，而忽视了机制建立后动态的运作以及对反腐败的实际效果，具体来讲就是风险防控的预警机制体现。廉政风险管理是一个长期运作的管理过程，从管理学来讲建立廉政风险防控机制只是在制度层面设立了一种框架，而要发挥这个机制的作用关键是其在这个架构中如何运作，作为廉政风险管理最关键的就是风险预警与防控。而风险的预警是一种动态、不确定的过程，需要在信访分析、实际重点工作、政策导向等实证分析基础上进行科学总结才有可能取得实际成效。高校往往只注重了制度机制的建设，而忽视了对动态的风险的预警，造成廉政风险防控机制没有发挥其预警作用。

五、风险防控缺乏社会参与

无论是风险排查方面还是制定风险防控措施方面，建立廉政风险防控机制都主要是通过内部进行相关操作，这样操作虽然在效率以及专业性上能更快、更准确地查找出相应的风险，以及制定相应的措施。但是政府行政职能最终是服务于社会的，作为被服务对象的社会群众往往会从一般的接受服务的过程中，发现一些行政主体自身往往忽视的疏漏，而这些疏漏往往就是廉政风险所在。风险找不到、找不准、找不全，建立防控机制就会缺乏针对性。同样在风险防控措施的制定上，内部自行制定由于考虑到影响工作效率与工作实际，往往很多步骤是能简则简，能少则少，这样措施制定也是以不影响工作效率为基础，容易避重就轻。但是如果社会参与措施的制定，往往就会根据相关规定，严格要求行政单位按照既定规章办事，这样措施执行才能有力度。

六、监管机制的制约性不够

高等学校廉政风险具有隐蔽性强和涉及面广的特点，而且涉及高等学校教学、科研、行政、后勤管理的各个环节、各个领域，表现形式十分丰富，内容十分复杂。由于风险涉及的面比较广，很多领域不是经常能涉及，而且部分风险又不单单涉及一个部门，部门之间监督协调机制缺乏，都使得监管机制缺乏系统性，廉政风险防控机制不够顺畅。各部门基本上将廉政风险防控机制建设工作的重心侧重在排查风险，建立机制上，而对于已经发现的腐败行为却置若罔闻，采取回避措施。这样廉政风险防控措施的执行力就会大打折扣，廉政风险在公职人员中的威慑力也明显下降，最终容易演变成纸上谈兵，使其变成一纸空文。

七、廉政建设的"运动化"趋势

构建有效的廉政体系是政治制度建设的重要一环，廉政建设过程中应该注重实现持久化、制度化与法制化。然而一直以来，中国廉政建设更多地是被看作应急的一种手段、方式，仅仅在腐败现象已经危害到国家、人民的利益时才会被提上日程，没有实现廉政建设持续、稳定地发展。根据上级的要求，一阵"严抓猛打"的"廉政风暴"之后，廉政工作趋于平静，种种腐败现象又死灰复燃。这种时紧时松的廉政建设方式，显现出浓厚的"运动化"色彩。多年以来，高等学校的反腐败和廉政建设就在这种紧松不一、潮起潮落的运动式状态中徘徊。运动式"廉政风暴"虽然轰轰烈烈热闹一时，可以收到一时的功效，但难有持续性功效，并不有利于实现廉政建设持久性的目标。

（一）运动式的"廉政风暴"治标不治本

"廉政风暴"有本质上的缺陷，这种风暴能管得了一时的腐败现象，却根治不了长期腐败。"骤雨不终日"这句谚语早在春秋时期就被古人用于比喻势头短暂，"廉政风暴"有着"骤雨"的来势迅猛，但是在并不持久的廉政措施中最终也会出现与"骤雨"类似的结果——"不终日"，因此，"廉政风暴"不利于廉政建设的长期发展。

（二）廉政措施具有滞后性

一些廉政措施的实施忽略了防患于未然，只在主管部门感受到腐败"切肤之痛"时才采取一系列措施，但此时腐败所造成的损失已经非常严重。一些腐败分子正是看准了时机，在"风暴"到来之前即捞得瓢满钵满，当反腐运动到来的时候，便找准时机寻找下一轮不属于反腐范围内的新型腐败形式。

（三）运动式的"廉政风暴"人治色彩浓厚

廉政建设取得效果需要依靠领导者反腐败的决心以及在反腐败中所投入的资源力度，落实到基层就需要切实依赖领导的意志。这种反腐败模式建立在个人权威基础上，会随着领导的廉政建设重点的改变而发生偏移，具有极强的随意性。这种廉政建设并不是以法制为基础，也无益于廉政建设的持续、稳定发展。

第四章　高等学校建立健全财务廉政风险防控系统的必要性

高等学校存在财务廉政风险，而财务廉政风险防控系统又存在许多缺陷，这将造成廉政风险转化为腐败或经济犯罪，为此，建立健全高等学校财务廉政风险防控系统显得极为重要。

第一节　高等学校建立健全财务廉政风险防控系统，构筑廉政风险转化为腐败防线

一、高等学校建立健全财务廉政风险防控系统，是构筑预防廉政风险转化为腐败防线的需要

开展廉政风险防控工作，抓住了预防腐败的关键环节和核心内容。高等学校是我们党反腐倡廉的重要阵地，公职人员在工作过程中面临巨大的腐败风险，这种风险主要是工作人员滥用权力，以权谋私。

抓廉政建设就抓住了制约腐败行为的重点，而抓好廉政风险监督管理，就抓住了预防腐败问题的关键。预防腐败的本质是超前化解权力运行过程中的各类腐败的风险，防患于未然，使腐败行为不发生或少发生，特别是不发生大的问题，从而使党员干部、公职人员不犯或少犯错误，党和人民的利益不受或少受损失。廉政风险防控管理工作，体现了对党的事业、对高等学校干部健康发展高度负责的精神，体现了党风廉政建设系统化、制度化、规范化推进的要求，体现了反腐倡廉建设与经济建设、政治建设、文化建设、社会建设和党的建设的有机结合。

腐败风险防控是指针对权力运行中的腐败风险超前预防、主动预防，更加注重腐败的预防，更加注重治本。腐败风险防控是"标本兼治、综合治理、惩防并举、注重预防"方针的内在要求，是构建惩防体系的有效举措。加强腐败风险防控建设，有利于进一步增强预防腐败工作的前瞻性、预见性、针对性和主动性，有利于减少腐败现象的发生，对于进一步加大从源头上预防和治理腐败，不断提高预防腐败的能力和水平具有十分重要的意义。

二、建立健全财务廉政风险防控系统，能从源头抓起，堵塞腐败的漏洞

廉政风险防控管理是构建惩治和预防腐败体系的有效措施，高等学校正处于快速发展的转型过程中，高等学校自身的管理体制、监督机制还不完善，公职人员的行政行为还不能做到严密规范和有效约束。权力运行、权力监督、民主法制的健全需要一个过程，这些因素使高等学校在财务管理许多环节上存在严重的廉政风险，这些风险又极容易诱发腐败。廉政风险存在于高等学校的教学、科研、行政和后勤服务各个领域和部门，根植于制度机制的不健全。高等学校大量违纪违法案件表明，如果不按规定建立健全高等学校财务廉政风险防控系统，及时堵塞体制机制本身存在的廉政风险，如果不进行及时有效的防控，就会使廉政风险发展转化成为腐败事实。在反腐败斗争仍然比较严峻的形势下，高等学校必须建立健全财务廉政风险防控系统，立足于预防为先，防患于未然，果断推进廉政风险防控管理，努力减少和控制诱发腐败的风险，构建惩治和预防腐败体系。

第二节　高等学校建立健全廉政风险防控系统，及时消除腐败的负面影响

一、廉政风险引发的腐败对高等学校具有严重的消极影响

高等学校是教书育人的神圣殿堂，一旦发生严重违纪违法问

题，就会在社会上造成很坏的影响，损害教育的社会道德教化功能及引领作用。深入开展高等学校廉政建设，建立健全高等学校财务廉政风险防控系统，有效遏制高等学校的腐败行为，事关"科教兴国"战略实施的成败、全民素质与综合国力的提高和中华民族的伟大复兴。

高等教育正处于飞速发展的阶段，也是容易滋生腐败的阶段，而腐败的大量滋生会大大阻碍高等学校的发展。腐败是对资源的浪费，造成国有资产的流失，导致人民群众对原来所谓净土的高等学校的失望。

廉洁的高等学校，意味着公平正义的环境，意味着人才的能力和贡献可以得到公正对待。评价人才将真正根据人的聪明才智、能力大小和贡献多少，这样能够为人才创造一个公平公开健康的晋升渠道，从而吸引国内外人才投身于我国的经济建设。

二、建立健全廉政风险防控系统，有利于维护高等学校党的威信

腐败和反腐败问题是关系到高等学校生死存亡的大问题，威信并不是一经取得就一劳永逸的，而是动态变化的。水能载舟，亦能覆舟，千百年来，人心向背都是一个不容忽视的问题。腐败毒害社会风气，扰乱社会秩序，激化社会矛盾，损害人民利益。如果高等学校不能有效防治腐败，将直接损害自身的形象，降低高等学校在人民群众中的声誉。加强腐败风险防控，既能体现国家治理腐败的决心，又能有效预防高等学校的腐败行为，减少经济犯罪带来的损失。

三、加强腐败风险防控，有利于维护高等学校的稳定和健康发展

腐败直接损害高等学校的经济利益，践踏高等学校正常的规则和秩序。有效预防和控制腐败，能够减少资源的损失和浪费，维护高等学校的经济利益和社会公共利益。只有公民的经济利益得到合理实现，只有社会利益得到公平分配，人们才会相信勤劳、诚实这

些品质，才愿意安心工作并安居乐业。预防腐败，加强反腐倡廉建设，才能在高等学校的教学、科研、行政、后勤管理领域确立公平公正的规则，建设和谐校园，确保高等学校的健康发展。

第三节　加强高等学校廉政风险防控系统建设，将权力关进制度的笼子

一、建立健全高等学校财务廉政风险防控系统，为风险防控提供制度保证

高等学校在财务管理方面存在严重的廉政风险，加强制度建设，才能从根本上防控廉政风险。中共中央下发的《建立健全教育、制度、监督并重的惩治和预防腐败体系实施纲要》中明确提出："要加强反腐倡廉制度建设，充分发挥制度在惩治和预防腐败中的保证作用。要进一步加大预防腐败的力度，必须在完善制度上下工夫，推进反腐倡廉工作的制度化，法制化，发挥法规制度的规范和保证作用。"

高等学校财务工作制度是根据我国《会计法》和《高等学校财务制度》、《高等学校会计制度》等国家统一会计制度的规定，结合高等学校的实际和管理需要而建立的财务制度包括财务管理制度和会计核算制度。高等学校在财务管理领域存在廉政风险。高等学校财务管理方面的制度，是处理高等学校财务管理工作的规则、规范与程序。它是实现高等学校教学科研目标，规范财务收支行为，强化财务管理的一种手段，是党和国家财经工作方针、政策及有关法律、法令规章的具体体现，是我国法制建设的重要组成部分。高等学校主要的财务管理制度包括：财务计划和财务决算方面的制度；预算管理制度；基建财务管理制度；收费标准管理制度；费用开支标准管理制度；财产物资管理制度；工资基金管理制度；资金结算管理制度；收据和发票管理制度；会计档案管理制度。

高等学校在会计核算领域存在廉政风险。高等学校会计核算方面的制度是规范收支核算等相关制度的总称。应针对高等学校的业

务特点，理顺国库集中支付、政府收支分类、部门预算、工资津补贴、国有资产管理的会计核算制度，建立健全会计科目的设置、预算会计科目设置，提供绩效评价需要的财务信息和预算管理需要的预算收支信息，进一步规范高等学校财务报表包括资产负债表、收入费用表、预算收支表、基建投资表及报表附注等制度。高等学校主要的会计核算制度包括：款项和有价证券的收付制度；财物的收发、增减和使用制度；债权债务的发生和结算制度；资本和基金的增减核算制度；收入、支出、费用、成本的核算制度；财务成果的计算和处理制度。

二、建立健全财务廉政风险防控系统，对权力的监督才能到位

从惩防体系建设和廉政风险防控管理工作开展情况看，当前应当重点做好反腐倡廉的制度建设，为廉政风险防控工作的顺利开展提供制度保障。

（一）建立健全高等学校廉政风险防控系统，才能进一步完善监督

要加强高等学校党内民主和党内监督制度建设，规范干部的廉洁从政行为。党内民主和监督制度的建立是民主监督制度建立的楷模和表率，只有党内民主监督制度健全、完善，高等学校民主监督制度的建立才能成为可能。要完善高等学校党内民主集中制的各项具体制度，就必须从高等学校财务廉政风险防控系统入手，切实解决涉及财务廉政风险防控的实际问题。

建立健全党委会财务系统的议事决策工作制度和程序，凡是应当由常委会、全委会讨论决策的重大财务事项，必须进入常委会和全委会讨论决策程序。必须注重财务廉政风险防控中权力的互相制衡，构建体制机制内互相制衡的运行框架，即制度笼子，才能真正实现将权力关进制度的笼子。

（二）做好高等学校的廉政立法和违纪违法行为惩处制度建设

在认真总结反腐倡廉工作经验基础上，及时将基层在实践中创造的，经过实践检验的反腐倡廉经验和成功做法，进行提炼、加工

并上升为具体工作制度，在此基础上，不断创造条件，经过反复论证和征求意见，通过相应的程序，将其上升为高等学校的廉政风险防控的规章制度。要有计划、分步骤地制定或修订一批涉及财务廉政风险防控的高等学校财务管理体制、运行机制、审批权限、审批程序、预算管理、标准定额等财务法规和条例，进一步规范高等学校公职人员的权力行为，提高反腐倡廉法制化水平，达到预防和惩处相结合的目的。

（三）要规范行政权力运行过程，建立健全财务管理权力监督制衡制度

权力导致腐败，没有制衡的权力必然导致腐败行为的发生。要对高等学校内部行政权力进行科学的管理，以权力制约权力。在廉政风险防控机制建设过程中，科学设置机构和岗位，依职责配置权力，对每种权力都要明确使用范围、使用标准、运行程序和应当承担的责任，同时加强各种权力之间的监督和制约，严格控制越权行为，控制和减少自由裁量权，形成结构合理、配置科学、程序严密、制约有效的权力运行机制，从而避免权力的重复行使，减少以权谋私的机会和空间，使权力行使获得预期效果。凡属于"三重一大"事项，既重大决策、重要干部任免、重大项目安排和大额度资金的调度使用等，必须由领导班子集体作出决定，否则追究个人独断的法律责任。

廉政风险防控管理是加强监督和保护干部的重要手段，高等学校的各级行政人员特别是领导干部，大多掌管着教学、科研、行政、后勤管理的权力和资源，不同程度地面临诱惑和考验，面临着走向腐败和不正之风的风险，权力越大，掌控的资源越多，风险就越高。要加强对与领导干部作风密切相关的关键环节的监督，拓宽监督渠道，增强监督的合力和实效，促进领导干部作风建设。开展廉政风险防控管理，就是把监督工作做在前面，把更多的精力、财力和资源用在防范腐败和不正之风的各个环节上，督促广大公务人员树立风险防范意识，筑牢拒腐防变的思想道德防线，从而最大限度地降低腐败和不正之风发生的概率。

（四）实行阳光行政，建立健全政务公开制度

阳光是最好的防腐剂，公开透明有利于群众的监督。要按照公共政策和权力运行公开透明的要求，在党内实行党务公开，在行政机构积极推进政务公开、财务公开、选人用人公开，进一步加强阳光政务建设，加大权力运行特别是审批事项、重大决策事项、干部人事任免等公开透明的深度。对教职工关注度较高的部门要实行重点公开，让群众有更多的知情权，建立重大事项票决制、公示制，自觉接受教职工的监督，防控廉政风险，从根本上防止腐败滋生蔓延。

第四节　建立健全高等学校财务廉政风险防控系统，以增强防控的针对性

一、使防控与高等学校的行政业务有机统一，增强防腐的针对性

廉政风险与高等学校具体的职务和岗位密切相关，涉及权力运行的各个职能部门和业务环节，做好预防腐败工作，必须把廉政风险防控与高等学校内部各单位各部门的业务工作结合起来，与各个岗位的职责结合起来。廉政风险防控管理较好地解决了这个问题，才能以各个单位部门各项具体工作为切入点，在查找工作中的廉政风险点的同时，通过制定防范措施，落实到每一个岗位每一个人，做到责任清楚，目标明确，使预防腐败工作具有很强的针对性和可操作性。

通过对预防措施的落实情况进行检查考核，形成对风险防范工作的评价，推动业务工作不断改进，有效增强预防腐败的针对性。在此过程中，廉政风险防控管理与改进业务管理具有很大的促进作用，廉政不行，证明业务管理也不行，必须切实改进。

二、实现自律与他律的有机统一，增强防腐的系统性

在权力制衡、廉洁从政的制度建设问题上，不是制度有和没有

的问题，而是制度设计的科学性、严谨性、规范性的问题。廉政风险防控系统的构建，在注重标本兼治、综合治理、惩防并举、注重预防方针的基础上，更注重用制度管权、管人、管事，并通过制度创新将制度管权、管人、管事落到实处。廉政风险防控系统的运用防止了把制度当作一种静止"文件"，在动态的环境中考察制度的科学性、严谨性和规范性，确保制度的可操作性和执行力。

（1）将权力运行纳入风险控制范围，通过一系列具体制度安排，将可能发生腐败的领域、环节等明示出来，便于警醒、监督，有助于权力行使者的自律和他律，从而降低权力腐败的风险。

（2）将所有存在权力风险的事情、岗位、活动、工作等，都通过制度体系的安排加以管理，构建起良好的廉政风险防控系统，才能达到预期的防控效果。

（3）对制度的运行实施流程管理，通过流程管理，保证制度充分有效运行。

（4）对制度的实行情况进行绩效评价，在绩效评价中推动制度有效落实，并发现存在的问题，对制度偏差进行矫正，通过制度绩效评价，促进制度的持续运行。

（5）廉政风险防控系统把查准找全和监控管理好风险点作为重点，引导教职工结合自己的工作和思想实际，通过自己找、领导提醒、群众帮和集体定等多种形式，认真分析并找出个人在岗位职责、思想道德和外部环境等方面存在或潜在的风险及其表现，使监督对象从被动变为主动、由客体转为主体，提高风险意识，拓宽了自下而上、自上而下、同级之间的监督渠道，实现了自律与他律的有机统一。

三、实现监督与管理的有机统一，增强防腐的有效性

任何腐败案件的发生都与管控机制的失灵、扭曲、缺位和弱化有着一定程度的关联，而管控机制上存在的问题又与种种陈规陋习相关，在"单位利益部门化"、"部门利益个人化"的影响下，一些重要岗位的干部在履职过程中主观性、随意性强，"擅权"情况突出。廉政风险防控系统的构建，通过人人查找风险、人人制定防

控措施，在单位内部形成了一个环环相扣的权力制约链。通过对风险的查找分析、考核评估及防控措施的及时修正调整，增强对腐败可能发展动态的预警和预测；通过风险防范降低权力运行的危险概率和损失程度，提高预防腐败对策的主动性、前瞻性和针对性，有效消除风险的不确定性，确保了预防腐败的各项制度和措施得到有效落实，从源头上不断铲除滋生腐败的土壤和条件。

　　廉政风险防控系统将风险防范作为监控对象，对廉政风险实行动态监控和过程化管理，对岗位职责风险点的查找和制度建设，贯穿于权力运行的全过程。通过制定相应的工作措施，围绕排查确定的各类风险点和风险等级，有针对性地提出并采取防控措施，确保权力运行到哪里，风险防控措施就跟进到哪里，教育、制度、监督、改革、纠风、惩处就落实到哪里。风险点、预防措施、修正措施，每个环节都纳入监督管理的范围，可以随时纠错补漏，进一步增强风险防控的有效性。

第五章　高等学校财务廉政风险防控系统建设的内涵

第一节　高等学校构建财务廉政风险防控系统建设的指导思想、基本原则和工作思路

一、高等学校构建财务廉政风险防控系统的指导思想

加强高等学校反腐倡廉工作，构建财务防控系统要坚持以邓小平理论和"三个代表"重要思想为指导，深入贯彻落实科学发展观，坚持标本兼治、综合治理、惩防并举、注重预防的方针，坚持改革创新、重在建设、服务大局的基本要求。加强高等学校反腐倡廉工作，构建财务防控系统要牢固树立以人为本的理念，以构建、完善预防腐败体系为工作重点，整体推进教育、制度、监督、廉政风险防控等各项工作，不断为促进高等教育事业的良性发展提供坚强的保障。

二、高等学校构建财务廉政风险防控系统的基本原则

高等学校构建财务廉政风险防控系统是进一步完善高校管理体制、深化高校改革的客观要求，是铲除滋生高等学校腐败条件的迫切要求，是加强高校反腐倡廉建设的必然要求。高等学校作为我国社会主义精神文明建设的高地，其预防腐败体系是我国建立健全惩治预防腐败体系的重要组成部分，它既有整体性、统一性，也有高等学校防腐的独特性。

（一）方向性原则

坚持以马列主义、毛泽东思想、邓小平理论和"三个代表"重要思想、科学发展观为指导，深入贯彻习近平总书记系列重要讲话精神，这是高等学校构建财务廉政风险防控系统的方向性的总原则。

（二）自律与他律原则

各级党政干部要认真执行中共中央办公厅、国务院办公厅《关于实行党政领导干部问责的暂行规定》，认真践行全心全意为人民服务的宗旨，以对党和国家高度负责、对人民群众高度负责的精神，切实履行党和人民赋予的职责，兢兢业业完成好各项工作任务，要洁身自好、清廉自律、遵纪守法。国有企业领导人员要认真执行中共中央办公厅、国务院办公厅《关于国有企业领导人员廉洁从业若干规定》，严于律己，自觉接受监督，坚决杜绝违反上述规定行为的发生，自律与他律相结合。

（三）适应性原则

高等学校构建财务廉政风险防控系统必须与完善高校管理体制相适应，在深化高等学校体制改革的同时，构建与之相适应的预防腐败体系，两者相辅相成互相促进。

（四）可操作性原则

高等学校构建财务廉政风险防控系统必须保证在科学性的前提下与可行性相统一，将理论、实践相结合，立足高等学校、着眼整体、统一规划、分段实施，注重科学性、系统性、可操作性相结合，充分发挥高等学校预防腐败体系的整体性功能，管理体制、运行机制要切实可行，可操作性强。

（五）创新性原则

高等学校竞争的核心在于创新，构建高校预防腐败体系应立足于继承和发展以往反腐倡廉工作经验及成果，借鉴国外反腐工作的有益做法，不断推进反腐倡廉的理念转变与体制机制创新。要创新工作思路，坚持改革创新，尊重基层群众的首创精神，勇于实践，不拘一格，积极探索惩治和预防腐败的新思路、新办法和新途径。廉政风险防控管理工作源于基层群众的实践和探索，是基层同志反腐倡廉实践工作的总结和升华。在基层从事纪检监察工作的同志，对每一个二级单位、职能部门的廉政建设的难点、重点最了解，对如何采取有效措施突破这些难点、重点最有发言权，因而其结合具体工作创造的一些防控廉政风险措施，虽然可能还有一些不够完美、甚至还有一定的局限性，但是这些来自于基层一线的经验、做法和理论创新，是我们进行整体规划的前提和基础，是进行理论创新的力量源泉。

（六）统一性原则

高等学校构建财务廉政风险防控系统必须坚持教育、制度、监督、风险防控并重。用教育、监督和风险防控保障制度执行，用教育、制度和风险防控保障监督力度，用风险防控、制度和监督保证教育效果，用教育、制度和监督来促进风险防控工作的开展。构建财务廉政风险防控系统，使教育、制度、监督、风险防控相互促进，充分发挥其整体性作用。

三、高等学校构建财务廉政风险防控系统的工作思路

以习近平为总书记的新一代党中央领导集体为了推进反腐倡廉建设，对反腐败斗争提出了新思路、新方法。

（一）把权力放在制度的笼子里

要想将权力放进制度的牢笼，就需要强化制约与监督权力透明运行的力度，在此基础上形成不敢腐的惩罚机制、不能腐的预防机制、不易腐的保障机制。为了深化与改革腐败问题的多个领域与环节，进一步确保高等学校能够依法行使权力，就必须建立和健全权力运行的监督体系，通过加快反腐败的立法进程，为反腐倡廉夯实制度基础。

（二）对腐败现象“零容忍”

坚定不移地惩治腐败，既表现了中国共产党的反腐决心与强大力量，也体现了党与人民群众的愿望。中国共产党正在以坚定的决心以及强力的手段对政府官员尤其是高级干部的腐败问题进行严肃处理，这表明了中国共产党对于任何形式的违法犯罪行为决不姑息。要在法律面前一视同仁，对腐败现象做到“零容忍”。从严治

党是惩治腐败现象的重要方式，既要认真处置政府官员违法犯罪的案件，又要时刻关注并消灭群众旁边滋生的不良风气。

（三）坚决反对官僚主义的特权思想与现象

要扎实推进反腐倡廉建设，就必须坚决反对与克服特权思想与特权现象。共产党员作为人民群众的忠实公仆，必须严格依据法律法规的内容开展工作，在生活中也不得以权谋私。这就需要采取有效措施来推进党风廉政建设，这也是关系到党与国家是否能永葆活力的重要内容。高等学校要全面推行职责范围内的党风廉政建设。既要主动支持纪检等相关监察机关开展工作，又要保护那些富有正义感、党性强与原则性强的纪检监察干部。高等学校各级领导干部都没有任何权力凌驾于法律之上，更不能以损害人民群众的利益为代价换取自己的私利。

（四）避免过度强调教育和自律机制的作用

任何腐败都起始于思想上的蜕变，高等学校构建财务廉政风险防控系统进行反腐倡廉建设必须从教育抓起，这是十分浅显易懂的。教育可以提高人们的思想意识，也可以为社会创造出良好的廉政氛围，形成良好的廉洁社会环境。高等学校易产生腐败的主体大多是已经受过良好教育的人，因此，通过普及反腐倡廉的思想，构建良好的自律意识和习惯是必不可少的。

但是缺乏监督，使教育和自律机制的作用受到了限制，必须纠正片面依赖廉政风险防控的教育自律机制的做法，软硬兼施，才能确保防控系统取得良好的功效。缺乏有效监督的情形下，这种变异的公共权力，为实现自我维系的需要不断扩张，则会促使公共权力越来越成为少数人私有的权力，使得公共权力与公益目的之间的距离越来越远。现实社会中，"家长制"、"一言堂"、"土皇帝"等专职作风，极易发生"权钱交易"、"权力寻租"等腐败现象，在道德准则及价值观念发生扭曲的情况下，使得公共权力私有化倾向严重。监督制度就是在高等学校建立结构合理、边界清楚、分工科学的权力监控机制，从而实现对权力持有者的有效监督，避免个人权力的极度膨胀及公共权力的私有化倾向。不受监督和制约的权力必然导致腐败。

惩治和预防高等学校腐败，关键是监督制约权力，既要查办滥用权力、谋取非法利益的违纪违法案件，严厉惩处高校腐败分子，又要注重防范，加强对高校权力的监督制约。构建高等学校廉政风险防控系统仅靠教育自律机制是不够的，必须强化监督的功能。

第二节　高等学校构建财务廉政风险防控系统的内涵

高等学校在我国社会主义现代化建设中所处的地位和作用日益突出，在科技进步、经济发展中肩负着培养社会主义事业建设者和接班人的历史重任。高等学校发生的廉政风险案件和腐败现象将会带来深远的负面影响。因此，高等学校构建学校财务廉政风险防控系统，真正发挥高等学校财务廉政风险防控系统的作用，堵塞风险漏洞，杜绝廉政风险案件发生极为重要。加强制度的建设和创新，并在高等学校内部形成按照制度规范行为、消除重创收轻监督、重开支轻审计的现象，防控财务廉政风险，具有重大意义。

一、高等学校构建廉政风险的财务防控保证机制的内涵

构建高等学校廉政风险防控系统的财务保证机制的框架结构是廉政风险防控系统建设的载体和表现形式，它是高等学校财务工作保证体系和各项党风廉政建设的工作内容紧密结合的产物，其内涵结构必须相对完整稳定。

（一）构建高等学校科学的财务管理体制，完善廉政风险防控的组织保证

高等学校的财务管理体制决定财务管理的组织结构和组织体系，建立健全科学的财务管理体制，可以从机构、人员等组织保证来进一步完善高等学校的财务廉政风险防控系统，提升财务廉政风险防控能力。高等学校财务工作的组织机构设置、财务人员配备等组织建设工作，是由高等学校的财务管理体制决定的，财务人员管理是组织建设的重要组成部分，体制确定后，人是第一要素，财务人员配备显得十分重要，财务人员的管理也显得十分重要。确立高

等学校财务管理体制，完善财务机构设置，配备专职财务人员，加强财务监督机构的建设，是高等学校财务工作质量保证体系的组织建设保证的关键。科学设置财务体制，就是从根本上解决，财务结构的设置，为配备人员，完善廉政风险防控系统提供保证。

（二）建立健全高等学校廉政风险防控经济责任制，为财务廉政风险防控问责制提供依据

高等学校纪委对校行政领导班子成员未能落实廉政风险防控经济责任制责任的，不履行或不正确履行领导职责的，根据情节轻重，分别对其作出限期改正、批评处理或按有关规定进行核实，并及时向学校党委和上级领导机关报告，对校级领导实施问责制。对不认真贯彻落实经济责任制建设工作，对本单位存在的问题放任不管，经指出仍无明显改进，导致本单位经济混乱，发生廉政风险的视其情节轻重分别给予批评、通报批评以及追究有关纪律责任。对经济责任制不落实，不履行或不正确履行领导职责对本单位的经济责任制建设不研究、不部署、不检查，或对其存在的突出问题，不认真解决，放任自流，出现或可能出现廉政风险的经济责任人，根据情节轻重，对其单独或合并做出：责令写出书面检查并限期改正、通报批评、年度考核为不合格、责令辞职、免职的组织处理或给予党纪政纪处分，涉嫌犯罪的，移交司法机关追究刑事责任。

（三）提升预算执行力，是高等学校廉政风险防控的核心

高等学校预算越来越受到关注和重视，这是我国教育事业不断发展的必然。但目前高等学校仍存在"重预算编制，轻预算执行"、"重分配，轻管理"的现象，这严重影响了高等学校的预算执行力，使预算决结算"两张皮"，削弱了预算的经济杠杆作用，预算执行是高等学校廉政风险的重灾区。建立健全科学全面并行之有效的预算管理体系，提高预算的执行力更是必然趋势。

高等学校预算缺乏有效监管，是廉政风险的主要根源。缺乏有效监管，预算形同虚设，有些高等学校对预算缺乏有效的监管，在预算执行中随意性很大。临时性、计划外的支出较多，使预算的制定和执行严重脱节，而某些舞弊行为往往就发生在超预算的项目支出中，相关人员随意增改项目内容，提高费用标准，扩大支出范围，从中牟取私利。另外，高等学校未建立健全预算检查和监控体系，预算检查只是摆个形式"走过场"，这使得一些部门负责人在预算经费下达后盲目地使用资金，还没到年底就将经费用完了，而财务部门控制不力，这也使得预算执行偏离计划轨道，严重削弱了预算的严肃性和有效性。

（四）建立健全收入管理财务制度，防控截留收入的财务廉政风险

依法组织收入，积极筹措办学资金，这是高等学校财务管理的重要职能。高等学校运用国家赋予的法人自主权利，严格按照国家有关政策规定，充分、合理利用有效资源，多渠道拓展高等学校的收入。确保"收支两条线"政策的贯彻执行，杜绝私设"小金库"。贯彻执行"收支两条线"的政策，消除自收自支，坐收坐支的现象，解决高等学校的一些部门长期存在的将获得的收入自行留用，不上交到学校财务部门，或是只将收支发票相抵后的余额上缴，甚至将各种创收，不上缴，私设"小金库"的违法乱纪问题，防范高等学校腐败的滋生。堵塞票据管理的漏洞，防止截留学校收入。票据管理存在漏洞，给不法分子可乘之机。堵住票据管理漏洞，即能够从源头抓起，消除以自制或外购的三联收据乱收费的情况，防止截留学校的收入和产生违法乱纪的现象。

（五）加强支出管理，是提升财务廉政风险防控的质量保证

高等学校的支出管理是指高等学校在正确划分基本支出和项目支出的前提下，加强对各类支出的预算管理与控制，严格执行国家和上级主管部门对支出的有关规定，优化支出结构，提高资金的使用效果，使经费支出能满足高等学校教学科研和人才培养需要。弱化支出管理，将造成极大的廉政风险。随着高等学校招生规模的扩大，基建项目支出已成为高等学校居于第三位的大型支出，然而在建设过程中，存在诸如修改设计、增加设备、提高建设标准等问题，导致基建项目经常出现工期延长、严重超出投资预算等现象。由于基建项目管理、监控不严格，滋生出许多贪污、腐败现象。建立健全标准和定额，既能提高财务廉政效能，又能防止经费使用的不公平现象发生。

（六）加强财务监督，是财务廉政风险防控的组成部分

高等学校财务监督是指高等学校根据《高等学校财务制度》的要求，在校长和总会计师的领导下，借助于财务收支计划、会计核算、会计检查等方法进行的财务监督工作。高等学校应建立健全内部控制制度、经济责任制度、财务信息披露制度等监督制度，依法公开财务信息，对经济业务实行事前监督、事中监督和事后监督，对收支行为实行日常监督与专项检查，以确保高等学校的财务管理处于全方位的监督之中。财务监督是财务工作的一个重要组成部分，是高等学校廉政风险防控的基础。财务监督的目的是确保高等学校坚持学校的社会主义办学方向，保证党和国家有关财经的各项方针政策、财经法令、规章制度的贯彻和执行，促进增收节支、合理使用各项资金，讲求经济效益，从而保证高等学校教学、科研计划和任务的完成。

二、建立健全高等学校廉政风险防控的财务监督机制

（一）监督的概念

监督主要是指人们为了达到政治、经济、军事、司法方面的某种目的或目标，仰仗一定的权利，通过对社会公共治理中若干事务的内部分工或外部民主性参与控制等途径，针对公共权力的资源、主体权责、运行效能等而相对独立地开展的检查、审核、评议、督促活动。从公共治理的角度来看，监督制度能够抑制权力的专断独行，促进各种权力主体对政治生活的有效参与，及时纠正治理中的偏差等。当前世界各国的监督制度，主要是由行政、立法、司法、社会团体及社会舆论共同构筑而成，对于遏制腐败发挥着重要的功能。

（二）监督的职能

1. 确保公共权力的公益性

现代国家合法性的重要基础在于其公益的目的及民众的支持。理论上而言，现代国家的任何公共权力的行使都必须出于公共利益的考虑，而非谋取少数人或个别单位私利。实践中，恰恰是公共权力的私利化导致腐败的发生。正是为了避免这一点，公共权力的执

行过程需要有效监督，避免因其私利化倾向而导致其合理性与正当性的消失。在西方社会，监督机制是建立在三权分立、新闻自由、结社自由等一系列制度基础之上的，也就是在假设任何不受监督的权力都有作恶可能的情况下，保证社会团体、新闻媒体对国家权力进行监督，国家权力机关中行政、立法、司法也要相互监督。作为社会主义国家，中国的国家权力属于人民，政府代表人民行使权力，而政府的权力行使在人民代表大会、法院等体系的监督之下，目的是维护广大民众的公共利益。

2. 促进公共权力运行的阳光化

从本质上而言，权力是一种支配他人的影响力，通过此影响力达到特定的目的。权力的这种特性决定了其获取私利的便利性，进而使其具有扩张趋向。正是因为如此，现实社会中手握权力的人通过各种方式取一己之需，并且在一定的条件下，不受监督、暗箱操作的权力会导致私欲的极度膨胀，进而引发各种腐败现象的发生。正是基于此，健全的监督机制促使各种权力的运行需置于别种组织或权力的监督之下，使之无法单独运行、暗箱运作。为促使公共权力在阳光下运行，一是需通过权力机关之间的内部监督，遏制公共权力私利化扩张的趋向。二是需通过立法使公共权力的运行不得不公布于众，便于民众监督，确保公共权力运行的规范与合法。

3. 避免公共权力的私有化

现代国家是基于公共利益的大众基础而构建起来的，否定了传统社会中的公共权力家族或私人占有模式。正是因为如此，公共权力运行的"公共性"则成为其核心要义所在。然而，人的私利性追求，促使公共权力拥有者或行使者极易变异公共权力的公益目的，使之成为谋取私利的便利工具。在缺乏有效监督的情形下，这种变异的公共权力，为实现自我维系的需要不断扩张，则会促使公共权力越来越成为少数人私有的权力，使得公共权力与公益目的之间的距离越来越远。现实社会中，"家长制"、"一言堂"、"土皇帝"等专职作风，极易发生"权钱交易"、"权力寻租"等腐败现象，在道德准则及价值观念发生扭曲的情况下，使得公共权力私有化倾向严重。

高等学校应建立结构合理、边界清楚、分工科学的权力监控机制，从而实现对权力持有者的有效监督，避免个人权力的极度膨胀及公共权力的私有化倾向。不受监督和制约的权力必然导致腐败。惩治和预防高校腐败，关键是监督制约权力，既要查办滥用权力、谋取非法利益的违纪违法案件，严厉惩处高校腐败分子，又要注重防范，加强对高校权力的监督制约。

4. 强化高等学校权力运行监督机制的重点环节防控

重点领域是对人、财、物的管理，通过建立权力运行监督机制，扩大监督主体，完善监督措施，逐步建立健全权力运行的监督机制，以防止权力失控、行为失范。

5. 加强对高等学校领导干部的监督

建立领导干部决策失误问责制，加大对领导干部和管理人员越权管理或管理不作为的责任追究力度；认真落实领导干部廉政谈话制度和诫勉制度，把述廉和廉政测评作为干部考核和评议的重要内容。发挥纪检委和党风党纪监督员、特邀监察员的监督作用，进一步健全完善纪委协助党委组织协调党内监督工作制度和对党内监督工作开展督查制度。

6. 加强对高等学校重点部门、岗位权力行使和关键环节的监督

加强对领导干部选拔任用工作的监督，通过信息公开，加强对人事调配、职称评聘、职员聘用晋级、评优评先等工作的监督，保证人事管理工作的公平、公正、公开。加强对财务预算、专项资金运行和重大投资、大额度资金使用的监督，发挥财经工作领导小组和预算与投资委员会的监督作用。

7. 强化审计监督和行政监察职能

加强财务预算执行情况审计和重大建设项目决算审计，加强对预算内外专项资金、大额资金和各种基金管理使用情况的审计。重点监察易发生腐败的各项工作环节，加强效能监察和廉政监察，推进校园廉政建设。

8. 保证其他监督主体的监督作用

探索和完善教职工代表大会和工会的监督方式，进一步重视对

教代会提案的处理和回复工作；加强和改进信访工作，健全校领导接待制度，认真处理教职工的来信、来访，充分调动广大教职工参与监督的积极性。

三、营造高等学校廉政风险防控的文化氛围

构建良好的高等学校廉政风险防控文化，对于促进高等学校的可持续发展裨益显著，高等学校必须加大力度构建廉政风险防控文化。

高等学校廉政风险防控文化建设是一项复杂长期的系统性工程，涉及政治文化、职业文化、社会文化等多个方面，需要多个部门协同建设。高等学校应通过创设有效载体，通过各种丰富的活动形式，积极主动、创造性地开展工作，让廉政文化进校园、进课堂、进教材，进入师生日常的生活，潜移默化，从而构建"人人思廉，人人促廉"的良好校园环境。高等学校廉政风险防控文化建设要在科学发展观的指导下，以社会主义核心价值体系为中心，重点做好以下几个方面内容：

（一）以思想道德教育为先导，夯实廉政文化建设的思想基础

1. 要抓好高等学校管理队伍中领导干部的从政思想道德教育

高等学校领导特别是党员领导干部要忠诚于党的教育事业，爱岗敬业，勤俭节约，甘当师生的服务公仆，始终如一地把职业道德放在首位，自觉抵制不正之风，克己勤勉，淡泊明志。领导干部要志存高远，胸怀远大理想和坚定的马克思主义唯物观和物质观，修身立德，坚守职业情操，为人师表，诚信做人，为广大师生做好表率，特别是领导干部的一言一行，更能从细微之处影响教职员工。在当前现实条件下，抓好高校管理者的思想道德教育尤为重要，只有党政干部克己奉公，忠于职守，以德行政，才能保持好廉洁和自律，才能将全部身心投入对事业的忠诚中，才能真正对学生付出关爱，对个人负责，对学校负责，对职业和自己手中的权力负责。党政干部只有在工作中以身作则，才能营造良好的校园环境；反之，想方设法玩弄权术，谋求私利，只会把整个学校弄得乌烟瘴气，风气不正。

2. 要抓好教师的学术道德教育工作

有的高等学校教师学术道德状况不佳，比如，学术不端、功利思想严重。为了评先进、评职称，不惜学术造假、抄袭剽窃等现象屡见不鲜；虚构科研项目骗取国家科研经费；为了满足私欲，不尊重学术尊严，重大考试漏题、泄题等事件时有发生；还有些高职称老师不尊重同行，打压同行评职称，搞暗箱操作。这些问题尽管是少数，但反映出当前高校个别教师学术道德思想滑坡，缺乏学术道德观念，整天不思学术进步，不是用心搞科研上好课，而是整天沉浸在争名夺利的斗争中。如果不抓好广大教师的学术道德教育工作，高校的廉政文化建设将沦为空谈，因此规范学术行为、加强学术自律，纠正学术道德失范是当下迫在眉睫的工作。

3. 要抓好在校大学生的思想道德教育工作

改革开放以来，社会生活发生了深刻变化，各种思潮涌现，多元化的文化思潮不断冲击着高校这块圣地，加上社会处在转型期出现的一些负面因素，对大学生的理想信念产生了一定影响，部分大学生呈现出信仰迷茫缺失、诚信观念淡薄、价值观念扭曲、缺乏社会责任感等现象。高校要特别重视当前大学生群体出现的道德缺失情况，要弘扬主旋律，加强传统文化的感召力和感染力，不断加强理想信念教育，引导大学生树立正确的世界观、人生观、价值观，诚信做人，诚实做事，自觉加强思想道德修养，自觉将正确的行为规范内化，转化为自己的实际行动，让大学生在求学阶段就能够树立起廉洁思想，自觉抵制腐败文化的侵袭。

（二）加大文化主体建设，拓展廉政风险防控文化建设的空间

1. 抓好三风建设，构建高等学校廉政风险防控文化建设的氛围

三风建设分别指教风、学风、校风建设，三风建设关乎高等学校的整体素质，也是师生一言一行的集中表现，能够反映一所大学的整个精神风貌和灵魂，它代表了这个大学的品牌和形象，体现了办学理念和办学特色。良好的三风建设，能够透过校园给整个社会传递正能量，也是构建廉洁校园文化的基础工作，加强高校廉政文化建设，必须抓好三风建设。

2. 抓好校园文化建设，积极营造廉洁育人环境

校园文化是一所学校精神文明建设的重要载体，是学校在长期办学过程中积淀下来的物质文明、精神文明和生态文明的总和，对大学生思想政治素质教育具有潜移默化的作用。校园文化不仅体现在高校建筑物、教学设施、校园环境及校园整体布局等物质形态上，同时还体现在高校师生员工的价值观取向、具体行为规范及其思维方式方法等整体风貌中。它是一种精神，一种氛围，对高等学校师生员工素质的形成有着润物细无声的促进作用。例如，学校的规章制度、标语标牌、校史校训、各种文化交流和研讨会、学术报告等都可以对教工师生形成思想触动，以廉洁教育为载体的廉政文化建设是时代的要求。因此建设优秀校园文化要与廉洁教育文化相结合，在校园文化建设中融入反腐倡廉，充分利用学校图书馆、阅览室、文化广场以及学校的广播电视、标志标牌、网站电台、校刊校报等传递廉洁意识，灌输廉政观念，弘扬廉洁本色，倡导廉政特色，通过廉政警句、廉政漫画、廉政案例、反腐纪实、文艺节目、主题绘画、主题辩论会等众多丰富多彩的形式，把廉政理念和廉政教育融入高校师生的日常生活当中，潜移默化地使高校师生提高自身素质，自觉抵御腐败落后文化的侵袭，自觉摆脱低级趣味，与廉洁为伍，与廉洁同行。

（三）创新廉政风险防控文化建设形式，增强廉政文化建设实效

1. 在思想政治理论课中开展廉洁教育

大学生是国家的未来和希望，是 21 世纪中国屹立于世界之林的中坚力量，加强建设高校廉政文化建设，提高大学生的廉政文化素质，是当前一项比较紧迫的任务，也是全社会从源头遏制预防腐败的主要举措。高校政治理论课是培养大学生廉政文化素质的主阵地、主渠道，加强廉政教育，要将廉政思想纳入马克思主义理论课和思想品德课的教学计划，贯穿于整个思想政治理论课教学当中，适当增加关于诚信做人、遵纪守法、廉洁奉公、爱岗敬业等廉政文化课程，使廉政思想与其他思想政治教育融为一体，相辅相成。通过两课教育，大学生不仅可以学习毛泽东、邓小平、江泽民、胡锦

涛和习近平关于反腐倡廉建设的一系列重要论述，提高廉洁自律意识，同时也可以学习国家的法律法规，接受法制教育，提高守法懂法的文明意识。另外，各个高校开设党课时，也要把廉政思想教育纳入其中，对参加党课学习的积极分子和党员干部开展廉洁教育，通过党课和思想政治理论课课堂灌输和引导，使广大师生干部能够树立起健康清廉的价值观，树立起廉洁无私的世界观和物质观，增强反腐倡廉意识，自觉抵制腐朽文化的侵袭和影响。在通过思想政治理论课加强廉政文化教育的过程中，要不断丰富政治理论课的教学内容、教学形式，深入研究教育教学方法和艺术，使政治理论课的教学更加富有时代性、教育性，增强针对性和实效性。

2. 加强高等学校廉政风险防控文化建设和社会之间的互动

加强高等学校廉政风险防控文化建设是全社会共同倡导廉洁教育的需要，因此，社会要勇于营造廉洁的大环境，形成廉洁氛围，尤其是国家机关的公务人员，一言一行都影响着大学生的世界观和价值观，学校的理论灌输是一方面，最重要的是让同学们融入更加丰富的社会实践过程中，大学生高尚的廉洁意识不可能一蹴而就，需要在社会多种实践中磨炼并逐渐培养。大量事实可以证明，大学生从参加社会实践活动，亲自体验劳动者的艰辛中获得的知识，更能深刻地入脑入心、永久珍藏。同时从亲自参加社会实践活动中获得的信息，更有助于大学生克服懒惰、懈怠和投机取巧等不良心理，增强大学生对社会、对人民负责的正确意识，能正确处理个人、集体和国家之间的关系。可以把廉洁思想教育融入各类社会道德实践活动当中，根据大学生自身发展需要，开展丰富多彩的社会实践活动，比如开展思想政治论坛、社会生活实践调查、播放收看廉政教育纪录片、开展公益性活动、廉洁征文比赛等，采取多种方式深入机关、企事业单位、社区等场所，广泛宣传党和国家有关廉政文化建设的方针、政策等等，逐渐引导大学生从实际事情做起，让大学生在社会实践中受到廉洁教育，达到知行合一的教育目的。

3. 科学借鉴国内外高等学校廉政风险防控文化建设的成功经验

中华民族历史悠久，同时也是一个非常善于吸收、借鉴和融化外来文化与制度的优秀民族。在当前经济社会全球化的大背景下加强高校廉政文化建设，更加需要我们在地方性、地区性和全球性结构的互动过程中重新进行思考。西方在廉政文化建设方面成功的做法，我们应该大胆学习并借鉴，例如在廉政风险防控文化建设的观念层面，建立诚信道德体系，重视学校道德教育，营造良好廉政文化氛围；在廉政文化制度建设层面，形成长效机制，完善规章制度预防腐败，以严格的法律法规威慑腐败，如财产申报制度、亲属回避制度和建立独立的监督体系等，我们要充分借鉴西方法律至上、依法行政、民主行政的先进廉政思想观念，加强舆论监督，在高等学校管理干部队伍中树立起法律意识和责任意识，让全体教职工和学生具有主人公意识、权利意识以及监督意识等。当然，学习西方廉政文化建设要避免教条化，要结合我国高等学校实际对西方廉政风险防控文化建设进行科学分析、取其精华、弃其糟粕，深入研究当代领导人的廉政思想和廉政建设方面的做法，以中国特色社会主义理论体系为指导，科学总结高等学校廉政风险防控文化建设的宝贵经验，自觉地把高等学校廉政风险防控文化建设融入构建社会主义和谐社会等重大战略部署中，为高等学校廉政风险防控文化建设提供广阔空间和宽广的平台。

（四）建立健全廉政制度，提高廉政风险防控文化约束力

1. 加强廉政风险防控文化理论研究，提升廉政风险防控文化建设层次

加强高等学校廉政风险防控文化建设，需要强有力的廉政理论支撑。没有先进的理论做先导，文化建设就会出现偏差。近年来，我国研究廉政文化建设的理论成果越来越多，为高校的廉政文化建设提供了良好的资源。针对新时期出现的新情况、新问题，我们要充分发挥高校自身理论研究的优势和舆论宣传的优势，组织专家学者，开展多角度、全方位、多层次的廉政理论研究；针对高等学校廉政风险防控文化教育建设的特点和规律，运用科学的观点进行探讨、研究，把握规律性、增强针对性，要善于总结经验，提出举措，以法律为准绳，坚持法律面前人人平等，积极营造高等学校"廉洁为荣、贪腐为耻"的良好氛围。要组织有关人员开展理论教

材编写，各级领导要从经费上支持设立廉政理论研究机构，开展廉政文化教育理论研究，支持廉政专著的出版发行，为进一步提高廉政文化教育的理论水平提供有力支持。

2. 加强监督，健全高等学校廉政风险防控文化建设长效机制

我党历来高度重视党风廉政建设和反腐败斗争，积极倡导推行廉政文化，胡锦涛同志在十七大报告中提出要加强廉政文化建设，形成拒腐防变教育长效机制。习近平总书记指出"物必先腐，而后虫生"，要想保持党的健康肌体，必须政治清明，政府清廉，干部清正。对于腐败要"苍蝇老虎一起打"，坚持"把权力关进制度的笼子里"，反腐败是实现"中国梦"的前提，腐败问题不加整治，终将亡党亡国。习近平总书记号召全党同志坚持以邓小平理论、"三个代表"重要思想、科学发展观为指导，坚持标本兼治、综合治理、惩防并举、注重预防的方针，更加科学有效地防治腐败，坚定不移地把党风廉政建设和反腐败斗争引向深入。李克强总理也提出，要让权力在阳光下运行，要把反腐倡廉建设放在更加突出的位置，要建立和完善不能贪、不敢贪的反腐机制，让腐败行为、腐败分子依法受到严惩，绝不手软。这些都表明反腐败必须建立有效的监督保障机制，只有制度的约束，才能使腐败无所遁形。高校廉政文化建设，也离不开长效的监督保障机制。高校要组织相关部门密切配合、加强协调，逐步将保障监督机制完善起来，并形成长效机制。特别是高校纪委要充分发挥监管职责，根据高校特点建立预警机制，建立有效的制约监督体系，比如：在财务方面，对于"小金库"和"账外账"等要全面清理，违纪的要追究责任，构成犯罪的要移交司法机关，特别是对于基建项目、大宗采购的财务审计和督查，必须动态跟踪监督定期检查；在人事方面，对于重要部门的领导，要定期轮岗和实施离任审计。高校廉政文化建设要进一步明确领导责任制，在党委统一领导下，纪委牵头，党政齐抓共管，各个职能部门分工协作，全校教工师生共同参与，共同研究问题，交流信息，通报情况，可以结合学校自身实际，制定有关的激励制度。各级领导要高度重视，要创造性地开展工作，对于取得突出成绩的部门和个人，要给予表彰或者适当的物质奖励；对于工

作松懈、滞后，没有成效的部门，要给予通报批评，及时鞭策。只有层层落实，上下齐动，真抓实干，各司其职，充分做好预防职务犯罪和反腐倡廉建设各项工作，才能真正建立长期有效的工作机制，形成人人反腐、人人拒腐、蓬勃向上、充满活力的高校廉政文化建设新局面。

3. 探索建立科学、有效、可操作性强的廉政评价体系

高等学校廉政风险防控文化建设需要建立一个量化程度高、可操作性强、可考核性强的科学有效的考核指标体系，这是对高等学校反腐败工作的检查评价活动，能够弥补廉政风险防控文化建设的缺失，测评出反腐败工作的绩效，从而更好地推动高等学校廉政风险防控工作深入进行。

四、构建高等学校财务廉政风险防控系统的评估机制

高等学校财务廉政风险防控系统的评估是高等学校财务廉政风险防控系统的重要组成部分。高等学校廉政建设取得的成就体现为提升高等学校的财务管理水平和办学效益。通过对高等学校财务廉政风险防控系统的评估，促进高等学校建立健全科学、全面、完整的廉政风险防控系统，优化体制机制，堵塞财务廉政风险漏洞，最终体现为高等学校财务管理水平的不断提高。

第六章　高等学校财务廉政风险防控系统的体制组织保证

高等学校财务工作的组织机构设置、财务人员配备等组织建设工作，是由高等学校财务管理体制决定的，财务管理体制决定高等学校财务管理的组织结构和组织体系。财务人员管理是组织建设的重要组成部分，体制确定后，人是第一要素，财务人员配备显得十分重要，财务人员的管理也显得十分重要。确立高等学校财务管理体制，完善财务机构设置，配备专职财务人员，加强财务监督机构的建设，是高等学校财务廉政风险防控系统的组织保证。

第一节　高等学校财务廉政风险防控系统的组织建设概述

一、高等学校财务管理体制的概念

高等学校财务管理体制是指划分高等学校财务管理方面的权责利关系的一种制度，是财务关系的具体表现形式。高等学校财务管理体制是明确高等学校内部各财务层级财务权限、责任和利益的制度，其核心是配置财务资源，对高等学校的财务收支行为起着推动、规范和导向作用，是高等学校内部为实现学校整体目标的经济责任制。

二、高等学校的财务管理体制

财务管理体制是财务管理工作的核心内容，它是组织财务活动、划分财权和处理财务关系的一项根本制度。《高等学校财务制度》规定高等学校可实行两种财务管理体制。高等学校实行"统一领导、集中管理"的财务管理体制。规模较大的学校可以实行"统一领导、分级管理"的财务管理体制。

三、"统一领导"的含义

高等学校财务管理体制是国家预算管理体制的具体化，"统一领导"要在国家的财政框架下运行，要体现国家对高等学校的宏观管理，必须做到"五个统一"：

（一）统一财经方针政策

这要求各个高等学校的财经方针政策在国家大致方针和法律规章的规范下，根据学校的具体情况和各个时期承担的事业发展任务，由学校财务处（室）在学校财经领导小组或相应的财经领导机构组织和协调下统一制定和颁布，特别是学校重大的财务分配政策和财务开支制度必须统一制定和颁布。统一的财经方针政策一经学校最高财务决策机构批准，就必须严格执行，决不允许校内部门、单位各自为政，只顾小集团、局部的利益，制定与学校政策相违背的部门政策或单位政策，损害学校的整体利益。

（二）统一财务收支计划

学校的财务收支计划是根据《中华人民共和国预算法》的要求和学校各项事业发展的需要与财力可能进行综合平衡编制而成的，是学校经济工作的"指挥棒"。校内各部门、单位都必须严格遵照执行，并按财务收支计划积极组织收入，按事业进度合理安排和使用资金，以维护预算的严肃性和权威性。事业单位财务制度改革取消了原来对事业单位的三种预算管理方式和金额预算单位的预算内外资金的界限，要求学校把整个财务收支活动都纳入年度财务收支计划，编制综合财务收支预算。这是一项根本性的改革，它要求高等学校把各项财务收支活动都纳入综合财务收支预算，决不允许学校、校内各部门各单位安排无计划无预算的财务开支，更不允许超预算超计划的财务开支。所以，统一学校的财务收支计划比任何时候都重要。

（三）统一财务规章制度

财务规章制度是贯彻执行学校财经方针政策和财务收支计划的重要保证，是学校办理各项财务收支业务必须遵守的依据。高等学校应在《高等学校财务制度》、《高等学校会计制度》及国家有关法律规章的规范下，根据学校的财经方针政策，结合学校的具体情况和管理要求制定统一的财务规章制度并颁布实施，决不允许各部门各单位自行其是地制定与财务规则和财务制度相违背的本部门本单位的财务制度。

（四）统一资源调配

这在教育经费极其紧张的情况下显得更为必要。学校的资源是保证完成教育科研事业的重要物质基础。为了提高学校资源的使用效率，降低教学科研成本和资源耗费，各高等学校应根据资源的分布情况和各部门、单位承担年度事业发展任务的需要，统一调配，合理安排，避免教育资源闲置、重复购置，防止滋生部门所有、单位所有的本位主义思想。

（五）统一财会业务领导

由校级财务机构统一领导校内各岗位财务人员的业务工作、业务培训、业务考核，并参与财会人员专业技术职称的评聘。

四、"统一领导，集中管理"的财务管理体制

（一）"集中管理"的含义

集中管理是指在不损害教职工和校内单位经济利益的前提下，学校的财经工作和财务活动由学校集中统一管理。

1. 财权的集中管理权

财权主要是指学校办学经费或资金的统筹安排和使用权。高等学校为了促进各项事业的发展，各项办学经费除独立核算的校内单位可以根据现行国家体制和有关财务规章制度的规定，自行管理和使用资金外，其校内单位的资金不论来源如何，都必须由学校进行集中管理，并由学校根据事业发展需要和财力可能，进行统筹安排、合理使用，防止财权分散、财源流失。

2. 制度的集中管理权

学校应根据实际情况和加强财务管理的需要,制定有关财务规章制度,并监督其贯彻实施,决不允许校内各单位任意制定"部门政策"或曲解学校统一规章。

3. 会计事务的集中管理权

学校的财经政策、财务收支计划和财务规章制度的执行情况和结果主要是通过会计核算来反映的。为了保证会计核算资料能够客观真实、全面系统地反映学校财务收支活动和规章制度执行的情况和结果,高等学校应根据财务规章制度,制定相应的会计制度,集中统一核算学校财务收支,并对学校日常会计事务包括财会人员的业务培训和管理等事务进行集中管理。

(二) 实行"统一领导、集中管理"的作用

实行"统一领导、集中管理"体制是为了维护学校的正常财经工作秩序、规范财务行为,使学校的财务活动在法制化的轨道上顺利运行。学校财务机构和财会人员必须大力做好体制的宣传工作,确保这种体制的贯彻执行。

五、"统一领导,分级管理"的财务管理体制

《高等学校财务制度》在强调高等学校应实行"统一领导、集中管理"体制的同时,根据我国一些高等学校目前的具体情况和管理需要,也规定规模较大的学校实行"统一领导、分级管理"的财务管理体制。

(一)"分级管理"的含义

分级管理是指学校财经工作和财务收支在建立健全财经规章制度、明确校内各级各单位权责关系和学校统一领导的基础上,根据财权划分、事权与财权相结合的原则,由学校和校内各级各单位(即二级单位)进行分级管理。分级管理是深化教育改革、落实自主权和调动校内各单位积极性,理顺财务关系和加强经济责任制的重要举措,但分级管理并不等于校内各部门各单位可以各自为政,其前提是"统一领导",即在严格执行学校统一的财经方针政策、财务收支计划和财务规章制度的基础上,给校内各单位以下几个方面的管理权:

1. 在学校统一财务收支计划和资源配置下，二级单位有权对学校下达的预算经费和分配的资源进行统筹安排和使用

高等学校为了充分调动教职工、校内各单位当家理财和增收节支的积极性，采取各种措施进行校内体制改革。其中一个重要的举措就是在集中学校必要财力的前提下，将财权适当下放到校内二级单位；对学校预算经费实行限额使用。二级单位可以根据其所承担的事业任务和财力可能，按照收入和事业进度，统筹安排、合理使用学校预算分配的资金。

2. 在学校统一财务规章制度下，二级单位有权制定财务规章制度的实施办法

校内各单位在不违反国家及学校统一财经政策和财务规章制度的前提下，可以根据本单位事业活动的具体情况和加强财务管理的需要，制定各种管理条例和财务规章制度的具体实施办法。

3. 在学校统一财会业务领导下，二级单位有权管理本级会计事务

校内各单位可以根据业务工作需要，按照法定的程序和手续，申请并设立本单位的财务机构，在校级财务机构的指导下，根据学校统一制定的财务规章制度和会计制度具体组织、核算和管理本单位的财务收支活动，并定期向校级财务机构报账和报送财务报表，以便校级财务机构汇总成能够反映学校财务收支全貌的财务报表。

（二）"分级管理"的前提

财权下放并不等于可以把学校的资金分散到各个二级单位。为了增强学校对整个财经工作和财务活动的宏观调控能力，保证学校有一定的财务实力，适当集中学校的必要财力，要求校内二级单位必须把资金集中到学校的财务处（室），决不允许二级单位私设"小金库"，将公款私存，或逃避学校财务处（室）的管理和监督；禁止校内二级单位任意开设银行账户，如确实因业务工作需要在银行开户的，应经财务处（室）和总会计师批准，并上报省财政厅批准或备案；禁止各二级单位截留应纳入学校统一管理的各项事业收入，更不允许任意转移或挪用学校预算安排的资金。

六、高等学校财务管理体制的适用

高等学校实行"统一领导、集中管理"体制或"统一领导、分级管理"的体制，应根据其办学规模、年度资金流量、财务规章制度的健全情况和加强学校财务管理的实际需要，在不违背国家和教育主管部门的有关规定，不影响学校各项财经工作和财务管理的前提下，认真研究确定。对于实行"统一领导、分级管理"体制的学校，必须做到各项财经政策和财务规章制度健全、机构设置完善、人员配备齐全、财务关系清楚、权责利明确，使学校具有强劲的宏观调控能力，以确保学校各项财经工作的顺利进行。一般情况下，为适应高等学校发展的新要求，集中财力办大事，高等学校主要选用"统一领导、集中管理"的财务管理体制。

第二节　高等学校财务工作的领导体制

财务工作的领导体制是学校财务管理体制的重要内容，建立健全科学规范的财务工作领导体制是维护高等学校财务工作秩序、理顺财务关系、贯彻落实经济责任制的有力保证。《高等学校财务制度》明确规定："高等学校财务工作实行校（院）长负责制。高等学校应设置总会计师，协助校（院）长全面领导学校的财务工作。凡设置总会计师的高等学校，不设与总会计师职权重叠的副校（院）长"。

一、建立健全财务工作的校（院）长负责制

（一）建立健全财务工作的校（院）长负责制的政策依据

《高等学校财务制度》突出强调高等学校应建立健全财务工作校（院）长负责制，以增强学校对财务工作领导的宏观管理和协调能力，把高等学校的经济责任制进一步落到实处。

（二）经济责任制是搞好财经工作的一项基本制度

在高等学校，经济责任制是否得到充分的贯彻落实，是关系到学校财务工作是否能够顺利运行的全局性问题。从加强高等学校财

务工作宏观调控能力和强化财务管理的需要出发，根据权责利结合的原则，高等学校的财务工作应建立健全校（院）长负责制。以前，在建立总会计师制度的高等学校，其财务工作的经济责任主要落在总会计师身上。建立以总会计师为首的经济责任制对于集中学校财权，解决多支笔审批财务开支的混乱局面，使总会计师能够积极参与学校整个经济工作的预测和决策，在从组织和管理上保证学校各项事业的顺利进行等方面起到了一定的作用。但总会计师只是学校的一名副职校级行政领导成员，与其他副校（院）长一样，只能是校（院）长的助手，协助校（院）长归口领导和管理学校的财务工作。校（院）长是学校的法人代表，是学校各项工作的总负责人，具有全权领导和管理学校各项工作的法定权力，必须相应地承担包括财经工作经济责任在内的各种责任，把经济责任制落到实处。所以，建立校（院）长经济负责制不仅与法定的权力相匹配，而且也明确了总会计师在学校财务工作和财务管理中的领导作用，有利于总会计师开展工作。

（三）校长履行职责的途径

校长履行职责的途径主要是校长办公会。《高等学校三个工作条例》明确规定了高等学校党委、校长、教代会的权利和义务，校长履行管理学校财务工作职责的途径主要是校长办公会。

二、建立健全总会计师领导财务工作的领导体制

（一）总会计师在学校财经工作和财务管理中起领导的作用

突出建立健全高等学校财务工作的校（院）长经济负责制，并不是削弱总会计师的职权和其在学校财经工作中的领导作用。它的目的是进一步理顺总会计师与校（院）长之间的权责关系，摆正相互的位置，强调了总会计师在学校财经工作和财务管理中的领导作用。明确总会计师协助校（院）长全面领导学校的财务工作；要求高等学校必须设置总会计师，不再设置与总会计师职权重叠的副校（院）长。总会计师是学校财经工作的重要负责人，行使《总会计师条例》及《高等学校总会计师工作试行规程》中规定的职权，并直接对校（院）长负责。

总会计师在高等学校财经工作中进行专业领导和管理的重要作用是毋庸置疑的。凡是设置总会计师的高等学校，应充分发挥总会计师的领导作用和管理才能，并赋予其法定的职权；没有设置总会计师的高等学校，应创造条件，培养和造就具有较高财经理论和政策水平，熟悉国家财经法律、法规、方针、政策和制度，掌握现代化管理知识和熟悉高等学校情况，有较强的组织领导能力的人才，尽快选送配备总会计师，以切实加强高等学校财经工作的专业化领导。

(二)　总会计师的地位与作用未被重视

1. 主管部门不重视，未按规定设置总会计师

当前高等学校财务领导体制是，作为法人代表的校（院）长不仅是学校各项日常工作的总负责人，同时也负责领导学校的各项财经工作。虽然中国政府以及相关主管部门在各种相关政策、法规、制度中提出设立总会计师，协助校长领导学校财经工作，但是总会计师的地位与作用仍然被忽视。《高等学校财务制度》第六条明确规定："符合条件的高等学校，应设置总会计师，协助校（院）长全面领导学校的财务工作。"据统计，改革开放以来，中国出台涉及设立总会计师的规范文件有 17 部之多。虽然政府出台多种文件强调在公立高等学校设置总会计师，但实际状况是总会计师的设置并未落到实处。

2. 主管财务工作的副校长未能实现领导专业化

根据《高等教育法》，高等学校的校（院）长是高等学校的法人代表，是学校财务工作第一法律责任人，必须全面掌握本校资产安全管理工作状况。但是校（院）长的首务不仅仅是理财，还有更多的行政工作。这样问题就出现了，既然大学的校（院）长的主要精力不在经济工作上，随着经济工作的重要性在高等学校日益突出，那么经济责任该怎样负，校（院）长的经济责任制怎样落到实处，学校所有资产安全、保值的责任怎样全面落到实处？目前，中国规模较大的学校设置了主管财经工作的副校长，专门领导高等学校的财经工作。但随着学校办学规模扩大、经济业务的日益复杂，高等学校财经活动面临的风险加大。一些重大财经活动对于高等学校可能是攸关生存的，这对财经领导专业化要求提高了。

3. 主管财务工作的校（院）长代行总会计师职权的模式不适应学校财经工作的领导要求

有学者对主管财务工作校（院）长的专业知识背景做过调查，缺乏专业化背景是当前财经工作领导的一个缺陷。随着高等学校改革的不断深化，中国市场经济机制在社会经济各个方面发挥作用，尤其是高等学校成为面对市场的独立事业法人，面临日益复杂的经济活动，面临生存与发展的竞争，高等学校不仅要发挥教学、科研等社会职能，更要承担理财、生财的社会实体职能，因此安排更加专业化的人员来指导高等学校的财务管理工作，成为愈加迫切的需求。

（三）设置总会计师必须与建立健全经济责任制相匹配

学校的各项事业活动要得以顺利进行，单单强调经济工作校（院）长负责制还远远不够。因为学校事业活动的广泛性和复杂性，要求对各项事业必须实行分工协作、层层管理、层层负责，使各级领导、各财经工作主管人员分别承担起与其职能相应的经济责任，把权利与责任结合，不能只强调权利，而忽视应承担的经济责任。只有这样，才能确保学校的财经工作有序地进行。各高等学校应逐步建立健全一套完善的经济责任制度，经济责任制的层次应分为校（院）长、总会计师或主管校（院）长、财务处长、二级单位财务负责人和基层财务人员等若干个层次，其内容应贯穿高等学校财经工作的全过程。具体地说，应建立和健全日常预算收支的经济责任制、经济政策和财经制度的制定与调整的经济责任制、财经管理体制的确立与改变的经济责任制、财经主管人员任用与变动的经济责任制、重大支出项目安排的经济责任制和对外投资的经济责任制等。

为了减少高等学校财经工作失误，提高财经工作管理水平，增强高等学校财经工作宏观调控能力，应强调校（院）长的经济责任制，确立总会计师协助校（院）长全面领导高校财经工作的地位。同时，也必须增加学校财经工作和财务管理的透明度，提倡科学理财、民主理财，防止个别领导大权独揽，独断专行；对于学校一些未纳入预算管理的特殊、重大的财务开支和对外投资等都必须经校务会议集体研究决定。但学校财经工作的领导和管理权限也不能过于分散，以防止在存在问题或出现失误的时候无人负责的情况出现。

（四）设置总会计师的必要性

高等学校应当设置总会计师岗位，总会计师为学校副校级行政领导成员，协助校（院）长管理学校财务工作，承担相应的领导和管理责任。高等学校的经济运行和财务管理出现了诸多新特征决定高等学校财务工作领导的变革。学校规模的快速扩大，带来了财务收支数额的大幅度增加，一般高等学校的年经费收支规模，并不亚于一个大中型企业的经营收支规模。学校收支中，有预算拨款收支、社会服务收支、事业性收费收支、科研收支、校办企业收支、基本建设收支，也有投资性收支，经济活动涉及面更为广泛、内容复杂。学校的收入大部分来源于国家和学生，高等学校必须对国家和社会负责。

校长不能直接管理财务，副校长不专业，总会计师能发挥作用，是保障体系的重要补充。高等学校设置总会计师职位，使其进入校党委和校级领导班子，负责统一管理学校财务处和校办产业等，实现学校总体财力的统一管理，便于各财务核算机构协调交流，能够有效避免各自为政，也可以防止各级核算单位财务自主权过大现象的发生。高等学校应尽快引入总会计师制度，保障收费透明度，让高等学校的钱花得更明白，让纳税人看得更清楚。教育部也曾在《建立健全教育、制度、监督并重的惩治和预防腐败体系实施纲要》提出，要积极推行直属高等学校总会计师制度。

三、高等学校的其他财务工作领导决策机构

充分发挥财经工作领导小组和投资与预算委员会的作用，成立预算与投资委员会，落实财务处（含校财经工作领导小组办公室）、校财经工作领导小组、校长办公会、党委会、教代会预算管理决策机构的职责，确实加强对预算的领导。

（一）党委

《高等学校三个工作条例》明确规定了高等学校党委、校长、

111

教代会的权利和义务，党委领导下的校长负责制，确立了党委对高等学校财务工作的绝对领导地位，党委履行管理学校财务工作的职责主要是通过党委会来实现。

（二）财经工作领导小组

1. 财经工作领导小组组成人员

财经工作领导小组成员由校长、党委书记、总会计师（未设置总会计师的，由分管财务的副校长代替）、财务处处长、审计处处长等组成。财经工作领导小组人数不宜太多，避免因考虑方方面面的人员，人数多了变成虚设。

2. 财经工作领导小组的职责

（1）根据上级要求，结合本校实际，制订工作计划，组织制定相关规章制度，并督促落实，使学校的各项经济活动规范化、制度化，分解下达经济责任目标，并组织实施。

（2）加强财务管理的透明度，对学校重大支出项目安排、对外投资、未纳入预算管理的特殊、大额财务开支严格按照决策程序，集体讨论研究决定，提倡民主理财，实行财务公开，防止个别领导大权独揽，独断专行。

（3）对负有经济责任的领导进行监督、检查和考核；并逐步完善各级领导离任、届满审计制度；研究解决学校在各项经济活动中存在的问题，并加以整改，促进教学、科研事业有序地发展。

（4）负责贯彻执行国家有关法律法规、方针政策；协调学校的财经工作，按照省教育厅等上级主管部门文件制定学校重要经济政策、分配制度和财务管理制度（办法）；负责确立学校财务管理体制；确定学校财务主管人员拟定人选；审议学校二级财务机构的设立方案；审批学校关于预算的规章制度；审批学校的预算建议方案；审查学校预算的调整方案；组织和监督学校预算的执行。

（5）对在学校各项经济活动中的先进单位和个人进行表彰奖励，对在学校各项经济活动中问题突出的单位和经济责任人做出处理。

3. 对财务工作质量保障体系的作用

（1）实行专业化领导，使财务工作质量保证体系更完善。

（2）有利于建立健全"统一领导，集中管理"的财务工作质量保证体系，集中财力办大事。

（三）预算与投资委员会

1. 政策依据

高等学校设立"预算与投资委员会"的政策依据是《关于加强高等学校财务管理的若干意见》。

2. 组成人员

预算与投资委员会的组成人员，人数不宜太多，以避免虚设，一般以 5~7 人为宜，全部为财经专家，不受行政干预，以充分提高决策效果。

3. 投资与预算委员会的职责

（1）负责对年度预算的编制；

（2）审议预算调整；

（3）审议追加或新增预算项目；

（4）审议投资项目；

（5）年度预算中大额度机动经费的具体安排；

（6）重大经济决策的论证和审议。

（四）贷款资金管理领导小组

高等学校的债务体现为国家或地方性债务，最后是要由国家或地方政府承担的，政府三令五申要求高等学校加强债务管理，控制借款规模，防范财务风险。高等学校应建立校内有效的财务运行管理机制、财务风险预警机制、全方位的财务控制体系及财务监督制度，设立多层递进的财务安全防控制度，对财务收支行为进行有力的控制。

1. 必须成立贷款资金管理领导机构

成立由校长任组长的贷款资金管理领导小组。每笔基建资金贷款，都应经过科学论证和可行性分析，经贷款决策领导小组讨论通过方可实施，对建设项目实施刚性预算，严格控制项目经费支出，力求将贷款风险降到最低。

2. 建立银行贷款审批制度

严格控制高等学校负债规模。高等学校发展高等教育事业要从实际出发，处理好事业发展与经济承受能力的关系，根据其发展需要和自身经济实力，分清轻重缓急，合理确定建设项目和安排建设进度。应召开教代会征求广大教职工的意见，由学校最高决策机构集体研究决定，报上级教育主管部门审核，再报省财政厅审批。

3. 建立银行贷款论证制度

高等学校贷款项目和额度需经过严格、科学的论证，贷款前应做好切实可行的还贷计划和措施，贷款额度不得超出学校预期的偿还能力，以保证高等学校教育事业的可持续发展。

第三节　高等学校财务工作的管理机构建设

一、高等学校应当单独设置一级财务机构

（一）财务机构的设置是财务管理体制的一个重要内容

高等学校是一个具有独立开展各项事业活动的事业法人单位，它在国家财政预算管理体系中是一个基层单位，必须根据《中华人民共和国会计法》及有关财务会计的法律规章制度的要求，设置专门的财务机构，独立开展会计核算，为财政部门、上级主管部门、学校领导及其他有关使用者提供财务信息资料。高等学校的财务机构，在校（院）长和总会计师的领导下，统一管理学校财务工作，完成学校的财务管理和会计核算，提供真实、及时、完整的财务信息。

（二）高等学校唯一的一级财务机构是财务处

财务组织机构是组织管理学校各项经济活动的专门机构，是高等学校财务管理体制的重要组成部分。科学规范的财务组织机构设置有助于学校经济活动、财务管理的开展，是建立高效的财务管理体制与运行机制必不可少的组成部分。在高等学校财务机构设置中，财务处是学校唯一的一级财务机构，直接接受校（院）长和总会计师领导，统一管理学校的各项财务活动、管理二级财务机构以及基层单位的财经工作。校内后勤、基建、资产等管理部门以及因需要设置的财务机构只能作为二级财务机构，在学校统一财务规章制度下开展工作，接受财务处的统一领导、监督、检查。

高等学校必须单独设置财务处（室），作为学校的一级财务机构，在校（院）长和总会计师的领导下，统一管理学校的各项财务工作，不得在财务处（室）之外设置同级（即一级）的财务机构。高等学校校内非独立法人单位因工作需要设置的财务机构，应当作为学校的二级财务机构。二级财务机构应当遵守和执行学校统一制定的财务规章制度，并接受学校一级财务机构的统一领导、监督和检查。

二、高等学校财务管理机构存在的问题

财务处统一管理校内财务活动的职能未完全实现。大部分高等学校设立了二级财务部门，二级财务部门有相对独立的财会核算权力，但必须接受财务处的统一领导。在实际工作中，由于各个部门拥有资源的使用权，因此形成部门利益，导致学校财务处只发挥了预算控制、会计核算、现金出纳等"小财务"的职能。对后勤、基建、校办产业等部门的财务活动缺乏行之有效的管理，对全校的财经活动不能有效地管理和监控。

大多数高等学校实行的财务管理体制为"统一领导、分级管理"。学校设置的财务处为一级财务机构，后勤、基建、校办产业等设立二级财务机构。但在长期的财务管理实践中，形成了这样一种管理模式：对于二级机构，财务处只负责业务指导，行政方面的管理职权归其所在单位负责。

二级财务机构接受双重领导的身份，导致一级财务机构对二级机构的监管作用被弱化，而二级机构为其主管的部门所左右，形成各自为政、利益分化的局面，从而损害学校利益。现实情况显示，众多高等学校存在各部门、各二级单位贫富不均的现象，甚至是"穷学校、富二级单位"。

三、高等学校财务工作管理组织机构的设置

（一）设置要求

高等学校设置校内财务机构，应按照高等学校财务管理目标，结合学校的实际规模，根据事先已确定的财务管理体制，依据分工合理、权责明确原则，建立相互联系、相互制约的财务组织结构。

（1）设立财务处为一级财务管理部门，领导管理学校财务工作。

（2）建立审计、纪检监督部门与财务处形成平行机构，对财经活动进行监管。

（3）在财务处下设立财务管理、会计核算等科（中心），加强对预算管理和日常经济活动的管理。

（4）已事先确定为"集中领导，分级管理"的高等学校，可设置二级财务机构，应在二级单位采用会计委派制，以加强对二级单位的财务管理。

（二）财务管理机构及岗位设置

1. 财务管理机构

高等学校财务管理机构是财务处，财务处是学校唯一的一级财务管理机构，不得设置与财务处并列的一级财务管理机构。

2. 财务管理的内设机构

财务处的内设机构是财务处的办事机构，根据工作需要设置科、室、中心等科级的建制。常规的财务处内设机构图如下图所示：

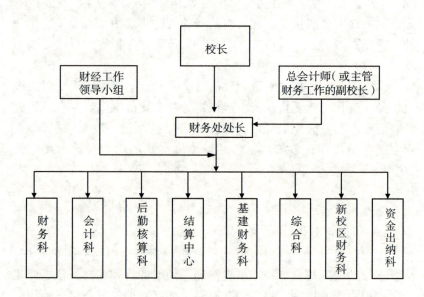

3. 财务工作岗位

财务工作岗位是根据财务处内设机构的（科、室、中心）工作要求设置的岗位，是配备工作人员的依据。

第四节　高等学校财务人员的配备及管理

为便于组织、核算、管理和监督学校的财务收支活动，高等学校内部设置的财务机构，必须根据相关制度的规定，相应配备专职的财会人员，按照《中华人民共和国会计法》的要求履行财会人员的职责和权限，并建立内部控制制度，以避免分工不清、职责不明造成财务管理混乱。

一、高等学校财务人员的配备

（一）高等学校财务人员配备的有关规定

（1）高等学校财务机构应当配备专职财会人员。

（2）财会人员应当具备与其工作岗位相适应的资格和能力。

（3）财会人员的调入、调出、专业技术职务评聘以及校内二级财务机构负责人的任免、调动或者撤换，应当由学校一级财务机构会同有关部门办理。

（4）高等学校校内设置二级财务会计机构，必须相应配备专职财会人员。校内各级财会主管人员的任免应当经过上一级财务主管部门的同意，不得任意调动或者撤换。二级财务机构的财会人员的调入、调出、专业技术职务的评聘需由财务部门会同有关部门办理。

（5）为加强财务管理，各学校应对配备的财会人员进行严格的财会业务培训和政治思想教育，不断提高财会人员的业务素质和政治素质，并定期组织考核，保证财会人员廉洁奉公，为学校教学科研等各项事业发展服务。

（6）高等学校校内各级财会主管人员的任免应符合有关制度的规定，并需经过上一级财务主管部门的同意，二级财务机构主管人员的任免需商得总会计师和财务处的同意。

（二）高等学校财务人员配备存在的主要问题和质量保证

1. 高等学校财务人员配备存在的主要问题

（1）高等学校财务人员的编制原则不够

高等学校财务人员的编制原则不够，原有的财务人员不能满足高等学校快速发展的需要，或者说，高等学校财务人员的配备还来不及适应高等学校快速发展的要求。随着高等学校的大幅度扩招和科研经费的大幅度增加，即使高等学校计划增加财务人员编制和人员，但由于发展太快了，财务人员增加的速度达不到高等学校发展的速度。

（2）高等学校财务人员的素质偏低

高等学校财务人员素质偏低，很多是照顾教授的配偶调进学校的，进财务处名声好听一些，所以很多教授的配偶进了财务处，其学历偏低、职称偏低、年龄偏大，男女结构、职称结构、年龄结构都不尽合理。

（3）财务机构负责人实际工作经验欠缺

随着高等学校重视职称，很多高等学校将从事教学的学术性教授调到财务处来当处长，这些人可能是博士、教授，但没有实际的财务工作经历，工作不踏实，夸夸其谈，对高等学校的财务工作十分不利。

2. 高等学校财务人员配备的质量保证

（1）必须重视高等学校财务人员的配备工作

增加会计人员的成本远远小于节约的成本。

（2）学术型人才的合理使用

院系的院长、副院长、教授等学术型人才担任财务处处长前，最好先担任1~3年财务处副处长，在财务处副处长的岗位先熟悉情况。了解高等学校财务工作的实际情况后，调任财务处处长，既能发挥其高级人才的应有作用，又能尽快熟悉业务，提高财务管理水平，一举两得。

（3）增加财务人员编制，配备优秀的财务人员

给财务处以足够的人员编制，并配备优秀的专业人才，可以优先在高等学校自身的会计专业中挑选优秀的本科生，充实到财务人

员队伍中来。

二、高等学校财务人员管理制度的质量保证

(一) 目的

为加强对高校会计人员的管理，提高财务管理和会计核算工作质量，必须建立健全高等学校财务人员管理制度，从制度建设入手强化管理措施。

(二) 依据

《中华人民共和国会计法》、《会计基础工作规范》、《高等学校财务制度》、《会计人员继续教育管理办法》等有关法律法规。

(三) 会计人员从业资格管理

1. 从事会计工作的人员必须取得会计从业资格证书

凡是从事会计工作的人员，必须取得会计从业资格证书；不具备条件的人员，不能从事会计工作，有关单位也不能聘用；不依法履行职责的会计人员，不应当允许其继续从事会计工作。不符合条件的人员不得从事会计工作。

2. 会计人员必须具备下列任职基本条件

(1) 具备从事会计工作所必需的专业知识和专业技能；

(2) 熟悉和遵守会计法规以及国家统一的财务会计制度；

(3) 热爱会计工作，秉公办事，遵守会计职业道德；

(4) 取得会计资格证书。《中华人民共和国会计法》规定，犯有提供虚假财务会计报告、做假账、隐匿或者故意销毁会计资料、贪污、挪用公款、职务侵占等与会计职务有关的违法行为被依法追究刑事责任的人员，不得取得或者重新取得会计从业资格证书，不得从事会计工作。

3. 会计从业资格实行吊销证书制度

被吊销会计从业资格证书人员，自被吊销之日起五年内，不得重新取得会计从业资格证书。会计从业资格证书由省财政厅会计处吊销。根据《中华人民共和国会计法》的规定，会计人员有下列情形之一，并情节严重的，将被依法吊销会计从业资格证书：不依法设置或私设会计账簿的；未按规定填制、取得原始凭证或者填

制、取得的原始凭证不符合规定的；以未经审核的会计凭证为依据登记会计账簿或者登记会计账簿不符合规定的；随意变更会计处理方法的；向不同的会计资料使用者提供的财务会计报告编制依据不一致的；未按规定保管会计资料致使会计资料毁损的；未按照规定使用会计记录文字或者记账本位币的；拒绝外界依法实施监督或者隐匿、谎报有关情况的；伪造、变造会计凭证、会计账簿，编制虚假财务会计报告的；隐匿或者故意销毁依法应当保存的会计凭证、会计账簿、财务会计报告的；不按规定参加会计人员继续教育的。办理吊销会计人员从业资格的程序由财务处提出报学校批准后送财政厅会计处办理。

（四）会计人员通用岗位职责

（1）负责对本单位各种会计事项按照国家有关的财务会计规定进行会计核算，编制、填报会计凭证、会计账簿、会计报表和其他会计资料，并保证会计资料的合法、真实、准确和完整。

（2）参与拟订本单位的经济计划、业务计划等，分析财务预算及收支计划的执行情况。合理使用现有资金，加强资金收支管理，充分发挥资金的使用效果。负责固定资产验收、折旧、报废、清理和在建工程费用核算等会计核算工作。妥善保管会计凭证、账簿、报表，建立完整的会计档案，专人负责管理。

（3）按照按章交纳各种税费；二级核算单位的会计人员应及时定额向财务处上交各种应交款项，报送会计报表及财务分析说明。

（4）负责对本单位实行财务会计监督，对不真实、不合法的原始凭证不予受理；对记载不准确，不完整的原始凭证予以退回，要求更正、补充；发现账簿记录与实物、款项不符合时，按照有关规定进行处理或向单位领导报告，请求查明原因，做出处理；对违法违规收支不予办理，并向单位领导报告。

（5）协助、配合省教育厅、省审计厅、省财政厅、中国人民银行、税务等部门开展财务检查、清产核资、审计等工作，不得拒绝、隐匿，谎报。

（五）财务人员考勤制度的建设

1. 原则

为进一步增强财务人员的组织观念，加强劳动纪律管理，树立良好的整体形象，体现财会人员敬业爱岗文明服务的精神面貌，保证以较高的出勤率和办事效率，更好地为教学、科研、行政、后勤服务，根据学校有关规定，制定本制度。

2. 考勤办法

（1）严格考勤制度，每月公布考勤情况，考勤情况与年终考核挂钩。考勤符号为：按时到"√"；迟到5分钟以上的"#"；病假"+"；事假"—"；旷工"×"；复习考试或上课"⊙"；早退"‖"，补休"△"，加班"☆"。

（2）财务人员应自觉遵守劳动纪律，按时上下班，按时参加有关会议和其他活动，每天上下午上班时，主动到指定考勤人员处打考勤，考勤工作由处长指定专人负责。

（3）为保证考勤表真实、准确反映考勤情况，负责考勤的人员应坚持原则，克服情面观点，实事求是地将各种考勤情况记在考勤表上，并妥善保管考勤表和请假条。

（4）每月月初由负责考勤人员对全员考勤情况进行核实，汇总后由处长签字并将全员考核情况在本处公布，需上报人事处的按要求上报。

3. 请假制度

（1）坚持请假制度，严格按规定权限审批，事假超过3天，经处领导审批后，报人事处批准；3天内由处长批准；病假原则上凭医生证明。凡请假需填写教职工请假申请表。请假需逐级审批，先由科长审批后报处长审批，需人事处或校领导审批的按程序申报。

（2）因事不能上班的，必须事前书面请假，得到批准后，才可不到岗（半天累计计算）。

（3）因病不能上班的，必须事前书面请假，来不及可口头打招呼，事后补假条（医生开具的休息证明和本人要求休病假的假条均可），经过批准才可休息（半天累计计算）。

（4）无故不来上班的事前未请假，事后无正当理由，作旷工处理。

（5）上班到岗后不到一小时，因私事外出，应口头向负责考勤的通知请假，并尽量在下班前赶回来，按半天事假计算。利用上班时间看病的也要事前口头向负责人请假，不打招呼的，按事假计算。看病提倡提前挂号，利用上班早段或末段时间，早段时间看完病未到下班时间需回办公室报到。

（6）事前未书面请假，也未口头打招呼，或未经批准擅自离岗办理私事，时间超过60分钟，按半天旷工计算。

（7）参加各类学历教育、职称考试的，经批准可给予适当上课或复习时间。相关人员事前应提交书面请假报告，经批准后单次或学期实施。

4. 加班规定

（1）财务人员均应踏实工作，提高工作效率，努力在上班时间完成岗位责任。如在上班时间无法完成工作或有紧急任务，确实需要加班或由领导安排加班的，需做好加班登记，详细记录加班日期、加班事由、加班时间、批准人、证明人。

（2）加班必须在办公室或其他公共办公场所进行，在家进行的一般不予认定。

（3）根据学校规定，加班可采取领加班费或补休两种方式。补休应提前一天提出并经处领导同意，业务多、任务重或遇特殊工作任务时，一般不予安排补休。

5. 考勤的检查考核

（1）负责考勤人员或处长需定期或不定期到各个科室检查考勤制度执行情况。

（2）考勤情况作为年终考核因素。

（六）会计人员的职业道德教育

1. 会计人员职业道德教育的作用

会计人员职业道德教育是高等学校财务工作质量保证体系的补充，是财务工作组织建设的重要组成部分。

（1）会计人员在会计工作中应当遵守职业道德，树立良好的职业品质、严谨的工作作风，严守工作纪律，努力提高工作效率和工作质量。

（2）爱岗敬业。会计人员应当热爱本职工作，努力钻研业务，使自己的知识和技能适应所从事工作的要求。

（3）熟悉法规。会计人员应当熟悉财经法律、法规、规章和国家统一会计制度，并结合会计工作进行广泛宣传。

（4）依法办事。会计人员应当按照中华人民共和国会计法律、法规和国家统一会计制度规定的程序和要求进行会计工作，保证所提供的会计信息合法、真实、准确、及时、完整。

（5）客观公正。会计人员办理会计事务应当实事求是、客观公正。

（6）搞好服务。会计人员应当熟悉本单位的生产经营和业务管理情况，运用掌握的会计信息和会计方法，为改善单位内部管理、提高经济效益服务。

（7）保守秘密。会计人员应当保守本单位的商业秘密。除法律规定和单位领导人同意外，不能私自向外界提供或者泄露单位的会计信息。

2. 会计人员职业道德的检查和考核

（1）学校应当定期检查会计人员遵守职业道德的情况，并作为会计人员晋升、晋级、聘任专业职务、表彰奖励的重要考核依据。

（2）会计人员违反职业道德的，由学校进行处罚；情节严重的，上报省财政厅会计处（会计从业资格证发证机关）吊销其会计从业资格证书。

（七）会计人员的继续教育

会计继续教育，是对会计人员不断进行知识、技能更新和补充，以拓宽和提高其创造、创新能力和专业技术水平，完善其知识结构的教育，是对会计人员进行的终身教育。继续教育是培养会计人员遵守会计人员职业道德规范，敬业爱岗，热爱本职工作，熟悉财经法规，依法客观公正地从事会计工作的重要途径。

会计人员必须按照有关规定完成继续教育任务。会计人员继续教育包括接受培训和自学两种形式。继续教育时间每年累计不少于68小时，其中接受培训时间累计不少于16小时，自学时间每年累计不少于52小时。会计人员完成继续教育情况作为会计人员考核的重要内容之一。会计人员必须由财务处按省教育会计协会的安排，集中参加会计人员继续教育。

（八）财务人员的任用和委派制

1. 政策依据

（1）根据财政部《关于印发〈内部会计制度规范——基本规范（试行）〉的通知》精神，会计人员任用要实行回避制度，不相容职务必须相分离。

（2）会计人员必须具备会计工作所必需的专业知识和专业技能，熟悉国家的有关法律、法规、规章及有关会计制度，遵守职业道德，身体健康。未取得会计证的人员不得从事会计工作。非学校正式员工，不得兼任会计、出纳。出纳人员不得兼管稽核、会计档案保管和收入、费用、债权债务账目的登记。

（3）各单位可根据需要，对会计人员岗位定期轮换，以使其全面熟悉业务，提高业务素质。会计人员调动工作或者离职，所在单位必须事先书面通知财务处，办清交接手续。未经财务处同意并签署意见的，人事处不予办理调动手续。

（4）财务处负责对全校会计人员进行行业管理和业务指导，包括：

①全校所有财会人员必须在财务处登记，由财务处建立会计人员档案。因工作需要轮岗非会计岗位人员也必须由财务处建立会计档案。

②财务处备案的会计人员，其任免需先征得财务处同意，所在单位不得任意调动、撤换。

③财务处是学校会计人员管理的职能部门，应定期组织培训、学习、交流、考核；同时配合人事处进行会计人员职称考试、聘任、资格审定等工作。

④财务处可根据二级单位需要，推荐委派会计人员，或代理记账。未取得财务处同意，不得自行调入或聘任会计、出纳。

2. 财务人员的任用程序

（1）财务机构负责人任用程序

财务处是学校唯一的一级财务机构，其机构负责人任免由校财经工作领导小组拟定、校长审定，报党委批准任命。

（2）财务处科级干部任用程序

财务处科级干部任免由财务处负责人拟定人选，报校长审定，经党委批准任命。科级干部处内平级调整，由财务处负责人商校长确定后，报党委组织部办理相关手续。

（3）财务处会计人员任用程序

财务处会计人员由财务处负责人拟定人选，报人事处办理任用手续。

3. 财务人员委派制

财务人员委派制是一种财务人员管理体制，是国家以所有者的身份，凭借其管理职能对国家所属的企业、事业单位的会计机构负责人和主管会计进行委派的一种制度。它使得资产所有者直接对会计流程和会计人员进行管理，可以第一时间对出现的问题和矛盾提出解决办法，提高了办事效率，遏制了会计核算流程中的违规行为，是我国会计管理工作改革中的有益尝试。高等学校财务人员委派制下财务人员编制在学校财务处，其工资待遇不在被委派的二级单位，避免财务人员受财务处和二级单位的双重领导，摆不正位置，损害学校的利益。

第五节　高等学校财务监督的内容及机构

一、高等学校财务监督的概念

高等学校财务监督是指高等学校根据《高等学校财务制度》的要求，在校长和总会计师的领导下，借助财务收支计划、会计核算、会计检查等方法进行的财务监督工作。高等学校应建立健全内部控制制度、经济责任制度、财务信息披露制度等监督制度，依法公开财务信息，对经济业务实行事前监督、事中监督和事后监督，对收支行为实行日常监督与专项检查，以确保高等学校的财务管理处于全方位的监督之中。

二、高等学校财务监督的目的

高等学校财务监督是财务工作的一个重要组成部分，是国家财政监督的基础。财务监督的目的是确保高等学校坚持学校的社会主义办学方向，保证党和国家有关财经的各项方针政策、财经法令、规章制度的贯彻和执行，促进增收节支、合理使用各项资金，讲求经济效益，从而保证高等学校教学、科研计划和任务的完成。

三、高等学校财务监督的内容

（1）预算编制、财务报告的科学性、真实性、完整性；预算执行的有效性、均衡性；

（2）各项收入和支出的合法性、合规性；

（3）结转和结余的管理情况；

（4）资产管理的规范性、有效性；

（5）负债的合规性和风险程度；

（6）对违反财务规章制度的问题进行检查纠正。

四、高等学校财务监督的机构

（一）外部财务监督机构

外部监督是由国家有关部门组织实施的，主要包括审计监督、税收监督、物价监督、财政监督、银行监督。

1. 审计监督

国家各级审计机关或业务主管部门，依照审计法规，代表国家利益对学校各项财务收支活动和业务活动进行审计，审核这些活动的真实性、合理性和正确性。审计监督是对财务监督的再监督，具有独立性，它与学校财务部门内部进行的财务监督目标一致的。校内的审计处依照审计法规，代表学校的利益，审核学校各项财务收支活动和业务活动是否严格执行国家财经政策、法规和规定，确认国有资产是否保值增值。

2. 税收监督

是指国家税务机关，依照有关税收法律法规对高等学校的有关经济活动进行检查、督促，要求高等学校按章依法纳税，高等学校必须接受税务监督，严格履行纳税义务。

3. 物价监督

是指各级人民政府的物价管理部门，依据物价管理的法律法规，对高等学校的学生收费等各种收费行为、收费项目进行的监督。

4. 财政监督

是指上级主管部门对学校的整个财务活动进行的指导性监督，学校要严格服从其要求，以保证国家利益与学校利益的一致性。

5. 银行监督

是指各类银行和金融机构对学校的货币资金运转进行的全面监督。银行监督的内容包括综合性监督国家预算的收付与使用情况，审定各项工资性开支是否合法，严格控制消费基金的开支，定期分析学校内部机构的信贷信誉及偿还能力。

（二）内部财务监督

内部财务监督是指高等学校根据有关法规建立的内部财务控制制度，按照国家统一的财经法规和学校内部财务制度，对高等学校的收入、支出、分配等方面进行全方位的监督，财务处应加强对学校货币资金和实物资产的监督，加强对银行账号管理的监督，加强对学校内部结算工作的监督。高等学校校内财务监督的机构包括：审计处、监察处、纪委、教代会及各民主党派组织。

第六节　组织建设对财务廉政风险
防控系统的作用

一、财务管理体制与财务廉政风险防控的关系

（一）财务管理体制是质量保证体系的基础

高等教育经费以各级财政拨款为主，依法征收教育附加费，学

生缴纳学费以及杂费，社会团体、企业、华侨的赞助，校办产业利润上交，形成了高等学校多方位、多元化、多渠道筹集教育经费的财务管理体制。高等学校教育经费分配方式也由财务管理体制给予进一步的规范和理顺，财务管理体制以经济责任制的形式从制度保证的角度，规范高等学校的财务收支行为，是高等学校强化质量保证的基础。

（二）财务管理体制对高等学校财务廉政风险防控系统的作用

（1）高等学校以法律法规为保障，按国家规定的制度体系进一步建立健全高等学校的组织建设架构，成为高等学校财务架构设置和财务人员配备的依据。

（2）确立了"大收大支"的财务管理理念，进一步理顺了高等学校校内各种利益关系。财务管理就是为实现各种利益关系，提高资源配置效率服务的，既定利益格局确定了财务机构和财务人员的组织建设要求。

二、组织建设对财务廉政风险防控系统的作用

高等学校财务工作的组织建设，是高等学校财务工作质量保障体系的重要组成部分，这对于高等学校加强财务管理、提高会计核算水平将发挥积极的作用。

（一）领导和决策层的作用

高等学校应配备总会计师，加强对高等学校财务工作的领导，选配具有会计财会专业背景的财务管理人才充实高等学校的领导层，实行专业化的决策，以便提高财务决策效果。

（二）充分利用高等学校人才优势，合理使用学术型人才

高等学校应充分利用人才优势，各学院的院长、副院长、教授等学术型人才，是财务处处长的合适人选。但是，他们大多数没有财务工作实务经验，因此，在选任为财务处处长之前，最好先任1~3年的财务处副处长，在财务处副处长的岗位先熟悉情况，了解高等学校财务的实际情况，再调任财务处处长，既能发挥其高级财务人才的应有作用，又能尽快熟悉业务，提高财务管理水平，一举两得。

（三）建设一支优秀的财务人员队伍，是完善财务工作质量保证体系的关键

（1）会计人员是高等学校的重要组成部分；

（2）高等学校财务管理工作离不开会计人员；

（3）会计人员是提高财务管理水平的重要保证；

（4）会计人员工作的好坏在某种程度上反映高等学校的管理水平；

（5）会计人员是高等学校决策的重要力量；

（6）会计主管是高等学校领导的左膀右臂。

第七章　高等学校财务廉政风险防控系统的经济责任制

第一节　高等学校经济责任制概述

一、高等学校经济责任制的概念

高等学校经济责任制是指各级经济管理者在学校经济工作中，贯彻执行责、权、利相结合原则的一系列制度，是贯彻执行《中华人民共和国会计法》、《高等教育法》等法律法规，提高管理水平，避免财经工作决策和具体实施失误的有效途径和必然要求，也是任期经济责任审计的重要内容。

二、高等学校建立经济责任制的政策依据

教育部、财政部《关于高等学校建立经济责任制加强财务管理的几点意见》（教财〔2000〕14 号）指出，高等学校建立健全各级经济责任制，是贯彻实施《高等教育法》、提高管理水平和避免财经工作失误的必然要求和有效途径。建立健全经济责任制的核心是将权利和义务相结合，使各级领导、各有关部门在经济工作中既按规定行使权利，又按规定履行义务。

三、高等学校建立经济责任制的层次

根据高等学校现有的管理体系和管理部门的从属关系，高等学校的经济责任制大致可分为三个层次。高等学校财务管理实行"统一领导，分级管理"或"统一领导，集中管理"的两种管理体

制。虽然形式有所不同，但以高等学校为事业法人主体，对财经工作"统一领导"的基础是一致的。因此，高等学校应分别按照这两种管理体制和"一级管好一级，一级带动一级，下级向上级负责"的原则，按校内管理层次分别建立起各级经济责任制，从而形成一套科学合理的经济责任制体系。

（一）高等学校决策层

高等学校决策层是最高层次责任中心，控制学校所有的经济活动，主要责任是负责学校全局性的经济活动与重大决策，如学科与专业建设、基本建设、专项资金使用、人才引进、财务预算和决算、学校长期发展规划、筹资融资和重大的经济活动决策。

（二）高等学校二级单位

各院（系）、学校各职能部门和经济实体，它们既受上一层次责任中心即学校当局的直接控制，又控制下一层次责任中心即学校最基层的管理部门。相当于企业中的利润中心与成本中心，各院系及经济实体可以作为利润中心，学校可以将其可控制收入和支出费用指标作为责任经济指标，它们主要负责本部门正常活动的收入与支出（如学生学费和住宿费、培训费收入；人员支出和正常业务活动支出），学校的各职能部门可以作为费用中心，在确定目标任务的前提条件下，主要控制其费用支出情况，将其费用支出作为经济责任指标（如本部门人员的工资及福利性支出，本部门办公水电业务活动支出等）。

（三）高等学校基层单位

各院（系）的教研室和各职能部门的科室受第二层次责任中心控制，不与学校当局直接发生关系，主要任务是完成上级部门的经济指标，对本科室的可控收入和支出费用负责，可实行定额管理、指标管理、内部结算价格等管理办法。

四、建立经济责任制的重点

建立经济责任制应贯穿于高等学校财经工作的全过程，但应抓住重点，切忌眉毛胡子一把抓。重点具体包括：

1. 日常预算收支全过程的经济责任制

学校预算一经正式确定，就应成为全校经济工作的"指挥棒"，必须按管理层次将组织收入、控制支出的权利和责任落实到岗位、落实到人，各司其职，各负其责，在哪个层次上出现问题，其上一级必须及时采取措施予以解决并追究相应层次有关人员的责任。预算必须坚持"量入为出，收支平衡"的总原则，不得编制超出学校综合财力能够承受的赤字预算；不得把有专项用途的专款、借款、捐款等视为学校自有资金编制预算。收入预算要积极稳妥，按照有关规定将各项收入全部列入预算，不得遗漏；不得将收入作为往来款项挂账，坐收坐支；不得将学校所属二级单位的收入脱离学校财务统一管理；严禁学校各级各类单位设立"小金库"。支出预算要统筹兼顾、保证重点、勤俭节约，不得随意扩大支出范围，重复、虚列支出，挤占国家规定的专项资金。预算管理要建立科学的制度、规范的程序。

2. 经济政策和财经制度制定与调整的经济责任制

学校必须明确规定各个层次制定、调整经济政策和财务制度的机构和人员，并保证学校各项经济政策和财务制度既符合国家有关规定，又统一协调。校内单位出台的政策必须服从于学校利益，不能政出多门、搞小集体政策；发现问题后，校级经济政策制定者必须及时将有关情况报告校领导，并进行处理。

3. 财务管理体制确立与改变的经济责任制

学校财务工作必须坚持"统一领导"的原则，但实行"集中管理"还是"分级管理"，集中和分级分别如何管理，必须在不违反国家和主管部门有关规定的前提下，经校领导集体研究确定并明文颁布；一经确立，不得随意变更；凡不按规定设立的机构，必须予以撤销。

4. 财务主管人员任用与变动的经济责任制

校内各级财务主管人员的任用和变动，必须按干部管理权限逐级报批、备案。

5. 国有资产完整和保值增值的经济责任制

学校各级国有资产的管理要贯彻财物并重的原则，切忌重财轻物。要严格物资采购计划审批制度，按计划采购，建立健全物资入库、领用、维护、报废、转让制度，加强财务监督，保证国有资产的完整和安全。高等学校必须建立健全固定资产管理制度，从购置、使用、保管、清理，到转让、报废都要有严格的审批程序。对于房屋、建筑物，以及大型、精密、贵重仪器设备，要专人负责并建立岗位责任制。对于非经营性固定资产转经营性资产，如对外投资、合作、入股等，要进行科学、严密的可行性论证，按照有关规定严格审批，确保资产的安全、完整。学校财务部门和其他有关管理部门要对固定资产定期清查盘点，保证账、卡、物相符。对于盘盈、盘亏的固定资产，要查明原因，分清责任，及时处理。各高等学校还要提高固定资产的使用效益，避免闲置、重复购置和浪费现象。

6. 重大支出项目安排和对外投资的经济责任制

学校总体财务收支计划中，除必须确保日常性支出安排外，随改革发展需要，还需要安排一些金额较大的支出项目。对这些项目，必须组织反复、缜密的论证，按金额大小制定相应的决策签字负责制，谁签字谁负责。其中，基本建设项目尤其要严格按照国家规定的基建程序办事，明确项目负责人，确保规划严格、经费来源可靠、按工程进度及时拨付工程款项，不得拖欠，工程质量优良。学校的各项对外投资要谨慎论证、及时入账，确保安全和有效益，坚决杜绝无效益投资。

第二节　高等学校财务廉政风险防控经济责任制的建立与设计

一、建立经济责任制是高等学校财务管理体制的重要内容

（一）高等学校领导机构的确立

建立健全校内各级经济责任制，是贯彻实施《高等教育法》、《会计法》，提高管理水平和避免财经工作失误的必然要求和有效途径，是学校做好财经工作的一项基本制度。它是确立高等学校领

导机构的强有力措施，进一步明确校长、主管财经工作的校领导、各分管校领导、财务处处长、各学院院长（系、部主任）、校内各机关及附属单位第一责任人、二级财务机构负责人、纪委监察处处长、审计处处长及基层财会人员在学校经济管理工作中应该履行的权利与义务。

高等学校应加强经济管理和财务管理，进一步确保各级领导干部在学校各项经济活动中依法履行职责，规范校内经济秩序，严肃财经纪律，避免财经工作失误，保证国有资产的安全、完整，促进学校各项事业的改革与发展，提高学校财经工作管理水平。

高等学校应建立健全校内各级经济责任制，坚持党委统一领导、党政齐抓共管、纪监审计组织协调，根据权责结合原则，将权利和义务相结合，使各级领导、各有关部门在各项经济活动中既能按规定行使权利，又按规定履行义务，谁审批谁负责。

（二）建立经济责任制的复杂性

建立健全校内各级经济责任制，必须充分认识学校事业活动的广泛性和复杂性。要坚持依法治校，加强集体领导与个人分工负责相结合，层层管理、层层负责，实行谁主管，谁负责，一级抓一级，层层抓落实，将经济责任贯穿于学校财经工作的全过程，使各级领导、各主管财经工作负责人分别承担起与其职能相应的经济责任，保证学校财经工作有序进行。

二、高等学校财务廉政风险防控经济责任制的内容

（一）决策层财务廉政风险防控的经济责任

1. 财经工作领导小组的经济责任

在学校党委、学校行政领导班子直接领导下，学校财经工作领导小组在学校经济责任制建设中要做好以下各项工作并承担领导责任：

（1）根据上级领导机关关于经济责任制建设的要求，结合本校实际，制订经济责任制建设的工作计划，部署工作任务，组织制定经济责任制建设的相关规章制度，并督促落实，使学校的各项经济活动规范化、制度化。分解下达责任目标，并组织实施。

（2）坚持民主集中制，提高学校财经工作和财务管理的透明度，学校重大支出项目安排、对外投资、未纳入预算管理的特殊、大额财务开支严格按照决策程序，经集体讨论研究决定，提倡民主理财，实行财务公开。

（3）对负有经济责任的领导进行监督、检查和考核；并逐步完善各级领导离任、届满审计制度；研究解决学校在各项经济活动中存在的问题，并加以整改，促进教学、科研事业的有序发展。

（4）负责贯彻执行国家有关法律法规、方针政策；协调学校的财经工作，按照省教育厅等上级主管部门文件制定学校重要经济政策、分配制度和财务管理办法；负责确立学校财务管理体制；确定学校财务主管人员拟定人选；审议学校二级财务机构的设立方案；审批学校关于预算的规章制度；审批学校的预算建议方案；审查学校预算的调整方案；组织和监督学校预算的执行。

（5）对在学校各项经济活动中的先进单位和个人进行表彰奖励，对在学校各项经济活动中问题突出的单位和经济责任人做出处理。

2. 校长财务廉政风险防控的经济责任

（1）校长是学校的法定代表人，是学校各项工作的总负责人，具有全面领导和管理学校各项工作的法定权力，对学校财经工作负法律责任，校长任学校财经工作领导小组组长。

（2）根据上级领导机关关于经济责任制建设的工作部署，组织本校经济责任制建设的工作规划，按照责任范围，落实各级领导班子和涉及学校各项经济活动的职能部门负责人的具体责任。

（3）经常检查领导班子成员执行经济责任制建设情况，了解学校各级领导在经济活动中贯彻执行责任制的情况，解决学校经济活动工作中发现的问题，针对存在的问题督促整改。

（4）统一领导全校财经工作的实施，对学校会计工作和会计资料的真实性、完整性负责。

（5）负责依法任用具有会计从业资格的会计人员，保证会计机构、会计人员依法履行职责，并依法保障会计人员继续教育和培训的权利。

（6）主持拟定和严格执行内部财务制度和年度经费预算方案，监控财务收支状况，筹措办学经费；负责审定学校年度财务决算、基本建设、自筹基建计划、贷款计划、办学资金筹措计划；依法保护和管理校产，维护学校合法权益；提高非经营性资产的使用效益，对经营性资产负有保值、增值责任。

（7）要求会计机构和会计人员依法设置会计账簿，建立健全并有效实施本校内部会计控制制度；不授意、指使、强令会计机构和会计人员伪造、变造会计凭证、会计账簿和其他会计资料，提供虚假财务会计报告。

（8）要求校内各级领导不得对依法履行职责、抵制违反《会计法》规定行为的会计人员打击报复。

（9）负责审定本校编制的财务会计报告，在报告上签名并盖章，对报告的真实、完整承担责任。

（10）校长负责审批列入学校综合财务预算的 10 万~50 万元的单项支出项目；负责审批列入学校综合财务预算的学校准备金的支出项目，年控制总额为 500 万元；负责审批未列入学校综合财务预算的预算外 3 万~10 万元（不含 10 万元）的单项支出和主管财务副校长审批限额以外的项目；负责审议预算外 10 万元以上的支出项目，负责审议由分管校领导按规定程序送财经工作领导小组论证（必须经过科学、严密的可行性论证程序）的学校重要支出项目、对外投资、合作、入股、信贷、担保等经济事项，提交学校党委会研究决定，通过后的方案必须经校长签字确认方可执行，以确保学校资产的安全、完整；负责审批单项支出 5 万~10 万元的预算调整项目。

（11）负责审批重大经济合同和经济协议。

3. 各分管副校长财务廉政风险防控的经济责任

（1）各分管副校长对预算范围内的资金使用负责，在符合国家、学校方针政策和原预算的情况下，有权安排、审批自己管辖范围的预算资金。负责审批分管列入学校综合财务预算并未改变预算开支范围的 1 万~5 万元（不含 5 万元）的支出；负责审批分管列入学校综合财务预算由切块下达必须细分的预算项目职能部门细分方案。

（2）负责审议分管列入学校综合财务预算并未改变预算开支范围的 5 万元以上的支出；负责审议分管未列入学校综合财务预算的预算外开支项目；负责审议列入学校综合财务预算单项（次）5 万元以上的开支；负责审议分管预算项目的预算调整方案。

（3）加强对分管责任范围内工作的领导，每季度至少要检查一次分管部门和单位对学校财经工作计划的落实情况，发现问题及时汇报和敦促改进，督促分管部门和单位在各项经济活动、财务管理、会计核算中严格按照国家、地方和学校的规章制度办理，提高有限资源的使用效益。

（4）按职责范围协助校长贯彻落实经济责任制建设工作，具体负责主管范围内的各项经济责任制工作。

（5）组织对责任范围内经济责任制建设工作的考核。根据考核结果，向学校提出奖惩建议。

4. 总会计师财务廉政风险防控的经济责任

（1）协助校长负责贯彻落实学校经济责任制建设工作；负责全面领导校内各项财经工作；直接对校长负责。

（2）学校的财务支出实行"一支笔"审批制度，凡需学校领导审批的重大支出项目以及财经政策、制度制定与变更，必须经主管财务校领导审批。

（3）负责组织编写和修订学校各项财会制度和经济分配政策；建立健全各级财务机构的财务制度实施细则和内部控制制度。

（4）参与学校重大经济合同和经济协议的审议和上报审批程序。

（5）负责组织编制和严格执行学校综合财务预算；负责审批列入学校综合财务预算的单项（次）为 5 万元至 10 万元的经分管校领导、副校长审议的支出；负责审议单项（次）支出为 10 万元以上的项目，报校长或学校决策机构审批。负责未列入预算年度学校综合财务预算的支出项目，3 万元以下由分管校领导审批确认，年度控制总额为 80 万元；审批 5 万元以下的预算调整方案；审议 5 万元以上的预算调整方案。

（6）负责审批分管列入学校综合财务预算并未改变预算开支范围的1万~5万元（不含5万元）的支出；负责审批未列入学校综合财务预算预算外3万元以下（不含3万元）的单项支出，年总控制数为80万元；负责审议超过年总控制数部分的预算项目和3万元以上的单项支出项目。

（7）努力开拓财源，多方筹集资金。分解和下达各单位创收收入上缴学校指标，力争实现学校年收入增长目标。

（8）组织学校各级部门严格贯彻执行国家有关财经法律法规、方针、政策和制度。

（9）加强学校国有资产管理，加强财务监督，保证国有资产的完整和安全。严格执行学校固定资产的购置、使用、保管、清理、转让、报废等审批程序。对于房屋、建筑物，以及大型、精密、贵重仪器设备，配有专人负责并建立岗位责任制进行管理。保证学校资产的安全、完整和保值、增值。

（10）审议校内各级财务机构的设置和会计人员的配备、会计主管人员的聘用方案，经主管人事校长同意后按规定程序报学校审批。

（11）围绕学校中心工作任务，合理设置财经工作岗位，按照择优聘用原则，有计划地补充高素质人员；建立定期轮岗制度，确保财会人员的合理流动；组织全校财会人员业务培训和进行综合考核，奖优罚劣，支持会计人员依法行使职权。

（12）负责对学校各级经济责任人进行培训，使其具备领导干部必需的经济、金融及法律等方面的基本常识。

（13）负责组织清理校办产业，进一步明晰学校与校办产业之间的产权关系，产权的划分应以投入的资本为依据，股份制企业根据学校持股额确定，合资企业按学校的出资比例划分，全部由学校投资的企业，其产权完全归学校所有。

（14）负责审议学校收费项目和收费标准的制定和上报工作，制止和杜绝校内乱收费现象，层层落实，经常进行检查。

（15）坚持"收支两条线"的原则，严格管理学校各项收费收入；并经常加以检查，发现违规问题及时处理并限期整改。

（二）二级单位负责人财务廉政风险防控的经济责任

1. 财务处处长财务廉政风险防控的经济责任

（1）财务处处长是学校一级财务机构的行政负责人，兼任学校财经工作领导小组办公室主任，在校长和主管校领导的领导下，具体负责贯彻学校各项财经政策，管理学校日常财经工作，对本处职责范围内的业务，包括财务收支的组织与报批；会计数据信息、报表的真实性、合法性和完整性负责。

（2）根据国家有关财经法律、规章制度和校内的财经政策，拟订适合学校具体情况和实际需要的校内财务制度，规范学校的财经行为，做到依法管理学校的财务收支活动，确保学校各项财经政策和财务制度的贯彻执行。

（3）参与编制学校各项经济计划和远景发展规划，根据《中华人民共和国预算法》和学校各项事业活动计划做好综合财务收支预、决算和经费分配方案，做到综合平衡；负责控制、监督学校预算的实施和执行；分配学校公用经费预算指标；定期向上级主管部门和学校领导报告预算执行情况；参与编制学校预算的调整方案。

（4）负责根据学校综合财务收支预算，积极组织收入，监督各部门各项收入的及时足额上缴，坚决制止"小金库"和校内资金体外循环等违纪行为，防止学校财源流失。

（5）严格执行学校"统一领导、集中管理"的财务管理体制，按照统一财经方针政策、统一财务收支计划、统一财务规章制度、统一资金调配、统一财会业务领导的原则，管理学校各项财务会计事项。

（6）严格执行学校预算，控制无预算的各项财务支出，对各类资金开支标准、开支范围进行监督和审批，杜绝资金浪费和流失。

（7）负责学校会计信息的处理，做好经济活动及会计信息的分析和预测，合理调度资金，控制和调节资金的流向、流量，促进教学、科研、行政和后勤服务等各项任务的完成，不断提高学校财务管理水平和资金使用效益。

（8）负责学校国有资产的价值管理，加强财务监督，保证国有资产的完整和安全。

（9）参与学校重大经济活动，如对外投资、入股、借贷、合同、担保等的立项、调查论证、效益考核等工作。

（10）不断提高会计核算质量，定期如实反映学校综合财务收支预算执行情况，及时编制和报送财务报表，准确地提供各种财务信息。

（11）参与组织校内收费项目和收费标准的制定报批，负责监督、检查校内统一使用由财政部门统一印制或监制的收费票据，严禁用自制收据或到商店购买三联收据收费，制止各单位的各种乱收费行为。

（12）负责校内二级财务机构的设立，二级财务机构负责人的任免，会计人员的岗位聘任，轮岗交流等方案的上报工作。

（13）负责对二级财务机构进行业务领导，监督其严格遵守和执行学校统一制定的财经政策和规章制度，并定期进行检查，发现问题及时予以纠正。

（14）严格执行"收支两条线"的管理原则，抓好学校各单位各项经济活动统一纳入学校财务核算工作管理，严禁各单位私设"小金库"；严格执行学校、院（系、部）、处（室）及附属单位各级主管财务领导和各项目负责人财务管理"一支笔"的资金审批权限制度。

（15）对认真执行《会计法》，忠于职守，坚持原则，做出显著成绩的会计人员，负责提请学校给予奖励。

2. 各院（系、部）、处（室）、工会、团委及附属单位领导班子正职财务廉政风险防控的经济责任

（1）负责按照学校关于经济责任制建设的部署和要求，结合本单位实际，制订经济责任制建设工作计划，落实经济责任制建设的各项任务。

（2）负责建立健全本单位日常财务收支管理经济责任制；增强本级领导在各项经济活动中的经济责任意识，使其自觉遵守国家财经法律、法规、方针、政策和各项规章制度。

（3）实行院（系）财务公开，收入分配公开，自觉接受群众的监督。

（4）督促本单位将所收到的各项收入及时上缴学校财务，坚决制止本部门发生"小金库"等违纪行为。

（5）负责按照学校批准的综合财务预算编制本单位二级预算并执行；负责审批本单位列入综合财务预算未改变经费项目用途1万元以下（不含1万元）的项目支出；负责审议本单位列入学校综合财务预算1万元以上（含1万元）的项目支出；负责审议本单位未列入学校综合财务预算的预算外支出项目；负责审议本单位预算调整方案。严格按照国家、地方和学校规定的经费开支范围和开支标准，审核本级各项经费支出，分清资金来源和支出渠道，合理安排和使用资金。

（6）负责本级国有资产的安全、完整和保值增值。

（7）负责参与本级对外投资、入股、借贷、担保、改扩建工程，大型仪器购置招标等重大经济活动的调查分析工作和邀请专家进行可行性论证工作。

（8）负责每年以书面形式将本级财经工作情况向学校主管校领导和主管财务校领导汇报。

（9）不得以任何方式授意、指使、强令会计机构、会计人员伪造、变造会计凭证、会计账簿和其他会计资料，提供虚假财务会计报告。

（10）不得对依法履行职责、抵制违反会计法规规定行为的会计人员实行打击报复；对认真执行会计法，忠于职守，坚持原则，做出显著成绩的会计人员，及时报告学校有关部门进行奖励。

（11）负责审核本级财务编制的财务会计报告，并在报告上签名盖章，对报告的真实、完整承担责任。

3. 纪委、监察处处长、审计处处长财务廉政风险防控的经济责任

（1）负责监督、检查学校各级单位在各项经济活动中贯彻执行国家有关法律、法规和国家统一的财会制度，执行学校的财经纪律和财会制度的情况。

（2）负责会签学校各种文件和呈批专项的各项工作。

（三）基层单位财务廉政风险防控的经济责任

1. 学校二级财务机构负责人的经济责任

（1）负责协助本单位经济责任人，完成本级财务会计事项，并严格执行国家、地方和学校的各项财务规章制度，建立健全本级财务制度的各项实施细则。

（2）根据国家统一的财经法规、会计制度规定，结合本单位实际，设置会计总账、明细账、日记账和其他辅助性账簿；并对本单位发生的经济业务依法进行会计核算，实行会计监督。

（3）负责本级财务预、决算工作，并按月上报财务报表和财务报告，在报告上签名盖章，保证报告的真实、完整。

（4）负责将本单位的各项收支及时进行会计账务处理；督促各项收入及时上缴学校；严禁资金不纳入财务账的体外循环等违纪行为。

（5）依法实施会计监督，严格执行财务"一支笔"审批制度，有权拒绝办理违反会计法规的会计事项。

（6）负责本级资产的管理。完善各类资产管理制度，确保本级资产的安全、完整和保值增值；及时核对和清理本级财务会计核算范围内的债权债务，提高资金使用效益。

（7）建立本级会计资料档案，妥善保管会计档案并严格遵守国家关于会计档案保管期限和销毁办法的有关规定。

（8）保证本级会计机构、会计人员依法履行职责；不授意、指使、强令会计人员伪造、变造会计凭证、会计账簿和其他会计资料，提供虚假财务会计报告；不得对依法履行职责、抵制违反会计法规规定行为的会计人员实行打击报复。

2. 基层财务会计人员财务廉政风险防控的经济责任

（1）负责在国家和学校各项财经制度的指导下，建立健全本单位的各种内部控制制度。

（2）按照国家统一会计制度设置会计账，依法核算并实行监督。

（3）参与编制本单位预算，负责各类收入的组织和管理，督促本单位及时上缴学校，杜绝"小金库"行为；严格固定资产管理，定期与学校校产处核对资产账目，保证账实相符。

（4）负责流动资金管理，有关印鉴、重要票据实行分人保管、按月核对银行存款账，逐项检查并妥善保存现金。

（5）负责及时编制财务报告，并对其中数据的真实完整性负责；做好会计档案的归档和管理工作。

（6）有权拒绝办理违法会计事项和单位财务负责人审批权以外的各项开支。

第三节　经济责任制对高等学校财务廉政风险防控系统的贡献

一、完善高等学校财务工作质量保证体系，落实廉政风险防控责任主体的防控责任

高等学校的各级负责人作为学校各级会计行为的责任主体，在贯彻落实《会计法》、依法做好会计工作中起着重要作用。高等学校的会计工作是学校经济工作的重要组成部分，高等学校的各级负责人作为学校各级会计行为的责任主体，代表各部门行使职权，应当对本单位（部门）的会计工作负责。高等学校各级领导和有关人员必须认真学习贯彻国家的各项财会法规、制度，了解并掌握学校事业运行规律和财会工作规律。按照事权和财权统一的原则，既按规定行使权力，努力开展工作，确保完成事业任务，又敢于承担责任，确保国家和学校利益不受损失。

二、规范权力运行管理制度，集中财力办大事

高等学校建立健全财务管理经济责任制，有利于高等学校进一步增强民主决策的意识，加强制度建设，实行规范化管理，能促使高等学校各级领导把规划学校事业发展与勤俭理财结合起来，做到开源节流，统筹管理，集中财力搞好学校重点建设，促进高等学校事业发展目标的实现。

三、落实高等学校廉政风险防控"责、权、利"责任制

高等学校建立健全财务管理经济责任制，有利于建立责、权、利相结合的管理体制。责、权、利紧密结合的原则，是一切经济责任制的共同特点，主要表现为经济责任、经济权利和经济利益的紧密结合。建立经济责任制，明确规定各部门和各级领导、各类人员应负的经济责任及享有的经济权利，才能促进高等学校管理水平的提高，增强高等学校的经济活力。

高等学校建立健全财务管理经济责任制，有利于防止各个部门片面追求局部利益而损害学校整体利益的行为出现，协调各个部门的利益，使各部门之间、各部门与学校之间的目标一致，促进学校总体目标的完成。

加强预算管理，严格禁止"小金库"。高等学校预算是国家财政预算的重要组成部分。高等学校必须强化预算管理，建立科学的预算管理制度和规范的预算编制程序。要按照有关规定将各项收入和支出全部列入预算，编制学校的全面预算，同时应积极推行高等学校内部部门预算，将学校各级、各部门的收支全部纳入学校预算中，严禁各级各部门设立"小金库"。

加强收费管理，杜绝乱收费行为。高等学校必须严格按照国家有关规定，加强对各种收费的管理。高等学校所有收费项目和标准，必须按规定程序报经有关教育、财政、物价部门核批。不得自立收费项目，擅自提高收费标准。学校的所有收入，必须全部纳入学校财务部门统一核算，并按照"收支两条线"的原则严格管理。

四、进一步理顺财务管理体制，明晰校内产权关系

理顺财务管理体制，加强对二级单位的财务管理和监督，规范校内结算中心的业务。高等学校要结合校内管理体制改革建立科学的运行机制，这有利于明晰国有资产产权关系，实施产权管理，保障资产的安全和完整，推动资产的合理配置和使用，促使经营性资产实现保值增值。

第四节　高等学校廉政风险防控
经济责任制考核

一、考核的组织管理

学校应组织对下级行政领导班子和各级财务主管领导经济责任制建设执行情况进行考核，具体工作由学校财经工作领导小组从有关部门抽调人员组成考核小组承担。考核工作采取上级考核和自查相结合，平时考核与定期考核相结合的方式进行。每年至少考核一次，可以单独进行，也可以与年度考评、干部考核等结合进行。对群众反映强烈、又有突出问题的单位和经济责任人，及时组织专门考核。考核结束后，考核小组要写出考核报告，对考核中发现的先进典型和存在问题的单位和个人，及时向财经工作领导小组提出奖惩建议。

二、干部管理

各级单位的经济责任人执行经济责任制的情况要列为本级述职报告的一项重要内容。学校将对各级经济责任人的考核结果，记入领导干部档案，作为对领导干部的业绩评定、奖惩、选拔任用的重要依据。

三、充分发挥高等学校内审机构的作用

高等学校内审机构是学校内部监督经费合理有效使用、帮助提高经费使用效益、保障学校经济活动健康有序开展的不可替代部门。建立经济责任制必须充分发挥内审机构的作用。要利用内审力量，建立健全各级经济责任人的离任审计制度。离任审计要在有关经济责任人任期结束前开展，审计结果要与其经济、行政利益直接挂钩，不能流于形式。内审发现的问题，必须严肃查处，不能大事化小，小事化了。重大问题，必须及时向上一级主管部门汇报。审计查出有触犯刑律的案件，必须及时移送司法机关，不得拖延耽

误。同时，对内审工作也要建立严格的责任制度，一旦发现有该审未审、该处理不作处理的问题，必须追究有关人员的责任。

四、高等学校廉政风险防控的责任追究

学校纪委对校行政领导班子成员未能落实经济责任制责任的，不履行或不正确履行领导职责的，根据情节轻重，分别对其作出限期改正、批评处理或按有关规定进行核实，并及时向学校党委和上级领导机关报告。

各院（系、部）、处（室）、工会、团委及附属单位的经济责任人违反经济责任制规定的内容，有以下情形之一的，视其情节轻重分别给予批评、通报批评以及追究有关纪律责任：

（1）对不认真贯彻落实经济责任制建设工作，对本单位存在问题放任不管，经指出仍无明显改进，导致本单位经济混乱的。

（2）对单位财经工作不重视、不支持，干扰执法执纪机构及工作人员依法履行职权，对违法违纪问题隐瞒不报，压制不查、不正确对待处理的。

（3）领导班子违反国家和学校有关财经规定，集体私分、滥发钱物或者挥霍浪费国家和学校资财的。

（4）领导班子有集体违纪行为，本身又不能纠正的。

经济责任人有以下情形之一的，根据情节轻重，对其单独或合并做出：责令写出书面检查并限期改正、通报批评、年度考核为不合格、责令辞职、免职的组织处理或给予党纪政纪处分，涉嫌犯罪的，移交司法机关追究刑事责任：

（1）经济责任制不落实，不履行或不正确履行领导职责对本单位的经济责任制建设不研究、不部署、不检查，或对其存在的突出问题，不认真解决，放任自流的。

（2）对本单位发生的明令禁止的违法、违规现象，不查处或隐瞒不报、压案不查或设置障碍不按有关规定处理的。

（3）由于工作不力，管辖范围内发生重大经济案件的。

（4）接到反映本单位的党员、干部违法违纪问题的重要检举揭发信件或口头举报，不过问、不按有关规定处理和纠正，造成严

重后果的。

（5）授意、指使、强令下属人员违反财务规定，隐瞒、截留应上缴国家和学校的收入，私立"小金库"或挪用学校教学、科研专项资金的。

实施责任追究，要实事求是，分清集体责任与个人责任，主要领导责任和直接领导责任。应当追究责任的，由校党委、行政及组织部、纪委、监察处按照规定权限和程序处理。

第八章 建立健全高等学校财务岗位责任制，重点防控财务人员廉政风险

第一节 岗位责任制的相关概述

一、基本概念

岗位责任制是根据各个工作岗位的工作性质和业务特点，明确规定其职责、权限，并按照规定的工作标准进行考核及奖惩而建立起来的，要求做到规范岗位设置、明确岗位职责、强化岗位职责检查、实施岗位责任制考核与奖罚的制度。

会计岗位是对一个单位的会计核算和财务管理进行具体分工而设置的各个职能岗位。在会计机构内部设置会计岗位，有利于明确分工和各个岗位的职责；有利于会计人员钻研业务；提高工作效率和质量；有利于会计核算和财务管理的程序化和规范化，加强会计基础工作；有利于强化会计管理职能，发挥会计核算和财务管理的作用，是配备数量适当的会计人员的客观依据之一。

会计核算是根据实际发生的经济业务事项进行连续、系统、全面的记录、计算、反映和监督。具体包括填制会计凭证，登记会计账簿，编制财务会计报告等。任何单位不得以虚假经济业务事项或者资料进行会计核算。会计核算是财务管理的基础。

财务管理是在一定的整体目标下，关于资产的购置（投资）、资本的融通（筹资）和经营中现金流量（营运资金），以及利润分配的管理，财务管理以会计核算为基础。

会计报表体系是由会计报表、财务状况说明书和附注构成的会计信息体系，是由若干法定会计报表、管理辅助报表、财务状况说明书、编表说明、附注组成的，能满足不同会计报表使用者对会计

信息的不同需要的会计信息披露体系。

会计信息系统管理员是组织协调会计电算化工作的管理人员，对系统（局域网系统）运行软硬件的配置及系统的安全性、正确性、及时性负责，根据电算化主管的指示对操作人员进行口令设置和权限分配、系统分析设置。

二、岗位责任制的作用

（1）规范学校财务会计行为，强化会计核算和财务管理职能。

（2）提高工作效率和服务质量，充分调动和发挥财会人员的积极性。

（3）更好地履行会计核算、财务管理和会计监督职能，为教学科研行政后勤等服务，促进各项事业的发展。

三、制定岗位责任制的依据

依据《高等学校财务制度》、《高等学校会计制度》、《内部会计控制规范》、《会计基础工作规范》及有关法律法规对会计机构职责、会计机构设置、岗位设置、岗位职责、不相容职务相分离的基本要求，结合单位财会工作的实际情况，制定岗位责任制。

四、财务会计岗位设置的要求

（1）实事求是，充分考虑、体现高等学校的实际情况，使得可操作性强。

（2）财务会计岗位设置力求"横向到边、纵向到底"，岗位职责规范明确。

（3）不相容职务相分离。

（4）加强考核监督，奖惩结合。

第二节　建立健全高等学校财务岗位责任制，重点防控财务人员廉政风险

一、财务处（含财经工作领导小组办公室）职责

（1）进行会计核算。办理经费领拨、各种支出、各种收入、

往来款项财产物资、专用基金、各种代管经费、经费包干结余等会计事项的核算，编制会计报表。

（2）实行会计监督。建立健全内部会计控制制度和内部稽查核算制度，严格执行国家财经法规，从制度建设上营造廉洁环境。对不真实、不完整、不合法的原始凭证不予受理，对违反国家财政、财务制度规定的收支不予办理。

（3）负责组织编制学校综合财务预算，报校财经工作领导小组成员审议，校长办公会审定，党委会审批，负责学校预算的执行、考核、分析和预算调整等日常管理工作，对各单位执行预算提出改进和奖惩方案。

（4）负责编制年度财务决算，全面、真实、及时、准确地编制财务决算报表，并编写财务状况说明书和编表说明，对财务管理和资金营运进行综合财务分析。

（5）根据有关规定，结合学校的实际情况，制定本单位办理会计事务的具体办法。负责学校内部报账单位和二级核算单位的会计工作的业务领导、监督和管理。

（6）负责学校会计人员（包括独立核算单位）的管理，填报会计人员情况表；组织全校会计人员参加财政部门或上级主管部门举办的继续教育培训；负责全校会计人员的会计从业资格证的领取、登记和年检。

（7）根据国家有关财经法规，结合学校的实际情况，制定学校财务管理制度，并负责贯彻执行。

（8）负责学校国有资产价值管理，定期检查资产管理部门账卡物情况。负责组织清产核资，确保国有资产的完整和安全，防止国有资产流失。

（9）参与审议重大支出项目、重大经济合同（协议）和重大经济事项。

（10）参与有关业务会议，有权提出有关财务开支及经济效益方面的意见和建议。

（11）负责校内各非独立核算单位服务收入等的分配及控制。

（12）负责教职工工资、奖金、学生奖贷学金及助学金的汇总转存及发放。

（13）负责票据的购买、保管、领用、核销及相关证照年审等工作。

（14）按时办理各项税收的缴纳及税务部门布置的税务工作。

（15）负责办理住房公积金的缴存及个人按政策领取业务。

（16）根据国家有关规定，统一管理学校的收费工作，严格执行"收支两条线"政策，款项及时上交财政专户，严禁私设"小金库"。

（17）积极依法筹措办学经费，负责筹资融资的各项工作。

（18）在校财经工作领导小组的领导下，负责做好校财经工作领导小组办公室的日常工作。

（19）完成校领导临时交办的其他工作。

二、财务处组织机构设置（见图 8-1）①

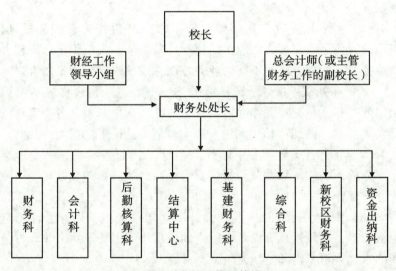

图 8-1 财务处组织机构设置

三、财务处各岗位公共职责

（1）熟练掌握国家和学校有关财经政策法律法规，并严格认真贯彻执行。坚持准则，秉公办事。严格按《会计基础工作规范》

---

① 以广东省某高校为例。

的要求办理各项会计事务。

（2）熟悉财务处各项管理流程，熟悉业务和财务审批权限，严格按制度、程序、标准办事。

（3）熟悉各类财务软件的功能，操作流程，严格按规定操作电脑，确保会计信息安全准确、真实完整。上机操作必须严格尊重有关事实，对原始凭证数据不得随意修改，对会计业务差错不得随意修改（自行录入错误除外），发现其他会计人员办理会计事务发生的差错，需按规定程序办理。

（4）服务态度好，对所有前来办理会计事务的人员要热情接待，不得有意挑选简易的业务办理，不得对于复杂工作量大的业务拒不办理。耐心宣传、解释国家和学校的财经纪律和各项财务会计制度。

（5）经费核算应首先办理对外报账业务再作内部账务处理，岗位设置属于一岗多人的应主动招呼排队等候的人员到自己岗位办理业务，经费核算人员不得因业务难度大或繁琐而挑选报账者。

（6）在处领导指导下，各科科长、中心主任积极做好本单位岗位分工和人员配置工作，做到分工合理，岗位职责及各项工作均有人员负责，做到"横向到边、纵向到底"，不留死角。

（7）加强业务学习，不断提高会计工作业务水平，对办理会计事务的人员的解释和业务指导要一步到位，以减少办理同一项业务出现跑几次的现象。

（8）财务会计人员应遵守会计职业道德规范，做好会计信息保密工作，在职责范围内符合规定的信息可以上传下达，非职责范围的未经许可不得随意泄密。

（9）必须按时保质保量地完成明确岗位职责和未明确但确属于自身岗位职责的业务，按时保质保量地完成领导临时指派的有关工作。

四、财务处处长岗位职责

（1）在校长直接领导下，负责财务处的全面工作。制定财务处岗位责任制并采取有效措施科学设置内设机构职能，指导各岗位会计人员履行其职责。

（2）组织制定并监督贯彻执行学校各项财务会计制度，及时总结经验，不断修订和完善各项财务会计制度。

（3）参与学校重大经济问题的决策，参与拟订经济合同、协议及其他经济文件。

（4）组织领导学校报账单位及独立核算单位的财务会计工作，协调各单位之间的经济关系。

（5）坚持勤俭办学方针，开展增收节支、开源节流活动。搞好各项资金的综合平衡，讲求资金的使用效益，按权限审批各项用款。

（6）组织编制学校年度财务收支预算。草案交财经领导小组审议，校长审定，呈报党委批准实施。负责预算贯彻执行和预算检查监督，强化预算刚度，严禁预算项目指标管理超支，项目预算超支必须严格按规定程序办理手续。

（7）组织并主持财务处的年终决算工作。对决算报表的真实性、准确性和完整性负责。

（8）积极宣传，严格遵守财经纪律和各项规章制度，发现违反财经纪律或财务会计制度的，要及时制止和纠正，涉及重大问题的要向校领导或有关部门报告。

（9）组织会计人员开展业务学习活动，不断提高会计人员的业务水平，落实会计人员继续教育工作。

（10）研究、布置、检查和总结财务处工作，充分发挥会计职能，为财务处工作人员年度考核评比，提出奖惩建议，办理工作人员年度考核工作。

（11）负责审查对外提供的会计信息和会计资料，保证会计信息和会计资料的真实可靠。

（12）及时提供准确的经济会计信息，分析、考核各项资金的使用效果和学校的综合经济效益，预测经济前景，为领导决策当好参谋。

（13）收集整理有关会计资料，定期、不定期地进行综合分析和专题分析，重大问题会同有关人员深入调查研究，找出存在问题的原因，提出解决问题的措施和建议。

（14）按年按季编写财务情况说明书，说明报告期内财务收支情况连同会计报表一并上报，月份中间如有重大问题，也应在月报中附简要说明。

（15）负责学校领导交办的其他工作。

五、财务处副处长岗位职责

（1）协助财务处处长管理财务处的各项工作。

（2）参照财务处处长岗位职责做好处长授权分管的对内设机构的各项管理工作。

六、财务科职责、岗位设置和岗位责任制

（一）财务科职责

（1）贯彻执行国家的各项财经方针政策、法令，维护财经纪律，严格执行财会制度。负责起草学校财务管理规章制度，加强调查研究，对不适时宜的提出修订意见，使会计核算、财务管理工作规范化、制度化、科学化。

（2）负责编制省级部门预算和学校综合财务预算，对预算执行实行动态管理，定期提交预算执行情况报告，负责预算调整的具体工作。

（3）负责按时申请省级部门预算财政拨款，定期对账，定期报告财政拨款完成情况。

（4）负责财政收付系统管理，负责财政下达的用款计划的申请和网上支付（零余额账户）操作业务。对下达的用款计划要及时申请，对网上支付的要确保客户资料（户名、开户银行、银行账号等）准确无误。负责办理财政收付系统有关公务员卡业务，加强公务员卡管理，及时办理公务员卡结算业务。

（5）负责学校会计核算系统项目编码管理，根据财务处其他科室意见报处领导同意，修改会计核算系统科目。

（6）负责学校立项项目的初审工作，加强调查研究，编制立项项目可行性分析报告，为领导决策提供依据。必须坚持效益优先的原则，负责对对外投资方案进行可行性分析，为领导决策提供可靠依据。

（7）负责按省财政厅、教育厅关于绩效评价的要求对上级规

定绩效评价项目和学校立项项目实施绩效评价，完成后提交报告，对绩效评价社会效益、经济效益差的项目提出处理意见，对属于学校项目的在下一年度不予安排预算。

（8）负责财经工作领导小组办公室的日常工作，做好财经工作领导小组相关会议的记录和起草会议纪要。

（9）参与学校经济管理活动，参与学校经济决策。充分利用会计资料，分析经济活动情况，提供可靠信息，预测经济前景，为校领导决策当好参谋。负责提供年度学校收支状况经济活动分析和专项项目经济活动分析。

（10）根据《高等学校财务制度》的规定，高等学校进行对外投资，特别是开展对外经营投资活动，应报主管部门、国有资产管理部门和财政部门批准或备案，凡涉及"非转经"的则按照国家国有资产管理局颁发的《事业单位非经营性资产转经营性资产管理实施办法》中有关审批程序的规定办理。全面了解学校的财务状况，参与制订学校的对外投资计划。编制计划必须以不影响学校正常的教学、科研等工作为前提，不能用国家拨款和规定不得用于对外投资的其他资金进行对外投资。负责将对外投资的资金运用到编制年度、月份的资金作业计划中。

（11）负责筹资融资（基建筹资除外，基建筹资融资由基建财务科负责）工作。

（二）财务科岗位设置（见图8-2）

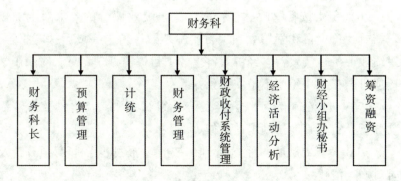

图8-2　财务科岗位设置

（三）财务科系列岗位责任制

1. 财务科科长岗位职责

（1）在学校和处领导的领导下，根据《预算管理办法》的规定，负责学校预算编制的具体工作，包括省级部门预算和学校综合财务预算。制定和调整有关预算的定额、标准，制定学校预算编制指南。经常检查预算的执行情况，并对预算的执行情况进行经济活动分析，实行动态管理。对预算执行过程中的违纪违规现象给予纠正，提出预算考核奖罚建议。对预算调整提出初步建议，负责预算调整过程中的具体操作。

（2）负责制定学校"统一领导，集中管理"的财务管理体制。设置法人单位二级财务管理机构，提出配备财务机构负责人的建议人选，贯彻执行"收支两条线"政策，对属于报账单位的经济实体和各院（系、部）、各单位实施监督管理，严禁私设"小金库"。

（3）负责起草学校和财务处会计制度并征求意见。对不适时宜的提出修订意见，使会计核算、财务管理工作规范化、制度化、科学化。加强调查研究，为加强财务管理和会计核算提出改进工作的方法，提高财务处工作质量和服务质量。

（4）负责财经工作领导小组秘书工作。

（5）负责学校立项项目的初审工作，加强调查研究，编制立项项目可行性分析报告，为领导决策提供依据。

（6）负责按省财政厅、教育厅关于绩效评价的要求对上级规定绩效评价项目和学校立项项目实施绩效评价，完成后提交报告，对绩效评价社会效益、经济效益差的项目提出处理意见，对属于学校项目的在下一年度不予安排预算。

（7）负责省教育厅教育经费统计组织工作，负责学校经济活动分析，负责其他计划统计工作。

（8）负责财政收付系统管理，按时申报月度、季度预算，及时对账、清账。

（9）负责对本科各项工作认真研究、布置、检查与总结，组织全科人员政治学习和业务研究，做好全科人员的思想政治工作，充分调动工作人员的积极性。

2. 预算管理岗位职责

（1）根据《预算管理办法》的规定，负责学校预算编制的具体工作，包括省级部门预算和学校综合财务预算。制定和调整有关预算的定额、标准，制定学校预算编制指南。

（2）负责预算执行、预算调整的具体工作。定期不定期对预算执行情况进行分析，及时分析考核各部门的经费收支使用结余情况，以防超支。定期不定期编制部门经费收支使用结余情况报告，协作领导做好经费项目超支控制工作。

（3）负责学校立项项目、科研经费立项项目会计核算系统项目编码的编制和管理工作。做好经费核算中科研经费入账与科研处项目编码的协调工作。会计核算系统项目编码的编制要求系统规范，既便于会计核算又便于管理，必须符合年终决算的要求。

（4）负责按领导批示做好部分项目的冻结、解冻、暂时超支支付等相关工作。

（5）负责学校立项项目的调查研究，编制项目可行性分析报告。

（6）加强预算管理的调查研究，参照其他兄弟院校的先进经验，不断提高学校预算编制、预算管理的质量。

3. 计统岗位职责

（1）负责起草财务处年度工作计划，根据财务处各科报送的年度工作计划进行整理，形成财务处工作计划，报科长审阅。

（2）负责涉及预算的工资基金使用计划、设备购置计划、基建投资计划、基金使用计划的编制、执行、分析。

（3）负责省教育厅教育经费统计。

（4）负责协助资金出纳科做好年度和月度资金作业计划并监督其贯彻执行。

（5）负责学校或处领导安排的临时性统计专项工作，完成相关资料的收集、整理和上报工作。

4. 财务管理岗位职责

（1）负责起草学校财务管理规章制度，加强调查研究，对不适时宜的提出修订意见。

（2）负责财务处关于会计核算、财务管理工作方法的研究，提出改进工作方案的合理化建议，协助各岗位提高工作效率和工作质量。

（3）定期不定期提交学校经济活动分析报告和专项项目经济活动分析报告。

（4）负责拟定学校资金增值、保值可行方案，协助资金出纳科做好资金调度的衔接工作，协助有关人员编制学校资金作业计划。

5. 财政收付系统管理岗位职责

（1）负责财政收付系统管理，根据科长和处长安排的用款计划，结合主管部门下达的学校部门预算经费指标，统筹安排，按时申报月度、季度财政拨款预算。

（2）负责财政收付系统管理，负责财政下达的用款计划的申请和网上支付（零余额账户）操作业务。对下达的用款计划要及时申请，对网上支付的要确保客户资料（户名、开户银行、银行账号等）准确无误。负责办理财政收付系统有关公务员卡业务，加强公务员卡管理，及时办理公务员卡结算业务。

（3）积极跟踪落实财政拨款的完成情况，对财政拨款执行情况实行动态管理，编制财政拨款执行情况报表，为有关领导及时掌握财政拨款执行情况提供依据。

（4）定期与省财政厅国库处进行财政拨款对账，确保财政拨款与零余额账户各项资料准确无误。年终决算时需力争及时对账，避免影响年终决算进度。

6. 经济活动分析岗位职责

（1）负责月度终了 10 天、季度终了 15 天内提交学校月度、季度财务管理的经济活动分析报告，报告需有一定的使用价值。

（2）负责学校专项分析和重大问题调研工作，编制调查报告或可行性分析报告，为领导决策提供科学依据。

158

（3）负责协助综合科做好季度报表和年度决算报表财务状况说明书的编制工作。

（4）负责学校布置的投资项目的可行性分析，提交可行性分析报告，为领导决策提供科学依据。

（5）参与学校有关分配制度的制定。

（6）经常分析经费的执行情况，探索学校的经济活动规律，找出财务管理中的漏洞，提出加强财务管理的措施。

7. 财经工作领导小组秘书岗位职责

（1）负责财经工作领导小组及常设机构财经工作领导小组办公室的日常工作，上传下达做好各项联络工作。

（2）负责财经工作领导小组会议记录和起草会议纪要。

（3）负责督促检查财经工作领导小组会议决议的贯彻落实情况。

（4）负责内外联络，做好财经来访的接待工作。

（5）承办领导交办的其他工作。

8. 筹资融资岗位职责（基建筹资融资除外）

（1）负责财政拨款（基建筹资融资除外）、科研经费拨款的筹资融资工作，要求积极依法筹措教育经费，包括财政拨款和金融机构融资。

（2）负责草拟学校筹资融资奖励制度（或方案），报学校批准并负责实施的具体工作。

（3）对融资项目进行可行性分析，编制可行性分析报告和融资还款计划。督促会计核算执行科按时归还借款。

（4）检查督促学校各项收入的及时完整到位，提出服务收入分成办法，交由经费核算科实施并检查实施情况。

（5）加强与省教育厅、财政厅、省计委等主管部门的业务，上报有关资料报告，争取其对学校办学的支持。利用各种途径加强与省财政厅、省发改委、省教育厅等主管部门的联系，让其了解学校发展的困难，从财政拨款方面给予学校支持。加强与银行等金融机构的联系，制订银校合作、银校双赢方案，密切银校关系，融通资金，促进学校发展。

（6）加大力度做好筹资融资工作，积极依法筹措教育经费，力求做出成效。

七、会计科职责、岗位设置和岗位责任制

（一）会计科职责

（1）严格执行国家财经法规及《高等学校会计制度》，负责校内教育事业费、科研经费及其他资金的收支核算，负责校内各项经济业务的审核并进行账务处理，严格按照财务管理网络的有关程序做好记账凭证和完成记账工作，定期打印总账与明细账，为编制报表提供数据。负责对结算中心提供的教职工个人经费结算资料、学生经费结算资料、各项收入资料及时进行账务处理。

（2）管理好财务账目，做到日清月结，合理开支经费，严格审批手续。

（3）按时做好对账清账工作，做好往来款清算，银行清算凭综合科、资金出纳科银行对账单、及时清理未达账，进行试算平衡，月末工作日当天及时结账。

（4）负责流转税、事业单位所得税的清算汇缴工作。负责按时编制流转税报表、事业单位所得税报表，交后勤核算科税费岗位办理税务机关征收清算汇缴工作，负责事业单位所得税的年度会计师事务所审计工作。

（5）负责协助系统管理员做好核算系统管理工作。

（6）负责往来款清算，每月 10 日前打印应收及暂付款清单交有关单位或个人，督促及时办理还款报销手续。对违反《应收及暂付款和财务报销管理实施细则》规定的，提出处理建议。

（7）协助综合科做好年终决算工作，协助做好年终决算核算系统结账模型设计，负责协助综合科布置会计报表的编制工作并提供相应的编报说明数据。

（二）会计科岗位设置（见图8-3）

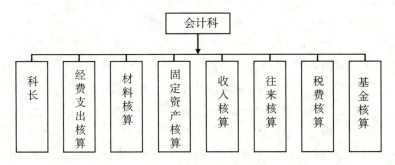

图 8-3　会计科岗位设置

（三）会计科系列岗位责任制

1. 会计科科长职责

（1）在处长领导下，全面主持会计科工作。对财务科下达的各单位年度经费指标，严格掌握进度，监督检查经费支出的执行情况，对违反财经纪律和财务制度的情况要予以制止和纠正，并及时向处长报告。

（2）熟悉会计科职责、会计科各岗位职责、核算对象、核算内容、各岗位工作量、岗位工作进度等内容以及未被包含的临时性工作，指导管辖内会计人员履行职责，提高工作质量和工作效率。对薄弱岗位要传帮带。负责将处内其他科（中心）交接需要作账务处理的各种票据、各类发放表，分配给经费支出核算岗位进行账务处理。处内科室票据等传递需办理交接手续，发现常规单据或银行单据未到位，及时通知相关单位人员查补。

（3）负责按《应收及暂付款和财务报销管理实施细则》规定的会计科科长审批权限审批各项经费支出。

（4）负责提供合同结算及各项付款情况，协助处领导办理支付审批手续，防止多支付或提前支付。

（5）努力提高自己的管理水平，能及时发现各岗位核算中存在的问题和错漏并协助给予纠正。经常对各岗位的业务进行检查和钻研，不断改进工作方法，降低劳动强度，提高核算质量和服务质量。

（6）参与编制年度预算，负责提供真实及时准确完整的会计信息，包括计划预算执行情况、会计报告、经济活动分析资料。根据工作需要，可由处长授权负责处内其他科室职责的核算系统的"财务长"工作，设置并不断改进科目，完善会计报表体系，设置各种管理台账，自动完成电脑读数，尽可能使会计信息的取得直接、直观、及时、准确，以满足会计信息使用者的需要。

（7）负责对本科各项工作认真研究、布置、检查与总结，组织全科人员政治学习和业务研究，做好全科人员的思想政治工作，充分调动工作人员的积极性。

2. 经费支出核算岗位职责

（1）熟悉党和国家的财经政策、法规、财务制度和学校各项财务收支规定及实施细则，严格执行财经纪律，坚持原则，秉公办事。根据现行的财经政策法规、财务制度和学校有关财务管理规定对各种原始凭证进行认真审核。对经济业务内容不详，凭证基本要素不齐全，领报手续不完备的原始凭证和不合法的收付款凭证要拒绝受理；对违反现行财经政策法规、财务制度和学校财务管理规定的经济业务，有权拒绝受理。

（2）审核原始凭证是否手续完备，原始凭证必须有经手、证明（验收）和审批签名。原始凭证审核无误后方可录入编制记账凭证，记账凭证经稽核复核签章后交出纳办理付款。随时掌握各项目资金的年度预算指标和余额。对无预算或超指标、超标准用款有权拒绝办理，并及时汇报领导处理。

（3）认真执行国家各项财经政策和财会制度，严格掌握经费支出报销原则、范围、标准，审查所支款项是否有经费指标；所支费用是否符合规定；原始凭证是否合理合法，大小写数字是否相符，经办人、验收人、单位负责人手续是否完备；属于专控商品批件是否齐全；属于工程结算要核对有关协议、合同的文件是否符合合同规定；属于固定资产或库存材料范围，审查是否填写固定资产申购计划书、材料出入库通知单。凡发现与报销原则要求不符、上列内容手续不完备、计算有错误的，有权拒绝受理报销。随时掌握各用款单位经费预算、经费支出、经费余额情况，做到报销不超支，认真把好支出关。正确编制会计分录，做到核算内容与会计科目的内容相符，费用归属正确。记账凭证摘要应准确、简明扼要，打印出的记账凭证要有审核员本人签章。熟悉各会计科目的核算内容，熟练使用计算机，并依据真实、合法、完整的原始凭证做好记账凭证。做到科目运用正确，费用归集合理。

（4）敢于坚持原则，对违反财经纪律和财务会计制度的开支要拒绝支付，对无预算的支出坚决不予办理，对虽有经费预算但明显不合理或有欠公允的开支项目商有关负责人后再作处理决定，强化预算刚度。重大问题或疑难问题应及时逐级请示汇报。

（5）认真钻研业务，熟悉教学、科研、行政、后勤基本支出和专项支出的列支渠道，准确高效地处理经费支出会计核算业务。

（6）经费核算应先对外报账再作内部账务处理，一岗多人的应主动招呼排队等候的人到自己岗位核算，经费核算人员不得因业务繁琐而挑选报账人。

（7）参与编制学校综合财务预算，负责提供真实准确完整的经费执行情况和相关的分析资料。严格执行学校综合财务预算和经费开支标准，及时汇报执行情况，发现问题按规定程序处理。对预算项目调整，提出处理意见并说明理由，以便按规定程序办理预算调整手续。

3. 材料核算岗位职责

（1）负责提出选用合法的"材料进销存"电脑核算会计电算化软件，建立健全学校的燃料、材料、低值易耗品、教材、医疗药品等的计算机辅助管理系统，协助校内使用单位做好软件系统使用管理工作。实行会计电算化网络化管理功能，配合流动资产管理部门做好流动资产收发存管理工作。

（2）负责校内使用单位购进货物发票验收入库和发出凭证的初步核算并作账务处理。

每月（或指定时间）按上述存货核算系统管理单位提供的存货发出单据分类处理，在对口项目列作支出账务处理。属于后勤核算科业务的，移交后勤核算科出账。每月需将会计电算化存货核算

163

系统库存总账金额与财务处经费核算系统存货相关科目进行核对，发现问题及时处理，做到账账相符。

（3）对教材、实验实习材料、消耗性体育用品等材料管理资料作账务处理。负责流动资产的年终盘点，盘盈盘亏按程序报批并报会计核算科作经费列报。对报废流动资产提出处理建议。

4. 固定资产核算岗位职责

（1）负责会同设备处等相关部门拟定学校固定资产管理制度，并负责贯彻执行，履行财务处固定资产价值管理职责。

（2）负责按设备处提供的固定资产报增单、采购计划、中标通知书、立项报告等相关资料，做好固定资产的收发存、报废的账务处理。

（3）负责固定资产价值管理，定期与设备处核对财务核算系统与资产管理系统总账、总分类账金额，发现问题及时处理，做到账账相符。

（4）办理固定资产调拨、报废、处置等账务处理，对有残值的，检查督促，及时入账。

（5）参与固定资产的清查盘点与报废，分析固定资产的使用效果。

5. 收入核算岗位职责

（1）负责结算中心各项收入和其他单位、个人上交收入的核算工作。负责校产办报账单位租赁收入、管理收入、场地占用费收入、押金收入、水电费收入、其他收入的核算，按校产办财务核算人员填制的电脑票据，自动生成记账凭证，粘上记账联审核无误并经稽核后交出纳完成收入作业。

（2）负责审核校产收入的准确、完整，发现问题按程序处理，并协助票据岗位对校产办领用票据及时核销。

（3）负责往来核算中的校产办押金部分，逐月与校产办的押金台账相核对，并做好校产租户的押金清退工作。

6. 往来核算岗位职责

（1）认真贯彻执行学校经费预算、《应收及暂付款和财务报销管理实施细则》以及一支笔审批制度，负责"应收及暂付款"、

"借出款"、"借入款"、"应付及暂存款"、"代管理款项"等账户的核算和清理工作。

（2）往来核算的科目设置必须与经费开支、会计信息使用相结合，明细分类账应设置到项目或个人，以便清理、结算和核销。由于"暂付款"大多数最终会转化为经费支出，因此，本岗位应协助负责人做好"暂付款"的审批工作。

（3）负责定期将往来科目总账、明细分类账、往来对冲号进行核对，做到账账相符。定期对明细分类账进行清理并办理有关确认手续。

（4）负责往来款清算，每月10日前打印应收及暂付款清单交有关单位或个人，督促及时办理还款报销手续。对违反《应收及暂付款和财务报销管理实施细则》规定的，提出处理建议。

（5）负责定期对经费项目进行账龄分析，编制账龄分析表，对于部分没有运用价值的"代管款项"提出转做其他用途建议，对无法支付的"应付款项"、"暂存款项"，按规定程序办理报批手续后，列作收入账务处理。对于应列作经营收入的往来款或挂账应及时转作收入并通知税费管理岗位计缴相关税费。

（6）努力钻研业务，提高理财效果，对较长时间的闲置款项进行统计分析，并提出投资增值建议。

7. 税费核算岗位职责

（1）熟练掌握国家有关税收、规费的法律法规，准确、及时地确认收入，按时完成各项税费的上缴申报工作。

（2）负责事业单位所得税、车船使用税、印花税、增值税、营业税、城建税、房产税、土地使用税、教育费附加、防洪费的计提工作；填制上述所得税、流转税纳税申报表，交后勤核算科的税费岗位到税费征收机关申报纳税，办理打印税收缴款书交由现金出纳科送交银行缴纳税款；凭税单作账务处理。

（3）根据学生教育收费情况，按规定计算"应缴财政专户款"金额，办理有关审批手续后交资金出纳科及时上缴财政专户，凭缴款凭单作账务处理；负责已存入应上缴财政专户资金的反拨和清算等工作。

（4）负责非独立核算校办产业租赁费、管理费等收入纳税申报。填制上述纳税申报表，交后勤核算科的税费岗位到税费征收机关申报纳税，办理打印税收缴款书交由现金出纳科送交银行缴纳税款；凭税单作账务处理。

（5）负责税务机关对各种税费的检查工作，参加各种税务部门组织的税务工作会议，汇报并传达有关会议精神。负责税务部门布置的各种检查的自查自报工作。

（6）负责与税收征管机关的请示、沟通、联系工作，对外交往必须经财务处领导同意方能进行。

8. 基金核算岗位职责

（1）按有关规定计提分配事业基金和专用基金（职工福利基金、还贷基金），定期不定期提供基金计提、使用、节余情况，并作必要分析。

（2）负责月份终了5天内，按规定计提工会经费、职工福利费，办理相关审批手续后交资金出纳科办理划转手续，凭相关资料作账务处理。

（3）负责按月根据《建立健全普通高等学校和中等职业学校家庭经济困难学生资助政策体系的实施意见》的规定计提学生奖助金，办理相关审批手续后作账务处理。

（4）负责对外投资的核算，协助财务科对对外投资项目进行可行性分析。

（5）负责提出使用一般事业基金（结余）弥补预算超支方案，供学校编制预算使用。

（6）负责协助科研处对全校无形资产的管理和核算，办理实物投资、无形资产投资的价值评估确认手续。

（7）负责对外投资收益分成、投入资本等经济往来的清算工作、协助"往来核算岗位"对涉及对外投资发生的往来的清理及收付结算工作。

（8）密切关注被投资单位的经营状况，及时掌握被投资单位的信用及财务状况，定期对对外投资项目进行经济活动分析，并提供有参考价值的经济活动分析报告。

八、后勤核算科职责、岗位设置和岗位责任制

（一）后勤核算科职责

（1）负责后勤各项服务经费支出核算，办理结算中心收取的后勤服务项目的账务处理，办理医疗费支出核算业务。

（2）负责北区和南区学生饭堂代管收支核算，及时将 IC 卡（饭金）收款进行结算，收款结算分配给权属饭堂和小卖部，对饭堂代管项目资金来源和资金运用（支出）实行动态控制，没有资金来源的不得开支。

（3）负责后勤服务合同的执行和经费项目控制。

（4）负责转存学生饭堂 IC 卡的助学金、农科生助学金、伙食补贴的发放工作，负责学生国家奖学金、国家助学金、学校奖学金（含新生奖学金）、勤工助学金等的账务处理。

（5）负责教职工医疗费、离休医疗费、退休医疗费、学生医疗费、统医医疗费的支出核算，校医院医疗药品收发存核算。负责医疗费子系统的管理，录入教职工（含离退休）报销医药费，每周三上班前将医疗费使用扣款满额或接近满额统计表交医疗费报账岗位使用。

（6）负责制定后勤社会化后的水电费管理方案，消除水电费管理的跑冒滴漏现象，节约经费开支。负责将托收付款的电费、水费、排污费及相应增容费单据交总务后勤部门核对后交经费核算科作账务处理，对托收付款有差错的跟踪收回相关款项。

（7）负责协助做好后勤服务总公司银行一般结算专户的管理，定期与基本户清算并办理资金划转手续。

（8）负责定期向后勤服务总公司提供管理需要的辅助报表、分析报告和有关会计信息。

（9）负责工会代理记账和二级单位代理记账，办理代理记账的相关会计事务。

（10）负责二级单位代理记账单位的税费清缴工作。负责向税务机关办理结算中心个人所得税税款清缴、经费核算科流转税和事业单位所得税税款清缴、二级单位单位代理记账税费清缴的相关

手续。

（11）负责学校及二级单位税务登记证及法律文件的年检等工作。

（二）后勤核算科岗位设置（见图8-4）

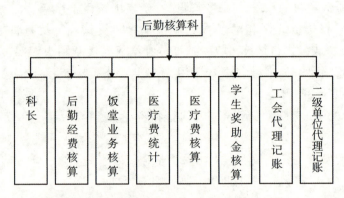

图 8-4　后勤核算科岗位设置

（三）后勤核算科系列岗位责任制

1. 后勤核算科科长职责

（1）熟练掌握国家的财经法规、财务制度、会计制度、严格遵守和执行国家的各项财经政策，坚持原则，秉公办事。

（2）根据现行的财经政策法规、财务制度和学校有关财务管理规定对各种原始凭证进行认真审核。对经济业务内容不详，凭证基本要素不齐全，领报手续不完备的原始凭证和不合法的收付款凭证要拒绝受理；对违反现行财经政策法规、财务制度和学校财务管理规定的经济业务，有权拒绝受理。

（3）认真执行国家各项财经政策和财会制度，严格掌握经费支出报销原则、范围、标准，审查所支款项是否有经费指标；所支费用是否符合规定；原始凭证是否合理合法，大小写数字是否相符，经办人、验收人、单位负责人手续是否完备；属于专控商品批件是否齐全；属于工程结算要核对有关协议、合同的文件是否符合合同规定；属于固定资产或库存材料范围，审查是否填写固定资产申购计划书、材料出入库通知单。凡发现与报销原则要求不符、上列内容手续不完备、计算有错误的，有权拒绝受理报销。

（4）及时清理后勤方面往来款项业务，业务出差人员暂借差旅费按《应收及暂付款管理和财务报销管理细则》规定执行。

（5）负责北区和南区学生饭堂代管收支核算，及时将 IC 卡（饭金）收款进行结算，收款结算分配给权属饭堂和小卖部，对饭堂代管项目资金来源和资金运用（支出）实行动态控制，没有资金来源的不得开支。

（6）负责转存学生饭堂 IC 卡的助学金、农科生助学金、伙食补贴的发放工作，负责学生国家奖学金、国家助学金、学校奖学金（含新生奖学金）、勤工助学金等的账务处理。

（7）随时掌握后勤总公司经费预算、经费支出、经费余额情况，做到报销不超支，认真把好支出关。正确编制会计分录，做到核算内容与会计科目的内容相符，费用归属正确。记账凭证摘要应准确、简明扼要，打印出的记账凭证要有审核员本人签章。因审核员账务处理导致出纳员多付或多汇款项，其差错款由审核员与复核员负责。

（8）负责定期向后勤服务总公司提供管理需要的辅助报表、分析报告和有关会计信息。

（9）负责对本科各项工作认真研究、布置、检查与总结，组织全科人员政治学习和业务研究，做好全科人员的思想政治工作，充分调动工作人员的积极性。

2. 后勤经费支出核算岗位职责

（1）熟悉党和国家的财经政策、法规、财务制度和学校各项财务收支规定及实施细则，严格执行财经纪律，坚持原则，秉公办事。根据现行的财经政策法规、财务制度和学校有关财务管理规定对各种原始凭证进行认真审核。对经济业务内容不详，凭证基本要素不齐全，领报手续不完备的原始凭证和不合法的收付款凭证要拒绝受理；对违反现行财经政策法规、财务制度和学校财务管理规定的经济业务，有权拒绝受理。

（2）审核原始凭证是否手续完备，原始凭证必须有经手、证明（验收）和审批签名。原始凭证审核无误后方可录入编制记账凭证，记账凭证经稽核复核签章后交出纳办理付款。随时掌握各项目资金的年度预算指标和余额。对无预算或超指标、超标准用款有权拒绝办理，并及时汇报领导处理。

（3）认真执行国家各项财经政策和财会制度，严格掌握经费支出报销原则、范围、标准，审查所支款项是否有经费指标；所支费用是否符合规定；原始凭证是否合理合法，大小写数字是否相符，经办人、验收人、单位负责人手续是否完备；属于专控商品批件是否齐全；属于工程结算要核对有关协议、合同的文件是否符合合同规定；属于固定资产或库存材料范围，审查是否填写固定资产申购计划书、材料出入库通知单。凡发现与报销原则要求不符、上列内容手续不完备、计算有错误的，有权拒绝受理报销。随时掌握各用款单位经费预算、经费支出、经费余额情况，做到报销不超支，认真把好支出关。正确编制会计分录，做到核算内容与会计科目的内容相符，费用归属正确。记账凭证摘要应准确、简明扼要，打印出的记账凭证要有审核员本人签章。熟悉各会计科目的核算内容，熟练使用计算机，并依据真实、合法、完整的原始凭证做好记账凭证。做到科目运用正确，费用归集合理。

（4）负责校内单位（含科研经费项目）、个人使用后勤总公司交通服务中心车辆、使用后勤总公司教学服务中心的材料、文印服务等项目的结算工作，分类办理审批手续后作账务处理。

（5）对凭现金支付证明表（单）支付的记账凭证，附件单据需单独装订，按月整理后交档案管理岗位紧随月份凭证档案后面存档。

（6）坚持原则，对违反财经纪律和财务会计制度的开支要拒绝支付，对无预算的支出坚决不予办理，对虽有经费预算但明显不合理或有欠公允的开支项商有关负责人后再作处理决定，强化预算刚度。重大问题或疑难问题应及时逐级请示汇报。

（7）认真钻研业务，熟悉教学、科研、行政、后勤基本支出和专项支出的列支渠道，准确高效地处理经费支出会计核算业务。

3. 后勤财务管理岗位职责

（1）参与制定学校与后勤总公司签订的工作合同，并协助会计核算科审核拨付维持经费，检查监督后勤经费的合理使用。

（2）对后勤财务管理进行业务领导。负责后勤项目投资的可行性分析。

（3）负责制定后勤社会化后的水电费管理方案，消除水电费管理的跑冒滴漏现象，节约经费开支。

（4）负责定期向后勤服务总公司提供管理需要的辅助报表、分析报告和有关会计信息。

（5）负责收集、整理饭堂经营第一手资料，提交学校或领导作为饭堂经营管理模式决策的依据。

4. 饭堂业务核算岗位职责

（1）负责饭堂代管收支核算业务，严格按《后勤财务核算暂行办法》的有关规定执行。

（2）负责北区和南区学生饭堂代管收支核算，及时将 IC 卡（饭金）收款进行结算，收款结算分配给权属饭堂和小卖部，对饭堂代管项目资金来源和资金运用（支出）实行动态控制，没有资金来源的不得开支。

（3）对于使用支付证明表（单）支付的记账凭证的附件单独装订，整理凭附件资料，按月移交档案管理员存档。

（4）协助后勤财务管理岗位做好收集、整理饭堂经营第一手资料，提交学校或领导作为饭堂经营管理模式决策的依据。

（5）负责对新校区饭堂核算进行业务指导。

5. 医疗费核算（统计）岗位职责

（1）熟练掌握国家和学校关于医疗、保险、劳动保护的政策、法律和规章制度，参与制定和修改学校医疗费使用、报销管理办法。

（2）严格按照学校的医疗费报销管理办法做好医疗费的审核报销工作，属于特约记账单位转来的记账单也必须送医疗所办理有关的审签手续。

（3）负责医疗费报销统计子系统的管理，在该系统上进行医疗费的报销核算处理，设置明细分类台账实现记录到每个教职工的自动登记、自负金额计算、扣款等功能，并在此基础上分批列作经费支出，编制记账凭证。及时提供各类人员医疗费报销满额或接近满额表供医疗费支出核算人员使用。

（4）负责对医疗所库存药品的核算，采取以购代用的要设置库存台账进行管理，协助监督医疗所的"收支两条线"执行政策。

（5）协助制订年度医疗费使用计划，作为学校经费预算的依据，根据年度计划及掌握的实际情况编制月度医疗费使用资金作业计划。报处长审批后交会计核算科办理付款手续。

（6）审核省公医办的医疗拨款是否足额及时到位，按公医办的要求编报有关的医疗费报表。

6. 学生奖助金核算岗位职责

（1）熟悉国家、省、学校关于学生奖助贷金的相关规定。

（2）负责通过 IC 卡发放学生国家助学金、农科学生助学金，毕业班学生不能通过 IC 卡发放部分，交由结算中心做盘转账发放。

（3）负责按结算中心提交的各类助学金、勤工助学发放表作账务处理。

（4）负责新生 IC 卡发放等相关工作。

7. 二级单位代理记账岗位职责

（1）负责校办企业会计核算和财务管理工作，负责企业日常支出核算，按时编制校办企业会计报表和纳税申报表。

（2）负责二级单位代理记账单位的税费清缴工作。负责向税务机关办理结算中心个人所得税税款清缴、经费核算科流转税和事业单位所得税税款清缴、二级单位代理记账税费清缴的相关手续。

（3）负责对校产办投资收益、二级单位上缴的核算，参与制定校办产业上缴基数指标、考核指标、国有资产保值增值指标，并采取必要措施确保其实施。建立健全对校产办投资收益的监管制度，确保其及时、足额地上缴。负责对校产办及二级单位会计核算进行业务指导。

（4）负责校办企业相关税务业务以及校办企业开业、变更、注销、年检等工商登记注册事项的审查工作。

（5）负责学校税务登记证的年审工作。负责为校办企业购买或印制税务票据交给综合科票据管理岗位保管，并办理有关交接手续。

8. 工会会计岗位职责

（1）遵守财经法规和学校财务制度，按照工会会计制度做好

172

工会的会计核算和财务管理工作。

（2）负责向经费核算科核实计提、拨付工会经费和福利费，发现差错协助给予纠正。

（3）按时向教育工会交财务报表，按时按标准向教育工会交工会经费。

（4）协助做好工会银行账户对账工作，按时对账，票据及时入账，及时查清未达账，做好银行存款余额调节表。

（5）协助做好工会活动费、慰问金的发放工作。

9. 水电费管理岗位职责

（1）财务处根据学校事业发展和上年水电使用情况，坚持节约能源、保证需要的原则，确定当年水电费总指标，并会同总务处将水电费指标分配下达各单位（部门）包干使用。

（2）为加强水电预算执行情况分析，搜集完整的数据分析资料，各物业管理分部必须按教学、科研、行政、学生公寓、基建、饮食、住户、经营及其他八类进行计量、收费统计，并于每月 20 日前向物管中心报送学院（部门）教学、科研、行政等水电结算报表，财务处按此八类进行核对并回收登记入账。

（3）单位（部门）用水电费，由各物业分部开具省财政厅印发的结算凭证，通过财务转账支付；住户用水电费，在职工工资中扣缴；除通过财务转账和工资扣缴外，其他用户由各物业管理分部开具省财政厅印发的收费收据收取现金或支票。各物业管理分部从财务处领用收费收据（结算凭证），原则上每次领用总量不得超过 2 本，结清一本换发一本。

（4）根据学校预算管理办法，水电费实行指标包干。每年年末，各使用单位（部门）应与总务处、财务处紧密配合，对水电使用情况进行详细分析，总结管理经验，研究管理措施，不断提高水电管理水平。学校将对管理措施得力、管理效果明显、经费节省较多的单位，给予适当奖励。

九、结算中心职责、岗位设置和岗位责任制

（一）结算中心职责

（1）负责管理学校除财政拨款以外的所有收入，包括学生收

费、租赁收费、培训收费以及其他各项收费工作。熟悉国家教育收费政策、金融政策，运用银行信贷、结算、现金管理等办法组织学校结算内收入的收缴管理工作。

（2）制定有关学生收费的管理办法，积极组织学费收入，采取强有力措施确保学生收费工作的顺利完成，普通本科生欠费率控制在5%以下。参与成教教学点办学协议的签订，办理教学点学生收费结算。

（3）做好学生国家助学贷款工作、审批学生缓交学费申请。

（4）负责学生奖学金、助学金（转存饭堂IC卡除外）、研究生补贴、学生勤工助学金的发放管理工作，制作银行转账电脑软盘交综合科发放。

（5）负责学生饭堂IC卡收款和南区物业公司学生超额水电费收费点的监管工作，确保收入的完整和安全。

（6）负责校园卡系统建设、升级、维护以及各项核算管理等工作。

（7）负责教育收费各收费项目和收费标准的拟定、报批和公示工作，检查监督校内依法收费行为。

（8）负责个人经费结算工作，及时发放在编教职工、离退休人员、聘用制人员（含后勤服务总公司人员）的各项工资和奖金，准确扣缴各项税费，做好有关住房公积金的各项工作。

（9）协助财务科做好票据的购买和核销工作。

（二）结算中心岗位设置（见图8-5）

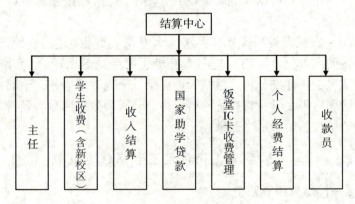

图8-5　结算中心岗位设置

（三）结算中心系列岗位责任制

1. 结算中心主任岗位职责

（1）全面主持结算中心各项工作，负责电脑设备和软件维护，负责校园卡系统建设、升级、维护以及各项核算管理等工作。

（2）熟练掌握有关物价政策和收费标准，拟定各项收费标准，起草有关收费规定的管理文件，监督检查校内各单位执行收费政策的情况，发现不符合政策规定及违反收费标准的现象及时提出建议，并向处长报告。

（3）熟练掌握国家劳动工资政策和学校有关劳动工资制度，能发现并解决个人经费管理中存在的问题，督促个人经费结算岗位及时准确发放各款项。

（4）负责结算中心考勤工作，组织全中心人员政治学习和业务研究，做好全中心人员的思想政治工作，充分调动工作人员的积极性。

（5）完成处长交办的其他工作任务。

2. 学生收费岗位职责

（1）负责到省物价管理部门办理收费许可证，收费项目有变动的应及时办理换证手续，实行亮证收费。

（2）对不需办证的重修费收费等项目应按规定标准制定内部收费许可证。严格执行物价部门和学校关于加强收费管理的有关规定，不得收取未经学校批准的收费项目。对后勤服务总公司、体育部、图书馆、校医院等的搭车收费进行规范管理，按程序报批后才能代收或委托收费。

（3）向票据管理岗位领取《省高等、中专、成人学校教育收费收据》并办理相关的核销手续。保管财务专用章。

（4）负责学生收费工作，与学生处、教务处、继续教育学院密切配合组织好每学年的收费工作，将学生花名册装订成册并与录入收费系统的名单认真核对，做到准确无误。改进和完善收费方法，争取银行的支持，做到既方便学生又高效准确。负责学生直接通过银行汇款的收费工作，开具收据交会计核算科作账务处理。

（5）必须熟练掌握学生收费软件系统，掌握收费动态并造表向处领导汇报缴费信息。经常与教务处学籍管理部门核对在校学生情况，及时清算退学人员的学费并在收费系统取消学籍。

（6）负责查清毕业离校学生学杂费和各项欠款情况，交清各项费用才予以办理离校手续。

（7）协助会计核算科做好"应上缴财政专户"款的上缴、返拨核对工作。负责填报物价部门要求的生均培养成本报表。

（8）负责学生助学贷款的具体工作，联系助学贷款受理银行并办理有关手续，协助提供学生还贷诚信信息。

3. 收入结算岗位职责

（1）负责鑫票通——财务票据管理打印软件的使用，负责填制《省行政事业单位往来结算票据》，负责水电费的收取。

（2）负责依万达税控发票打印软件的使用，熟练掌握税收收入政策，准确区分应税收入和非税收入，并在对应的计算机上填制《地方税收税控专用发票》。

（3）负责国际交流与培训中心各项收费的管理，对中心填制的票据进行审核。

（4）认真核对收入的完整性，协助票据管理岗位做好票据核销工作。

4. 国家助学贷款岗位职责

（1）熟悉国家关于学生助学贷款的方针政策，制定学校学生助学贷款实施办法，并负责贯彻执行的具体工作。

（2）及时了解学生国家助学贷款的需求及动态，调查研究，做好摸底工作。

（3）负责布置、收集、整理、上报学生助学贷款相关资料表格，需要报批的交有关部门或领导办理审批手续，需要存档的移交档案管理员存档。

（4）负责协助学生处办理学生与国家助学贷款经办银行签订学生助学贷款合同，负责协助做好学生还贷、提前还贷相关手续。

（5）负责办理学生国家助学贷款缴交学费的相关工作，办理学生国家助学贷款抵缴学费后余额的发放工作。

5. 饭堂 IC 卡收费管理岗位职责

（1）负责制定学校饭堂 IC 卡收费管理制度,并负责贯彻执行的具体工作。

（2）对饭堂 IC 卡收费实行动态管理,监督及时入账,根据需要送结算中心作现金收入或送存银行,及时了解 IC 卡收费入账情况,及时与后勤核算科对账。负责协助后勤核算科办理饭堂 IC 卡结算工作,监督检查结算及支付的正确性。

（3）负责定期、不定期检查 IC 卡收费点收费系统使用情况、收款记录,检查收费上缴情况,防止款项流失。

（4）对 IC 卡收费点进行业务领导。

6. 个人经费结算岗位职责

（1）熟练掌握国家劳动工资政策和学校有关劳动工资制度,能发现并解决个人经费管理中存在的问题。根据学校的经费预算,参与制订学校的工资基金计划并负责提供准确完整的数据及分析资料。对已批准的工资基金计划必须严格执行并及时汇报工资基金计划执行情况。

（2）负责在每月 9 日之前根据人事处的"人员工资变动单"及有关部门"各类款项代扣通知单"及时发放在编教职工、离退休人员的工资、奖金,在工资核算系统中及时整理输入修改工资、奖金的相关数据,打印工资表及下发工资条,送处领导及人事处审核后,将应发工资数据加密存盘并协同银行出纳办理银行转存发放手续。

（3）负责每月 28 日前根据后勤服务总公司的"人员工资变动单"及有关部门"各类款项代扣通知单"及时发放聘任制人员(含后勤服务总公司人员）的工资、奖金,在工资核算系统中及时整理输入修改工资、奖金的相关数据,打印工资表及下发工资条,送处领导及人事处审核后,将应发工资数据加密存盘并协同银行出纳办理银行转存发放手续。

（4）及时掌握发放动态,了解发放中存在的问题并及时处理,负责工资、奖金发放过程中有关人员的咨询、查账、更正等工作。

（5）负责打印需返纳工资的工资表,送达返纳单位或个人办理返纳手续。

（6）负责临时发放的个人经费的核算。协助人事部门造表（电脑输出表式）并认真复核一次性奖酬金发放表，临时工（含外聘教师）工资发放表。计算确认无误并经部门负责人同意后协助出纳将资金划转有关银行结算账户，按工资奖金发放渠道发放。负责涉及个人经费开支的加班费、夜餐费等的发放或报领审核，必须设置台账进行登记并进行分析检查。凡涉及个人活劳动支出的经费开支必须由人事部门（劳资部门）审签才能办理。

（7）每次发放个人经费后（或报领审核时），要及时整理有关资料，做好各项转账、划款、计提工作，上机编制有关记账凭证。定期（每季度或每学期）清理一次应领未领工资并存入暂存款项目，定期清理和催收列入返纳处理的返纳工资，如发现不及时返纳的报告有关领导后采取相应措施。

（8）熟练掌握工资核算及会计核算软件的操作。工资核算软件未联机前负责保养好本岗位的计算机，机器出现故障自己不能处理时，要及时通知维护人员，并向部门负责人汇报。鉴于工资发放的政策性强，时间要求严格，故工作必须留有余地，《各类款项代扣通知单》要多督促以便及时取得，以防止因机器故障而影响工资发放。

（9）严格按国家颁布的《个人所得税法》做好代扣代缴个人所得税工作，认真及时做好纳税申报，然后交"税费处理岗位"办理交纳税款工作，申报表要求按税政部门规定的格式采取电脑输出打印表式。负责解答教职工关于个人所得税代扣代缴的疑难问题。

（10）认真做好工资基金计划执行情况分析，定期编制各类个人经费管理辅助报表和分析报告以提供有关人员参阅。协助人事部门做好有关人员经费的统计上报工作。

（11）做好住房公积金的计缴工作。负责教职工住房公积金的申请建户工作。计算、复核每个教职工的月缴公积金金额，按时准确上缴住房公积金，定期编制报表。审核劳资部门确定的教职工公积金计提基数，负责住房公积金基数的变动调整和支取工作。负责办理调动教职工公积金的转入、转出手续。负责定期向住房资金管理中心核对职工住房公积金账目。

（12）建立健全个人经费有关的会计档案归档制度，固定发放的工资电脑数据应全部及时备份，有关原始资料应作为记账凭证附件或单独装订成册。一次性发放的奖酬金、聘任制人员工资、加班费、夜餐费等发放时原则上应先输入电脑再打印成财务式样后方可发放，原件留作附件处理，以方便计算机辅助管理。

7. 收款员岗位职责

（1）熟悉国家的有关财经法规和财务制度，掌握校内的财务管理制度以及国家有关现金管理和银行结算制度，依法办理现金收付和银行结算业务，严格遵守财经纪律，坚持原则，秉公办理。

（2）每日终了编制现金收入分类汇总表并与学生收费岗位、收入结算岗位核对，做到日清月结，账款相符。

（3）接受资金出纳科的业务领导，协助现金出纳做好现金供应，调节现金余缺，超过库存限额的现金必须送存银行。

（4）保管好保险柜钥匙和保险柜密码，不得随意转交他人。

十、新校区财务科职责、岗位设置和岗位责任制

（一）新校区财务科职责

（1）严格执行国家财经法规及《高等学校会计制度》，负责新校区教育事业费、科研经费及其他资金的收支核算，新校区各项经济业务权限内的审批、审核，并进行账务处理，严格按照财务管理网络的有关程序做好记账凭证和完成记账工作，定期打印总账与明细账，为编制报表提供数据。

（2）管理好财务账目，做到日清月结，合理开支经费，严格审批手续。负责新校区银行结算账户管理及出纳工作。

（3）按时做好对账清账工作，做好往来款清算，银行清算凭综合科、资金出纳科银行对账单、及时清理未达账，进行试算平衡，月末工作日当天及时结账。

（4）负责新校区往来款清算，每月10日前打印应收及暂付款清单交有关单位或个人，督促及时办理还款报销手续。对违反《应收及暂付款和财务报销管理实施细则》规定的，提出处理

建议。

（5）负责新校区凭证档案管理及票据管理，档案单独保管，档案目录需交财务处档案管理员存档，票据向财务处票据管理人员办理申领、使用、核销手续。

（6）协助结算中心做好新校区学生收费工作。

（7）负责新校区学生饭堂核算。

（8）负责复核新校区原始凭证是否合法、真实、完整、准确，是否按规定办理了审批手续。复核记账凭证的分录是否符合会计制度规定，记账凭证与原始凭证金额是否相符，科目代码、部门项目、对冲号是否正确，记账凭证必须先审核后才能收付。

（9）负责新校区财务科专用银行账户资金使用与财务处基本户之间的资金调度工作，及时汇报专户资金使用、结存动态情况。

（10）负责新校区核算系统管理工作。

（二）新校区财务科岗位设置（见图 8-6）

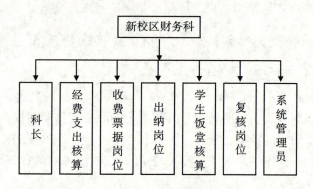

图 8-6　新校区财务科岗位设置

（三）新校区财务科系列岗位责任制

1. 新校区财务科科长岗位职责

（1）在处长领导下，全面主持新校区财务科工作。对新校区各经费项目年度指标严格掌握进度，监督检查经费支出的执行情况，对违反财经纪律和财务制度的情况要予以制止和纠正，并及时向处长报告。

（2）按《应收及暂付款和财务报销管理实施细则》规定的审批权限，负责审批新校区各项经费支出，超出权限的，加具意见后报处长审批。

（3）负责管理新校区合同结算及各项付款业务，对权限外的协助处领导办理支付审批手续，防止多支付或提前支付。

（4）努力提高自己的管理水平，能及时发现各岗位核算中存在的问题和错漏并协助给予纠正。经常对各岗位的业务进行检查和钻研，不断改进工作方法，降低劳动强度，提高核算质量和服务质量。

（5）负责复核新校区原始凭证是否合、真实、完整、准确，是否按规定办理了审批手续。复核记账凭证的分录是否符合会计制度规定，记账凭证与原始凭证金额是否相符，科目代码、部门项目、对冲号是否正确，记账凭证必须先审核后才能收付。

（6）负责新校区财务科专用银行账户资金使用与财务处基本户之间的资金调度工作，及时汇报专户资金使用、结存动态情况。

（7）负责新校区饭堂核算业务的领导工作。

（8）负责对本科各项工作认真研究、布置、检查与总结，组织全科人员政治学习和业务研究，做好全科人员的思想政治工作，充分调动工作人员的积极性。

2. 经费支出核算岗位职责

（1）认真贯彻执行学校经费预算、《暂付款管理及财务报销的暂行规定》以及一支笔审批制度，负责"应收及暂付款"、"借出款"、"借入款"、"应付及暂存款"、"代管理款项"等账户的核算和清理工作。

（2）往来核算的科目设置必须与经费开支、会计信息使用相结合，明细分类账应设置到项目或个人，以便清理、结算和核销。由于"暂付款"大多数最终会转化为经费支出，因此，本岗位应协助负责人做好"暂付款"的审批工作。

（3）负责定期将往来科目总账与明细分类账进行核对，做到账账相符。定期对明细分类账进行清理并办理有关确认手续。

（4）负责定期对经费项目进行账龄分析，编制账龄分析表，对于部分没有运用价值的"代管款项"提出转作其他用途建议，对无法支付的"应付款项"、"暂存款项"按规定程序报批后列作收入处理。对于应列作经营收入的往来款或挂账应及时转作收入并通知税费管理岗位计缴相关税费。

（5）努力钻研业务，提高理财效果，对较长时间的闲置款项进行统计分析，并提出投资增值建议。

3. 复核岗位职责

（1）负责复核新校区原始凭证是否合法、真实、完整、准确，是否按规定办理了审批手续。

（2）复核记账凭证的分录是否符合会计制度规定，记账凭证与原始凭证金额是否相符，科目代码、部门项目、对冲号是否正确，记账凭证必须先审核后才能收付。

（3）复核岗位由新校区财务科科长兼任。

4. 系统管理员岗位职责

（1）认真贯彻落实《会计电算化管理办法》，并对实施过程进行核查监督，发现问题及时处理。

（2）严格按计算机操作规程办事，负责会计电算化计算机软硬件的维护，防范电脑病毒的侵害。负责财务处主机的清洁，保证全处网络的正常运行，监督各岗位正确按计算机操作规程处理业务。

（3）根据新校区核算管理的需要，协助开发相关的会计核算系统和编制有关报表的软件程序，充分发挥计算机辅助管理的功能。

（4）根据领导的通知设置新校区财务科各岗位人员的电脑操作控制权限，并负责检查纠正超出控制权限操作的违规行为。

（5）负责新校区应用软件的升级工作。保养好新校区财务科的电脑，定期进行保养维护并做好记录。机器出现故障应及时处理，处理不了的要及时汇报并负责联络电脑公司进行处理。

（6）负责做好新校区财务科会计电子档案的装卸载及保管工

作，数据应按月备份存档，定期清除无用数据。未经批准，不准复制任何资料外传。负责设备更新，配件及打印机的购买、保管工作并注意经费的节约。

（7）负责新校区财务科会计电算化耗材的购买及报销手续。

5. 新校区学生收费岗位职责

（1）负责协助结算中心办理新校区学生收费许可证，收费项目有变动的应及时办理换证手续，亮证收费。

（2）负责向财务处票据管理岗位领取新校区学生收费收据和内部现金收据并办理票据申领、使用、核销手续，建立健全票据申领、使用、核销台账，做好票据档案管理工作。

（3）负责新校区学生收费工作，配合结算中心组织好新校区每学年的收费工作，将学生花名册装订成册并与录入系统的名单认真核对，做到准确无误。改进和完善收费方法，争取银行的支持，做到既方便学生又高效准确。负责学生直接通过银行汇款的收费工作，开具收据交会计核算科作账务处理。

（4）必须熟练掌握学生收费软件系统，掌握收费动态并造表向处领导汇报缴费信息。经常与教务处学籍管理部门核对在校学生情况，及时清算退学人员的学费并取消学籍。

（5）负责查清新校区毕业离校学生是否交清学杂费和还清在财务处的各项欠款，并办理毕业生的离校手续。

（6）协助做好"应上缴财政专户"款的上缴、返拨核对工作。负责物价部门要求填报的生均培养成本的报表上报工作。

（7）负责协助结算中心做好新校区学生助学贷款的具体工作，联系助学贷款受理银行并办理有关手续，协助提供学生还贷诚信信息。

6. 饭堂核算岗位职责

（1）负责制定新校区饭堂核算管理制度，并负责贯彻执行的具体工作。

（2）其他职责参照后勤核算科饭堂业务核算岗位职责执行。

7. 出纳岗位职责

新校区出纳岗位职责不分现金出纳和银行出纳，其岗位职责参照资金出纳科现金出纳岗位和银行出纳岗位职责执行。

十一、综合科职责、岗位设置和岗位责任制

（一）综合科职责

（1）在处长的主持下负责综合科的全面工作，负责财务处综合管理事务。

（2）复核记账凭证的分录是否符合会计制度规定，记账凭证与原始凭证金额是否相符，科目代码、部门项目、对冲号是否正确，记账凭证必须先审核后才能收付。

（3）负责学校全部银行账户、代理记账单位银行账户、工会账户、校友会账户的对账清账工作。按时办理对账手续，编制银行存款余额调节表，核对正确的银行对账单应办理财务处处长审批、审计处处长审批、校长或主管财务副校长审批手续并存档。协助相关科室未达账的跟踪处理，以便及时入账。

（4）负责年终结算报表编制的组织协调工作，需由相关处室、财务处相关科室提供或制作表格和资料的，及时分派，督促其上报。

（5）负责学校及相关部门签订的经济合同的管理工作，使用计算机辅助管理经济合同，监督合同付款条款的执行。

（6）负责根据学校《票据使用管理规定》，做好票据档案的购买、使用、核销工作。

（7）负责财务处系统管理，负责财务会计核算系统、收费系统的合法软件选用，局域网维护管理，以及财务处对外查询系统门户管理，包括门户设计、相关资料的及时更新。

（8）负责资产价值管理、政府采购、招投标、工程和设备验收。

（9）负责财务处处内事务和文秘管理工作。

（二）综合科岗位设置（见图8-7）

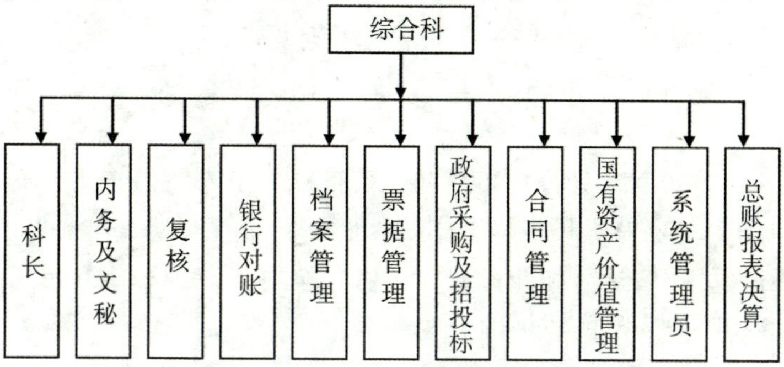

图 8-7　综合科岗位设置

（三）综合科系列岗位责任制

1. 综合科科长岗位职责

（1）在处长的主持下负责综合科的全面工作，负责财务处综合管理事务。

（2）对复核岗位复核记账凭证的分录是否符合会计制度规定，记账凭证与原始凭证金额是否相符，科目代码、部门项目、对冲号是否正确负领导责任。

（3）负责学校全部银行账户、代理记账单位银行账户、工会账户、校友会账户的对账清账工作。按时办理对账手续，编制银行存款余额调节表，核对正确的银行对账单应办理财务处处长审批、审计处处长审批、校长或主管财务副校长审批手续并存档。协助相关科室未达账的跟踪处理，以便及时入账。

（4）负责年终结算报表编制的组织协调工作，需由相关处室、财务处相关科室提供或制作表格和资料的，及时分派，督促其上报。

（5）负责学校及相关部门签订的经济合同的管理工作，使用计算机辅助管理经济合同，监督合同付款条款的执行。

（6）负责根据《票据使用管理规定》，做好票据档案的购买、使用、核销工作。

185

（7）负责财务处系统管理，负责财务会计核算系统、收费系统的合法软件选用，局域网维护管理，以及财务处对外查询系统门户管理，包括门户设计、相关资料的及时更新。

（8）负责资产价值管理、政府采购、招投标、工程和设备验收。

（9）负责财务处处内事务和文秘管理工作。

（10）负责对本科各项工作认真研究、布置、检查与总结，组织全科人员政治学习和业务研究，做好全科人员的思想政治工作，充分调动工作人员的积极性。

2. 内务及文秘岗位职责

（1）熟悉财务处职责和业务范围，了解全处工作人员的动态及各种情况，协助处长做好全处的思想政治工作和业务考核工作，负责年度考评的具体工作，协调处内各科（中心）的关系。

（2）行使处秘书职能，负责文件起草、印发等工作。负责处务会议记录。负责财务处文件收发，收发整理报纸、资料、信件。负责起草处务会议纪要。

（3）负责处内考勤工作，负责向人事处提交（事前办理）财务处加班事由报告，协助安排寒暑假期间财务处工作人员值班方案。

（4）负责管理处内复印机、传真机、办公电话，负责或指导勤工助学学生做好处内各种复印业务。

（5）负责对外合约、合同、协议的审核、存档工作和处办公用品的计划管理工作。

（6）负责财务处环境卫生工作及环境卫生检查工作。

（7）负责内外联络，做好来访接待工作。

3. 复核职责

（1）复核人员必须熟悉财经制度、有关会计制度和各项开支标准，按照规定复核各项财务收支，对不符合规定的收支应及时予以制止或纠正，并向处长汇报。

（2）复核原始凭证是否合法、真实、完整、准确，是否按规定办理了审批手续。

（3）对账簿记录要进行检查是否符合记账要求。

（4）复核出纳银行及现金日结表。定期和不定期地监盘库存现金。检查库存现金余额是否准确，有无超过核定的库存定额。2~3天与银行进行对账，发现银企不符及时处理。

（5）复核记账凭证的分录是否符合会计制度规定，记账凭证与原始凭证金额是否相符，科目代码、部门项目、对冲号是否正确，记账凭证必须先审核后才能收付。负责复核当日发生的每一笔记账凭证的内容是否真实，手续是否完备，数字是否正确，项目费用归属是否合理。负责对审核人员审核的数额进行抽查，发现问题和差错应及时通知有关人员更正处理，并认真登记；发现重大问题要及时向处领导汇报。每份记账凭证都要加盖复核员的签章。

（6）复核固定资产是否账实相符、账账相符，如不相符应报告处长，并协同国有资产管理科进行处理。

（7）负责审核由个人收入岗位完成并单独装订的工资、奖酬金、补贴发放表和软盘内容，原则上先稽核后才能支付。

4. 银行对账岗位职责

（1）负责学校全部银行账户、代理记账单位银行账户、工会账户、校友会账户的对账清账工作。按时办理对账手续，编制银行存款余额调节表，核对正确的银行对账单应办理财务处处长审批、审计处处长审批、校长或主管财务副校长审批手续并存档。协助相关科室未达账的跟踪处理，以便及时入账。

（2）如果银行回单不全，需及时到银行进行补单。

5. 档案管理职责

（1）认真学习并遵守保密法和学校保密工作实施细则。严格执行国家和学校关于档案管理的规章制度。

（2）凡需归档学校综合档案库的档案，协助学校综合档案室做好财务处的各种文件及会计资料的整理并按规定及时归档。凡需归档财务处档案库的，要及时收集处内需归档的资料，编制档案管理目录，及时归档。

（3）每月初整理上月的财务会计凭证和各种会计资料，并装订成册，编制档案管理目录集中保管。

（4）负责收集整理会计报表（月报、季报、年报）、工资发放表月报、各种纳税申报表，装订成册归档。

（5）会计档案保管期满，需要销毁时，需经有关部门、人员共同鉴定，严格审查和办理报批手续，不得擅自销毁会计档案。

（6）协助系统管理员根据《会计电算化管理办法》，对存储在计算机硬盘内的会计数据必须用磁盘、磁带机或光盘机进行备份，备份内容包括会计软件的全套文档资料、会计软件程序、记账凭证、会计账簿、会计报表、各项目结余数等会计数据以及其他文档资料。

（7）负责贷款卡年检有关工作。

6. 票据管理岗位职责

（1）严格按学校《票据使用管理规定》的要求，认真做好票据管理的各项工作。购买印制教学、科研、行政后勤等所需的票据，包括需要管制的票据和非管制的消耗性空白凭证。

（2）对需要管制的票据按购买印制资料、票据类别分别设置台账进行管理，实行交旧领新和限额领用的办法。对超过2个月未使用未核销的领用人要进行跟踪调查，发现问题及时处理。负责保管后勤核算科购买的校办企业票据，建立票据购买、使用、保管、核销台账。

（3）对在税务机关购买或印制的发票要特别妥善保管，若因人为因素造成丢失的要承担连带责任，给予必要的经济处罚。

（4）负责及时印制、购买财务处业务需要的非管制的各种空白票据，妥善保管，节约办公成本。

7. 政府采购及招投标岗位管理

（1）认真学习党的有关政策，遵守国家法律和财经纪律，严格执行政府采购法和学院招标采购工作一系列管理文件。

（2）在处科的直接领导下，具体负责组织实施学院招标采购工作。

（3）依据采购计划，进行市场调研与设备信息收集，本着工作上适用、技术上先进、经济上合理的原则，拟订具体的招标采购工作方案。

（4）对参加政府招标采购的设备，向政府采购管理处和采购中心提供详细的设备清单。包括：品名、技术参数、数量、参考单价、参考品牌、主要货源厂商信息等。

（5）具体负责教学、科研、行政办公设备以及家具用具的招标准备工作。

（6）具体负责学校基础建设维修项目及临建项目的招标准备工作。

（7）具体负责后勤各单位需招标采购项目的准备工作。

（8）审核政府采购中心所做的招标文件，特别是对其中与学校利益相关的条款内容要认真审核，必要时咨询有关职能部门或请示领导，切实维护学校的利益。

（9）根据各业务主管部门提交的资料，编制、发售招标文件并参与招标工作。

（10）与供应商签订购销合同，并督促供应商按时按质供货。

8. 合同管理岗位职责

（1）负责按《合同管理暂行规定》，做好合同的管理工作。

（2）负责建立健全计算机辅助管理合同的数据库，利用计算机对合同进行统一管理。

（3）负责编制合同特别是工程建设合同的资金使用计划。

（4）负责参与合同的洽谈、索赔。负责参与合同变更事项的相关工作。

（5）审核工程建设合同；监督工程建设合同的执行。

（6）协助资金出纳科做好合同付款工作，保证材料采购合同、工程建设合同、服务合同的财务履约。

9. 国有资产价值管理岗位职责

（1）熟悉《事业单位国有资产管理暂行办法》（财政部令第36号），协助设备处制定学校国有资产价值管理办法和实施细则。

（2）负责定期不定期地将核算系统国有资产总账、总分类账与设备处总账、总分类账、明细账相核对，做到账账相符。负责检查核实设备处会计电算化资产管理系统，确保系统资产管理系统安全运行，防止国有资产流失。

（3）参与学校固定资产购置的论证和资产购置资金预算的编制工作。参与学校购置固定资产的可行性分析和招投标管理业务。

（4）负责做好学校国有资产清查核资的具体工作。

（5）负责定期不定期检查学校固定资产使用状况，参与提出校内固定资产调拨方案，配合设备处做好固定资产的调拨、使用、报废相关业务。

（6）负责检查财务处固定资产核算手续是否完备，报增资产是否附有报增单和验收报告，发现问题督促纠正。

（7）协助设备处完成省教育厅教学设备有关报表（含电子文档）的上报工作。

（8）负责及时打印有关固定资产资料及流动资产进销存电脑软件系统的管理工作。

10. 总账报表决算

（1）在处长主持下负责编制学校年度决算的具体工作。及时修改科目和部门项目，解决系统运作涉及会计核算的具体问题。

（2）按处长授权负责财务核算系统的"财务长"的工作，账务处理日清月结，当天的账务不无故不记账。按月打印科目余额表。

（3）负责上级主管部门布置的各类会计报表、统计报表的编制工作，审核"税费岗位"财政税收部门的各类纳税申报表。

（4）建立健全会计报表体系，科目设置必须与会计报表密切联系在一起，以便于报表计算和自动续报，报表体系应包括法定会计报表和管理辅助报表，还包括财务状况说明书和编报说明，对属于年度结转或阶段性收支的必须提供模拟处理后的数据以便决策使用。月、季报在下月8日前完成，年报在年度终了后15日前完成。

（5）负责或指派有关人员做好对外报表的报送和院内的报表传递工作，认真做好会计报表有关数据的保密工作。

11. 系统管理员岗位职责

（1）认真贯彻落实《会计电算化管理办法》，并对实施过程进行核查监督，发现问题及时处理。

（2）严格按计算机操作规程办事，负责会计电算化计算机软硬件的维护，防范电脑病毒的侵害。负责财务处主机的清洁，保证全处网络的正常运行，监督各岗位正确按计算机操作规程处理业务。

（3）根据核算管理的需要，协助开发相关的会计核算系统和编制有关报表的软件程序，充分发挥计算机辅助管理的功能。

（4）根据处领导及经费核算科科长、后勤核算科科长的通知设置各岗位人员的电脑操作控制权限，并负责检查纠正超出控制权限操作的违规行为。

（5）负责财务处应用软件的升级工作。保养好全处的电脑，定期进行保养维护并做好记录。机器出现故障应及时处理，处理不了的要及时汇报并负责联络电脑公司进行处理。

（6）负责做好电子会计档案的装卸载及保管工作，数据应按月备份存档，定期清除无用数据。未经批准，不准复制任何资料外传。负责设备更新，配件及计算机耗材的购买、保管工作并注意经费的节约。

（7）负责财务处对外查询系统的管理，包括门户设计、相关资料的及时更新。同时，采取切实可行的措施保证财务处软件的运行安全，防止人为破坏。

（8）负责对全校会计电算化操作人员的计算机知识培训。

十二、基建财务科职责、岗位设置和岗位责任制

（一）基建财务科职责

（1）负责根据国家和省级主管部门关于基本建设方面的方针、政策、法律法规，制定学校基建财务管理制度，并负责贯彻执行。

（2）负责基建财务核算系统的管理，编制基建项目收付凭证，审核原始凭证是否手续完备，原始凭证必须有经手、证明（验收）和审批签名。原始凭证审核无误后方可录入编制记账凭证，记账凭证经综合科复核签章后交资金出纳科办理收付手续。随时掌握各基建项目资金的年度预算指标和余额。对无预算或超指标、超标准的基建支出有权拒绝办理，并及时汇报领导处理。

（3）负责基建工程合同的管理，按合同支付进度款并办理承

建单位工程款结算，参与基建项目工程量变更工作。

（4）负责基建项目立项的可行性研究分析，为学校基建立项提供决策依据。可行性分析报告应重点体现基建项目的资金来源和投资效益。

（5）负责基建项目的筹资融资工作，利用各种途径加强与省财政厅、省发改委、省教育厅等主管部门的联系，让其了解学校发展的困难，从财政拨款上给予学校支持。

（6）负责基建项目预算管理工作，负责根据基建部门提出的建设工程预算草案，组织学校相关部门、专家对建设项目工程预算进行论证，确定工程造价标准和预算总额，以便提交学校立项和招投标使用。

（7）负责参与基建工程项目竣工验收，协助基建处编制工程结算书，经审计和学校确认批准后，编制工程竣工资产移交表，交相关部门办理固定资产报增手续。

（二）基建财务科岗位设置（见图8-8）

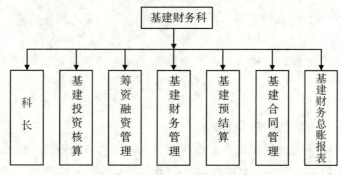

图 8-8 基建财务科岗位设置

（三）基建财务科系列岗位责任制

1. 基建财务科科长职责

（1）在处长领导下，全面主持基建财务科工作。协助处长做好基建投资日常财务收支核算和管理工作。

（2）熟练掌握国家关于基建财务的财经法规、财务制度、会计制度,严格遵守和执行国家的各项财经政策,坚持原则,秉公办事。

(3) 对基建投资项目年度预算指标,严格掌握进度,监督检查经费支出的执行情况,对违反财经纪律和财务制度的情况要予以制止和纠正,并及时向处长报告。

(4) 经常分析基建投资项目预算的执行情况,探索基建投资的经济活动规律,找出基建财务管理中的漏洞,提出加强基建财务管理的措施。

(5) 负责基建项目的筹资融资工作,利用各种途径加强与省财政厅、省发改委、省教育厅等主管部门的联系,让其了解学校发展的困难,从财政拨款上给予学校支持。

(6) 负责按基建合同付款条款办理付款手续,编制工程建设合同的资金使用计划,报领导审批后交资金出纳科办理支付手续。

(7) 负责对本科各项工作认真研究、布置、检查与总结,组织全科人员政治学习和业务研究,做好全科人员的思想政治工作,充分调动工作人员的积极性。

2. 基建投资核算岗位职责

(1) 熟悉党和国家的财经政策、法规、财务制度和学校各项财务收支规定及实施细则,严格执行财经纪律,坚持原则,秉公办事。根据现行的财经政策法规、财务制度和学校有关财务管理规定对各种原始凭证进行认真审核。对经济业务内容不详,凭证基本要素不齐全,领报手续不完备的原始凭证和不合法的收付款凭证要拒绝受理;对违反现行财经政策法规、财务制度和学校财务管理规定的经济业务,有权拒绝受理。

(2) 审核原始凭证是否手续完备,原始凭证必须有经手、证明(验收)和审批签名。原始凭证审核无误后方可录入编制记账凭证和账凭证经稽核复核签章后交出纳办理付款。随时掌握各项目资金的年度预算指标和余额。对无预算或超指标、超标准用款有权拒绝办理,并及时汇报领导处理。

(3) 参与国家基建财务计划和自筹基建及修缮计划的立项、论证、分析、报批等工作;协助总务处制订年度基建投资计划,每年下半年提供制订下年度基建投资计划的资料，会同总务处编好下年度基建投资计划，并上报省有关部门。

（4）按会计制度及会计工作达标要求，及时、准确、完整地处理会计事项和记好各类财务账，做好工程各项标准定额的资料统计分析和报表编制等工作。随时掌握各用款单位经费预算、经费支出、经费余额情况，做到报销不超支，认真把好支出关。正确编制会计分录，做到核算内容与会计科目的内容相符，费用归属正确。记账凭证摘要应准确、简明扼要，打印出的记账凭证要有审核员本人签章。熟悉各会计科目的核算内容，熟练使用计算机，并依据真实、合法、完整的原始凭证做好记账凭证。做到科目运用正确，费用归集合理。管好基建财务软件，每月 5 日前提交基建会计报表。办理基建银行存款对账。

（5）参与工程项目招标（议标）工作。研究制定工程合同，工程项目无资金来源，一律不能签订合同，更不能随意调度其他项目款支付。

（6）每月上旬以书面形式向财务处领导汇报基建资金和账务情况，提出拨付工程合同款或工程进度款的建议。

（7）严格审核各项目款项支出，根据工程进度审查工程进度款的拨付。

（8）参加工程竣工验收，办理工程款结算等手续。

（9）工程款结算完毕十五天内办交付使用财产明细表的签证手续，同时记好"基建投资登记账"，办理固定资产报销手续。

（10）管理使用好自筹基建资金，定期与有关人员核对自筹基建拨款，分析其使用效益，报处领导。

（11）执行《中华人民共和国会计法》，参加基建统计业务培训，深入工程现场，目测形象进度，与基建科工程管理人员核实工程量，按规定填报固定资产投资统计季度快报。

3. 筹资融资管理岗位职责

（1）对工程建设项目资金来源进行分析研究，区分项目财政拨款、融资借款、自有资金筹集等构成因素，编制工程项目建设资金来源可行性分析报告，争取财政拨款为建设资金来源主渠道，不足部分提出融资还款计划。

（2）检查督促基建资金的及时完整到位，提出编制基建支出资金作业计划，交由基建投资核算岗位实施并检查实施情况。

（3）利用各种途径加强与省财政厅、省发改委、省教育厅等主管部门的联系，让其了解学校发展的困难，从财政拨款上给予学校支持。

（4）加强与银行等金融机构的联系，制订银校合作、银校双赢方案，密切银校关系，融通资金，促进学校发展。主动与资金管理科联系，建议学校资金存量融资贷款银行，让融资经办银行得到合理的收益，积极与学校建立融资关系。

（5）根据融资借款合同，积极筹措还贷资金，督促基建核算岗位及资金出纳科按时归还借款。

4. 基建财务管理岗位职责

（1）负责协助财务处起草学校基建财务管理规章制度，加强调查研究，对不适宜的提出修订意见。

（2）负责财务处关于基建会计核算、基建财务管理工作方法的研究，提出改进工作方案的合理化建议，提高财务工作质量和工作效率。

（3）定期不定期提交学校基建财务经济活动分析报告和基建专项项目经济活动分析报告。

（4）负责拟定学校基建资金增值、保值可行方案，协助资金出纳科做好资金调度的衔接工作，编制学校基建资金作业计划，并负责实施。

5. 基建预结算岗位职责

（1）负责基建项目预结算管理工作，负责根据基建处提出的建设工程预算草案，组织学校相关部门、专家对建设项目工程预算进行论证，确定工程造价标准和预算总额，以便提交学校立项和招投标使用。

（2）根据学校综合财务预算下达的基建项目预算，负责预算的执行，对工程项目预算进行动态管理。定期不定期对预算执行情况进行分析，及时分析基建项目预算收支使用结余情况，以防超支。定期不定期编制基建项目预算收支使用结余情况报告，协作领导做好基建预算项目超支控制工作。

（3）对工程项目预算调整进行分析研究，提出预算调整方案，办理预算调整审批手续。

（4）负责参与基建工程项目竣工验收，协助基建处编制工程结算书，经审计和学校确认批准后，编制工程竣工资产移交表，交相关部门办理固定资产报增手续。

6. 基建合同管理岗位职责

（1）负责按《合同管理暂行规定》，做好基建合同的管理工作。

（2）负责建立健全计算机辅助管理合同的数据库，利用计算机对基建合同进行统一管理。

（3）负责工程建设合同的资金使用计划，编制工程项目月度、年度资金作业计划表，统筹安排基建项目的资金支付。

（4）负责参与基建合同的洽谈、索赔。负责参与基建合同工程量变更事项的相关工作。

（5）审核工程建设合同；监督工程建设合同的执行。

（6）协助资金出纳科做好基建合同付款工作，保证基建合同的财务履约。

7. 基建财务总账报表岗位职责

（1）在处长主持下负责编制基建财务年度决算的具体工作。及时修改科目和部门项目，解决系统运作涉及基建核算的具体问题。

（2）按处长授权负责基建财务核算系统的"财务长"的工作，账务处理日清月结，当天的账务不无故不记账。按月打印科目余额表。

（3）建立健全基建财务会计报表体系，科目设置必须与会计报表密切联系在一起，以便于报表计算和自动续报，报表体系应包括法定会计报表和管理辅助报表，还包括基建财务状况说明书和编报说明，对属于年度结转或阶段性收支的必须提供模拟处理后的数据以满足决策使用。月、季报在下月 8 日前完成，年报在年度终了后 15 日前完成。

（4）负责或指派有关人员做好对外报表的报送和校内的报表传递工作，认真做好基建财务会计报表有关数据的保密工作。

十三、资金出纳科职责、岗位设置和岗位责任制

（一）资金出纳科职责

（1）熟悉国家金融法规，严格执行国家金融政策，遵守结算纪律，贯彻落实财务处货币资金安全防范制度，确保学校资金的安全。在处长领导下，负责资金收支管理、资金安全、资金增值等各项工作。

（2）负责编制学校年度资金管理、资金运营计划，编制年度和月度资金作业计划表，报批后负责实施。及时上报资金的运行及结存情况。负责及时掌握经费支付现金使用量，及时办理银行提现手续，以满足对外报账现金支付需要。

（3）负责财务处出纳（含基建）、工会出纳、代理记账二级单位出纳。

（4）负责财务处各资金收付环节的复核和监督工作，及时与开户银行进行业务联系，准确及时传递银行票据，认真核对银行预留印鉴、支票是否符合规定要求，防止发生不必要的差错。

（5）及时取得各种银行单证，办理登记手续后交由核算岗位办理账务处理，并督促各项收付业务及时入账。对由于银行原因造成单据丢失的，要及时办理银行补单手续，以确保账账相符。

（6）负责办理购买各种银行结算的空白凭证，妥善保管和正确使用包括支票在内的各种凭证，建立支票购买使用库存作废台账，作废支票要与存根一起妥善保管，并打印作废支票明细表移交票据档案员存档。

（7）做好学校融资、投资的可行性论证工作，管好用好各项教育事业资金，利用金融工具，积极筹措资金，搞好资金营运，提高资金的使用效益，树立风险防范意识。

（8）负责按时取回各开户银行的银行对账单交给综合科对账，监督综合科编审银行存款余额调节表，定期与开户银行对账，传送

银行对账确认书。

（9）严格分工管理资金管理科的各种银行预留印鉴、密码，银行的定期存单要指定专人负责保管，及时核对与结算。

（10）负责本科的会计凭证、账簿、作废支票等会计档案的归档工作。

（11）搞好本科工作人员的业务学习，努力提高工作人员的业务水平，负责对本科工作人员进行德、能、勤、绩考核。

（12）完成处长交办的其他工作任务。

（二）资金出纳科岗位设置（见图8-9）

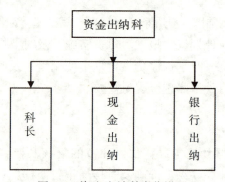

图 8-9　资金出纳科岗位设置

（三）资金出纳科系列岗位责任制

1. 资金出纳科科长岗位职责

（1）熟悉国家金融法规，严格执行国家金融政策，遵守结算纪律，贯彻落实财务处货币资金安全防范制度，确保学校资金的安全。在处长领导下，负责资金收支管理、资金安全、资金增值等各项工作。

（2）负责编制学校年度资金管理、资金运营计划，编制年度和月度资金作业计划表，报批后负责实施。及时上报资金的运行及结存情况。负责及时掌握经费支付现金使用量，及时办理银行提现手续，以满足对外报账现金支付需要。

（3）负责财务处各资金收付环节的复核和监督工作，及时与开户银行进行业务联系，准确及时传递银行票据，认真核对银行预留印鉴、支票是否符合规定要求，防止发生不必要的差错。

（4）及时取得各种银行单证，办理登记手续后交由核算岗位办理账务处理，并督促各项收付业务及时入账。对由于银行原因造成单据丢失的，要及时办理银行补单手续，以确保账账相符。

（5）做好学校融资、投资的可行性论证工作，管好用好各项教育事业资金，利用金融工具，积极筹措资金，搞好资金营运，提高资金的使用效益，树立风险防范意识。

（6）负责按时取回各开户银行的银行对账单交给综合科对账，监督综合科编审银行存款余额调节表，定期与开户银行对账，传送银行对账确认书。

（7）严格分工管理资金管理科的各种银行预留印鉴、密码，银行的定期存单要指定专人负责保管，及时核对与结算。

（8）负责本科的会计凭证、账簿、作废支票等会计档案的归档工作。

（9）搞好本科工作人员的业务学习，努力提高工作人员的业务水平，负责对本科工作人员进行德、能、勤、绩考核。

（10）完成处长交办的其他工作任务。

2. 现金出纳岗位职责

（1）严格按照国家有关现金管理规定，根据审核人员打印并签章的收付款凭证，办理款项收付业务。对前台审核直接报账人员（不需领导审批部分）不符合现金管理规定的，不予支付并向领导汇报。

（2）付款首先要对记账凭证进行认真的复核，对金额不符、手续不全的记账凭证不予付款；付款后，要在记账款凭证上加盖现金出纳员印章。

（3）根据当时现金用款需求，及时通知相关人员办理现金取款或存款。

（4）负责财务处现金（新校区出纳、结算中心现金出纳除外）出纳、工会现金、校友会现金、代理记账二级单位现金收付工作，负责结算中心现金收入的收取。

（5）现金账面余额要与库存现金核对相符，妥善保管好现金日记账，做到日清月结，如出现差错要及时查清，特殊情况要及时向科长汇报。由领导根据现金收付差错情况区别处理，属于个人原因的需按章赔偿。

（6）对库存现金要妥善保管，确保安全。

（7）加强岗位练兵，负责识别钞票的真伪，准确安全高效地完成现钞的收付业务。假钞凭银行证明报销60%，发生假钞事故列作考核依据。

（8）严格控制库存现金限额，超过部分及时存入银行，随时接受定期不定期的查库，不得以白条抵库，不得挪用现金。

（9）每天核算系统结账后，将当天已完成报账手续的记账凭证交由票据档案管理员妥善保管。

（10）保险柜钥匙要妥善保管，严守密码，不得交给他人，保险柜不得为他人代管现金，备用保险箱钥匙不得存放于办公室其他抽屉中。

3. 银行出纳岗位职责

（1）严格遵守执行《支付结算管理办法》等管理制度，健全工作环节，加强安全防范措施。

（2）支付支票首先要对记账凭证进行认真的复核，对金额不符、手续不全的记账凭证不予开支票；支票开付后，要在记账凭证上加盖银行出纳员印章。签发付款支票的存款要有取款签章，存根要粘贴在付款凭证上；收入支票时，存入银行的存单回执联要粘贴在凭证上。电汇要及时准确，不得出现漏汇、错汇、重汇和迟汇；对于外来的托收承付凭单，要及时取回交审核人员处理。将银行日记账与银行对账单逐步核对，做到日清月结，月末发现未达账项应及时查询，并编制银行存款余额调整表，使余额一致。

（3）负责财务处银行（新校区出纳除外）出纳、工会银行出纳、校友会银行出纳、代理记账二级单位银行出纳工作。

（4）每日打印库存现金及银行存款日报表，并逐笔检查，复查现金及银行存款日记账，做到日清月结，账实相符。月末核对发现账面余额与银行余额不符的要编制"银行存款余额调节表"，对于未达账项，要及时查明原因，对长期悬置的未达账项，应及时查阅凭证、账簿及有关资料，查明原因后及时和银行联系并予以解决。

（5）负责办理购买各种银行结算的空白凭证，妥善保管和正确使用包括支票在内的各种凭证，建立支票购买使用库存作废台账，作废支票要与存根一起妥善保管，并打印作废支票明细表移交票据档案员存档。根据现金出纳和现金支出动态及时办理库存现金提取业务，现金提取需按规定办理审批手续，方可提现。负责银行结算户支票填写、零余额票据填写、银行结算业务单据填写等银行结算业务，熟悉票据打印系统业务。负责教职工工资、教职工奖金、学生奖学金、学生助学金等通过银行转存的票据填制和银行结算手续。

（6）随时掌握银行存款动态，及时查询在途资金的进账情况，协助领导做好支付款项的审签工作。不准开空头支票和远期支票，原则上不签发限额支票，签发了限额支票的必须在一周内落实支付金额，对超支的要及时汇报。负责丢失支票的挂失公告手续。

（7）严格遵守财务处内部控制制度，银行支付业务资金调度（包括资金调度的账户间转户划拨业务）必须依据经"有纸"、"无纸"复核审签的记账凭证方能办理。不准将银行账户借给任何单位或个人办理结算和套取现金。

（8）每天核算系统结账后，将当天已完成报账手续的记账凭证交由票据管理员妥善保管。

（9）负责妥善保管银行预留印鉴。

第三节　高等学校财务处岗位责任制的检查、考核与奖罚

一、岗位责任制的贯彻执行

财务处各科（中心）必须认真贯彻执行财务处岗位责任制，切实履行岗位职责，努力提高财务处工作质量和服务质量，为提高

财务处在学校的地位，尽心尽责。财务处各科（中心）贯彻责任制必须从大局出发，服从处长的协调安排。财务处内设机构职责原则上按各科室职责执行，根据工作需要及人员状况可以采取有关科室合署办公，合署办公职责包含原科室全部职责，人员岗位职责包含原全部岗位职责。合署办公由处长指定合署办公负责人（大科科长），原科室负责人应服从合署办公负责人的指挥，协助做好相关工作。

实行财务工作岗位兼容，便于压缩编制。财务处业务复杂，业务量大，组织结构岗位设置多，各岗位业务量不均衡，各岗位业务复杂难易程度不同，岗位设置可设定为一人一岗，也可设定为一岗多人，或一人多岗，工作岗位可能存在兼容，这有利于压缩财务处机构的编制，提高高等学校的办学经济效益。

岗位责任制要求上岗人员的资历，实行竞争上岗，择优录用的原则，竞聘上岗的程序，需按《会计从业人员管理办法》的相关规定执行。

二、岗位责任制的检查、考核与奖罚

高等学校应加强财务工作岗位责任制的检查、考核与奖罚，必须制定切实可行的实施细则，落实财务工作岗位责任制，检查、考核与奖罚相结合，充分调动财务人员的积极性。

学校应切实保障会计人员合法权益，对会计人员在依法行使职权时受到的各方面的阻挠、干扰，甚至打击报复给予保护，鼓励会计人员坚持原则、依法做好本职工作。任何单位和个人不得对会计人员打击报复，打击报复坚持原则的会计人员是一种违法行为，要受到法律的制裁。

校长是学校会计行为的责任主体，对本单位的会计工作和会计资料的真实性、完整性负责；要保证会计人员依法履行职责，即应当保证会计机构、会计人员依法履行职责，不得授意、指使、强令会计机构、会计人员违法办理会计事项。

对忠于职守，踏实工作，成绩显著的会计人员提请学校予以表彰；对玩忽职守，不懂业务，不遵守会计职业道德或不宜担任会计工作的应提出批评或报请学校或责成所在单位予以调换岗位。

检查、考核结果与高等学校的绩效工资挂钩，优效优酬，充分调动财务人员的积极性。

第四节　岗位责任制对高等学校财务廉政风险防控的作用

一、有利于发挥财务运营管理的系统性作用

财务工作岗位责任制，包含财务运营管理的各个方面，系统性强，是高等学校财务工作组织建设的系统工程，落实岗位责任制，将为财务工作质量保证体系建设提供强有力的组织保证。

落实高等学校财务工作岗位责任制，岗位责任"横向到边，纵向到底"，充分发挥系统的组织保证作用，能确保财务工作不漏项，事事有人负责，消除工作死角。发挥岗位责任制的岗位兼容或岗位 AB 角的系统性作用，有利于统筹安排人员，提高工作效率。

二、理顺关系，消除扯皮推诿现象

高等学校的财务工作涉及的事务十分繁杂，是学校机关对外的主要窗口，面对广大的师生员工，关系复杂，完善财务工作岗位责任制，可以从制度层面理顺多方面的关系，协调财务处与校领导、各职能部门、二级单位之间的关系，按制度办事，消除不必要的矛盾。

财务处领导通过层层制定岗位责任制，明确财务处各层次的职责范围，使他们能主动安排各自的工作，能充分发挥工作人员的主动性和积极性。协调理顺财务处内部科（中心）之间及科（中心）各岗位之间的关系。岗位责任制规定了科（中心）与个人的职责范围，有利于促进各科（中心）之间、各岗位之间主动配合、相互支持，使工作做得更好。

财务工作实行岗位责任制，因事设岗，责权利明确，职责相称，责任一致、责任分明，任务清楚、要求明确，各负其责，按部

就班，可以从根本上消除扯皮推诿现象。

三、从根本上提高财务工作服务教学、科研的质量

岗位责任制规定了财务处各科（中心）和各岗位承担的工作内容、数量、质量及完成的程序、标准和时限，明确了其应有的权力和应负的责任。岗位职责明确，从根本上提高了财务工作服务教学、科研的质量。

四、建立健全财务工作岗位责任制，有利于建立和谐的人际关系及便于考核和奖惩

建立健全财务工作岗位责任制，职责分明，责权利具体，消除了上下级、同事之间的矛盾，有利于建立和谐的人际关系，和谐社会从和谐科（中心）开始。

岗位责任制纳入效能考评内容，不断强化科（中心）各岗位责任意识，提高其依法理财的自觉性，便于考核和奖惩，为财务工作人员评优、绩效工资发放、个人晋升提供了一个公开、公平、公正的平台。

第九章 提升预算执行力是高等学校财务廉政风险防控系统建设的核心

第一节 高等学校预算管理概述

一、高等学校预算管理的概念

《高等学校财务制度》规定：高等学校预算是指高等学校根据事业发展计划和任务编制的年度财务收支计划。高等学校必须在年度开始前编制预算。预算的内容包括收入预算和支出预算。预算由校级预算和所属各级预算组成。预算从本质上讲是一种计划，是学校事业发展计划与管理活动的货币化与具体化。

二、高等学校预算管理的特点、分类及编制范围

（一）高等学校预算管理的特点

年度预算的计划性比较强，缺乏中长期预算规划，这主要是由《高等学校财务制度》和《高等学校会计制度》所决定的。

预算收入形式比较单一，随着经济体制改革的不断深入，高等学校预算收入来源的渠道有了很大的拓展，从过去的单一由财政部门全额拨款，逐步演变为财政补助、事业收入（主要由学费、住宿费等收费项目构成）、附属单位缴款等多种预算形式。

高等学校预算支出编制的通常做法是遵循统筹兼顾、保证重点、注重效益、勤俭节约的原则。高等学校预算支出的具体安排是按照"切块包干，归口管理。定额控制，超支不补"的原则来

执行的。预算支出的投入有形，但是产出却无具体价值形态来评价，或者说效益无法得到具体价值的体现，事业支出效果反映不全面。

目前的预算管理形式较前些年有了比较大的调整。政府改变了过去由高等学校在财政给予本单位年度经费全额补助的框架下，高等学校相对自主管理编制预算的管理模式，正在实行由财政部门统管的部门预算管理制度。这一制度较以前的管理模式有了很大的改进，具有一定的优点。部门预算管理指标在省一级规定得非常细致、具体，但是指标下达到基层单位后，仍然存在着省级预算和单位预算之间的差异，直接影响到预算的上报审批和下达执行之间的严肃性，需要政府管理部门对这一制度进一步深化、细化和完善，消除财政部门批准下达的预算计划和单位实际执行的预算计划在具体内容上的差异。

高等学校目前执行全额事业单位的会计制度，其中一项重要的会计核算原则是收付实现制。由于收付实现制是以现金的实际收付作为确认收入和支出的依据，在这种记账基础下，高等学校财务收支只包括以现金实际收支的部分，并不能反映当期已经发生但尚未用现金支付的部分，这样就无法全面、客观地反映高等学校的财务状况。收付实现制的会计核算基础无法全面、客观地反映高等学校业务收支活动和财务状况，将对高等学校持续健康运行和发展带来隐患，因此在管理制度方面要有所革新。这与企业会计制度规定的权责发生制核算原则有根本的不同，这约束了高等学校预算支出的科学、合理性，同时也显现出高等学校会计核算存在的弊端。

（二）高等学校预算的分类

1. 按功能分类

（1）收入预算

收入预算包括财政补助收入、财政上级补助收入、预算外资金收入（包括学历教育学费收入和住宿费收入）、教育事业收入（指非学历教育收入）、科研事业收入（含纵向拨款和横向收入）、经营收入、基本建设收入（含负债类收入）和其他收入。

（2）支出预算

支出预算包括教育事业基本支出、教育事业项目支出、基本建设支出、科研事业基本支出、科研事业项目支出、经营支出和附属单位补助支出，基本支出又分为人员支出、日常公用支出、对个人和家庭补助支出；项目支出指事业单位为完成特定事业发展而发生的支出，按指定的用途和对象编制；基本建设支出指经省发改委立项纳入事业发展计划按国家和省关于基本建设管理规定使用基本建设资金拨款、财政贴息贷款资金或学校自筹资金安排的项目。

2. 按主管单位分类

（1）省级部门预算

省级部门预算是报送省财政厅、教育厅的年度财政拨款控制预算。

（2）高等学校综合财务预算

高等学校综合财务预算是高等学校年度使用的执行预算。

（三）高等学校预算编制的范围

高等学校预算编制范围涵盖高等学校所有的预算收入和预算支出。包括：财政预算内资金收支预算；财政预算外资金收支预算；基本收支预算；项目收支预算；经营收支预算；其他收支预算。

三、高等学校廉政风险防控系统中预算管理防控的指导思想及意义

（一）学校预算管理防控的指导思想

高等学校预算管理防控的指导思想是通过规范预算管理工作，明确预算管理工作责任制，充分提高预算管理水平，增强预算透明度，提高预算管理的制度化程度，提升预算执行力刚度，实现预算管理公开、公正、公平的基本要求，杜绝人情预算，从制度建设入手，从预算收入、预算支出、预算标准、定额源头抓起，防控截留收入、虚假透支支出，贪污浪费等财务廉政风险。

（二）高等学校预算廉政防控管理的意义

预算廉政防控管理的意义是进一步规范学校预算编制、批准、执行、调整、监督检查，明确学校预算管理程序、要求、职责及编制方法，加强预算管理和监督，按经济规律办事，保障预算计划的完成，提高资金使用效益，促进学校各项事业的持续稳定发展。预算廉政防控管理对重点领域和关键环节防控腐败具有重要意义。例如工程领域招投标的陷阱，以预算作为招投标的标的，围标或串标，招投标出来的中标价与预算十分接近，而且所有投标单位的标的都相差无几，几乎一样。广东省规定工程决算不得超过预算的8%，但腐败分子做大工程预算，再大的工程预算，招投标时都能很接近地中标，所以，必须加大预算管理和预算控制，以预算来控制招投标，而不能以招投标来下达预算，这样才能控制工程领域的腐败。

四、高等学校预算编制的依据

高等学校的预算编制包括学校综合财务预算和部门预算。学校综合财务预算根据以前年度预算执行情况，结合预算年度事业发展计划、任务、财力、定额、标准及有关管理制度、年度收支增减因素、校内各单位预算年度工作计划进行编制。部门预算按照省财政厅《省属高等学校经费预算管理办法》由财务处根据学校综合财务预算和省财政厅、省教育厅的预算编制要求进行编制。

（一）国家法律法规

《中华人民共和国预算法》和《高等学校财务制度》。

（二）省级及主管部门法律法规

省财政厅及省教育厅关于预算的各种法律法规，包括《省级部门预算编制指南》、《省级部门项目支出预算管理试行办法》。

（三）高等学校财务及预算管理的制度

包括《高等学校财务管理条例》、《高等学校预算管理办法》、《高等学校预算编制指南》及《高等学校发展规划》等。

（四）高等学校发展任务

预算是高等学校依据各项事业发展计划、任务、定额、标准及有关管理制度编制的年度综合财务收支计划，是学校日常组织收入和控制支出的根据。预算工作是学校财务管理的一项经常性工作，年度预算编制及管理贯穿于全年。

五、高等学校预算编制的原则

（一）合法性原则

高等学校预算要符合《预算法》和国家其他法律法规，充分体现国家有关方针、政策。严格控制人员经费开支比例。财政拨款除按政府规定标准发放工资、福利外，不得任意提高个人分配标准。

（二）稳妥性原则

高等学校预算要做到稳妥可靠，量入为出，收支平衡。收入预算要留有余地，没有把握的收入项目和数额，不要列入预算；支出预算要先保证基本工资、离退休费和日常办公经费等基本支出；项目预算要以收定支，量力而行。

（三）重点性原则

高等学校预算要合理安排各项资金，统筹兼顾，保证重点。按"先吃饭，后发展"的思路，在保证教学、科研及维持学校正常运作需要的同时，优先考虑学校重点项目支出；先保证基本支出，后安排项目支出；先重点、急需项目，后一般项目，合理安排资金，促进学校各项事业协调发展。

（四）真实完整原则

高等学校预算项目要客观真实，预算收支预测必须以校内各单位事业发展计划和履行职能的需要为依据，对每一收支项目的数字指标运用科学合理的方法测算，力求各项数据真实准确。编制预算时，各项收入及相应支出作为一个有机整体进行管理，不重不漏，不得在预算之外保留其他收支项目。

（五）勤俭节约的原则

高等学校支出预算厉行节约，各项目必须严格控制在批准下达的指标额度内按项目开支范围合理、合法使用。不得串项目使用，需串项目使用的需按预算调整程序报批。节余部分年终结转至下一预算年度滚存使用。

（六）预算决算相一致原则

高等学校预算科目力求与决算科目一致，会计核算严格按照预算项目列支，保证决算数据真实反映预算编制意图。

第二节　高等学校预算管理存在的主要廉政风险

一、高等学校预算管理流于形式，廉政风险隐患严重

高等学校预算管理难度大，它的全员性、全过程、全方位特征对高等学校的管理水平要求相当高，高等学校无所适从。同时，高等学校的领导大多是学术型领导，自然科学方向的居多，不太重视预算管理，导致预算管理在高等学校流于形式，难以发挥应有的作用，廉政风险隐患严重。

预算编制和预算调整不科学。在预算目标的分解过程中，采用什么方法编制预算，直接影响到预算指标的准确性。预算编制方法有：固定预算、弹性预算、滚动预算、零基预算和概率预算。不同的预算编制方法适应不同的情况，高等学校多数采用"基数加增长"（即增量或减量）的预算编制方法。

二、标准和定额不健全，预算编制存在人为廉政风险

标准和定额是高等学校编制预算的重要指南，没有标准和定额，编制预算就是去了基础，预算的准确性将大打折扣。预算标准和定额应科学、先进、合理，高等学校的产品是人才，它与工厂生产一般商品不同，生产商品一般来说标准和定额比较容易制定，并且标准和定额的可靠性较高。标准和定额落后、不齐全，编制的预算质量肯定达不到应有的水准，这将严重影响预算的执行力。

三、预算调整不科学，预算执行刚度不够，人情预算

在执行预算的过程中，适时地根据教学科研情况的变化，需要进行预算调整，但却未明确限定预算的调整权限，这不但不利于预

算作用的发挥，浪费了人力、物力和财力，找不到预算"刚性"和"柔性"的平衡点，往往走向两个极端，要么过于强调预算的刚性，禁止部门出现突破预算的现象，降低了高等学校对环境变化的应变速度；要么过于强调预算的柔性，随意调整预算内容，从而导致预算丧失了约束和控制的基本功能。在实施全面预算管理时，没有严肃对待预算调整的问题，使得预算与实际执行严重脱节，失去其原有的预算控制作用。部分高等学校调整预算不遵循一定的程序，使得预算调整的随意性很大，缺乏严肃性，这些情况都会造成预算的执行效果不好，严重影响执行力的提升。

四、高等学校预算决策系统存在的问题，是廉政风险的高危地带

（一）未按规定成立预算管理决策机构

根据预算管理的基本要求，高等学校必须成立预算管理决策机构，以加强对预算管理的领导。而实际情况是，部分高等学校仍未按规定成立预算管理决策机构。以广东省为例，省委组织部、省审计厅、省教育厅、省财政厅联合发布的《关于加强省属高等学校财务管理的意见》（粤组字［2010］8号），明确要求高等学校必须成立"预算与投资管理委员会"。但时至今日，仍有相当一部分学校未按规定成立相应机构。

（二）预算与投资管理委员会的人员构成不合理

预算与投资管理委员会是高等学校预算管理的决策机构。该委员会是学校党委领导下，涉及学校预算事项的最高权力机构，是全面预算管理组织体系中的核心领导机构。预算与投资管理委员会负责学校全面预算管理工作的组织、领导，协调并解决预算管理中出现的重大问题。高等学校的预算与投资管理委员会成员应包括校长、党委书记、总会计师（或分管财务的副校长）、财务处长。但是很多高等学校该委员会的组成人员包括校领导、全体中层正职干部，多达20~30人，人多不办事，只是凑数而已。

（三）预算与投资管理委员会未能切实履行职责

预算与投资管理委员会是学校预算的决策机构，主要职责包

括：确定学校预算管理体系和制定预算管理制度等相关文件；根据学校中长期战略目标和战略规划确定预算的总目标、总方针和总体运行要求；召开年度预算会议，综合平衡、汇总学校年度财务预算方案；审议学校年度财务预算调整方案；研究、解决预算管理中出现的重大问题等。但实际上，很多高等学校虽然成立了机构，但几年都不开一次会，形同虚设，未能切实履行职责。

（四）预算决策的权力过于集中，校长一人说了算

高等学校预算管理决策机构中，权力过于集中，预算编制是由少数人控制的，缺乏监督机制，体现不出民主管理，致使有些职能部门形同虚设。个别校领导凌驾于学校各种权力机构之上，越权操作，或操纵党委，虽然履行了民主决策程序，但实际上仅是走过场将不合法的做法合法化而已，严重践踏了高等学校预算管理决策机构的地位。

五、高等学校财务预算管理机构存在的问题严重影响预算执行力

财务处是高等学校预算管理的实施系统，是预算管理、预算执行的关键环节。高等学校财务预算管理机构存在的问题主要是：

（一）财务处未设置或虚设预算与投资委员会办公室

财务处未设置预算与投资委员会办公室专门负责高等学校的预算管理工作，预算管理一般由财务处的财务科或综合科来完成，效果欠佳。就算设置也是虚设，人员配置、工作条件都达不到最基本的要求，其工作效果可想而知。

（二）财务处内设机构不合理

重核算，轻管理，高等学校财务处一般都设置会计科，但加强财务管理的财务科、财经工作领导小组办公室、预算与投资委员会办公室很少设置，就算设置也是虚设。不相容职务分工合作不够，缺乏组织协调，工作效率低，各个岗位的工作量不平衡，容易产生内部矛盾。

（三）财务处统一管理校内财务活动的职能未完全实现

大部分高等学校设立了二级财务部门，二级财务部门有相对独

立的财会核算权力，但必须接受财务处的统一领导。在实际工作中，由于各个部门拥有资源的使用权，因此形成部门利益，导致学校财务处只发挥了预算控制、会计核算、现金出纳等"小财务"的职能，对后勤、基建、校办产业等部门的财务活动缺乏行之有效的管理，对全校的财经活动不能有效地管理和监控。

六、高等学校预算监督系统存在的问题

预算监督实际上就是内部控制，是一种事前控制、事中控制与事后控制相结合的控制方式，它的最大好处是保证预算监督的时效性和及时性，可以把很多问题解决在萌芽之中，在很大程度上杜绝了时间的拖延、资源的无端浪费。然而，部分高等学校在实际的预算执行过程中，仍出现预算控制的力度不大、控制系统不健全的现象，使预算执行力大幅度下降。

（一）缺乏系统的、完善的控制机制

高等学校基本上都意识到控制的重要性，开始重视控制机制的健全完善，但有的还是停留在想法上，有的只做一些表面文章，并没有具体制定切实可行的、系统的、完善的控制机制，这就容易造成无制可依的严重后果。特别是作为执行者的人本身就具有复杂性，如果没有一定的控制机制进行约束的话，很难保证他可以时刻保持自主能动性和积极性。

（二）缺乏行之有效的控制手段

如果没有相应的控制方法和手段，实现有效的控制也是做不到的。因为有些行为有着很强的特殊性，而且所涉及的问题可能也非常敏感，必须采取符合实际的方法、手段，才能取得实效，提升预算的执行力。

（三）缺乏实实在在的控制行为

这种情况在学校实际工作中很普遍，如果一个制度或体制流于形式的话，再好的制度，再合适的方法都没有用。经常可以看到，执行过程中有些环节、细节有控制，有些环节、细节却没有很好地得到控制，许多目标执行失败恰恰是这些被忽视的环节、细节出现偏差而引起的。此外，部分工作人员将控制行为当作自己权力和地

位的象征，胡乱发号施令，这不但无法达到控制目的，还会引起反作用，削弱预算执行力，工作目标也就无法实现。

（四）预算的监督和跟踪分析不到位

1. 对预算的监督不重视

高等学校设置的专门预算组织机构，工作重点在预算编制上，对预算执行过程中的监督检查做得不够，导致许多预算管理问题在执行过程中没有被及时发现和纠正。

2. 财务机构监督缺乏权威性

预算管理财务部门作为预算执行情况的跟踪调查机构，缺乏权威性，导致预算执行过程的监督力度不够，其随意性大，不可能产生良好的执行结果。

3. 高等学校预算监督时效性差

预算信息反馈的时效性较差，导致监管者无法及时掌握执行情况，监管行为无法为及时正确地执行预算提供帮助。在对预算执行情况进行差异分析方面，每年只进行一次差异分析，这种分析最多只能起到事后评价的作用，对及时纠正执行偏差毫无作用。当预算在执行过程中出现差异时，没有及时分析产生差异的原因，任由差异继续下去，使得预算的严肃性受到质疑，或者找到了差异的原因，却没有采取相应的措施去解决，使得差异的分析流于形式，对强化预算的执行没有起到任何作用。

七、预算执行机制存在的缺陷

高等学校在预算管理控制中，由于偏重于对预算执行结果的监控，缺乏对预算执行过程中的跟进管理及监控，导致在预算执行过程中问题众多：预算分配指标到位率低，预算执行过程中出现随意追加问题，并且预算支出改变中人为因素较多。预算执行过程中人为因素频繁出现以及随意性大，在一定程度上削弱了预算的约束性，以及预算资金分配的科学性、合理性，进一步加大了资金供需矛盾，甚至有可能导致重要项目因缺乏资金无法启动的现象出现。

八、高等学校财务收入制度存在缺陷，是廉政风险发生的重灾区

高等学校财务管理虽然实行"收支两条线"政策，但是由于相关法律、法规、制度的不健全，在收入管理，尤其是收费方面存在一些突出问题。

一些高等学校在扩招和收费过程中出现了乱收费的现象。擅自提高标准，擅自增加收费项目。比如举办各种成人培训班、短期培训班，自行制定收费标准。

院系创收管理混乱。由于缺乏相应约束，各个院系部门利用所占有的资源，自行收费，形成"谁有资源谁收费，谁有办法谁创收"，如医院收体检费，图书采购收回扣，体育场馆收使用费等。尤其是图书回扣的私分、截留问题。图书回扣的比例一般为15%到25%，甚至更多。如此巨额资金被不规范操作，是高等学校存在"小金库"，甚至发生腐败案件的原因之一。

自收自支，坐收坐支。学校的一些部门将获得的收入自行留用，不上缴到学校财务部门，或是只将收支发票相抵后的余额上缴，甚至将各种创收不上缴，私设"小金库"。这些截留、坐收坐支、账外循环等不规范现象，导致了学校收入管理混乱，为高等学校腐败的滋生，违法乱纪现象的出现提供了温床。

九、重大项目预算支出管理存在严重缺陷，廉政风险转为腐败

项目支出存在管理权限不明确，多头管理、交叉管理的现象。在一些高等学校重大项目管理过程中，管理权限被分割到基建、设备、后勤，形成分块管理。管理权限的分割导致"政出多门，交叉管理"，进而导致分工不明、权责不明，因此在项目建设过程中易出现缺乏统一总体规划，资金使用效率低下的问题。

在基建项目支出中，存在着不规范操作。随着高等学校招生规模的扩大，基建项目支出已成为高等学校居于第三位的大型支出，然而在建设过程中，存在诸如修改设计、增加设备、提高建设标准

等问题，导致基建项目经常出现工期延长、严重超出投资预算等现象。由于基建项目管理、监控不严格，滋生出许多贪污、腐败现象。

第三节　构建科学的预算管理机制，是高等学校财务廉政风险防控系统的核心

一、构建高等学校预算廉政风险防控的预算管理机构

（一）高等学校预算管理的决策机构

1. 加强高等学校党委对预算管理工作的领导，减少预算廉政风险的发生

《高等学校三个工作条例》明确规定了高等学校党委、校长、教代会的权利和义务，高等学校实行党委领导下的校长负责制，确立了党委对高等学校预算管理工作的绝对领导地位。加强高等学校党委对预算管理工作的领导，减少预算廉政风险的发生。党委履行管理学校预算管理工作职责主要通过党委会来实现。

2. 强化高等学校校长的预算管理职责，防控预算廉政风险

校长任校财经工作领导小组组长，负责组织召开校财经工作领导小组会议，审定学校综合财务预算建议方案；负责组织召开校长办公会，审批学校综合财务预算；负责将审定的学校综合财务预算报学校党委会研究决定后执行。

校长负责审批列入学校综合财务预算的 10 万~50 万元的单项支出项目；负责审批列入学校综合财务预算的学校准备金的支出项目，年控制总额为 500 万元；负责审批未列入学校综合财务预算的预算外 3 万~10 万元（不含 10 万元）的单项支出和主管财务副校长审批限额以外的项目；负责审议预算外 10 万元以上的支出项目，负责审议由分管校领导按规定程序送财经工作领导小组论证（必须经过科学、严密的可行性论证程序）的学校重要支出项目、对外投资、合作、入股、信贷、担保等经济事项，提交学校党委会研究决定，通过后的方案必须经校长签字确认，方可执行，以确保学

校资产的安全、完整；负责审批单项支出 5 万~10 万元的预算调整项目。

3. 高等学校总会计师的预算管理职责

负责组织编制和严格执行学校综合财务预算；负责审批列入学校综合财务预算的单项（次）为 5 万~10 万元的经分管校领导、副校长审议的支出；负责审议单项（次）支出为 10 万元以上，报校长或学校决策机构审批。负责未列入学校综合财务预算的支出项目，3 万元以下由分管校领导审批确认，年度控制总额为 80 万元；审批 5 万元以下的预算调整方案；审议 5 万元以上的预算调整方案。

负责审批列入学校综合财务预算并未改变预算开支范围的 1 万~5 万元（不含 5 万元）的支出；负责审批未列入学校综合财务预算预算外 3 万元以下（不含 3 万元）的单项支出，年总控制数为 80 万元；负责审议超过年总控制数部分的预算项目和 3 万元以上的单项支出项目。

（二）高等学校财经工作领导小组

1. 财经工作领导小组组成人员

财经工作领导小组成员包括校长、党委书记、总会计师（未设置总会计师的，由分管财务的副校长代替）、财务处处长、审计处处长等。财经工作领导小组人数不宜太多，避免因考虑方方面面的人员，人数多了变成虚设。

2. 财经工作领导小组的职责

（1）根据上级要求，结合本校实际，制订工作计划，组织制定相关规章制度，并督促落实，使学校的各项经济活动规范化、制度化。分解下达经济责任目标，并组织实施。

（2）加强财务管理的透明度，对学校重大支出项目安排、对外投资、未纳入预算管理的特殊、大额财务开支严格按照决策程序，集体讨论研究决定，提倡民主理财，实行财务公开，防止个别领导大权独揽，独断专行。

（3）对负有经济责任的领导进行监督、检查和考核并逐步完善各级领导离任、届满审计制度；研究解决学校在各项经济活动中存在的问题，并加以整改，促进教学、科研事业有序发展。

（4）负责贯彻执行国家有关法律法规、方针政策；协调学校的财经工作，按照省教育厅等上级主管部门文件制定学校重要经济政策、分配制度和财务管理制度（办法）；负责确立学校财务管理体制；确定学校财务主管人员拟定人选；审议学校二级财务机构的设立方案；审批学校关于预算的规章制度；审批学校的预算建议方案；审查学校预算的调整方案；组织和监督学校预算的执行。

（5）对在学校各项经济活动中的先进单位和个人进行表彰奖励，对在学校各项经济活动中问题突出的单位和经济责任人做出处理。

（三）高等学校预算与投资委员会

1. 政策依据

根据《关于加强高等学校财务管理的若干意见》，高等学校必须设立"预算与投资委员会"，以便加强对高等学校投资与预算工作的管理。

2. 组成人员

预算与投资委员会的组成人员，人数不宜太多，以避免虚设，一般以5~7人为宜，全部都为财经管理领域的专家，不受行政的干预，充分提高决策效果。

3. 投资与预算委员会的职责

（1）负责对年度预算的编制；

（2）审议预算调整；

（3）审议追加或新增预算项目；

（4）审议投资项目；

（5）年度预算中大额度机动经费的具体安排；

（6）重大经济决策的论证和审议。

4. 对提升预算执行力的作用

（1）预算与投资委员会主任由校长担任，主要职能部门处长参加，提高了机构的权威性，对提高预算执行力产生了积极的作用。

（2）加强对预算管理的绝对领导，全面提升高等学校决策层的管理水平，提升预算的执行力。

（3）强化对预算执行结果的绩效评价，将预算执行力绩效评价结果与高等学校年度考核相结合，增强对执行团队的约束作用，提升了执行团队组织执行力的群体技能。

（四）构建预算管理机构，切实履行预算管理职能

1. 高等学校应当单独设置一级财务机构

《高等学校财务制度》规定，高等学校应当单独设置一级财务机构，财务机构的设置是财务管理体制的一个重要内容。高等学校是一个具有独立开展各项事业活动的事业法人单位，它在国家财政预算管理体系中是一个基层单位，必须根据《中华人民共和国会计法》及有关财务会计法律规章制度的要求，设置专门的财务机构，独立开展会计核算工作，为财政部门、上级主管部门，学校领导及其他有关使用者提供财务信息资料。高等学校的财务机构，在校（院）长和总会计师的领导下，统一管理学校财务工作，完成学校的财务管理和会计核算工作，提供真实、及时、完整的财务信息。

财务组织机构是组织管理学校各项经济活动的专门机构，是高等学校财务管理体制的重要组成部分。科学规范的财务组织机构设置有助于学校经济活动、财务管理的开展，是建立高效的财务管理体制与运行机制必不可少的组成部分。在高等学校财务机构设置中，财务处是学校唯一的一级财务机构，直接接受校（院）长和总会计师领导，统一管理学校的各项财务活动、二级财务机构以及基层单位的财经工作。校内后勤、基建、资产等管理部门以及因需要设置的财务机构只能作为二级财务机构，在学校统一财务规章制度下开展工作，接受财务处的统一领导、监督、检查。

高等学校校内非独立法人单位因工作需要设置的财务机构，应当作为学校的二级财务机构。二级财务机构应当遵守和执行学校统一制定的财务规章制度，并接受学校一级财务机构的统一领导、监督和检查。

2. 强化财务处预算管理职能，防控预算廉政风险

财务处是学校预算管理的职能部门，是预算管理的组织机构。

财务处的主要职责包括：

根据省教育厅的规定编制省级部门预算方案；编制学校综合财务预算方案；组织学校预算执行，包括执行调整预算；编制学校预算调整方案，包括预算项目调整、追加和非预算项目单项开支；定期分析掌握预算执行情况，向主管校领导及教代会报告；对违反预算管理办法的单位及个人提出处理建议。

（五）加强对预算使用的双重管理，发挥职能部门归口管理的预算廉政风险防控作用

高等学校有关预算经费归口管理职能部门，负责按管理职能归口管理属于全校范围使用的预算项目，在"二上"时编制预算经费二级分割草案；负责按管理职能归口管理的未分割下达预算项目开支的业务审批和分割下达各单位预算项目开支的监督管理。属于全校范围使用的预算项目按管理职能归口为：

（1）办公室归口管理的项目包括学校业务招待费、文印机要档案费、邮电通信费、学校公务费、协会会务费、校级会务费、校际会务费、节假日校董慰问专项、校领导差旅费、行政设备购置费、机动车维持费。

（2）组织部统战部归口管理的项目包括党校经费、干部培养费、扶贫挂职、党建活动费、"七一"表彰、统战专项经费。

（3）审计监察处归口管理的项目包括法纪教育费、办案经费。

（4）党委宣传部归口管理的项目包括学习宣传材料、报纸杂志费、电影放映费。

（5）人事处归口管理的项目包括在岗教职工工资、计划内临时工工资、离退休人员经费、退职金、教职工探亲费、学历教育经费、岗前培训及职业资格年审费、职称评审费、丧葬及遗属补助费、节假日加班费、防毒补贴费、人事档案管理费、引进人才业务费、引进人才安家费、教职工奖酬金及节日慰问金。人事处归口管理必须细化分割的项目包括防毒补贴费。

（6）外事处归口管理的项目包括外教外宾招待费、外籍专家经费、出国人员经费、外事业务费。

（7）学生处团委归口管理的项目包括人民助学金、奖学金、贷学金、勤工助学金、就业指导费、国家助学贷款业务费、学生活动经费、大学生创业基金。学生处归口管理必须细化分割的项目包括就业指导费、勤工助学金、学生活动经费、大学生创业基金。

(8)科技处归口管理的项目包括科研管理费、重点学科建设费、校属科研经费、科研配套经费、著作出版及专利管理费、科研成果奖励金、科研设备购置费、科技开发资助费、学报出版、科技洽谈会经费。科技处归口管理必须细化分割的项目包括重点学科建设费、校属科研经费、专著出版费、科研设备购置费、科技开发资助费。

(9)研究生处归口管理的项目包括申硕运作费、硕士点建设费、研究生招生费、研究生导师业务费、研究生奖助金。研究生处归口管理必须细化分割的项目包括申硕运作费、硕士点建设费、研究生导师业务费。

(10)教务处归口管理的项目包括学生实习费、学生技能训练、教材建设费、教务运作费、教材补助费、教学督导费、课程建设费、名牌专业建设费、新专业建设费、学报增刊经费、教学实习基地建设、教学管理设备购置、学生证书工本费、教学研究与改革、招生业务费、插班生业务费。教务处归口管理必须细化分割的项目包括学生实习费、教材建设费、教材补助费、课程建设费、名牌专业建设费、新专业建设费、教学实习基地建设、教学管理设备购置、教学研究与改革。

(11)工会归口管理的项目包括拨付工会经费。

(12)财务处归口管理的项目包括财会业务费、银行手续费、筹融资经费、耗材及票据费、学生收费业务费、学校领导特支费、学校准备金、学校预算外项目。

(13)设备处归口管理的项目包括学生实验费、基础实验室建设、教学设备购置、教学设备维修、资产(含教学设备)管理、中心实验室维持费。设备处归口管理必须细化分割的项目包括学生实验费、教学设备购置。

(14)总务处归口管理的项目包括教学水电费、行政水电费、工程水电费、经常性零星维修项目、新学生公寓物管费、后勤维持费(代表甲方,以签订合同为准)。

（15）保卫处归口管理的项目包括消防业务费、征兵专项。

（16）基建处归口管理的项目包括基建投资计划、报建业务费、修缮费、校园建设费、报建招待专项。

（17）图书馆归口管理的项目包括图书专用设备、图书资料购置费（含各院、系资料室中外文图书、报刊、资料的购置）、图书管理维持费（含借书证工本费、图书加工整理）、图书采购业务费。

（18）校医院归口管理的项目包括教职工体检费、教职工医疗费、离休医疗费、退休医疗费、统医医疗费、爱卫及计生费。

（19）体育教学部归口管理的项目包括体育维持费、体育设备购置费、校运会经费、区域性运动会经费、省大运动会经费。

二、高等学校应严格执行预算编制程序，防控廉政风险

（1）一上。财务处按照各部门职责特点及人员构成等因素制定有关定额标准。校内各单位根据学校的要求，按照初步确定的定额标准和本年度支出需要，提出本单位的预算建议方案，报送财务处。

（2）一下。财务处对各单位报送的预算建议方案进行审核，按照相应的定额标准结合各单位的基础数据和相关资料，计算各单位基本预算支出，审核确认经费项目预算支出。根据上年预算执行情况、事业发展需要、财力可能、省教育厅批复的学校省级部门预算控制数，对各单位的预算建议方案进行确认调整并经学校财经工作领导小组成员审议形成草案，报校长办公会批准，向各单位下达预算控制数征求意见。

（3）二上。各单位根据财务处下达（一下）的校内各单位预算控制数，调整本单位预算建议计划，形成预算建议草案，报送财务处。

（4）二下。根据各单位"二上"的预算建议草案，再次修改调整学校预算草案，经校长办公会审定学校综合财务预算方案，报党委会批准，由校长签发下达预算年度学校综合财务预算方案。

三、高等学校综合财务预算编制过程应公开，便于监督和防控

（一）布置预算编制工作

由于省财政厅、教育厅预算主管部门编制部门预算的时间提前至每年 8 月，因此学校预算管理工作整体提前。每年 1~6 月，由财务处深入各有关单位作认真细致的调查研究工作，各单位着手考虑下一预算年度的工作，做好预算编制准备。每年 5 月，由财务处将编制预算的通知、要求、表格等发给各单位，同时将上年预算执行情况和有关经费定额标准下达各单位。

（二）编制并上报各单位预算建议

各单位根据预算编制要求、预算年度的业务计划和上年实际完成情况编制本单位预算草案。本单位预算从所属科室编起，逐级汇总形成本单位预算申报方案，于 6 月 30 日前按统一规定的表格样式并附文字说明报送财务处。

（三）预算申报方案的审查

财务处收到各单位的预算申报方案后，按照相应的定额标准结合各单位的基础数据和相关资料，计算各单位基本预算支出，审核确认经费项目预算支出。根据上年预算执行情况（年终决算完成后产生年度预算执行数据）、事业发展需要、财力可能、省教育厅批复的学校省级部门预算控制数，对各单位的预算申报方案进行调整，并将部门预算指标控制建议数及部门专项支出预算审核意见上报学校。经学校批准后，向各单位下达预算指标控制数。

（四）各单位调整预算建议草案

各单位在收到学校综合预算草案指标控制数后，必须及时对预算建议计划进行审议形成二级单位预算草案，需要调整的以书面形式与预算草案一并报财务处。

为协助财务处编制学校省级部门预算，有关职能部门除了报送本单位预算资料外，还必须报送如下资料：教务处报送招生计划、课程与专业建设专项；人事处报送预算年度离退休人员明细表；设备处报送大宗设备存量增量明细资料、预算年度政府采购明细表；

223

校办和后勤服务总公司协助报送机动车存量增量明细资料；科研处报送学科建设专项。

（五）审核、汇总并上报各单位预算草案

财务处对各单位"二上"的预算建议草案进一步审核，根据主管财务的校领导的意见及学校综合财力，参考上年度学校综合财务预算执行情况，进行综合平衡，再次修改调整学校预算草案，经校长办公会审定学校综合财务预算方案，报党委会批准，由校长签发下达预算年度学校综合财务预算方案。

（六）"二上二下"具体工作安排

1. 一上

财务处应于每年 5 月 31 日前着手编制下个预算年度的学校综合财务预算，按照预算年度学校事业发展情况、综合财力、预算管理职责、人员构成、有关定额标准等印发预算编制指南；各单位应于每年 6 月 30 日前，根据事业发展需要和学校预算编制指南的要求，提出本单位的预算建议计划，报送财务处；凡属预算管理职能规定需报职能部门预审的必须首先报职能部门核准；凡属项目支出的项目要区分校内校外并分别按《省级部门项目支出预算管理试行办法》和学校立项项目管理暂行办法的有关要求申报。

2. 一下

财务处对各单位报送的预算建议计划进行审核，按照预算管理职能部门核准的资料、经财经工作领导小组批准的学校基本建设支出和立项项目批准报告、预算编制指南规定的定额标准、各单位的基础数据和相关资料等，计算各单位基本预算支出、项目预算支出及基本建设支出；再根据有关年度预算执行情况、事业发展需要、财力可能、省教育厅批复的省级部门预算控制数，对各单位的预算建议进行调整，于每年 10 月 31 日前形成学校综合财务预算（草案），上报学校财经工作领导小组成员审议，再报校长办公会批准后，印发各单位征求意见。

3. 二上

各单位应认真组织审议学校印发的综合财务预算（草案），凡对草案有异议的，应按规定时间和要求，于 11 月 30 日前将反馈意见以书面形式报送财务处。

4. 二下

财务处根据学校财经工作领导小组审议的意见和校长办公会批复的综合财务预算（草案）及各单位以书面形式报送的反馈意见，再次根据需要与可能调研论证，编制学校综合财务预算。财务处于11月15日至11月30日上报学校财经工作领导小组成员进行审议。财务处进行局部修订后于12月1日至12月20日报校长办公会审定形成预算方案。校长于12月21日至12月31日报党委审批，经党委审批后由校长签发下达预算年度的综合财务预算。

四、提升高等学校预算执行力，使预算廉政风险防控落到实处

（一）影响高等学校预算执行力的因素

1. 预算编制方法存在缺陷

高等学校的预算编制存在方法简单、缺乏具体的调查研究等缺陷，总体质量欠佳，这是高等学校在预算编制中普遍存在的问题。对教育事业经费的预算重视不够，致使分配给各院（系）、部门的指标缺乏量化分析和科学论证，其结果是在经费的投入和使用上往往事先没有计划，缺乏统筹安排。另外，多数高等学校分配预算经费时一般按各院（系）、部门的教职工人数和学生人数计算，没有考虑各院（系）、部门的工作业绩，也没有将各院（系）、部门经费与工作目标和工作业绩挂钩，缺乏有效的预算管理奖惩机制。这样导致各院（系）、部门忙于争经费，只关心自己部门预算分配经费的多少，不注重经费使用的效益，也没有相应的考核制度。

2. 预算编制人员业务素质偏低，影响预算编制质量的提高

在人员配备方面，预算人员配备不足，业务素质参差不齐在高等学校中普遍存在，制约着预算管理工作质量的提高。产生这一问题的原因，主要是部分领导对预算管理的重要性缺乏认识，高等学校的预算机构只是空有其表。人员配备不足，业务素质参差不齐，直接导致预算在编制、执行及绩效考核中，项目数据无法细化，预算的科学性、合理性和有效性受到质疑。

3. 预算编制与执行"两张皮"，严重影响预算执行力

预算编制按各部门制订筹集和分配预算资金年度计划，应当遵守国家编制预算的原则，按管理配套规章制度来确认。如人员经费按标准核定，公用经费按部门分类分档的定额核定，事业发展和建设项目按轻重缓急排序。然而从 2002 年财政部实行编制部门预算以来，部门预算的编制和执行不一致，导致高等学校预算编制存在"两张皮"的现象，即一所高等学校两套预算：向上编报的部门预算和校内执行的预算实施方案。这种现象已经影响到高等学校的正常运转和发展，若不及时解决这一问题，最后必将导致预算指标失控，核算监控失调，决算信息失真。

4. 高等学校预算缺乏有效监管

缺乏有效监管，预算形同虚设。有些高等学校对预算缺乏有效的监管，在预算执行中随意性很大。临时性、计划外的支出较多，使预算的制定和执行严重脱节，而某些舞弊行为往往就发生在超预算的项目支出中，相关人员随意增改项目内容，提高费用标准，扩大支出范围，从中牟取私利。另外，高等学校未建立健全预算检查和监控体系，预算检查只是摆个形式"走过场"，这使得一些部门负责人在预算经费下达后盲目地使用资金，还没到年底就将经费用完了，而财务部门控制不力，这也使得预算执行偏离计划轨道，严重削弱了预算的严肃性和有效性。

（二）提升高等学校预算执行力，防控预算廉政风险

1. 强化预算执行刚性，实现电脑全程防控

预算一经法定程序通过，立即成为具有法律效力的文件，必须严格执行，高等学校预算非经法定程序不得修改，各级单位必须严格执行，以体现高等学校预算的权威性、执行刚性，对于部门分配下来的经费不严格按照申报执行，存在项目经费挤占、挪用甚至是虚列支出等情况的，应按规定给予处理。

2. 合理编制综合财务预算，实行"统收统支"财务管理模式

随着高等学校多渠道筹措教育经费体制的逐步形成，尤其是实行了部门预算的改革后，高等学校改变了原有的预算管理体制，建立了"统收统支"的财务管理模式。实行综合财务预算，是将各

种渠道取得的全部收入及安排的全部支出，都统一纳入学校的综合财务计划内。在这种情况下，高等学校在编制预算时应从学校的全局出发，既要考虑学校事业发展和建设的需要，又要考虑学校财力的可能；既要保证重点，注重效益，又要向教学、科研倾斜，进行综合平衡，统筹安排学校的各项资金，全面反映学校的财务收支情况和总体规模，确保高等教育事业的可持续发展。

3. 改革预算编制方法，采取"零基预算"的预算编制手段

零基预算是指部门或单位在编制年度预算时不以上年度预算安排为依据，而按照一定的标准重新审查和评价预算安排，结合事业发展需要和财力可能编制预算。"零基预算"有利于提高预算的科学性和准确性，具有明显的适应性和优越性。因此，高等学校必须深化预算改革，合理优化资源配置，改进预算编制办法，取消"基数+增长"法，实行"零基预算"。但实行"零基预算"时编制的时间需要提前，这样有利于克服单纯采用"零基预算"法时预算编制时间短的弊端，对项目支出预算进行科学论证和评估。

4. 改革预算编报程序，确定责任部门，制订好规划

高等学校应根据各部门、单位的职能，将其划分为不同类型的责任部门，这样有利于将预算细化，并且责任落实到位有利于预算制度的执行。此外，还要制订中长期发展规划。高等学校应在确定预算责任单位的基础上，制订中长期规划，并将规划分解为若干子规划，落实到各责任单位。各责任单位可以此为基础制订本部门工作计划，进而细化为年度绩效指标，使各院（系）、部门工作计划与学校总体发展规划相联系。制订中长期发展规划，既有利于克服年度预算下责任单位为逃避上缴节余突击花钱的情况，又能体现预算的前瞻性和持续性。

5. 加强预算执行监督，建立高等学校预算检查和监控体系

预算监督是高等学校预算管理过程中的重要环节。完善的预算监督机制是财政决策符合广大公众意愿，预算资源配置合理的重要保障。对预算实行监督是预算公开化、民主化的重要体现，它的顺利进行将有利于增强预算的透明性，提高资金使用效益和高等学校预算管理水平。为此，高等学校在预算监督观念上必须由"走过

场"向"动真格"转变，树立"审计预算"新理念，通过实行高等学校预算执行与决算情况审计制度，倾注更多的精力对预算资金的使用过程进行监督，重点应对预算安排、收入、支出、预算执行结果四个环节及事前、事中、事后三个时间段进行审计监督，严格预算管理，揭露和反映预算执行中的各种违纪违规问题，切实维护预算的严肃性和权威性。

6. 提高预算管理人员综合素质

（1）提高预算人员的从业门槛，这是为了提高高等学校财务预算管理质量以及保证财务预算管理工作顺利进行而采取的硬性措施。

（2）加强对财务人员的培训，各级财政部门要对高等学校预算人员进行培训，让他们学习相关的法律法规和规章制度，使预算人员熟练掌握各基本环节的规定和要求，提高预算从业人员的业务素质。

（3）提高高等学校预算管理人员的素质，树立团队合作的精神，让他们意识到单位预算管理是大家共同努力工作的结果，不要有个人主义和偷懒意识。

7. 预算执行的审批办法按相关规定执行

预算经费开支标准按经费开支标准执行。预算方案具有很强的刚性，各单位应根据学校综合财务预算下达的预算经费指标，按照"切块包干、超支不补、节余留用、自求平衡"的原则安排使用，努力提高资金使用效益，执行过程中不容挑衅。未列入学校综合财务预算的项目和预算项目超支，需严格履行预算调整手续后方可列支。

8. 严格执行高等学校预算调整程序

（1）经费调剂

随着情况的变化和预算执行的不平衡，各单位产生某些项目的经费不足而其他项目经费结余的，在不超过年度分配经费指标总额的前提下，允许本单位归口管理经费在项目之间调剂使用。专业性很强的项目不得调剂。

（2）预算的追加或减少

在经费预算执行过程中，由于国家政策和事业计划变动较大或学校其他特殊原因，需在原定预算总额以外增加支出（含申请学校机动）或减少收入的，可以按规定追加或减少预算。

（3）预算划转

由于机构建制变动、业务归属变化或其他原因，需改变预算隶属关系，应将原预算划归新的归口管理部门管理，划转由当事双方办理确认手续。

预算执行单位填写预算调整申请表（由财务处制定，在网上下载），逐项填列清楚，每年 10 月 20 日前送财务处。财务处汇总后，编制预算调整方案，5 万元以下的报主管财务校领导审批，5 万元以上报校长审批。

第四节　加强高等学校预算监督，加大预算民主管理力度

一、高度重视预算管理的监督检查

高等学校设置的专门预算组织机构，工作重点在预算编制上，同时应高度重视预算执行过程中的监督检查，及时发现预算执行过程中存在的问题，并及时处理和纠正。加强预算审计监督，实施项目支出绩效评价。项目支出参照《省级部门项目支出预算管理试行办法》的规定及学校立项项目管理的有关规定，按项目提交项目支出预算申请书和申请表。项目支出须加强经济责任审计，按照省财政厅、审计厅、检察厅、人事厅联合印制的《省财政支出绩效评价试行方案》的规定实施绩效评价。凡上一年度及以前立项的项目未按要求进行绩效评价或绩效评价不合格的项目，下一年度暂不安排预算。

二、树立预算执行和预算监督机构的权威性

加强预算监督，进行预算审计监督。学校审计处是学校预算监督的职能部门，每年必须定期对年度预算结算进行审计并向学校和

主管部门报送预结算审计报告。预算审计监督应包括事前事中事后审计。负责对预算经费使用中的弄虚作假行为进行查处，一经查实后，向校财经工作领导小组提出取消立项项目并追回经费的建议，情节严重的按国家有关法规处理。

预算管理财务部门作为预算执行情况的跟踪调查机构，应树立权威性，提升预算执行过程的监督力度，对逃避预算监督的行为，提出严肃的处理意见，并扣减该单位下个预算年度的预算。

三、强化高等学校预算监督的时效性，预算监督检查应严格执行有关政策

加强预算信息反馈的时效性，及时掌握预算的执行情况，及时对预算执行情况进行差异分析，发挥事中评价的作用，及时纠正执行偏差。各项收入一律纳入财务处管理，不能以收代支，严禁坐支现金，以维护学校良好的财务秩序。

预算监督检查应严格执行政府采购制度和学校的采购办法，防止漏洞，预算经费支出中的基建、零星土建、维修（含设备及修缮）、设备购置、软件、实验材料、图书资料、教材、印刷、大宗纸张、药品等项目，需由业务部门（或项目课题负责人）按学校有关招标采购管理办法规定的标准、额度和范围执行。

第十章 加强收入管理，抓源头防控财务廉政风险

第一节 建立健全收入管理制度对廉政风险防控的重要性

一、组织收入是高等学校财务管理的重要职能

依法组织收入、积极筹措办学资金，是高等学校财务管理的重要职能。高等学校运用国家赋予的法人自主权利，严格按照国家有关政策规定，充分、合理利用有效资源，多渠道拓展高等学校的收入。普遍来说高等学校最基本、最主要的收入来源有财政补助收入（主要是生均拨款）及学生学费收入。

高等学校应严格执行国家的规定、政策和法规，合理合法地组织收入，加强收入管理，保障收入安全，收入管理就是"生财、理财"。高等学校收入来源的多元化、资金规模的扩大，为高等学校的快速发展提供了强有力的支持和保证。

二、建立健全高等学校收入管理制度，抓源头防控财务廉政风险

随着高等学校收入来源的增多，规模大的大学的年收入已经超过一般的地级市的财政收入，家大业大，在小集体利益等的驱动之下，高等学校的收入管理滋生了很多问题，建立健全高等学校收入管理制度显得十分重要。

（一）建立健全收入管理法律、法规、制度是依法组织收入的有效保证

建立健全收入管理法律、法规、制度，才能依法、有效地组织收入，为高等学校的教学、科研等工作提供资金保证。

（二）确保学校收入的完成，使高等学校能集中财力办大事

建立健全收入管理法律、法规、制度，全面执行"统一领导，集中管理"的财务管理体制，才能克服收入分配利益分散，院系创收管理混乱的现象，从根本上强化收入管理的约束，消除各个院系部门利用所占有的资源，自行收费，形成"谁有资源谁收费，谁有办法谁创收"的"富了院系，穷了学校"的不正常现象，集中学校的财力办大事。

（三）确保"收支两条线"政策的贯彻执行，防控私设"小金库"

贯彻执行"收支两条线"的政策，消除自收自支，坐收坐支的现象，解决高等学校的一些部门长期存在的将获得的收入自行留用，不上缴到学校财务部门，或是只将收支发票相抵后的余额上缴，甚至将各种创收，不上缴，私设"小金库"的违法乱纪问题，防范高等学校腐败的滋生。

（四）堵塞票据管理漏洞，防止截留学校收入

票据管理存在漏洞，使不法分子乘机截留学校的收入。堵住票据管理漏洞，即能够从源头抓起，消除以自制或外购的三联收据乱收费的情况，防止截留学校的收入和产生违法乱纪的现象。

（五）制止乱收费现象，维护高等学校的声誉

加大收入廉政风险防控，从源头收费和财务管理方面入手，防止高等学校故意将国家禁止向学生收费的项目，诸如"转专业费"、"补考费"、"重修费"、"成绩单打印费"、"学位申请费"、"答辩费"、"注册费"、"选修费"等转为收费项目。少数领导干部和教职员工违反国家财经法规及其他有关管理规定，侵占、截留国家和学校收入，私存私放各项资金，私设"小金库"、账外账，然后伺机通过各种形式贪污、挪用。在管理方面，由于廉政风险防控不力，财务制度建设滞后，财务管理中缺乏审计和监督，存在少数领导干部和教职工借岗位之便弄虚作假、贪污、挪用和侵占公款、公款私存侵占利息等现象。

第二节　建立健全行政事业性收费管理制度，防控截留收入廉政风险

一、高等学校制定收费制度的政策依据

（一）上级政策依据

1. 教育部的政策依据

《教育部　国家发展改革委　财政部　关于进一步规范高等学校教育收费管理若干问题的通知》（教材〔2006〕2号）。

2. 地方主管部门政策依据

各省物价局、教育厅、财政厅关于进一步规范高等学校收费管理的有关通知。

（二）高等学校收费管理的要求

各院（系、部）、各单位必须严格按照国家有关政策规定依法组织收费，各项收费必须严格执行国家规定的收费范围和标准，各项收入必须全部纳入学校预算，统一管理，统一核算。

二、高等学校收费的组织管理

（一）加强领导，确保高等学校学费收入足额完整

为加强高等学校对收费管理工作的领导，学校应成立收费工作小组，校级领导任组长，财务处、审计处、教务处、学生处等行政职能部门领导任组员。

（二）收费工作领导小组职责

（1）负责制定学校收费管理工作规章制度。

（2）负责审定收费项目、确定收费标准。

（3）负责审批缓交学费、国家助学贷款、免交学费等学生收费事项。

（4）监督收费过程、受理违章举报等，并定期向校长办公会

汇报收费管理情况，通报收费违法、违纪事件及处罚决定。

（三）明确收费管理的职能部门

财务处是学校唯一的收费管理职能部门，在学校收费工作领导小组的领导下，履行收费管理职责。未经财务处批准或授权，任何单位和个人不得进行行政事业性收费。

三、高等学校的收费项目及标准

（一）高等学校的收费项目

1. 教育收费

普通在校生和成教学生学历教育的学费收入、住宿费收入，包括修读第二学位、第二专业、辅修专业或因留级、结业申请复读教育收费、无故欠交学费延长学习年限教育收费。研究生学历教育收费以政府价格主管部门通知为准。

2. 教育服务性收费和代收费

教育服务性收费包括证件工本费、证明资料费、课外通信网络费、直供热水费、打印复印服务费。教育代收费包括代收的学生教材费、代收考级考务费、校园一卡通工本费、代办平安意外健康医疗保险费、军训服装费、代办身份证收费、代办户口迁移费、代办暂缓就业户口迁移邮寄费。代收学生教材费属代收费，由学校代收代付，定期结算，列作代管款项，不计入学校收入，不纳入财政专户管理。

3. 教育事业收费

包括非学历教育的培训班收费、雅思收费、报名费、考务费、工本费及各种手续费。

4. 经营收费

包括校产租赁收费（收入）、车辆停放费、科技开发与协作收入、科技成果转让收入、科技咨询收入、其他科技事业收入。

5. 其他收费

包括捐赠、赔偿、房租、水电费、卫生费、违约金、利息及其他零星收入。

（二）高等学校的收费标准

根据《教育部　国家发展改革委　财政部　关于进一步规范高等学校教育收费管理若干问题的通知》以及各省物价局、教育厅、财政厅关于进一步规范高等学校收费管理的有关通知的规定，由财务处制定教育收费标准，交学校审定后，报省物价局批准或备案，办理收费许可证，实行收费公示制度，亮证收费。行政事业性收费必须严格按规定的收费项目和审批或备案的收费标准执行，凡收费项目没有的，未办理收费许可证的，一律不得收费。

四、高等学校收费的审批程序

（一）收费审批程序

（1）各单位必须指定专人负责收费工作，在实施收费前应填报收费申请表，表中所列收费项目、收费标准，收费依据必须明确，报财务处初审后报学校收费工作管理领导小组。

（2）收费工作管理领导小组根据国家有关规定及学校实际情况对申请表中的内容进行审定，审定要遵循合法、合规、合情、合理原则，做到既符合国家有关政策规定，又充分进行成本核算，并对支出使用项目进行论证审定，在审定通过后正式下达收费批准通知书。

（3）各单位在收到收费批准通知书后，应按通知书规定的范围、项目、标准以及使用财务处提供的各类专用票据实施收费。

（4）各单位不得擅自变更已批准收费项目的内容和标准，如有违反，将终止其收费项目。

（二）高等学校收费的审批原则

（1）行政事业性收费，除省物价局有具体规定的收费项目外，原则上只能收取工本费和必要的劳务费，凡属正常办理公务、履行签章手续等行政管理事务，除有特殊规定外，原则上不允许收费。

（2）代收代支费，如代收的学生教材费、代收考级考务费、校园一卡通工本费、代办平安意外健康医疗保险费、军训服装费、代办身份证收费、代办户口迁移费、代办暂缓就业户口迁移邮寄费等必须按商品价格或服务成本以低于省物价局规定的收费标准收取。

（3）经营收费，应按照受益程度的大小、受益期限的长短、劳务成本和材料设施耗费的多少以及手续繁简程度等合理制定收费标准。

（4）学校内部各部门各单位相互间的收费：凡学校核定的属职责范围内的工作并已安排人员编制、房屋、设备和经费的原则上不准收费；由学校发津贴和奖酬金等待遇的党政机关原则上不搞有偿服务；学校内部相互间的消费标准应按照实际成本计算。

五、高等学校收费的资金管理及票据使用

（一）必须认真贯彻执行"收支两条线"政策

收费资金由财务处统一收取或授权收取，全部列作学校收入，设单独科目核算进行专项管理。需上缴财政专户的，及时足额上缴，收费应贯彻执行"收支两条线"政策，杜绝私设"小金库"。

（二）使用统一的收费票据

收费应统一使用财务处领购或印制的票据。各项收费应向被收取单位或个人开具财政部门或税务部门印制的票据。财政票据是单位财务收支的法定凭证和会计核算的原始凭证，是财政、审计等单位进行检查监督的重要依据。发票是根据《中华人民共和国发票管理办法实施细则》（国税发〔1993〕157号）由税务机关印制的法定票据，领购使用按相关规定办理。

各单位收费必须凭财务处提供的票据进行收费，其他票据包括外购三联收据均属违规票据，任何单位和个人不得使用违规票据收取任何收费。对使用违规票据进行收费的任何单位和个人有权拒绝交纳费用。高等学校应制定《票据使用管理办法》，规范票据使用行为。自制票据必须使用财务处统一印制的票据。

六、高等学校收费工作的日常管理

（1）财务处是学校收费管理的职能部门，负责全校收费的立项、审核、报批、收取、检查的初审工作，负责收费票据的领购使用管理和核销。财务处结算中心负责收费管理的具体工作。

（2）学校的所有收入原则上由财务处统一收取，所有收费必须开具合法票据，需自行进行收费的部门经批准收费后应到财务处领取收费票据，不得自制或自购票据。

（3）领用的收费票据使用完后需及时到财务处核销，年末无论票据是否用完都应到财务处审核结算。

（4）校内非独立核算单位间的相互经费结算应采取内部转账方式结算，不得采用现金收付。

（5）从财务处领取票据进行收费的全部收入必须纳入学校财务处统一管理，统一核算，所收款项必须在5日之内全额交财务处，零星收入余额不足1000元的，经财务处同意，可定期缴纳，但达到1000元时应及时缴纳。

（6）学校财务处及校内独立核算部门的所有收入不得截留、隐瞒、挪用、私存、私分和坐支。

（7）学校财务处、审计和纪检、监察部门应把收费监督纳入日常工作，定期对各类收费收入的管理和上缴情况进行检查和监督。学校财务处、审计和纪检、监察部门有权对校内各独立核算部门及后勤各实体的收费工作进行检查和监督。

（8）凡属本职工作、计划内的收费应抵补预算，凡属有偿服务的收费应进行成本核算，并按学校审批时确定的比例进行收益分配或提成。

七、高等学校收费的检查监督

（1）学校严格执行教育收费公示制度。学校在招生简章中要注明收费项目和收费标准；在校内通过公示栏、校园网等方式，将收费项目、收费标准、收费依据和投诉电话等内容进行公示，主动接受学生、家长和社会的监督，增强学校收费工作的透明度。

（2）学校严格执行"收支两条线"政策，严禁各部门坐收坐支、私设账户、公款私存；校内所有非经营性部门的收费收入必须全额上缴学校财务处统一管理核算；各部门收费都必须出具收款收据，对无据收费行为，交费人可以拒绝交款，并可以向学校收费工作管理领导小组举报。

（3）凡学校一切收费行为必须依据相关制度的规定收费，对违反规定的收费行为，被收费单位或个人有权拒付，财务处应责令其纠正、退还多收款项或没收其违规收费。情节严重者追究当事人和主管人员的责任，并对有关人员给予处分。

（4）学校每年年底进行收费情况的检查，并就收费情况进行评比。对有违规收费行为的部门，除没收其所有收入外，适当扣减预算经费，并对直接责任人员和负有责任的行政领导，酌情给予处分；触犯法律的，移交司法机关处理。

第三节　建立健全学生教育收费管理制度，防控私设"小金库"廉政风险

一、学生教育收费管理的基本要求

教育收费是指经国家教育收费行政主管部门批准的学校对学生的收费。收费管理工作必须遵循以下要求：

（1）高等教育属非义务教育，学校必须依法向学生收取学费、杂费、住宿费等。

（2）教育收费工作由财务处负责，学生处、教务处、继续教育学院及各院（系）配合进行。

（3）财务处需根据上级有关规定到省物价局办理有关教育收费核准或备案手续、申领收费许可证，到省财政厅票据中心领购《高等、中专、成人学校教育收费收据》，按规定做好有关教育收费公示工作。

二、学生教育收费的日常管理方法

（一）收费方式

学校主要采用银行代扣的方式，以学年为单位组织收费，每学年开学前为集中收费时间。

（二）老生入学交费办法

老生需在每学年开学前（8 月 20 日）把应交的教育费足额

（比收费标准多1元以上）存进指定银行的活期存折，由财务处按标准统一划扣。学生在校期间其交费存折不得销户，如不慎遗失，应立即到指定银行另开存折，并及时通知财务处。

（三）新生入学交费办法

按规定时间把教育费足额（比收费标准多1元以上）存进学校为其代开的指定银行活期存折（存折随录取通知书一起寄出），由财务处委托银行统一代扣。由于各种原因扣款不成功的学生，可在入学时确认可交费金额由财务处委托银行统一代扣。

（四）按收费收据办理注册手续

交足教育费的学生凭教育收费收据办理注册手续。教育费收据由财务处集中打印，统一发至各院（系），由各院（系）负责发给学生。财务处填发财政部门印制的、加盖学校财务专用章的教育收费统一收据，是唯一有效的教育费交费凭据；从银行或邮局汇款到学校交费的学生必须持银行或邮局的回单到财务处查询并办理交费开票手续，仅凭银行或邮局的回单不能作为交费依据。

（五）零星补交学费

在规定时间以外补交费和个别交费的学生，可到财务处填写现金交款单并把应交款金额存进指定的银行账户，凭银行盖章后的现金交款单换领收费收据；也可到财务处直接交纳现金，交费后即领收费收据。

（六）绿色通道

家庭经济困难的学生，可申请助学贷款（由学生处受理），待助学贷款到位后，用助学贷款转交教育费。助学贷款申请未获批准或贷款额不足的学生，仍需补交教育费。

（七）欠费等管理规定

未交足教育费又未办理缓交手续的学生，各院（系）不予办理注册手续。已达到毕业条件和学位授予条件但未交清教育费的毕业生，学校暂不发放毕业证和学位证；待其还清欠款后，学校按规定发放毕业证和学位证。各院（系）有责任督促学生按时交纳教育费，教育学生树立诚信意识。在核实其家庭经济状况后，对有交费能力却欠费的学生，耐心细致地做好思想工作，促使这类学生按规定交纳学费和归还贷款。

（八）收据备查

学生交纳教育费后应妥善保管收据，至少应保存至领取毕业证书及毕业派遣证时，以备必要时查对。

三、插班、复读、试读生教育收费办法

（1）插班生按当年相同专业收费标准交纳教育费。

（2）休学学生复学时，按复学当年相同专业收费标准交纳教育费。

（3）试读生在试读期间按当年相同专业新生教育费标准交纳教育费。

四、学生中断学业时教育费处理办法

学生交费注册后，因故退学、转学或死亡的，其教育费按如下方法清退：交费后未入读的，按实交金额的80%清退；入读未满一个学期的，按实交金额的50%清退；入读超过一个学期的不予清退。

属于下列情形之一者，学校不予退费：

（1）根据《学生违纪处分条例》予以开除学籍者。

（2）触犯刑律不能再继续学业者。

（3）学生无正当理由离校或私自离校者。

学生中断学业离校时仍未交足教育费的，需按规定补交教育费后，方可办理离校手续。否则，学校不出具任何学习证明或肄业证书。

五、联合办学的教育收费

（1）与外校联合办学，并由我校进行教学日常管理的学生，由我校负责教育收费，应付给对方的教育费按合同或协议规定支付。

（2）与外校联合办学，并且在校外进行教学日常管理的学生，由我校预先开出教育收费收据，交由对方代为收取教育费；也可由对方到我校财务处领出教育收费收据，并由对方代为收取教育费。以上两种方法所收教育费均应及时全额汇回我校，我校根据联合办学合同或协议规定结算，及时返还对方分成款。

（3）与外校联合办学且由对方收取教育费的，我校根据联合办学合同或协议规定，敦促对方及时汇回我校应得的分成款。

六、缓交教育费的程序与管理

（一）缓交教育费的条件

学生确因家庭经济困难或其他原因，无法在规定期限内交纳或足额交清教育费，本人可以申请缓交或部分缓交学费，特别困难的学生可以同时申请缓交住宿费，学校通过"绿色通道"允许其先入学后办理手续，确保每一位学生顺利就读。

具备以下条件之一的，可申请缓交全部或部分学费；具备以下（第2、第3、第4项）条件之一的，可以同时申请缓交住宿费：

（1）烈士子女、残疾军人子女、因公牺牲人员子女等国家法律规定的优抚对象；

（2）无资助的孤儿、无其他有经济能力的直系亲属资助者；

（3）父母双方或一方残疾、以救济为主、无其他经济来源者，以及经县级民政部门认定的低保户子女等；

（4）遭遇不可抗力的原因，致使家庭经济极其困难，无力支付当年度学费和住宿费者；

（5）因家庭经济困难暂时只能交纳一部分学费、住宿费，或需延迟时间方能完成交费者；

（6）因家庭经济困难无力交纳全部学费和住宿费者；

（7）已经申请了国家助学贷款、贷款尚未到账者，或者学生正在申请办理国家助学贷款者；

（8）办理交费过程中某环节出现问题，致使学费及住宿费不能及时到账者。

（二）　缓交教育费的期限

学生每次申请缓交教育费原则上不得超过一个学年，确因家庭经济困难而不能在一学年内还清欠费的，在第二学年开学时需重新填写缓交申请表，并列明以前学年度的欠费项目和金额。学生应根据自身的经济状况做好还款计划，有部分缴款能力的学生应分期交费，以减轻一次交费的压力。

（三）缓交教育费的程序

（1）符合缓交教育费条件的学生，必须在每学年开学报到后5天内向所在院（系）提交缓交申请。如实填写缓交教育费申请表，并附各类证明经济困难的材料。

（2）学生所在院（系）应在接到申请后的10个工作日内予以审核，并将审核意见报学生处审查核实，签署是否同意缓交、缓交期限等意见，报学校教育收费工作小组审定，交财务处、学生处、校医院、图书馆等相关部门备案并执行相应措施。

（3）学校教育收费工作小组应在学生入学后3个月内完成有关审批手续，并将是否同意缓交的意见抄送给学生所在院（系）。

（四）缓交教育费期间，学生的权利与义务

1. 学生缓交教育费期间享有的权利

（1）学生经学校批准同意缓交教育费后，学校可以先给予注册，取得当年学籍，并在批准期限内享有与足额交费学生相同的权利；

（2）申请国家助学贷款用以交纳学费的权利；

（3）在申请国家助学贷款的前提下，可以申请国家助学奖学金或特困生伙食补助，可以优先获得安排勤工助学岗位、参加社会服务活动等权利；

（4）因严重自然灾害或家庭重大变故导致家庭长时间内无收入来源的学生，可以申请减、免学费和住宿费，并可申请特困补助；

（5）免费参加学校安排的各类培训的权利；

（6）法律、法规规定的其他权利。

2. 缓交教育费期间应该履行的义务

（1）学生由于各种原因不能及时交纳或足额交清学费，必须在规定的时间内申请缓交学费或部分学费，家庭经济特别困难的学生可以申请缓交住宿费。缓交费需填报学生缓交教育费申请表，并如实填写表中各项内容；

（2）申请缓交教育费的学生，必须在提交申请的同时提供相关证明材料及家庭主要成员的意见。证明材料包括：当地民政部门（县级以上部门）出具的证明材料；镇或乡政府或街道办事处、村委会或居委会出具的家庭困难证明材料；父母所在单位的收入证明等。家庭主要成员意见需本人签字，证明需单位签章；

（3）申请缓交教育费的学生，如无其他渠道筹款的，在学校组织实施当年度国家助学贷款时，必须申请国家助学贷款；

（4）缓交教育费期间，学生必须按要求参加学校举办的有关规章制度学习及有关国家助学贷款、信用知识方面的培训；

（5）缓交教育费期间，学生必须履行自己提交的申请书中的承诺，并签订有关协议；

（6）法律、法规规定的其他义务。

七、无故欠交教育费的处理

（一）有以下情形之一的，视为无故欠费

（1）没有交纳或交清教育费，并且未在规定时间内提交缓交申请。

（2）提出缓交申请，但因不符合缓交条件未获批准，拒不交清费用的学生。

（3）已获学校批准缓期交纳或交清教育费，但在缓交教育费期间拒不申请国家助学贷款而导致无法交清学费者。

（4）缓交教育费期满仍未交清费用且未获延期者。

（5）伪造证明材料借以拖欠教育费者，一经查实视为恶意欠费。

（二）对无故欠费学生的处理

（1）每学年对在规定期限内无故欠费的学生，学校送达催款通知书，收到通知后5天内仍无故欠费的学生，当年不予注册。

（2）无故欠费学生当年不予注册，不得使用学校提供的一切教育教学资源，没有学业成绩和学籍记录。

（3）获准缓交教育费的学生，既不申请国家助学贷款，又没有通过其他方式缴清学费的，不得享受勤工助学、特困补助等帮困助学权利。

（4）学生无故欠费超过一个学年，经多次催款仍然既不交费也不按规定办理缓交手续的，作自动退学处理。毕业班无故欠费的学生在离校时，学校不出具学籍、学业成绩等证明或推荐材料。

（5）无故欠费学生不得享受特困补助、奖学金、助学金，不得参加评优及担任学生干部。

（6）伪造证明材料恶意拖欠教育费的学生，一经查实，学校给予其相关处分并追究其法律责任。

八、收费管理的组织领导

（一）学校教育收费工作小组

学校教育收费工作小组由财务处、学生处、教务处、继续教育学院、图书馆等部门人员组成，由分管学生工作的行政校领导任组长，由财务处、学生处负责人任副组长。

（二）各院（系）职责

各院（系）有责任督促学生按时交纳教育费，教育学生树立诚信意识。对无故拖欠教育费的学生，将按欠款额扣除其所在院（系）相应的事业经费，包括实习实验费、学生活动费、管理酬金等经费。

九、学生缓交教育费申请表的设计（见表10-1）

表 10-1 　　　**××大学学生缓交教育费申请表**

院（系）：　　　　　　专业：　　　　　　入学时间：

姓　名		性　别		出生年月	
民　族		政治面貌		学　号	
身份证号				联系电话	
家庭住址				家庭联系 电　话	
_____学年 学费 （元/年）		_____学年 住宿费 （元/年）		是　否 申请贷款	
缓交费种类 及金额	1. 学费（　）；2. 杂费（　）；3. 住宿费（　）。 _____元；_____元；_____元。 请在括号内打"√"号并在画线部分填上缓交金额。				
缓交费金额	大写：　万　仟　佰　拾　元；小写：				
家庭主要成员及相关情况					
姓　名	关　系	工作单位		收入情况	健康状况
申请缓交费的主要原因及缓交期限					

续表

家庭主要收入来源及家庭经济现状介绍			
证明材料（原件附后）			
级　　别	证明单位名称	主要内容	是否 加盖公章
县级以上 民政部门			
乡镇民政 部门或街 道　办			
家庭所属 村或居委会			
其　　他			
申请人承诺			

　　本人保证以上所填资料均真实，无任何虚假成分。本人愿接受广大同学及老师的监督，愿意接受学校有关部门的审核，并愿意承担因失实而造成的法律责任。

　　本人将通过＿＿＿＿＿＿＿＿＿＿等方式在＿＿＿＿＿月内交清所有费用。

个人签名：＿＿＿＿＿＿＿＿

日　　期：＿＿＿＿＿＿＿＿

续表

还　款　计　划

学生还款 详细计划	
班主任 意　见	经与学生家长联系，所知的家长意见： 班主任本人意见： 　　　　　　签名：　　　　　　日期：
院（系） 意　见	 　　　　　　签名：　　　　　　日期：
学生处 意　见	 　　　　　　签名：　　　　　　日期：
财务处 意　见	 　　　　　　签名：　　　　　　日期：
学校收费 工作小组 组长意见	 　　　　　　签名：　　　　　　日期：

第四节　建立健全服务性收入管理
制度，集中资金办大事

一、高等学校校内非独立核算服务收入管理要求

为规范学校非独立核算单位社会服务活动，加强对校内各非独立核算单位服务收入的管理，进一步调动高等学校校内各单位及广大教职工开展社会服务的积极性，必须有一套完善的管理制度。高等学校校内非独立核算服务收入的管理需满足以下基本要求。

（1）必须在国家有关政策法规框架内，组织各非独立单位的服务收入。

（2）高等学校鼓励各非独立核算单位，在认真履行岗位职责、完成规定教学、科研、行政管理等各项任务的前提下，充分利用学校的各种有利条件，挖掘潜力，有计划、有组织地开展有偿教学、科技和其他社会服务活动。机关各处（部、室）除完成学校规定的收费项目外一律不准搞有偿服务。

（3）非独立核算单位从事社会服务，需在不影响学校正常教学、科研、行政管理及后勤服务工作的前提下进行；必须遵守学校各项财务制度，切实维护学校声誉及经济利益等各项合法权益，正确处理好国家、集体及个人之间的关系，兼顾各方面的利益。

（4）非独立核算单位服务性收入全部纳入学校管理，按规定要求逐级报批或备案。各项收入必须严格执行"收支两条线"的管理办法。学校按照鼓励有偿服务、优先成本核算、保证学校发展的原则，制定并执行收入分成标准。

二、管理机构及职责

（一）管理机构

学校财经工作领导小组是学校社会服务收入的领导管理机构。学校财经工作领导小组下设办公室，挂靠财务处。

（二）职责

高等学校应对社会服务实行两级财务管理。学校有关职能部门必须按照学校有关规定认真履行职责，做好本职范围内有偿服务的业务管理、协调工作。一般来说职能部门按以下分工进行业务管理及协调工作。

（1）教务处负责教学服务活动中场地、实验室、实验仪器设备使用等方面的协调管理工作。

（2）继续教育学院（即成教处）负责各种非学历培训班（各类培训班、非学历进修班、上岗证培训班等办班审批及招生等）的办班审批及招生等方面的协调管理工作。

（3）科技处负责科技开发、技术市场经营、科技合同管理等方面的协调管理工作。

（4）总务校产处负责校内各非独立核算单位有偿服务活动中涉及学校经营资产占用、工商税务关系挂靠及经济合同签订等方面的协调管理工作。

（5）财务处（含挂靠财务处的学校财经工作领导小组办公室）在学校财经工作领导小组直接领导下，负责社会服务活动的收费标准、会计核算及财务管理；负责未列入分配细则类别的项目的分配比例草案的确定；并定期向学校财经工作领导小组和主管校长汇报收支情况。

（6）学校财经工作领导小组的主要职责是：制定修改服务性收入的管理办法，确定社会服务收入的分配政策；及时讨论审议在有偿服务中出现的有关收入分配的各种问题并提出相应政策、措施；审议、讨论由教代会提交或教职员工普遍关注的有关创收及服务收入问题，形成决议后，报学校审批后执行。

（7）开展创收活动的非独立核算单位（二级单位），必须成立财务管理小组，负责本单位的社会服务财务管理工作。非独立核算单位应根据有关要求，制定实施细则，设置兼职财务人员，严格财务管理，实行民主理财、财务公开制度。兼职财务人员，要定期与财务处核对有关项目明细账。

三、纳入管理的服务性收入范围

（1）各种定期、不定期或长期、短期培训班的学费、报名费等各项收入；

（2）计划外联合办学（含颁发外校学历证书的研究生、本、专科）经过财经工作领导小组特批同意办学的学费、报名费、实验费、住宿费等各类收费；

（3）科技开发、科技咨询等的收入；

（4）二级学院开展技术、经济、法律、行政等方面的咨询和服务活动所取得的收入；

（5）利用实习基地、实验室、资料室、档案室、文印室、电话室、各种仪器设备、设施、场地等以及学院无形资产，对外服务所取得的收入；

（6）处理、出售废旧物资、材料、固定资产所得收入；

（7）其他应纳入管理的服务性收入。

四、社会服务收入活动的管理办法

（1）非独立核算单位进行有偿社会服务活动，应由本单位对其服务收入进行书面申请，并按规定程序逐级进行审批。审批权限办法可参照以下办法实行。

①凡不需要签订合同协议的，项目总收入额在 10 万元以下的，由主管职能部门审签，再报分管校领导批准后执行。

②凡需要签订合同协议的，由经办的非独立核算单位填报申请表连同拟签订的合同协议草案送主管职能部门（含合同管理部门）会签，再报分管校领导加具意见后由校长批准并签订合同协议或授权委托（有授权书）分管校领导签订合同协议；重大合作项目合同协议的签订应经学校研究批准。

③凡项目收入总额超过 10 万元以上，低于 50 万元以下的不论是否需签订合同协议均需由校长审批；超过 50 万元的由校长办公会决策批准后方能进行；超过 100 万元的，或需与外单位签订合同的属于国家承认学历（非我校出具学历证书）的联合办学，需由

校长办公会审定，再提交党委会批准后才能实施。

（2）教师与科研人员的职务科技发明与科技成果的所有权属学校。任何个人和单位，未经学校批准不得私自将技术成果和其他归学校所有的知识产权向外界透露，转让或投资入股。学校应及时出台相应的技术合同管理办法，以便加强学校的科技管理工作。

（3）非独立核算单位开展有偿服务活动，收费项目和收费标准凡有国家统一管理价格的，按规定标准收取；没有统一标准的，可先由主办单位参照社会同类项目的标准拟订，并报财务处核定后再按规定程序办理。

（4）凡纳入本办法管理的服务性收入项目均需将最终审批的审批表及时报送财务处和初审部门各一份，需签订合同协议并已经签订合同协议的连同审批表一并报送。

（5）学校的所有资产（含无形资产）都是国有资产，未经学校同意，不得用于开展社会服务活动。占用学校资源开展有偿社会服务活动的，应如实计收成本，资源占用成本和学校分成部分统称为学校留成。在项目收入分配时，学校按留成比例纳入学校基金，非独立核算单位进行社会服务活动中开支的直接人工费、材料消耗、综合管理费等必须在该项目分成中列支，不得转列事业费开支，如发现将应在创收分成中列支的成本费用转为事业费开支的，将全额追缴、通报批评并在事业经费预算中酌情扣减被挤列的事业经费。

（6）非独立核算单位各种服务性收费，必须统一使用财务处规定的票据并接受财务处监督，不得自制、购买、借用外单位的票据，不得私立银行账户，隐匿转移收入。学校根据需要可成立财务纠风督察组，对收入进行稽查并受理群众投诉。对违反财经纪律的行为按《国务院关于违反财经法规处罚的暂行规定》追究当事人及单位主要负责人的行政和经济责任。

（7）非独立核算单位对校内各单位的服务性收费，统一凭财务处"校内财务转账结算单"转账结算，不采用现金结算方式。

（8）对开展有偿服务工作成绩突出，经济效益和社会效益显著的单位和个人，年终考核时，应给予表彰和奖励。凡上交学校收入（即学校留成）超出上年上交额30%及以上单位，学校按其超出额给予 20% 的奖励。奖励资金中，50% 为奖金，50% 为发展基金。50% 的奖金部分用于重点奖励社会服务活动中的有功人员。

五、收入分配及会计核算办法

（1）所有社会服务收入需及时、全额进入学校财务处列作事业收入、经营收入。各非独立核算单位应严格执行"收支两条线"的管理办法，不得坐收坐支。财务处应严格按相关规定，及时结算，保证各方利益的兑现。

（2）非独立核算单位分成部分由财务处列作事业支出、经营支出并转作该单位创收分成代管及发展基金代管。创收分成代管开支的材料费、综合管理费及发展基金代管开支的费用必须凭规定票据报销，创收分成代管开支的直接人工费、单位集体奖酬金及福利需凭签收明细表列账，不得以领代报。

（3）结算分配后的资金，属学校留成部分的，主要用于弥补场地、设施、水电费、仪器设备消耗等资源耗费及管理费支出；属各非独立核算单位的，由财务处负责设置创收分成代管及发展基金代管账户进行管理，使用按下列两方面由各非独立核算单位自主安排。创收分成代管主要用于直接人工费、材料消耗、综合管理、集体奖酬金及福利，发展基金代管主要用于仪器、设备购置、维修等改善办学条件和工作条件。可供结算分配的收入是指税后收入。个人收入应并入工薪收入一起计征个人所得税。

（4）机关各处（室、部）利用职能权限掌握的学校资源取得的收入全额作为学校事业收入，用于补充教育经费，不适用本规定的分成范围。

（5）在设备、教材、图书、药品和其他物品采购与交易活动中，以及基建、维修、印刷等业务活动中取得的折扣、回扣或业务费等，金额上交学校。学校按各单位业绩酌情给予适当奖励。对按市场惯例应收取的折扣等不积极争取的一经发现将按失职处理。

（6）根据各项服务活动对学校场地、设备、水电使用等资源耗费程度及管理难易程度，分项目核定学校留成及非独立核算单位的分成比例。

服务性收入分配明细见表 10-2。

表 10-2 　　　　　　　　**服务性收入分配明细表**

服务类别 \ 项目 分成比例（%）	学校留成（弥补场地、设施、水电、仪器设备等资源耗费及管理费）比例	非独立核算单位分成 合计	其中发展基金	备注
教学服务类 对普教学历成教各类培训班	100			据实列报费用
对外各种培训班	30	70	15	
联合办学（颁发外单位学历）	30	70	15	按总分成收入计，成本本单位负责
	40	60	15	成本外单位负责
非学历进修班	30	70	15	
计算机中心计划外上机费	50	50	15	
教辅单位对外服务	40	60	15	
教辅单位对内服务	60	40	15	
科技服务类 技术服务、技术咨询	30	70	15	
实验室对外服务	100			据实列报费用
仪器设备租赁收入	100			据实列报费用
实习基地收入	30	70	15	
实习基地租赁收入	100			
网络服务	50	50	15	
其他服务类 停车服务收入	100			按 50%控制比例据实列支费用
体育场（馆）、教室、会议室出租收入	100			据实列报费用
医务室挂号费	80	20		
医务室对外接种	90	10		直接成本在 90%中列支
学生体检费	100			据实列报加班费、适当奖励
其他收入				由财务处按程序核定

六、服务性收入的检查监督

必须坚决杜绝坐收坐支等违反财经纪律的行为，对弄虚作假、隐匿收入和私设"小金库"的单位，除全额收缴违规所得款项外，视情节的轻重扣减该单位学校统发的奖酬金，并追究党政主要领导的责任，给予党内警告直至撤销党内职务，行政警告直至撤职处分。

第五节　建立健全票据管理制度质量保证体系

一、原则

（一）依据

为加强学校票据管理，规范教育收费行为，保障依法收费，贯彻执行"收支两条线"政策需建立健全票据管理制度质量保证体系，质量保证体系以《中华人民共和国发票管理办法》、地方政府制定的关于财政票据及发票的管理办法为依据。

（二）高等学校票据使用范围

（1）校内票据是指校内为组织收入使用的票据，执行学校的有关规定。

（2）校外票据是指向税务局或财政局购买的票据，执行上级有关规定。

（3）具有法人资格的校办企业，按另行制定的办法执行。

二、票据的种类及使用范围

（一）高等、中专、成人学校教育收费收据

由省财政厅印制，收据套印财政票据监制章、财政部监制椭圆图章，用于收取普通在校生和成教生的学费、住宿费及教材费。

（二）行政事业单位往来结算收据

行政事业单位往来结算收据，由省财政厅印制，收据套印财政票据监制章、财政部监制椭圆图章。行政事业单位往来结算收据的

使用范围如下：

（1）行政事业单位（社会团体）之间和系统内上下级之间的往来款（如各项代收代付资金）。行政机关、事业单位（社会团体）在往来款业务中，收取与支出（上缴）款项金额必须一致，中间不得增加或减少其他费用。

（2）行政事业单位（社会团体）内部往来款。

（3）行政事业单位（社会团体）收取的各类保证金、押金等。

（4）银行、保险公司、邮政局等单位退回给行政事业单位（社会团体）的各种退费、退赔、退款等。

（三）国税税务发票

由国家税务局征管的增值税发票和普通销售发票。

（四）地税税务发票

由地方税务局征管的，需到税务机关领购的发票，包括"市地方税收税控专用发票"和"省地方税收通用定额发票"两种，套印全国统一发票监制章、地方税务局监制椭圆图章。分应纳税用途和免纳税用途两种。应纳税的发票用于收取校产租赁收入、汽车保管费收入等；免纳税的发票用于收取各类教育培训费和横向科研拨款等。

（五）自制票据

自制票据由财务处负责印制，包括专供校医院用于收取挂号费的收据和用于校医院收取自费医疗费的收据。

自制票据还包括用于校内经费（含后勤总公司交通中心结算）结算的发料单（含电脑打印、手写）和转账单（含电脑打印、手写）。

三、票据领购及核销

（一）财政票据

财政票据包括高等、中专、成人学校教育收费收据和行政事业单位往来结算收据。对外领购由财务处统一向省财政厅票据中心申请领购，对外核销由省教育厅和财政厅、财务处核销。财务处应按省财政厅规定办理票据"验旧领新"手续。校内领购由财务处综合科负责管理领用和核销。

（二）税务票据

税务票据包括国税税务发票、地税税务发票。对外由财务处统一向属地市级地方税务局征收分局领购和核销。

（三）校内票据

校内票据包括各种自制票据。校内领用由财务处结算中心向综合科领用和核销，保卫处等票据使用单位也应向财务处综合科领用和核销。财务处负责印制、登记使用、核销。财务处综合科应掌握票据使用情况，及时足量领购或印制相关票据，建立健全票据领购（印制）、使用、核销台账，票据领用严格控制数量，"验旧领新"。对外票据核销由财务处负责，财务处应将拟作核销的票据登记造册，留作会计档案保存，需送印刷厂销毁的应按规定办理。

四、票据使用及保管

（1）开具票据单位或部门必须指定专人开具、保管票据，设置票据登记簿并定期检查；应建立健全票据管理的各项规章，以用好、管好票据。

（2）凡在票据上加盖"财务专用章"的所收款项必须全额缴交财务处。校内各单位根据其实际需要，可以向财务处领用票据，加盖"财务专用章"，所收结算款项也需缴交财务处并据此核销票据。

（3）校内领用票据，采取分次限量、交旧领新或者验旧领新方式。所有领用票据部门或单位必须填写票据申领表并按规定程序核准后领用。

（4）领用票据，必须按申请用途使用。票款要及时缴交财务处入账，不准挪用学校资金，否则按违反财经纪律追究有关责任人的责任。

（5）开具票据的单位必须在发生经济业务确认资金收入时开具，未发生经济业务一律不准开具票据。开具票据应当按号码顺序填开，填写项目齐全，内容真实，字迹清楚，全部联次一次复写，内容完全一致，并在发票或交缴款人联加盖财务印章。

（6）开具票据后，如发生交款退回需开红字票据等情况，必须收回原票据并注明"作废"字样或取得对方有效证明，方可重新开具票据。

（7）任何单位和个人不得转借、转让、代开票据；未经批准，不得拆本使用票据；不得自行扩大票据使用范围。

（8）应尽快将已使用完毕的票据到财务处交款核销。如票据使用时间较长的，应定期办理缴交款项手续。办理缴交手续时，除交还第三联（进账联）外，还需提供票据存根，财务审核人员在审核无误后，在已使用票据存根联的最后一张背面签字或盖章确认。财务处票据管理人员凭审核人员的签章办理票据核销手续。

（9）票据的基本联次为三联：第一联为存根联，开票方留存备查；第二联为发票或缴纳款人联，为收执方付款原始凭证；第三为记账联，为入账原始凭证。

（10）财务处应加强票据保管，使用铁柜保管，注意防潮。同时列入财务处安全防范重点部位，防止盗窃。

五、票据使用检查及处罚

（1）除财政票据、税务票据、财务处自制票据为合法票据外，其他票据包括外购三联收据均属违规票据，任何单位和个人不得使用违规票据收取任何收费。对使用违规票据进行收费的任何单位和个人有权拒绝交纳费用。

（2）票据使用应贯彻执行"收支两条线"政策，收取的各项收入应及时足额上交财务处，杜绝"小金库"。各项收入属于应上缴财政专户的交财政专户，属于学校收入的由财务处列作学校收入，属于学校和部门分成的由财务处按《非独立核算单位服务性收入管理暂行办法》的规定进行分配。

（3）使用票据的单位和个人，必须接受财务处及省主管机关的检查，如实反映情况，提供有关资料，不得拒绝、隐瞒。

（4）下列行为属于未按规定开具票据的行为：

①应开具而未开具票据；

②单联填开或上下联金额、内容不一致；

③填写项目不齐全；

④涂改票据；

⑤转借、转让、代开票据；

⑥未经批准拆本使用票据；

⑦虚构经济业务活动，虚开票据；

⑧开具票物不符票据；

⑨开具作废票据；

⑩以其他单据或白条代替票据开具；

⑪扩大票据开具范围；

⑫未按规定报告票据使用情况；

⑬未按规定设置票据登记簿；

⑭其他未按规定开具票据的行为。

（5）下列行为属于未按规定保管票据的行为：

①管理不善，丢失票据；

②损（撕）毁票据；

③丢失或擅自销毁票据存根联以及票据登记簿；

④未按规定缴销票据；

⑤未按规定建立票据保管制度；

⑥其他未按规定保管票据的行为。

（6）对校内单位或个人违反本规定的行为，由财务处处理，处理决定以书面形式通知当事人，并停止其所在单位的票据开具使用权，收回所有票据。

（7）凡严重违反《中华人民共和国发票管理办法》、《行政事业性收费收据管理办法》的，将由税务部门或财政部门等主管机关按规定另行处理。

第六节　建立健全清理"小金库"
制度质量保证体系

一、"小金库"的定义

高等学校及所属单位凡违反国家财经法规和其他有关规定，侵占、截留、隐匿各种应交收入，或以虚列支出、资金返还等方式转移资金，私存私放，不将资金纳入学校预算管理，不将收支列入学校会计账内的行为，均属"小金库"行为。

二、"小金库"的危害

高等学校各级领导要充分认识到"小金库"的危害性。学校及所属各单位私设"小金库"的目的，是谋取小团体或个人利益，逃避财务监督和群众监督，从事违规、违法活动。其危害十分巨大：

（1）造成学校收入流失，财力分散；

（2）不利于党风廉政建设，腐蚀人们的思想，成为贪污、腐败的温床；

（3）导致消费基金的非正常增长和经济秩序的混乱，影响学校整体发展；

（4）造成个人经济犯罪。

高等学校各级领导必须充分认识到"小金库"的危害性和严重性，提高认识，采取切实有效措施，预防和坚决制止"小金库"行为。要防微杜渐，正确处理改革创新与遵纪守法的关系，确保学校有一个良好的经济环境和经济秩序。一旦出现"小金库"问题，对主要责任人员和有关单位、有关领导要坚决按照处罚规定严肃处理，决不姑息。

三、采取措施，强化管理，预防"小金库"的发生

各高等学校应按照国家和地方政府颁布的财经法规和财务制度，结合本单位实际情况，加强管理，采取切实可行的措施，预防"小金库"的滋生和蔓延。

（一）强化法制观念

各高等学校要加强校内各级领导和全体教职工的法制观念教育，尤其是要加强对校内各单位负责人和财务人员的财经法规和规章制度教育。学校的财务部门要经常组织各单位有关人员认真学习国家财经法规，要求大家在财经工作中严格按规章制度办事。要按照《事业单位财务规则》、《高等学校财务制度》的精神和要求，

加强高等学校内部制度建设，增强自我约束机制，防范各类财经违纪现象发生。

（二）建立责任制

各高等学校要建立预防"小金库"的各级经济责任制，从主管校领导到财务部门负责人、校内各级经济单位负责人，以及各级财务人员，都应严格履行各自职责，层层防范，层层落实。在建立经济责任制的过程中，做到权责利三者相结合。

（三）加强对二级单位的管理

学校财务部门对校内二级单位的财务工作要发挥指导、监督职能，规范二级单位的财务管理和会计核算。二级单位新任财务主管必须进行财务管理和财经法规学习培训。对二级单位的财务人员要经常进行培训和考核，结合学校自身特点，推行会计人员委派制。要合理划分事权和财权，凡不具备理财职能的单位，应一律将其收支交由学校财务部门集中管理。

（四）规范票据管理

各高等学校财务部门应集中统一管理全校的行政事业性收费票据和其他合法票据，建立高等学校内部的购领、使用登记、检查和核销等管理制度和程序，实行票款分离制度。同时，各高等学校要采用多种措施，如公开收费票据的票样标准，公开收费项目及标准，对违规收费、违规使用票据实行举报奖励制度等，充分发挥民主监督和群众监督的作用。

（五）建立内部约束机制

各高等学校要建立完善的内部控制制度，对各项收入和支出实施有效的监督，加强稽核，防止收入流失，资金转移。校内各职能部门之间应加强配合，共同从维护学校利益出发，防止资金"跑、冒、滴、漏"。

（六）加强收费管理

各高等学校要严格贯彻中央关于"收支两条线"的规定，遵照中共中央办公厅、国务院办公厅《关于转发监察部、财政部、国家发展计划委员会、中国人民银行、审计署〈关于1999年落实行政事业性收费和罚没收入"收支两条线"规定工作的意见〉的通知》（中办发［1999］21 号）和教育部《关于直属高等学校和事业单位落实"收支两条线"规定的通知》（教财厅［1999］5号）精神，加强行政事业性收费管理和单位银行账户的管理。所有收入要纳入学校预算管理，如实入账。

四、严肃纪律，加大监督和处罚力度，严惩"小金库"的责任人员

（一）强化监督，特别要强化内部审计监督

各高等学校要加强财务监督，定期或不定期地开展财务收支检查和专项检查工作。学校财务部门应与审计、纪检、监察等部门密切配合，互相支持，对群众反映比较强烈的单位和有举报问题的单位，要组织人员尽快认真检查、核实，并作出严肃认真的答复和处理。学校应建立起财务部门监督、财会人员监督和全体教职工监督结合的内部综合监督机制。要加强内部审计力量，强化审计责任意识。内部审计部门要严格按照国家有关规定对违纪违规行为进行惩处，不能因为是校内单位，便大事化小，从轻处理，或将功补过。对内部审计失误要总结经验教训，重大审计失误要追究有关人员责任。

（二）严肃法纪，严惩违纪人员

各高等学校要严格执行国家财经纪律，对查出私设"小金库"问题的单位，要按照财政部、审计署和中国人民银行《关于清理检查"小金库"的具体规定》（财监字［1995］29 号）进行严肃处理。除给予单位经济处罚外，还要给予单位主要负责人和有关责任人员党纪、政纪处分；构成犯罪的，应及时移交司法机关处理；必要时，要在校内外媒体或职代会上曝光。要结合校内业绩考核、职务晋升、职称评定、福利待遇等，制定办法，对制造"小金库"、纵容"小金库"、参与"小金库"的人员分别予以适当惩罚。清理检查中发现的其他违反财经法规的问题，也要一查到底，按国家有关规定处理。

高等学校应定期对单位内部"小金库"问题进行认真、全面的自查自纠，并做到边自查边整改。学校自查过程中发现的重大问题，要及时纠正，并予以通报批评，追究该有关校领导的责任。

第十一章　加强高等学校支出管理，提升财务廉政风险防控系统的质量保证

第一节　高等学校支出管理的基本内容

一、高等学校支出管理的基本概念

（一）支出管理的定义

高等学校的支出是指开展教学、科研及其他活动发生的各项资金耗费和损失，高等学校支出的特点是其不可补偿性。

（二）高等学校支出管理的定义

高等学校的支出管理是指高等学校在正确划分基本支出和项目支出的前提下，加强对各类支出的预算管理与控制，严格执行国家和上级主管部门对支出的有关规定，优化支出结构，提高资金的使用效果，使经费支出能满足高等学校教学科研和人才培养需要。

（三）基本支出的定义和内容

1. 基本支出的定义

基本支出是高等学校为维持机构正常运转，完成日常工作任务而发生的必要的经费支出。基本支出属于维持性支出，高等学校首先要解决的是"吃饭"问题。也就是说，基本支出是必需的，是高等学校为了完成日常教学、科研和管理等任务而发生的。基本支出必须优先保证，高等学校在既定财力的情况下，必须先保证基本支出，而后再安排项目支出。尤其是工资、离退休费等人员支出，具有刚性约束的特点，随着经济的发展，基本支出的金额一般只能

262

增加，不会减少，因此，更应优先保证。

2. 基本支出的内容

基本支出包括人员经费支出和公用经费支出两部分。

人员经费支出是与高等学校在职职工、临时聘用人员、学生和离退休职工等人员直接相关的支出，包括人员支出与对个人和家庭的补助支出两部分。人员支出反映高等学校的在职职工和临时聘用人员的各项劳动报酬及为上述人员缴纳的各项社会保险费。具体包括基本工资、津贴、奖金、社会保险缴费和其他支出。对个人和家庭的补助支出反映政府对高等学校相关人员如在职职工、离退休人员及其家庭和学生的无偿性补助支出。具体包括离休费、退休费、退职（役）费、抚恤费、生活补助、医疗费、住房补贴、助学金和其他补助支出。

公用经费支出反映高等学校为维持正常运转和日常工作任务购买商品和劳务的支出。具体包括办公费、印刷费、水电费、邮电费、取暖费、交通费、差旅费、会议费、日常培训费、招待费、福利费、劳务费、就业补助费、租赁费、物业管理费、日常维修费、专用材料费、一般办公设备购置费、一般专用设备购置费、一般交通工具购置费、非大批量图书资料购置费和其他日常公用支出。

（四）项目支出的定义

项目支出是高等学校支出的重要组成部分，是高等学校为完成其特定的事业发展任务在基本支出之外发生的专项经费支出。项目支出是相对于基本支出而言的，不是非得发生的支出，只有在优先保证基本支出的前提下，根据事业目标和财力可能，才安排项目支出。因此，各类项目支出并不是每所高等学校每年都会发生的支出，往往随着特定项目任务的完成而终结。

由于项目按照其性质分为基本建设类项目、行政事业类项目和其他类项目，相应的可以将项目支出按照支出性质划分为基本建设类项目支出、行政事业类项目支出和其他类项目支出。

基本建设类项目支出，是指高等学校按照国家关于基本建设管理的规定，用基本建设资金安排的项目发生的支出。行政事业类项目支出，是指高等学校由行政事业费安排的项目发生的支出，具体包括专项计划项目支出、专项业务项目支出以及大型修缮、大型购置、大型会议和其他项目支出。其他类项目支出是指除上述两类项目支出之外的项目支出，主要包括科技三项费用、政策性补贴支出、对外援助支出等。

对于基本建设类项目，其支出管理必须遵循国家关于基本建设资金支出管理的有关规定，其他类项目支出以及行政事业类项目中的大型会议和其他项目支出在高等学校发生得较少，限于篇幅，本章所讲的项目支出将主要针对行政事业类项目支出中的专项计划项目支出、专项业务项目支出以及大型修缮、大型购置项目支出。

二、支出管理的基本原则

（一）预算控制原则

高等学校要严格按照国家确定的年度教育事业费预算和高等学校审查批准的教育事业费支出计划办理各项支出。编制年度预算，要量入为出，收支平衡。预算执行中要严格控制，加强支出审核，按实际支出数办理报销手续。无预算或超预算的特殊支出应按正常程序审批后支出。

（二）定额管理原则

凡能进行定额控制的各项支出，高等学校必须实行定额管理。教学单位可以按学生人数和计划课时制定定额；职能部门可按编制人数制定定额；专项支出可按性质制定定额。定额的开支范围与预算项目应当一致，保证定额管理与预算管理紧密结合。

（三）划清支出界限原则

事业支出要根据财政补助收入、事业收入、其他收入等收入情况统筹安排并正确划分各类支出的界限，实行分类管理。上述收入原则上不得用于经营支出，经营支出要与经营收入配比。由高等学校在事业支出中统一垫支的各项经营费用，要按规定比例合理分摊，在经营支出中列支并冲减事业支出。学校在保证事业支出需要，保持收支平衡的前提下，可以将财政补助收入以外的资金用于自筹基本建设支出。自筹基建资金应单独列支并拨给基建财务部门，纳入学校基本建设财务管理范围。

（四）优化支出结构原则

高等学校要不断优化支出结构，尤其是各类事业支出中人员经费与公用经费的比例。学校要严格执行国家关于工资、津贴、补贴和职工福利待遇的规定，控制人员经费支出，相对增加公用经费的支出。同时，高等学校也应注意保持教育、科研、业务辅助支出与行政管理、后勤等其他事业支出的比例。高等学校要精打细算、勤俭节约。对于各项支出要分清轻重缓急，合理安排资金，加强经济核算，不断提高资金使用效益。

（五）专项管理原则

专项资金是用于特定项目或有指定用途的资金并形成专项支出。凡用于指定项目或用途的支出，均应进行专项管理。在指定项目完成前，每年的专项资金收支差额应结转下年度，继续由原项目使用。每年年末，必须按规定向主管部门报送专项资金年度收支情况。在指定项目完成后，学校应当报送专项资金收支总预算和使用效果书面报告，接受主管部门的检查、验收。

（六）收支配比原则

为准确反映本年度经营活动成果，高等学校在划清事业支出与经营支出界限的同时，应参照企业财务制度的要求，按收支配比原则确定本年度经营支出。

三、支出的标准和定额

（一）费用定额的内容及分类

1. 按定额用途分类

（1）预算定额

预算定额，又称为计划定额，也就是预算资金的分配定额。它起着费用控制作用，是编制、审核年度预算或财务计划时而使用的定额。如每个教工年平均工资、补助工资各多少，每个研究生（含博士、硕士）、本科和专科生的综合定额是多少，等等。

（2）执行定额

执行定额，又称费用开支标准，是政策性的规定，带有强制性、统一性，必须按标准执行。如教工书报补贴、主要副食品价格补贴、取暖补贴、差旅费中规定的途中伙食补助、住勤补助及学生的助学金标准等。

（3）考核定额

考核定额，又称成果费用定额，是用来分析考核投资效果的。如在大学阶段，培养一名研究生（含博士、硕士）、本科和专科生需要投资多少钱，在同一地区、同样专业，投资少学生质量高的即投资效果最好，又如在同一科类的学校，学生规模相等，教学手段条件相同，一年消耗水多少吨、电多少度以及行政经费占公用经费的百分比等。

2. 按定额表现形式分类

（1）绝对数定额

绝对数定额，为单项定额。如每个教工全年行政差旅费、办公费多少，又如综合定额每个博士、硕士研究生、本科和专科生全年经常费各多少，再如专项补助定额，为新增一个专业，或新开一门课程补助专项设备费多少等。

（2）百分比定额

百分比定额，是以某一项目额度为基数，确定某项费用的计提比例，如现行工会经费按工资总额 2% 计提，委托培养学生的经常费收入按实收数的 80% 作事业费抵支收入、20% 转作学校基金。学校基金用于发放奖金和集体福利基金的不超过 60%，用于事业发展的不少于 40%，又如各项费用占教育事业费的比例、与上年实际支出相比上升或下降的比例等。

3. 按定额性质分类

按定额性质分为人员经费定额和公用经费定额。

（二）费用定额制定的原则及方法

1. 高等学校制定费用定额的原则

（1）充分体现党和国家的方针、政策，掌握投资方向，合理分配资金，保证重点，兼顾全面，有利于事业计划的完成。

（2）实事求是，量力而行。各项费用定额的制定，既要考虑有利于各项任务的完成，又要考虑学校财力的可能，防止超前分配。

（3）要科学合理，切实可行，注意横向矛盾，避免连锁反应，有利于协调和稳定。

2. 高等学校费用定额制定的方法

（1）确定费用定额项目。从学校实际情况出发，根据各项业务工作的需要，确定制定或修改的费用定额项目，以明确目标。

（2）费用定额项目确定后，划清费用项目界限，明确每个费用项目的开支范围或者综合定额的组成范围。

（3）费用项目开支范围或组成范围确定后，经过分析、测算，合理地制定每个项目的费用定额。

（4）费用定额的计算单位及其方法，要按定额的用途分别进行确定。

①预算定额计算单位及其方法。人员经费定额，按年平教工人数或者是按年平学生人数及人员经费包含的内容，计算出每一明确项目的单项定额或者是人员经费的综合定额，不同的经费定额，按不同情况制定。

②执行定额计算单位及其方法。人员经费定额中的各种补助、津贴，一律按照享受范围和对象，按人确定每月定额。讲课酬金和超工作量酬金，按课对制定定额，并按照不同级别制定不同定额。公用经费定额，对外一律按照国家规定执行，对内按照各项费用成本制定定额。如按照不同类型的汽车消耗的人工、燃料、费用等制定不同定额，按照不同项目消耗的药品试剂制定每项定额等。

③考核定额的计算单位及其方法。人员经费定额，按年平学生人平负担绝对数定额占综合定额拨款的百分比定额，用以考核人员经费是否合理。人员经费中的补助工资，按包含的内容，制定年平教职工人平定额，用以检查费用开支定额的执行情况，是否合法有效。公用经费定额，按照不同的明细费用项目制定，与学生直接相关的以年平学生人数制定，与教职工直接相关的以年平教职工人数或其他相关的计算单位，制定不同的绝对数定额，或各明细项目费用开支占公用经费的百分比定额、占综合定额拨款的百分比定额，用以考核投资效果和费用是否合理、协调。

四、高等学校支出管理存在的主要廉政风险

（一）支出结构不合理，存在廉政效能问题

在教育经费支出管理中，支出结构对教育绩效的影响很大，人员经费支出过大将会影响教学质量，公用经费支出、基建支出的比例也将影响教学硬件设施的质量。人员经费支出比例不合理，主要原因是：受到高等学校管理行政化的影响，高等学校内部存在"重官轻学"观念，因此行政管理呈现人浮于事，政务繁杂、办事成本居高不下；后勤等非教师闲杂人员比例过大，授课及科研教职工占全体教职工的比例不到35%，有的学校仅为20%。

（二）科研经费使用效率低下，成为套取国家利益的合法不合理渠道

（1）科研经费存在重项目申报，轻预算编制。科研人员为了申请项目的通过所进行的预算编制通常都是凭借个人经验估计，很少进行科学论证，合理地分配支出。这样所做的预算在执行中，往往与其预算偏差很大，因此，在执行过程中屡屡出现预算支出未经批准调整，课题扩大开支范围，导致预算失去了权威性、严肃性，造成科研经费监管的困难。

（2）科研经费存在着严重的滥用现象。在科研经费的使用过程中存在着大量不合理支出，甚至存在违规违纪的操作。例如在报销中，通过巧立名目进行虚支冒领，将设备费用来买车买房；将资料费通过开立虚假办公文具发票来报销等现象，而实际使用到项目的经费则很少。据调查统计，科研资金用于项目本身的仅占40%左右，大量资金流失在项目之外。

（三）重大项目支出管理存在问题，是廉政风险防控的薄弱环节

（1）项目支出管理权限不明确，存在多头管理、交叉管理的现象。在一些高等学校重大项目管理过程中，管理权限被分割到基建、设备、后勤，形成分块管理。管理权限的分割导致"政出多

门，交叉管理"，进而导致分工不明、权责不明，因此在项目建设过程中易出现缺乏统一总体规划，资金使用效率低下的问题。

（2）在基建项目支出中，存在着不规范操作。随着高等学校招生规模的扩大，基建项目支出已成为高等学校居于第三位的大型支出，然而在建设过程中，存在诸如修改设计、增加设备、提高建设标准等问题，导致基建项目经常出现工期延长、严重超出投资预算等现象。由于基建项目管理、监控不严格，滋生出许多贪污、腐败现象。

五、建立健全财务支出廉政风险防控系统的意义

（一）建立健全应收及暂付款和财务报销管理制度，确保严格执行国家和上级主管部门的支出政策

为规范财务收支行为，加强财务管理和监督，加强对各类支出的预算管理与控制，严格执行国家和上级主管部门对支出的有关规定，优化支出结构，提高资金的使用效果，保障学校教学、科研等各项事业的健康发展，高等学校必须建立健全应收及暂付款和财务报销管理制度。应收及暂付款和财务报销管理制度是高等学校财务工作质量保证体系的重要组成部分，应引起高度重视。

（二）强化支出内部控制，减少虚构业务支出或购买发票套取现金的廉政风险

对支出进行多层次的财务审批，形成内部审批权力制衡，支出与实际业务发生相对应，大大减少虚构业务支出或购买发票套取现金的廉政风险。

（三）建立健全各种标准和定额，可以控制经费支出的总量

建立健全各种标准和定额，对人员经费、教学、科研、行政、后勤服务都有对应的任务和经费标准、定额，就能最终控制经费支出总量，经费控制高度透明，一目了然，从而达到防控廉政风险的目的。

第二节　构建应收及暂付款和财务报销管理
制度，防控支出的廉政风险

一、建立健全应收及暂付款和财务报销管理制度的依据

建立健全应收及暂付款和财务报销管理制度的依据是国家和高等学校上级主管部门有关支出管理的法律法规。如《中华人民共和国会计法》、《高等学校财务制度》、《高等学校会计制度》、《会计基础工作规范》、《内部会计控制规范》以及其他有关的法律法规。

二、应收及暂付款和财务报销管理制度的适用范围

在高等学校全校范围内适用，各院（系、部）、各单位办理应收及暂付款和财务报销手续，应当遵循学校统一的应收及暂付款和财务报销管理制度。

后勤服务总公司属于高等学校财政拨款部分，也应当遵循学校的支出管理制度。具有独立法人资格的校办企业和后勤服务总公司非高等学校财政拨款部分可参照高等学校的支出管理制度执行。

三、规范支出管理的业务审批，防控业务廉政风险

（一）支出管理业务审批的总体要求

（1）业务审批应依据国家法律法规和学校相关的规章制度建立健全业务审批制度。业务审批的内容主要包括真实性、采购程序、标准定额、业务绩效、内部会计控制规范等内容。

（2）各单位应依照有关法律法规，建立健全本单位经济责任制，制定相关实施办法，加强会计基础工作，规范本单位经费支出管理，使财务工作依法有序高效地进行。

①各院（系、部）按领导班子分工的财务审批分工书面报财务处备案，机关各单位、教辅单位原则上实行正职负责制，副职签

批需办理正职授权备案。对于业务重要，副职难以承担相应责任的或授权不当的，财务处有权要求撤销授权，由正职审批。

②委托审批的必须向财务处办理书面授权委托手续。项目审批负责人出差或出国进修要书面指定授权委托审批人；时间为一周内的不予办理授权审批手续，需于事前或事后办理相关事务。

③业务和项目审批实行分工负责制，谁审批谁负责。分工负责人对分管业务（项目）的财务和会计行为负责，实行财务"一支笔"审批制度。

（二）支出管理的一般业务审批规定

校内各单位在学校综合财务预算范围内，按《预算管理办法》的细化预算规定，未改变经费项目使用渠道的正常开支，按一般审批权限审批。

凡使用已列入学校综合财务预算的预算内项目经费1万元以下（不含1万元）的、符合预算开支预算范围的正常开支，由各单位分工负责人或指定委托授权人进行审批；1万~5万元（不含5万元）的项目由分管校领导审批；5万~10万元（不含10万元）的项目由主管财务校领导审批；10万~50万元的项目由校长审批，重大开支由校长办公会议或党委会议批准，校长凭纪要审批。

1. 预算项目开支范围确认

（1）正常项目。业务审批预算项目开支范围必须符合预算申报指定的开支范围。

（2）不得调剂使用的项目。人才工程、对外学术交流、岗位通信费、校级会议、领导"十百千万"、电影支出、学历进修费、节假日加班、临工工资、引进人才安家费、出国人员经费、保卫及消防项目、学生军训经费、国家助学贷款、勤工助学基金、网络资费、教学水电费、行政水电费、校园修缮立项项目、图书购置费、电子资料费、培训交流外聘教师酬金等预算项目原则上不得进行预算调剂。

（3）专款专用。凡预算项目有指定专门用途的，必须符合指定用途，方可开支。财务处可根据有关规定对预算项目用途范围进行界定。

2. 审批权限规定

（1）凡超越本单位审批权限的开支项目，本单位必须加具意见逐级上报，报分管校领导审批；分管校领导不能审批的，需加具意见逐级上报。

（2）分管校领导是指学校党委关于校领导业务分工的校领导，不是指校领导对口联系单位的校领导。

3. 细化预算审批规定

（1）根据《预算管理办法》的细化预算规定不能串项目使用而确需进行项目调整的，必须办理有关预算调整手续，项目调整后仍需再按原审批程序办理。

（2）凡预算项目经费不足的原则上不予追加，确需开支的，首先由分管校领导特支费开支，再由学校准备金开支，最后申请预算外立项。由学校准备金开支的项目由校长审批；申请预算外立项项目单项开支 10 万元以下（不含 10 万元）的由校长审批；申请预算外立项项目单项开支 10 万元以上由党委会批准，校长凭会议纪要签批。

（3）细分项目及细分批准规定。校属科研课题、校重点学科、校重点扶持学科、著作出版费、硕士点建设费、申硕运作费由学术委员会审批细分方案，主任签批执行；校属教研课题、专业建设、教材建设、课程建设（含研究生课程建设）、校外实习基地建设费由教学委员会审批细分方案，主任签批执行；教学实验设备购置由设备处会同教学单位编制细分方案，校长或校长办公会议审批执行；业务招待费、教学管理设备购置、行政设备购置、大学生创新基金、研究生创新基金、勤工助学金、就业指导费、就业指导招待专项由职能部门制订编制方案，分管校领导签批执行。

（4）职能部门归口管理的属于全校性事业的，教育事业经费基本支出安排的教学科研专项经费，必须按"细化预算"的规定做好细化分项工作。在预算编制的"二上"时能编制预算经费二级分割草案，经分管校领导批准的直接下达细分预算项目。

已按细化预算规定下达的项目，实际使用经费时由使用单位按业务审批的按一般规定审批。

凡预算编制"二上"时未报送经批准的书面明细方案，或预算下达后未报送经批准的书面明细方案的，财务处预算管理软件不能录入明细项目资料，预算将不能执行。

4. 实行经费报销单位审批和职能部门核准双（多）重审批规定

（1）双（多）重审批项目。工资、奖金、津贴、补贴（含加班费）等人员经费、学生实习费、学生实验费、实习基地建设费、教学设备购置、设备维修（含电脑配件及耗材）费、勤工助学金、会务差旅费（专指参加业务会议的会务费和差旅费，不含一般调研差旅费，不分经费来源）、1万元以上的教研项目开支、3万元以上的科研项目开支、未履行政府采购、政府协议采购程序、未履行招标程序、不符合《支付结算管理办法》规定的支付。

（2）双重审批规定。工资、奖金、津贴、补贴（含加班费）等人员经费由项目单位审批送人事处核准后交财务处在工资中一并发放。支付学生的劳务费等不需要人事处审批。

实习费、基地建设费由教务处审批、教研项目开支的会务差旅费、1万元以上的教研项目开支由教务处审批。

实验费、教学设备购置、设备维修费、设备维修（含电脑配件及耗材）费由设备处审批。

科研项目开支的会务差旅费、3万元以上的科研项目开支由科研处审批。

勤工助学金由学生处审批。

（3）多重审批规定。不符合或未履行政府采购程序，不符合政府集中采购目录及政府采购限额标准的采购，由本单位负责人、招标办主任、审计处处长多重审批。

凡不符合国家招标投标管理办法、《政府集中采购限额标准以下物资采购程序》的，属于物资采购的，由采购招标办主任和审计处处长共同审批；属于工程服务项目（含工程项目物资设备采购）的，由工程招标办主任和审计处处长共同审批。

不符合《支付结算办法》规定要求报销现金的支出，由本单位负责人、审计处处长双重审批。

（4）双（多）重审批原则上需由职能部门负责人审批，若由对口科长审批需向财务处办理书面授权手续。

（5）未实行双重审批的由职能部门管理的，如就业指导费、就业指导招待专项等实行职能部门绩效评价制度。

5. 职能部门管理属于全校性使用的预算项目经费审批权限

职能部门管理的属于全校性使用的预算项目，必须按需要与可能客观审批，防止审批违纪违规现象。

（1）学校招待费项目由学校办公室负责审批，凡属于学校层面的重要招待由该项目列支。行政办公设备购置费归口由学校办公室负责管理，应根据各单位、各行政管理部门（包括行政、科研、教辅，不包括教学单位行政管理部分）报送的属于行政管理的行政设备购置计划按轻重缓急进行预审，编制分配方案送分管校领导批准后方可执行。凡未报送书面审批计划的，5000元（不含5000元）以上由分管校领导审批。

（2）教学管理设备购置归口由教务处负责管理。各院（系、部）根据教学管理（包括教学单位行政管理部分）需要提出申请，教务处汇总各院（系、部）申请编制购置方案，由分管校领导审批（暂定）。教务处的教务管理设备购置纳入行政办公设备购置范围，不得在教学管理设备购置费列支。

（3）工资基金、奖励基金由人事处负责管理，在编教职工工资、人事处聘任的聘任制人员工资、教职工奖酬金及节日慰问金、节假日加班费、离退休人员经费、退职金、教职工探亲费、职称评审费、丧葬及遗属补助费、人事档案管理费由人事处处长审批。

一次性奖酬金及变更发放标准的奖酬金由人事处加具意见后交主管财务校领导审批。金额较大、涉及面广的，由校长办公会议批准，再由主管财务的校领导凭会议纪要审批。

在编人员正常工资、离退休人员正常工资、聘任制人员正常工资、教职工探亲费、丧葬及遗属补助费可由人事处处长授权人事处科长审批。

（4）人才引进业务费（含业务差旅费）、人才引进招待专项、岗前培训及职业资格年审费、学历教育经费、引进人才的差旅费由人事处处长审批。人才引进业务费（含业务差旅费）、人才引进招待专项是全校性使用的经费项目。

高等学校人才工程项目、人才引进安家费、科研启动费、人才引进赔偿其原单位的赔偿费由校长审批；对学校人才引进优惠条件没有明文规定的需界定的人才安家费、人才科研启动费由校长界定和审批。

（5）外宾外教招待专项、外籍专家经费、外事业务费由外事处处长审批。出国人员经费列支的出国开支由校长审批；5人以上的出国人员经费由校长办公会议批准，再由主管财务的校领导凭会议纪要审批实施；出国人员经费列支的中国香港、澳门、台湾的开支由分管外事的校领导审批。

（6）教学实验设备购置、实验室建设配套、资产管理费、中心实验室（大型设备）维持费由设备处处长审批。

教学实验设备和实验室建设配套根据各系部申报计划，根据需要与可能编制详细的使用计划，由分管的校领导加具意见，报校长或校长办公会审批后执行。

已经细分的教学实验设备细分项目由使用单位和设备处实行双重审批制。

（7）3万元以下（含3万元）的基建零星土建立项项目（以占学校综合财务预算下达的预算总额的50%为限），由分管校领导审批；3万元以上的零星土建立项项目，由校长审批。

零星土建立项项目总额以学校综合财务预算下达的预算为限。

（8）单项项目金额10000元以下（含10000元）的，方可界定为经常性维修及零星土建项目，是属于全校性事业发展使用项目，5000元以下（含5000元）的由总务校产处处长审批，5001～10000元的由分管校领导审批。

（9）各院（系、部）经批准的独立资料室的图书购置费，由图书馆图书购置费项目列支。列支时图书馆先加具意见后，报分管校领导审批。该项支出原则上为小批量或批量图书购置，未设资料室的或已设资料室的零星图书购置不在此列，由各单位经费列支按原渠道审批。图书报增资产登记由图书馆办理登记手续。

6. 项目支出的审批权限

基本建设投资项目、教育事业经费安排的立项项目（含校属科研项目）、财政拨款立项项目和纵横向科研立项项目，项目支出审批权限按照《项目支出财务管理办法》执行。

7. 专用基金支出的审批权限

（1）除拨付工会福利费以外的专用基金、职工福利基金由主管财务的校领导审批。

（2）国家奖学金、国家助学金、学校奖学金（含新生奖学金）由学生处根据上级有关规定和《奖学金条例》制订方案，报校领导审批印发正式文件，凭学校正式文件通过银行转存发放或 IC 卡发放；农科生助学金由学生处审批，通过 IC 卡发放；学生勤工助学金由学生处按《学生勤工助学管理办法》审批，财务处结算中心通过银行转盘转存发放。

（3）各院（系、部）主任基金、各单位总结活动费由行政负责人审批。

8. 代管经费支出的审批权限

（1）各单位服务分成项目、发展分成基金项目，由各单位行政负责人负责审批或授权审批，授权审批的应向财务办理审批授权备案手续。发展分成基金仅限列入设备购置和办公条件改造开支。

（2）各种协会代管经费由协会负责人审批。

（3）教职工提取个人住房公积金，需提供住房公积金管理中心和建设银行规定的资料，由总务校产处发放"中国建设银行住房公积金个人提取申请表"，办公室加盖学校公章，财务处加盖银行预留印鉴，个人自行到建设银行提取，提取后将第二联交回财务处，财务处凭第二联"客户联"和银行支出凭单作账务处理。

（4）代管学生教材费按本细则第五条第二项规定审批。

（5）其他代管由代管项目单位负责人审批。

（6）代管经费借款不通过项目控制，报销审核人员需事先查询代管项目余额或打印代管科目余额表，代管经费借款一律不得垫付、报销一律不得超支。

（三）支出管理特殊项目的审批规定

（1）对外投资、对外参股、对外合作等支出，由校长办公会议或党委会议批准，校长凭会议纪要审批。

（2）支付工资、奖金、津贴、补贴（含加班费）等人员经费审批。工资、奖金、津贴、补贴（含加班费）等人员经费支出需从严控制，凡在编教职工按规定领取人员经费，全部列入工资、奖金、津贴、补贴（含加班费）等人员经费核算，不列入劳务费核算；凡符合《经费开支标准》规定的可领取补贴的项目由经办单位造表送人事处审批后交财务处在工资中一并发放；凡符合《外聘（兼职）教师管理办法》条件的，由各院（系、部）向人事处办理手续，由人事处审批发放。

（3）支付外聘专家的一次性劳务费需从严控制，支付外请专题报告专家、主管部门专家、实验实习指导专家的劳务费，按照《支付个人劳务报酬使用票据及代征税费管理办法》执行，全部由分管校领导审批，人事处备案。支取酬金时需提供《支付个人劳务报酬申请表》和支取人员身份证复印件。月末由财务处按月汇总到税务机关代为办理《税务登记证（临时）》，由经办税务机关填制《税收通用缴款书》交纳税费后，再由税务机关开具《税务机关代开统一发票》。专家差旅费原则上不予报销，确需报销的，由分管校领导审批。办理个人劳务支出事务必须实事求是，不得弄虚作假使用学生身份证或他人身份证代替。实际领取人与提供身份证不相符的，或者使用在校学生证件领取的均视为虚报冒领。

（4）业务餐费和礼品费开支审批。

①误餐费、夜餐费、差旅费中的伙食费（或包干补贴）由单位负责人审批。经费开支渠道为业务对应项目预算。夜餐费、误餐费开支标准必须在 10 元以内，领取（报销）时需列示用餐者姓名。

②以教育事业经费安排的业务招待费和有关业务招待专项，支出 800 元/餐（次）以下（含 800 元）的，由经费使用单位自行审批；800 元/餐（次）以上的由分管校领导审批。经费开支渠道必须为业务招待费或有关业务招待专项。

③学校业务招待费项目支出3000元/餐（次）以下（含3000元）的由办公室主任审批；超过3000元/餐（次）的由分管校领导审批。

④学校教育经费安排的教研立项项目、课程建设项目、专业建设费、校属科研立项项目不得开支业务招待费。校属重点学科建设经费、校属重点扶持学科建设经费、纵向科研经费立项项目原则上不得开支业务招待费，确需开支的在项目申报书规定的业务费限额之内可酌情列支，由项目负责人审批。横向科研教研立项项目开支业务招待费由项目负责人审批。

⑤超过《经费开支标准》的业务招待费支出需由分管校领导审批。

⑥严禁校内单位之间、上下级之间使用公款宴请。

⑦招待礼品必须符合国家有关法规的规定，支付的礼品费不管金额大小，一律由分管校领导或校长审批。

（5）专著出版费、版面费审批。

①使用公款出版专著（含教材）3万元以下（含3万元），教研项目由教务处审批，科研项目由科研处审批。专著（含教材）销售收入应列作开支项目抵冲数，开支时需附专著去向及专著销售报告。

②纵向科研经费立项项目、横向科研经费立项项目、校属科研经费立项项目、重点学科经费、重点扶持学科经费列支的版面费，在《经费开支标准》内由项目负责人审批。

③纵向教研经费立项项目、校属教研经费立项项目、名牌专业、精品课程、新专业列支的版面费，在《经费开支标准》内由项目负责人审批。

④权威刊物版面费、超出《经费开支标准》版面费、上述以外的一般教育事业经费列支的版面费，由校长审批。

⑤报销版面费应注明项目属于省级刊物、核心刊物还是权威刊物，科研处和财务处需对项目级别进行审核。

（6）差旅费（含会务费）特殊情况的报销审批。

①市内外出差交通工具审批规定：出差人员乘坐飞机要从严控

制，科级（含相应专业技术职务）职务及以下人员如出差旅途较远、出差任务紧急或陪同校级领导的，需事前提交书面报告，经校长（或校长授权）批准，可以乘坐飞机普通舱位。不符合乘坐飞机条件的人员（含科级），凡购得飞机普通舱位三折以下（含三折）票价的，可据实按常规程序报销，不需经校长（或校长授权）批准报销；三折以上的按火车票或三折报销，由单位负责人审批；全额报销的需说明理由，由校长审批，方可报销。

②会议主办单位类型审批规定：参加由教育部直属部门（不含挂靠单位）、省教育厅、省委省政府主管部门组织的工作会议、业务培训会议由单位负责人审批；其他主办单位召开的会议由分管领导审批。

③会务差旅费（专指参加业务会议的会务费和差旅费，不含一般调研差旅费）开支费用项目审批规定：学校教育经费安排的教研立项项目、课程建设项目、专业建设费、校属科研立项项目由单位负责人和教务处负责人联合审批。校属重点学科建设经费、校属重点扶持学科建设经费、纵向科研经费立项项目由单位负责人和科研处负责人联合审批。

④出国出境考察（含会议）审批规定：到中国香港、澳门、台湾考察（含会议）的，由分管校领导审批；到国外考察（含会议）的，属于科研经费的由分管校领导审批，属于教学经费的由校长审批，5人以上的由校长办公会议批准，校长凭会议纪要审批。

（7）出租车报销规定。

①出租车费原则上不得报销。副处级（含相应专业技术职务）以上级别的人员到市内开会、办事等，可根据具体情况，酌情报销出租车费。其他人员因公办理护照、专程提取贵重仪器设备以及领取、保送保密资料、到银行提取大额现金等或早上5点钟前晚上11:30后发站或到站的可以乘坐出租小汽车，由各单位负责人负责审批，经本单位领导审批，可报销一趟出租车费。凡报销出租车费的，不发给误餐补助。

②教育经费（含校属学科建设、校属科研项目、校属教研项

目、专业课程建设项目）列支的出租车费，不符合上述规定的，一律不准乘坐出租小汽车，要乘坐出租小汽车需经分管校领导审批。

③学校教育经费以外项目列支的出租车费，凡属科研项目的按申报书规定的交通费为限，由项目负责人审批。

④市区至机场不得乘坐出租汽车，应使用民航班车。

⑤一次乘坐出租汽车车款 100 元以上（含 100 元）的，由分管校领导审批。

（8）使用后勤总公司车队车辆交通费的审批。

①使用后勤总公司车队车辆，用于市内办理公务的，由各单位负责人审批。

②使用教学经费（含教学单位综合费）、行政办公经费、校属科研教研经费、学科建设经费、专业建设经费、课程建设经费租用后勤总公司车队车辆到市外的由分管校领导审批。学生乘坐后勤总公司车队车辆到市外的由各院（系、部）负责审批。

③使用单位留存经费（包括单位服务分成、主任总结基金、奖金留存）或横向科研经费的，市外均由单位负责人或项目负责人审批。

④市区到机场应乘坐机场航班专线车，原则上使用后勤总公司车辆的车费不予报销，确属接待用的由分管校领导审批。

（9）使用私人小汽车办理公务费用报销规定。使用私人小汽车办理公务费用报销规定，汽（柴）油费报销标准为 0.11 元/公里，报销时必须连路桥费一起办理，以便于逻辑审核，使用一次报销一次或单独使用一张粘贴单；使用私人小汽车办理公务用于市内的，使用一次报销一次，不予多次累加报销；使用私人汽车办理公务途中，车辆维修准予报销维修费，不予报销配件费，凡属投保保险公司免赔项目的不予报销。凡票据没标明单价的，按当次报销的其他票据中的单价计算，没有其他依据的由财务处核定。

（10）各类罚款支出的审批规定。各类罚款支出原则不得报销。特殊情况需说明原因、分清责任，由校长审批。属于个人责任造成的罚款应由个人承担。凡罚款金额 5 万元以上的，由校长办公会议批准，校长凭办公会议纪要审批。

（11）购买特殊商品的审批规定。凡购置下列特殊商品的，不分经费来源，不论金额大小，是否已安排预算经费来源，一律需由校领导审批。

①小汽车、大轿车、摩托车、工具车等由校长办公会议批准，校长凭会议纪要审批。

②空气调节器、摄像机、照相机由校长审批。

③电视机、录像机、放像机、各种音像设备，由分管校领导审批。

④手提电脑、台式电脑、复印机、随身听播放器（含带有播放功能的 U 盘）、录音笔，由分管校领导审批。

⑤无线寻呼机和移动电话由分管校领导审批。

⑥各类体育器材（体育耗材除外）、健身器材由分管校领导审批。

（12）超标准或定额的审批规定。

①凡超出《经费开支标准》、使用不符合《会计基础工作规范》规定的票据，若确需开支的，不论金额大小，一律需由主管财务的校领导审批。

②因业务需要到税务部门开具临商税务发票的，原则上不得开支。若确需开支的，必须由学校出具申请开具临商税务发票证明（盖学校公章），不论金额大小，一律需由主管财务的校领导审批。

（四）支出管理的回避条款，形成审批权力制衡

（1）各单位行政负责人以及党总支负责人使用本部门预算经费均需由联系各单位校领导审批，不得由其他下属代为办理经手，自己核准审批。

（2）行政负责人或总支书记与其他人一起出差的（即两人以上），由行政负责人、总支书记交叉审批。

（3）各单位副职出差的由正职审批。

（4）夫妻（含直系亲属）同属学校的，审批实行回避制度。

四、规范支出管理的财务审批，防控财务运行廉政风险

（一）财务审批的依据和重点

高等学校应依据国家、省主管部门有关的法律法规，依据学校财务规章制度建立健全财务审批制度。财务审批的主要内容包括资金作业计划执行、预算执行（含预算项目使用范围、预算指标）、票据合法性、标准定额、招投标程序、立项批文等内容，应审核经济业务的合法性和逻辑性。

（二）财务处审核岗位审批权限

（1）凡已列入《学校综合财务预算》并未改变项目开支范围、票据符合《会计基础工作规范》、结算符合《现金管理暂行条例》和《支付结算办法》的各项开支，单次报销总金额3000元以下（含3000元），单张票据金额2000元以下（含2000元）由经费核算科、后勤核算科、新校区财务科会计审核岗位审批报账。

（2）业务招待费、版面费需由财务处科长或处长审批。

（三）财务处科长审批权限

凡已列入学校综合财务预算并未改变项目开支范围、票据符合《会计基础工作规范》，单次报销总金额3001元至10000元（不含10000元），单张票据金额5000元以下（含5000元），符合《经费开支标准》的省级刊物和核心刊物版面费，由经费核算科科长、后勤核算科科长、新校区财务科审批；勤工助学金银行转盘发放的由财务处结算中心主任审批。

（四）财务处处长审批权限

（1）经费支出10001元至30万元（含30万元）由财务处处长审批，30万元以上由财务处处长加具意见报主管财务的校领导审批。

（2）凡列入学校综合财务预算变更预算项目用途、校领导特支费、学校准备金开支的项目。

（3）由校长或主管财务副校长及有关会议批准同意追加的未列入学校综合财务预算的预算外项目开支。

（4）基本建设投资支出。

（5）购置特殊商品支出。

（6）按有关程序经分管校级领导批准同意全额报销的超过《经费开支标准》的各项开支；不符合《现金管理暂行条例》和《支付结算办法》的各项开支；无法取得符合《会计基础规范化》票据的各项开支；不符合乘坐飞机（购得≤三折机票的除外）和出租小汽车条件人员的交通费票据。

（7）支付外单位的科研协作费。

（8）纵向科研经费立项项目、横向科研经费立项项目、校属科研经费立项项目、重点学科经费、重点扶持学科经费列支的超过《经费开支标准》的省级和核心刊物版面费，权威刊物版面费。

纵向教研经费立项项目、横向教研经费立项项目、校属教研经费立项项目、名牌专业、精品课程、新专业列支的超过《经费开支标准》的省级和核心刊物版面费，权威刊物版面费。

上述项目以外的由教学事业费列支的版面费。

（9）对外聘请人员的酬金和劳务费支出；非通过银行转存的在编和聘任制人员工资；各种节假日加班费支出。

（10）专用基金支出中除探病专项、学生勤工助学基金（非通过银行转存）、独保费以外的各项专用基金支出。

（11）各单位单次报销招待费总额超过3000元，一次招待超过800元；校办报销招待费单次总额超过10000元，一次招待超过3000元的招待费开支；超过《经费开支标准》的支出。

（12）各项罚款支出。

凡违反国家和学校有关规定的经济事项，财务处不得自行审批，此类开支确需办理的，实行职能部门（含专业部门）、审计处、财务处多部门联合审批程序，防止独断专横的廉政风险。

五、支出管理中借款和报销的廉政防控规定

（一）借款主体的资格规定

因公需要，凡学校在编（含人事处聘任）教职工和在读硕士、博士研究生，在学校综合财务预算内和允许支出的其他经费来源范

围内，按规定办理有关借款审批手续后，均可借支公款（暂付款），非学校在编（含人事处聘任）教职工和在校本科生一律不准借支公款（医疗住院借款除外）。

本科学生以及其他人员一律不得挂名借支公款（包括现金、支票、汇票等）。如有违反规定，一经发现，应立即退回公款，已造成经济损失的，由所在单位批款人负责追回或赔偿。

（二）先借后报的规定

按照《事业单位财务制度》的规定，除零星支出外，办理公务必须先借支后使用，以防止发生先支出后报账纠纷。假期经费使用按规定需由银行转账支付的，必须办理借款手续转账；符合现金支付范围的可以先垫付，事后再补办借款手续或直接报销。

（三）借支单的填写

（1）凡借款一律填写借款单（无碳，一式三联），不同经费项目开支的需要分开填写（财务核算对冲号不同，否则无法冲账），第一联财务处作借款支出凭单记账；第二联记录凭证号后交借款人存查，业务完成时，借款人凭第二联、第三联、原始凭证（票据）到财务处报销，第二联作报销附件，第三联退回报账人存查。

（2）借款单的各项内容填写应真实、完整、清晰，必须注明资金来源、用途（需填写具体详细用途，不得填写泛指用途），借款金额（大写、小写应相符），不得涂改；由相关负责人（或被授权人）审批。还必须填写借款单位、经费开支项目的财务核算电脑系统统一编码。

（3）借款必须"一事一借，前清后借"。每一事项单独办理借款手续，前借未清，不得再次借款。借款只能用于学校教学、科研、行政、后勤等各项公用性开支，不得挪用作为个人开支。对不符合开支规定、无资金来源、无预算计划或超预算的情况，一律不得借支。

（4）必须按规定要求填写借款单内容，在借款用途栏注明借款事由、填写借款人必须与实际借款人相符等明细内容。

办理报销手续时，实际发生与借款单内容一致，未改变项目经费用途、未突破借款金额、报销金额在 3 万元以下（含 3 万元）

的，只需报账单位负责人签名，财务处可凭借款单报销核对联（即第二联、第三联）的校领导签名办理报销手续，即不需重复办理校级领导审批手续。

办理报销手续时，实际发生与借款单内容不一致，或改变项目经费用途、突破借款金额、报销金额在 3 万元以上（不含 3 万元）的，除报账单位负责人签名外，还需重复办理校级领导审批手续。

（四）特殊项目借款的规定

（1）凡借支学校维修工程（校园修缮、实验室建设、科研设施维修）、零星土建、设备购置立项项目，应依据《项目支出财务管理暂行办法》提供已审批书面立项报告。凡属按《政府集中采购目录及标准》、《政府协议采购范围及目录》、《招标投标管理暂行办法》、《政府集中采购限额标准以下物资采购程序的决定（试行）》规定，需由省招投标中心招投标、政府集中采购、政府协议采购、学校招投标、学校询价采购的，要严格执行招投标程序。报销时，凡属招投标中心招标的，需附招标中心中标通知书；凡属政府采购的，需附政府采购协议和中标通知书；凡由学校自行招标的，需附学校工程招标办中标通知书和评标人员签章的资料；凡属学校采购招标办的，需附采购招标办中标通知书；凡属政府采购集中采购限额标准以下的，需询价采购并提供询价报告，由采购办审批。

（2）项目借款应提供基建处和审计处审签的工程预算及有关合同或协议书，工程款按进度支付，最多支付至工程款的 80%。立项项目（设备采购除外）需提供经学校审计处审计的工程结算书，竣工验收后方可结清工程余款，需要扣除工程质量保证金 5%。

（3）用于购买教学设备、实验实习用品等的借款，应写明购买设备、实验实习用品的名称，凡涉及零星土建、水电安装、电路调整、增容扩容的需经总务处审签后方可借款。

（4）凡借支会务差旅费必须凭主办单位的会议通知经权限审批后注明出差地点、出差人员姓名、职务，出差起止时间、途中使用主要交通工具等项目内容后方能办理。

（5）购买单台（件）价格在 2 万元以上（含 2 万元）大型的、精密贵重的设备、仪器，应经有关专家鉴定、部门评估并签署意见后报分管校领导批准后方可借款。

（6）学生活动经费需凭法定票据办理报销手续，不得报销业务餐费，属于奖金性质的可造表发放，属于学生误餐的可造表领取误餐费或凭餐费发票报销误餐费，标准为 10 元/餐。毕业生聚餐学校补贴不足部分的，可在学生活动经费列支。

（7）特殊原因需到外地采购物资的，必须事前提出书面报告，经有关部门审核签署意见后，报经分管校领导批准。购货经费由财务处从银行电汇、信汇或票汇，不准携带大额现金或挪用预借差旅费在外地采购物资。

（8）按照《合同管理暂行规定》必须签订合同的，办理借款和报销业务时必须附合同（或办理确认手续的合同复印件）。遇到不能即时交货或不能即时开具发票结清款项的 5000 元以上的经济业务（购买设备、维修、零星土建项目、购销中规定需通过招标的货物、存在保修事项的业务、需扣押质保金保修金的业务）必须签订合同。签订合同必须以学校的名义并加盖学校的公章方为有效，不得使用各单位的名义签订合同和加盖各单位的公章。按照《中华人民共和国经济合同法》的规定，只有法定代表人或经法定代表人书面授权签订的合同方为有效合同。

（9）学校综合财务预算下达的各项经费预算必须按细化预算的要求层层负责，层层把关。学校明确要求需细化的项目预算（如校属科研课题和学校立项实习基地建设等），职能部门必须报送经主管校领导、学校有关机构或会议批准的书面明细方案给财务处。凡未报送经批准的书面明细方案的，财务处预算管理软件不能录入明细项目资料，预算将不能执行。财务处核算系统设置经费超支控制功能，凡经费实际支出超过本单位本项目的经费控制指标的自动暂停借款，待解决资金来源后，方可借款，不得赊欠或串项目垫付，不得先斩后奏，否则经费开支有异议，后果由当事人负责。

（五）办理借款的相关规定

（1）各项支出必须遵守《现金管理暂行条例》和《支付结算

办法》，凡对国有企业、事业单位以及具有开立银行对公结算账户的经营单位发生的业务，一次性使用经费 1000 元以上（不含 1000 元）的需预先办理借款。

（2）凡借支手续或凭法定票据，按规定必须使用转账支票或银行汇款支付的，不得借支现金或自行垫付现金；以现金支付同单位同时间票据合计超过 1000 元或单张发票超过 1000 元的不得报销；一次性业务超过银行转账起点，人为分开发票或跨日期分开发票视为捏造经济业务，属违法行为；虽办理借支现金，但报销业务票据属于应转账支付的，财务处不予报销。

（3）凡预借或报销现金 3000 元以上（含 3000 元）的，必须在报账借款日的前一天与出纳预约，否则可能不能满足现金支付要求。

（4）凡持外地游商（外地企业在本市开设的办事处未经本地工商注册并持本地发票，均属游商）在本市开出的外地发票报销的，不论金额多少，一律不予报销现金，只能办理银行汇款或邮政汇款，并将汇款凭据作为报销附件。出差地购入的零星发票随差旅费一并报销的，不属此列。

（5）办理支付市区外的版面费，在开支标准限额内可以填写借款单，由财务处汇款取得发票冲账报销；自行通过银行、邮政汇款支付版面费报销者，需凭发票附银行汇款或邮政汇款手续费凭据，方予报销；外地作者代交的需提供作者属地依据，出差时交纳的版面费需随差旅费一并报销。

（6）银行汇款手续费和邮政汇款手续费可同汇出经费一并报销；通过财务处汇款的，汇款手续费由学校"银行手续费"项目列支。

（7）凡外地出差购入的物品发票必须与差旅费一起报销方能支取现金。

（8）凡通过网络采购物资原则上不予报销。

（9）不得开具不确定金额的限额空白支票，业务部门可以事先联系确定金额或开具略低于所需金额的支票后，再补足或退回少额现金后回财务处报销时多退少补。严禁开具远期支票。

（六）支出管理的财务报销规定

（1）《文件呈批表》批准立项，同时符合批文立项 3 万元以下（含 3 万元），实际发生与借款单内容相一致，未改变项目经费用途，未突破借款金额的，只需实施（报账）单位负责人签名审批并附批文即可；立项 3 万元以上（不含 3 万元）的，由经费权属者审批。

（2）凡属个人职称考试费用、培训费用、评聘职称购买的书籍费均由个人承担，不得报销；学历教育的学费、交通费等按《教师攻读博士、硕士学位暂行规定》报销相关的费用，超额或限制报销的学历教育学费、交通费，不得在其他教学经费或科研经费中报销。

（3）学校领导特支费项目可列支任何合法费用。

（4）报销差旅费时发现与出差地点不符或无故绕道者，不予报销。凡使用学校经费（含科研经费）以调研为名，有明显回家探亲或旅游观光的，不予报销。课题组以外的人员不得使用科研经费调研或参加会议，临时委托调研或参会的，由分管校领导审批。

报销伙食补贴需提供会务主办方出具会议无伙食补助或会议伙食自理等类似证明，可报销伙食补贴；凡会议主办方虽收取会议伙食费并说明伙食费由参会者自理，但将伙食费开具发票回单位报销的，会议期间不予报销伙食补贴，只报销在途期间伙食补贴。与差旅费一起报销省内伙食补贴的票据应为出差地的餐饮发票，学校所在地的餐饮发票限报出差最后一餐 20 元。

（5）出差人报销差旅费的需附会议通知或电话通知记录，调研的需实事求是；市内出差，按要求应填写市内出差报销单，乘坐公共汽车的应附公共汽车票；报销单应有报销人、负责人签名。

（6）差旅费只和出差地点发生的需一起报销的票据（仅限小额物资采购、会务费）同时报销，利用私人汽车办理公务的差旅费需与路桥费、燃料费一起报销，不得一边在财务处报领补助，一边又将未作附件的票据在其他单位报销。差旅费报销与在其他经费开支的票据分开报销，其他经费开支的票据不得填写在差旅费单上，不得与差旅费粘在同一张粘贴单上。

差旅费、伙食补贴、公杂费补贴时间以车船交通工具起止时间为准，使用学校后勤车队汽车的需附"车辆结算单"第三联一起计算起止时间，使用校办汽车或私人汽车的与路桥费一起计算起止时间。

省内伙食补贴凭票按标准据实报销，餐费需全额填写在票据金额栏，根据人数标准填写实报栏，超过人数标准的自负，低于人数标准的不补。

省内外出差不得将出差人自行用餐餐费列为招待餐费报销，确为招待餐费的，填在差旅费报销单随报栏，每报销一餐招待费，省内在核报伙食补贴标准内减少 20 元，省外在包干伙食补贴内减少20 元。

（7）报销进口设备，应附订货合同和进口设备的批文、卖汇水单、报关单等。凡持有外文单据报销的，必须先译成中文，并由翻译人签章。

（8）用正常教学经费或科研经费购入或自制固定资产的，在报账之前，需先送有关部门登记和验收入库并录入固定资产电脑系统中，然后凭电脑打印固定资产卡片连同购物发票到财务处报账。

基建工程（含零星土建工程）必须经过验收合格，并提交由学校审计室审签的决算报告和资产报增单后才能付款结清。

（9）凡属于固定资产购置的，需办理固定资产报增手续，连同发票、固定资产报增单和其他所需附件办理报销手续。属于教学、科研、行政、后勤的到设备处资产管理科办理，属于图书的到图书馆办理。

（七）《会计基础工作规范》和《内部会计控制规范》的有关规定

（1）原始凭证的内容必须具备：凭证的名称，填制日期，填制凭证的单位名称或者填制人姓名，经办人的签名或者盖章；接受凭证单位名称，经济业务内容，实物的数量、单价和金额。报销时必须将原始凭证粘贴整齐，必须提供完整的原始凭证。

从外单位取得的原始凭证必须盖有填制单位的财务专用公章，从个人取得的原始凭证必须有填制人员的签名或者盖章。使用学校自制的原始凭证必须有经办单位领导或者其指定的人员签名或者盖章。对外开出的原始凭证必须向财务处申领并加盖学校财务专用章。

一式几联的原始凭证，应当区分各联的用途，只能以"财务报销"联作为报销凭证。

办理经济业务时对方单位开具给高等学校的票据，单位名称只能填写"××大学"，不得填写各院（系、部）名称。

（2）填有大写和小写金额的原始凭证，大写小写金额必须相符。购买实物的原始凭证必须有验收人、经费权属审批人（负责人）、经办人签章，并写明用途、经费来源。支付款项的原始凭证必须有收款单位和收款人的收款证明。

原始凭证不得涂改、挖补，金额填错必须按《中华人民共和国会计法》的要求重开，其他项目填错可以在更正处加盖开票单位财务专用章。

（3）从校外单位取得的原始凭证，不论是发票或收据，均需符合税务、财政部门的规定，套印发票监制章或财政监制章，未经税务或财政部门统一印制、监制的发票和收据，一律不予报销。

对于确需在农贸市场采购的教学科研实验用品（鲜活农副产品），由于特殊原因无法取得正式发票的白条单或收据，每次金额限定为100元（含100元）以内，必须填写学校自制的支付证明单，应说明理由、用途，经单位负责人、经手人和两人以上验收人签名，方可报销。

上年票据（即发票填写时间为上一年度12月31日前）截止报销时间为报账年度3月31日止（如2007年12月31日前的发票截止时间为2008年3月31日）。大额发票因学校资金周转困难，由财务处负责安排资金和办理报销手续。课题经费未下达或未到位前，因工作需要垫付资金取得的票据，必须附上事前向财务处提出的书面申请报告，待经费到位后予以报销。

税务机关已明确规定票据版本式样已过期并停止使用的一律不得报销。

凡节假日加班应填写由财务处统一印制的加班工资发放单；发

放防毒补贴应填写人事处印制的防毒补贴发放单；教职工探亲车船费应填写差旅费报销单；一次性外请兼课教师酬金或劳务费应填写支付个人劳务报酬申请表；凡以领款单报销的应加盖单位公章，并有负责人、经办人签名，签收栏应由本人签名，原则上不予代签代领，不得虚报冒领。

凡符合代办代签条件的，签名栏必须填写代办代签人姓名，在名字后加"代"字，不得签署别人姓名。

（4）办理报账业务，按规定需要附批文的应附上批文原件，原件需由学校或主管单位存档的，可附经存档单位注明"原件与复印件相符"并加具印章的复印件。经上级有关部门批准的经济业务，应当将批准文件作为原始凭证附件。批准文件需要单独归档的，应当在凭证上注明批准机关名称、日期和文件号。

（5）外地建筑企业承担学校工程，必须办理外出税务转移，按属地原则开具建筑工程发票，以避免跨区税务纠纷。

国税和地税业务应取得国字发票，购买商品等必须取得增值税发票或一般销售发票等国税发票，属于地税业务的（打印服务）需取得服务业等地税发票。

取得外单位委托税务机关代开的发票，除了加盖税务机关印章外，还需加盖该单位印章。

（6）遗失车票、船票、飞机票等，必须由当事人提供出差证明材料和书面报告说明情况，单位领导签批意见、加盖本单位公章，方可代作原始凭证，报销金额一律按票面金额的60%报销。

（7）从外单位取得的原始凭证如有遗失，应取得原签发单位盖有财务公章的证明，并注明凭证号、金额和内容，由经办单位负责人批准后，才能代作原始凭证报销。确实无法取得证明的由当事人写出详细情况，经所在单位负责人加具意见后由分管校领导批准，方可代作原始凭证报销。

（8）购买图书、资料、教材等支出，必须附购书电脑打印清单，无电脑打印清单的单位应在一般销售发票上填写书名，验收人必须是图书资料管理人员（或指定人员），使用教学经费、科研经费购买的图书属于国有资产，应列入购买单位资产管理，造册登记台账，凭书验收并加具"公用图书，列入移交"字样，方可报销。严禁报销与教学、科研及其他业务无关的书籍、资料，个人申报职称的书籍和学历教育的书籍不得报销，财务处将定期核对各单位图书台账，各单位可定期将不使用的图书移交图书馆。

（9）货物名称（或业务内容）、数量、计量单位要填写清楚，原则上货物名称规格少于发票栏目的应逐项填写，不得填写"文具一批"、"食品一批"等。如果货物品种繁多，一张发票填列不完，可以写"××一批"，同时附售货小票（凡超市一律附小票报销），没有小票的必须附售货单位另列的售货清单，载明各货物的数量、单价、合计金额（要与发票合计金额相符）并加盖对方单位财务专用章。

（10）市内差旅费必须逐笔填列，不能笼统填总计金额，以便核实公务和逻辑性审核。取得票据金额超过实际支付金额的，必须据实填列。每张粘贴单左边留出 2cm 空白，以鱼鳞状形式粘贴，窄的票据限贴 2 排，每排 15 张，每排注明张数和金额以便审核，提高工作效率，宽的票据限贴 1 排，每排 15 张，确保每张票据都粘贴到粘贴单上，不准票贴票。招待费必须一次招待使用一张粘贴单。粘贴单排列多排的应分排计算标明金额，以便提高财务核算效率。

（11）凡一次性报销五张以上票据、开支经费分属三个以上不同预算经费项目的，必须填写"经费报销分类（汇总）单"，经费隶属不同部门的，"经费报销分类（汇总）单"单位负责人为报账人单位负责人，项目经费负责人在票据上签名。

手工填写发票、电脑打印（大额）发票需在发票背面加具报账方章，在核准人、经手人、验收人栏签名，并注明用途和开支项目。手撕票、电脑打印（小额）发票不需在发票背面加具报账方章，只需在粘贴单上签名。

银行转账支付、现金支付或不同单位银行转账支付的票据要分开粘贴单粘贴，同一票据在不同部门不同项目列支的要填明各单位各项目列支的比例及金额，不能只填写比例。

（12）票据粘贴及票据粘贴单填写要求：将票据粘贴成梯形，

不要粘成厚厚一叠；粘贴单右边方框内的内容必须填写完整，包括单据张数、总金额小写、总金额大写、单位主管、报账人、证明人；1~2 张不贴粘贴单，3~5 票据较少（少于 5 张）可以不贴票据粘贴单；不同的业务需分开粘贴单粘贴；业务招待费必须一次招待粘贴一张粘贴单，不得将不同开票单位和不同次的票据粘贴在一起。

（八）流动资产报销管理规定

（1）高等学校必须建立健全医疗药品、教材、实验实习用品、后勤总公司库存物资、设备处分管的设备维修（含电脑配件及含耗材）费、政府采购或协议采购用纸等流动资产收发存台账，以加强材料收发存核算管理。

（2）使用计算机辅助管理，采购报销时凭发票，保管物资的保管员电脑打印的材料入库单（随发票报销联），采购程序审批批文，然后凭入库单（报账联）到财务处办理报账手续；物资发出凭电脑打印的发料单（财务记账联）按月分别列支对应费用，发料单需签具相关手续。

（3）为满足本科教学工作水平评估体系对四项教学经费中教学设备维修费达到 30% 的要求，设备维修（含电脑配件及耗材）费需事前向设备处申请，由设备处或自行采购配件，设备处出具设备维修费清单后，方予报销。为加强电脑配件及耗材管理，墨盒、硒鼓、移动硬盘、U 盘等由设备处自行统一采购供应或委托后勤总公司实行统一采购，使用单位领取后财务处进行经费转账。

（4）政府采购规定的纸张由设备处按政府采购自行统一采购供应或由后勤总公司按程序采购后供应，使用单位领取后财务处进行经费转账。

六、加强支出管理的报销流程，强化运行过程廉政风险防控力度

（一）按规定的程序和手续完成业务审批

各单位应按《内部会计控制规范》的规定要求，由不相容职

务人员完成相关经济业务，按《会计基础工作规范》的规定要求，认真填写、粘贴有关票据，注明票据张数，金额合计，在经费使用单位内部完成规定的业务审批手续。

（二）按规定办理财务审核审批报账手续

（1）单次报销总金额3000元以下（含3000元），单张票据金额2000元以下（含2000元）的一般开支，直接到前台会计审核岗位编制记账凭证。

（2）超过经费审核岗位的规定权限限额的，需送财务处科长审批；单次报销总金额3001元至10000元（不含10000元），单张票据金额2001至5000元（含5000元）的一般开支由财务处会计科、后勤核算科、新校区财务科科长审批，符合报账手续的，到前台会计科会计审核岗位编制记账凭证。

（3）财务处会计科、后勤核算科、新校区财务科科长不能审批的，先由该科长加具意见，再送财务处处长审批，获批后到前台会计科会计审核岗位编制记账凭证。

（4）审核编制凭证时，按《支付管理结算办法》和《现金管理办法》规定需使用银行转账支票结算，或使用现金支票支付的，先到出纳岗位索要书面支票号码，再到前台会计审核岗位处办理编制记账凭证。

（5）报账人员持会计凭证到财务处总稽核岗位进行有纸、无纸复核，稽核岗位完成复核签章后，将会计凭证直接交出纳岗位完成收付业务。

（6）财务处审核岗位、科长、处长审核审批时应一次性告知报账人员不能办理审核审批的票据差错、未办妥的相关手续和缺少的资料附件，以避免由于审批原因造成报账人员重复同类错误。

（7）凡在财务处未完成现金银行收付的已出账的凭证，若手续不齐也不得从财务处拿走，若经办人需取走报销单据的，会计科应随即修改取消电脑中的会计凭单。

（三）财务报销业务流程（见图11-1）

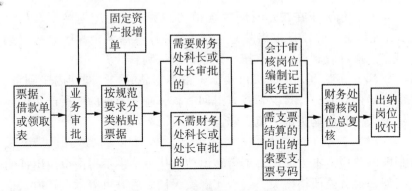

图 11-1　财务报销业务流程图

七、加强支出管理监督，加大支出管理违规的处罚力度

（1）挂应收及暂付款三个月以上的人员和借款用于在建工程设备购回待验收，时间需要较长的，借款人应主动向财务处书面说明情况。财务处发出催报单无反馈意见的人员，暂停借款。

（2）有下列情况之一者，每日按借款总额的 0.5% 计收滞纳金。

①借支差旅费的以返程车、船、飞机票日期为依据，返学校后一个月内必须办理报销手续而未在规定期限内办理的。

②借支现金购置零星杂务等，在货到一个月内必须办理报销，以购货发票日期为依据，超过规定期限的。

③借支现金办理公务，完成任务后在一个月内必须办理报销，以发票日期为依据，超过规定期限的。

④借款交由财务处办理信汇或自行通过邮局汇款订购资料、书刊以及其他用途的，要积极收回发票，以发票日期为依据，一个月必须办理报销。货到一个月发票未收回的，应主动向财务处书面说明情况，超过规定期限，既不报账又不说明情况的。

⑤以借支款项用"转账支票"采购仪器、设备、材料、公共

物品，以货到验收日期为依据，一个月内必须办理报销，超过规定期限的。

（3）借款未在规定时间内报销的，手中持有应返纳现金超过100元以上，除每日按借款总额的0.5%计收滞纳金，还要按返纳现金总额计收利息，利息按同期银行贷款利息计算。

（4）汇款到外地购买仪器、设备等物品的，合同期内未到货，应积极催问对方，督促到货或退回货款，逾期不办的，所产生的经济损失由具体购买部门负责赔偿。

（5）教职工调离本校或校内调动，必须先清借款，凡借款未报账的，应由本人清理，不得转由他人代理，也不得由单位出证明担保，财务处严格把关，经核实确实无借款后方可盖章，转由人事处办理调动手续，否则人事处不得给予办理调动手续。

（6）对无视财经纪律、长期拖延不办，又无正当理由，对催报无动于衷的，除停止借款和在其工资中扣除借款和滞纳金外，视其情节轻重在全校通报批评，扣发1~3个月奖酬金。

违反本规定计收的滞纳金，由借款人负责交清，财务处收款后开出收据并说明款项为滞纳金，任何单位不得报销，所收金额上交学校。

（7）财务处应及时清理应收及暂付款。每月10日前，财务处对应收及暂付款进行定期清理；每年12月，全面清理应收及暂付款，并向有关单位发出催报单。

对不及时报账又不向财务处书面说明情况的，催报单报送人事、审计部门各一份，各单位和有关部门应配合财务处共同做好应收及暂付款管理工作。

第三节　建立健全支出管理的标准与定额体系，有效控制支出廉政风险①

一、计划生育工作达标奖励标准

（一）计划生育工作达标奖励发放对象为学校党政主要领导、

---

① 以广东省某高校为例。

学校分管计划生育工作的领导和计生工作人员。主要领导和分管领导同一时间段内只能奖励一人，计生工作人员按实际在岗人数计算。

（二）学校计生奖励金的提取：事业单位按编内在职人员总数乘以属地市上年职工年平均工资额的5%计提。

（三）学校计生奖励金的拨付与发放：计生奖励金由财政部门统一审核后拨付到单位，再由单位发至个人，发放标准以核拨数为准；若财政部门不予拨款，则由学校自筹资金发放，发放标准由学校计生与人事部门商定标准后报学校批准执行，标准一年一定。

（四）离退休人员不发放计生奖，发放老人节慰问金300元/（人·年）。

（五）执行文件或依据。属地市人口和计划生育委员会、属地市委组织部、属地市人事局、属地市财政局《关于落实计划生育工作达标奖励金问题的补充通知》。

（六）执行时间：2006年7月6日。

（七）标准编号：JF-BZ07-01。

二、水电费补贴标准

（一）水费补贴标准9元/（月·人）；电费补贴标准17元/（月·人）。与工资一并发放。

（二）聘任制人员或实行包干工资人员不发放水电费补贴。

（三）执行文件或依据：省财政厅、人事厅《关于修订省级行政事业单位部分补贴标准的通知》。

（四）执行时间：1999年9月30日。

（五）标准编号：JF-BZ07-02。

三、加班工资计发标准

（一）正式在编人员按天计发加班工资，日加班工资标准为平均日工资额。

平均日工资额=可计算加班工资的月工资总额/20.83天。

可计算加班工资的月工资总额包括学校统发工资表的职务工资

和津贴两栏、省财政厅统发工资的职务工资和活工资两栏。平均日工资额计算不足 30 元/天的，按 30 元/天计发。聘任制人员不分级别加班工资统一规定为 30 元/天。

（二）加班工资按日计算，计算方法为：不满半天按半天算，满半天不满一天按一天算，夜间加班超过 2 个小时按半天计算，超过当天 23 时 30 分按一天算。

（三）日加班工资标准统一计算。不区分经费来源，即不论学校教育事业经费、部门创收经费、纵向横向科研经费、各级各类专项经费；不区分节假日与平时；不区分工作强度、难度或特殊任务。

（四）教职工非正常上班时间工作若属于正常轮班的（即正式上班时间安排休息的）不计算加班工资，已计算工作量酬金的不计算加班工资。聘任制人员按规定未享受带薪假期的，寒暑假不计发加班工资，节假日加班才能计算加班工资，白天休息或正常时间休息而轮班在非正常时间上班的也不计发加班工资。学校统一安排的节假日、非常时期留守性值班的不计发加班工资。

（五）加班工资发放程序，由加班单位上报天数和金额，由人事处审核，报财务处在工资中发放。

（六）招生人员在招生期间按标准 50 元/（天·人）计发招生专项补贴，经费在招生业务费项目支出。

（七）其他经费确因需要列支加班工资的由人事处从严审批。

（八）执行文件或依据：省人社厅《工资支付条例》。

（九）执行时间：2007 年 1 月 1 日。

（十）标准编号：JF-BZ07-03。

四、考试监考费标准

（一）普教考试监考费标准：按监考人员 50 元/（人·次）计发，由教务处制表报人事处审批后与奖酬金一并发放；任课老师已计算教分的监考不再计发监考费。

（二）成教考试监考费标准：按监考人员 50 元/（人·次）计发，由继续教育学院制表报人事处审批后发放；任课老师已计算教分的监考不再计发监考费。

（三）各类专项考级监考费标准：大学英语四六级考试监考费标准70元/（人·次）；计算机等级考证考试监考费标准70元/（人·次）；成教学生英语和计算机统考监考费标准70元/（人·次）；普教专升本插班生考试监考费标准70元/（人·次）。

（四）监考人员一天监考多场次的，其监考费标准不得超过210元/（人·天）。

（五）成教学校统考英语补考评卷酬金标准：3元/份，成教学校统考英语试卷（含A，B卷及标准答案）出卷费标准200/套，补考使用考试备用试卷，不再计发出卷费。

（六）执行文件或依据：高等学校自行制定。

（七）执行时间：2006年1月1日。

（八）标准编号：JF-BZ07-04。

五、岗位通信费补贴标准

（一）岗位通信费补贴实施范围：省纪委、省财政厅、省监察厅《关于省直机关单位通信费改革的实施意见》明文规定的在聘人员，及参照省纪委、省财政厅、省监察厅《关于省直机关单位通信费改革的实施意见》明文标准予以适当补贴的在职其他人员。

（二）明文规定的在职人员补贴标准：校级领导（正副厅级）、巡视员580元/月，助理巡视员（副厅级）530元/月；处长（部长、主任）450元/月，调研员（正处级）380元/月，副处长（副部长、副主任）350元/月，助理调研员（副处级）300元/月；正科级、政治辅导员200元/月，副科级150元/月；其他工作人员（含在编工勤人员）100元/月。

（三）予以适当补贴的其他在职人员补贴标准：教授（含相应技术职称人员，下同）350元/月，副教授300元/月，讲师150元/月，助教及以下100元/月。

（四）处级建制的教学和教辅单位任室（部）主任的讲师200元/月，任室（部）副主任的助教150元/月。

（五）岗位通信费补贴按月单独发放，所需经费列入学校预算，在岗位邮电费中列支。人事处审核发放人员名单和标准，财务处按月单独发放到个人。离退休人员岗位通信费补贴按月与工资一并发放。

（六）为了鼓励专业技术人员多争取校外研究课题，并解决好开展科研的通信费，教学、科研系列人员，职称高于职务的，职务补贴部分由学校支付，职称与职务差额部分，如有校外科研经费的，可在科研经费中列支。补贴总额正高职称人员不超过 450 元，副高职称人员不超过 350 元，中级职称以下人员不超过 200 元。

（七）凡享受岗位通信费补贴的在职人员应自行配备通信工具，副科级和相当于副科级的教学和教辅单位副主任以上管理人员和具有副高以上职称专业技术人员应自行配备移动电话，保证工作需要。

（八）为体现企业独立经营，自负盈亏的原则，校办的后勤服务总公司中经营性实体、校企发展公司、劳动服务公司等企业人员的岗位通信费补贴由企业负担，在不超过学校规定的标准和范围内自行发放。

后勤服务总公司的服务性实体人员凡享受校本部同类人员岗位通信费补贴，学校按实际人数和标准总额拨款，由总公司发放到个人。

（九）离退休人员的岗位通信费补贴范围和标准：省（部）级干部及相当级别人员每人 150 元/月，正、副厅级干部及相当级别人员每人 120 元/月，处长每人 80 元/月，其他经批准人员每人 60 元/月。

（十）执行文件或依据：省纪委、人事厅、财政厅、监察厅《关于省直机关单位通信费改革的实施意见》；省教育厅《关于我省发放通信费补贴工作有关问题的通知》；离退休人员仍按省委办公厅、省府办公厅《关于省直单位日常通信工具安装、配备和管理的规定》的规定执行。

（十一）执行时间：通信费补贴参照公务员管理的事业单位人员享受的期限从 2003 年 1 月起实施。

（十二）标准编号：JF-BZ07-05。

六、防毒劳保补贴

（一）接触化学、生物类有毒有害物质及物理致病因素等工作的人员，按不同的等级发放防毒劳保补贴，乙级营养保健费标准为27.10 元/月，丙级营养保健费标准为 20 元/月。

（二）实验人员防毒劳保补贴分为乙级、丙级两类。实验课按教学班每 2~3 节为一天享受保健费，乙级 1.00 元/天，丙级 0.80 元/天；实验员按工作时间的 80%计发；科研人员、生产人员及其他短期接触有害健康工种人员按实际接触时间计算，达 21 天为一月，每日享受金额为享受等级全额的 1/20；病假、事假、探亲假、离职学习和非有害工种出差时，应按实际天数扣除保健待遇；专职从事暗室、静电复印工作人员按 50%计发保健费。

（三）教务处、人事处、财务处、学校办公室、图书馆等部门专职从事复印的人员按丙级标准发放补贴，保健费标准为 20 元/月，每年按 8 个月计算。

（四）防毒劳保补贴每学期末发放。实验人员的防毒劳保补贴发放，由系、处、室填写申请表，实验管理科审核确定人数、课时、标准，由人事处审核批准后发放。

（五）执行文件或依据：《从事有害健康工种人员营养保健等级和标准的实施细则》。

（六）执行时间：2006 年 1 月 1 日。

（七）标准编号：JF-BZ07-06。

七、医疗费报销标准

（一）在职人员门诊自负 20%，住院自负 10%；退休人员门诊自负 10%，住院自负 5%；离休人员 100%报销；学生门诊自负 20%，住院的经校医院院长批准后可按医疗保险办理。

（二）个人自负限额：在职自负 500 元/（年·人），退休自负 400 元/（年·人），当年超限额后按 100%报销。

（三）省公医办规定的自费药品、挂号费、诊金、护理费、伙食费、其他费用等不得报销。

（四）住院床位费标准：科级及科级以下人员 37 元/（天·人），副处级以上人员（含相应专业技术职务人员）1.5 倍（即 55.5 元/（天·人））、厅级人员（含相应专业技术职务人员、持优先医疗证高级职称专业技术人员）2 倍（即 74 元/（天·人））。

（五）除急诊、专科医院门诊外必须在学校医院指定的挂钩医院就诊才能报销。

（六）门诊不使用记账单，住院治疗挂钩医院可使用挂钩医院记账单。

（七）执行文件或依据：省政府《省直属单位公费医疗制度改革方案》。

（九）执行时间：2007 年 6 月。

（十）标准编号：JF-BZ07-07。

八、幼儿托费报销标准

（一）幼儿保教费由学校和家长共同负担，学校报销 50%。3.5 岁以下幼儿保教费满 200 元的，按 200 元的 50% 报销，即 100 元/月；超出 200 元部分家长自负，不满 200 元的，按实际金额的 50% 报销。3.5 岁以上（含 3.5 岁）幼儿保教费满 153 元的，按 153 元的 50% 核销，超出 153 元部分家长自负；不满 153 元的，按实际金额的 50% 报销。代收代管费用，全部由家长负担。

（二）幼儿父母只有一方在我校，学校报销男方为上半年，女方为下半年，另半年由另一方单位负担，双方都在我校的报销全年。托费半年核报一次，上半年在当年 7 月份核报，下半年在当年 12 月份核报。报销时应提供当年连续的半年或一年的法定票据，不得抽取其中部分月份的票据报销。9 月份新入学的当年幼儿托费报销按当年实际入学月份的一半，双职工按实际月份报销。报销托费不需审签，由财务处会计科直接审核报销。

（三）执行文件或依据：高等学校自行制定。

（四）执行时间：1996 年 9 月 1 日

（五）标准编号：JF-BZ07-08。

九、独生子女保健费及奖励标准

（一）凡领取独生子女优待证的干部、职工每月发给独生子女保健费，独生子女保健费由夫妻双方所在单位各负担 50%，一方是干部职工，另一方是农民的，由干部职工一方所在的单位全部承担。发放标准为 5 元/月，由学校全部承担的为 10 元/月，与工资一并发放。

（二）学校干部、职工在领取独生子女优待证后，给予一次性奖励，奖励标准为 200 元，夫妻双方各 100 元；一方是干部职工，另一方是农民的，由干部职工一方单位支付 200 元。

（三）独生子女保健费及奖励由学校计划生育部门审签。

（四）执行文件或依据：《计划生育工作条例》。

（五）执行时间：2003 年 3 月 6 日。

（六）标准编号：JF-BZ07-09。

十、丧葬费及遗属补贴标准

（一）工作人员死亡后，其丧葬费标准调整为按死者所在地上年度 3 个月职工平均工资一次性发给死者亲属包干使用。

（二）已参加社会保险的工作人员死亡后，其丧葬费标准按社会保险部门的规定执行。

（三）遗属补贴按地区及不同性质办理。

（四）执行文件或依据：省人事厅、省财政厅《关于调整省直机关、事业单位工作人员死亡后丧葬费标准的通知》。

（五）执行时间：1999 年 3 月。

（六）标准编号：JF-BZ07-10。

十一、纪检监察干部办案补贴标准

（一）在职纪检监察干部办案补贴标准为 100 元/（人·月），与人员工资一并发放。

（二）执行文件或依据：省教育厅《关于高等学校纪检监察干部办案补贴的通知》。

（三）执行时间：1999 年 6 月 1 日。

（四）标准编号：JF-BZ07-11。

十二、专职档案管理干部岗位保健津贴标准

（一）专职档案管理干部岗位保健津贴标准为 65 元/（人·月），与人员工资一并发放。

（二）执行文件或依据：省教育厅《关于给高等学校专职档案干部发放岗位保健津贴的意见函》。

（三）执行时间：1998 年 6 月 1 日。

（四）标准编号：JF-BZ07-12。

十三、专职保密工作岗位补贴标准

（一）专职保密工作岗位补贴标准为：参加工作 10 年以下的，100 元/（月·人）；11 至 20 年的，120 元/（月·人），21 年以上的，150 元/（月·人）。调离工作岗位或已办理退休手续的停发。与工资一并发放。从 2002 年 1 月起执行。

（二）执行文件或依据：省委办公厅、省政府办公厅《关于发放保密工作岗位补贴的通知》。

（三）执行时间：2002 年 3 月 24 日。

（四）标准编号：JF-BZ07-13。

十四、保卫干部岗位津贴标准

（一）高等学校保卫干部岗位津贴标准，从 1992 年开始发放的 45 元/（月·人）提高到 90 元/（月·人），所需经费由学校自行解决，调离工作岗位或离退休不再享受该项津贴。

（二）执行文件或依据：省教育工委、省教育厅《关于提高高等学校保卫干部岗位津贴的通知》。

（三）执行时间：2002 年 10 月。

（四）标准编号：JF-BZ07-14。

十五、公务差旅费开支标准

（一）乘坐车、船、飞机和住宿的等级标准

级别＼交通工具	火车	轮船（不包括旅游船）	飞机	其他交通工具（不包括出租小汽车）
副省长及相当职务以上的人员	软席（软座、软卧）	一等舱	头等舱	凭据报销
省直正副厅（局）长及相当职务人员以及具有高级技术职务人员	软席（软座、软卧）	二等舱	公务舱（没有公务舱的航班可以乘坐头等舱）	凭据报销
其他人员	硬席（硬座、硬卧）	三等舱	普通舱（经济舱）	凭据报销

（二）工作人员出差，应住内部招待所或宾馆。厅级干部（指表中的第一类）可住套间，处级干部（指表中的第二类）可住单间，其他人员（指表中第三类）可两个人住一个标准间。出差人员住宿费标准上限为：副厅级以上人员（含相应专业技术职务）每人每天600元，处级人员（含相应专业技术职务）每人每天300元，科级以下人员每人每天150元。科级以下人员单人出差或男、女出差人员为单数，其单个人员可选择单间（或标准间）住宿，其住宿费按不超过上述住宿标准上限两倍以内报销，超过部分自理。出差人员无住宿正式发票的，一律不予报销住宿费。

（三）城市间火车属于直达全列软席列车的，副厅（局）长以上及相当职务人员可以乘坐高级软席，其余人员则乘坐软席。乘坐火车，从晚上八点至次日早上七点之间，在火车过夜6小时以上

的，或连续乘车时间超过 12 小时的，可乘坐同席卧铺。

（四）出差人员乘坐飞机要从严控制，科级（含相应专业技术职务）职务及以下人员如出差旅途较远、出差任务紧急或陪同校级领导的，需事前提交书面报告，经校长（或校长授权）批准，可以乘坐飞机普通舱位。

表列不符合乘坐飞机条件的人员（含科级），凡购得飞机普通舱位三折以下（含三折）票价的，可据实按常规程序报销，不需经校长（或校长授权）批准报销。

（五）出差人员要按照规定乘坐不高于规定等级的交通工具，凭据报销城市间交通费。乘坐超规定等级交通工具的，超支部分自理。

（六）乘坐飞机往返机场的专线客车费用、民航机场管理建设费、燃油附加费和航空人身以外伤害保险费（限每人每次一份），凭据报销。

市区至机场间不分经费来源，一律不得报销出租小汽车票。

出差期间除报乘坐飞机往返机场的专线客车费用外，车站与住地间的交通费已列入公杂费包干，不再重报。

（七）工作人员到省外出差的差旅伙食补助费实行按出差自然（日历）天数定额包干，补助标准为 50 元/（人·天）。工作人员在省内出差不发放伙食补助费，可以凭出差地餐饮发票，按自然（日历）天数，补助标准为 50 元/（人·天）以内据实报销。主办方已统一安排用餐且不需另付餐费的，不得报销伙食费补助；不统一安排食宿的，会议（培训）期间的住宿费、伙食补助费和公杂费均回本单位按上述规定报销。出差期间有公务招待需报销业务招待餐费（只能在招待项目列支）的，每餐扣减每日伙食费补助标准 20 元。

科研人员到市区以外的固定科研基地从事科研工作，一次连续 15 天内省外伙食费补贴按 50 元/天包干，一次连续 15 天以上（不含 15 天）省外伙食补贴按 25 元/天包干；省内不分天数，伙食费补贴一律按 25 元/天包干。

教学人员随学生到广州市 10 区以外实习蹲点的，已按学分计算酬金，省内省外伙食补贴按 25 元/天包干。

（八）出差人员的公杂费实行定额包干，用于补助市内交通、文印传真、长途固话等支出，按出差自然（日历）天数、省内省外同一标准，补助标准为 30 元/（人·天）。领取公杂费的不得再报销市内交通费等。

科研人员到市区以外的固定科研基地从事科研工作，一次连续 15 天内公杂费按 30 元/天包干，一次连续 15 天以上（不含 15 天）公杂费按 15 元/天包干。

教学人员随学生到市区以外实习蹲点的，已按学分计算酬金，公杂费按 15 元/天包干。

（九）事业单位汽车司机驾驶汽车在市区外出差的，按一般工作人员差旅费规定执行。在市区内行车的，不发放伙食补助和公杂费，符合误餐费有关规定的，可按规定领取误餐费。

（十）工作人员乘出差或调动工作之便，事先经领导批准就近回家省亲办事的，其绕道超支的差旅费由个人自理。绕道和在家期间一律不报销出差伙食费补助、住宿费和公杂费。

（十一）工作人员调动的交通费、住宿费、伙食补助费、公杂费，按出差的有关规定执行。工作人员调动工作，一般不得乘坐飞机。

夫妇双方都是工作人员而又同时调动的，其交通费、住宿费可按职务高的一方标准报销，一般不得乘坐飞机；单方调动的，其同居的父母、配偶、十六周岁以下的子女，按被调动工作人员的标准报销，已满十六周岁的子女，按一般工作人员标准报销。

工作人员调动工作的行李、家具等托运费，不分工作人员和家属，每人在不超过 500 公斤的范围内按实报销（其中，生活上急需的物品，每人可在 50 公斤的范围内托运快件），超过部分由个人自理。个人的书籍、仪器运费，可在以上限量外凭据报销，但应单独包装。行李、家具等包装费用，均由个人自理。可以使用集装箱托运行李、家具等，但是，报销的金额应以上述规定行李重量的运费为限，超出部分自理。集装箱内如装有个人的书籍、仪器，其运费无法分开计算的，不得作为限量以外报销。以上发生的各项费用，由调入单位报销。凡夫妻双方从同一单位先后调入学校，家具搬迁费只能报销一次，搬迁时乘坐出租汽车，费用自理，因故拖延了提取行李的时间而被罚款的费用，学校不予报销。新调入职工差旅费报销在对方单位或学校预支的差旅费（派遣费）限额内核报，超过部分由个人自负 50%。

工作人员调动的差旅费，由调出单位按合理路线、规定标准计发，于调入单位后结算，多退少补。

由部队转业到地方工作的干部，其差旅费按照解放军总后勤部的有关规定，由所在部队按合理路线、规定标准计算发给，到达调入单位后结算，多退少补，作为增加或减少单位的差旅费处理。

工作人员出差期间，因游览或非工作需要的参观而开支的费用，均由个人自理。出差人员不准接收违反规定用公款支付的请客、送礼、游览。各接待单位要根据各类出差人员住宿限额标准和伙食补助费包干标准适当安排，不得以任何名义免收或少收食宿费。对弄虚作假，虚报冒领，违反规定的，应按照有关规定严肃处理。

（十二）引进正高级人才的，可凭有效票据按 100% 据实报销。

（十三）执行文件或依据：《财政部关于印发〈中央国家机关和事业单位差旅费管理办法〉的通知》；省财政厅《关于印发省直党政机关和事业单位差旅费管理办法的通知》。

（十四）执行时间：2008 年 1 月 1 日。

（十五）标准编号：JF-BZ07-15。

十六、车辆燃料费报销标准

（一）教职工使用私人汽车办理公务的，可按单次里程耗油量据实报销车辆燃料费，单次里程凭路桥费交费票据计算确认，油耗标准为 0.11 升/公里，路桥费实报实销；使用私人汽车于广州市 10 区内办理公务的，需使用一次报销一次，不予多次累加报销；使用私人汽车办理公务途中，车辆维修准予报销维修费，不予报销配件费，凡属投保保险公司免赔项目的不予报销。

车辆燃料费报销上限不得超过出差人员按职务职称交通费

标准。

（二）执行文件或依据：高等学校自行制定。

（三）执行时间：2007 年 6 月 29 日。

（四）标准编号：JF-BZ07-16。

十七、临时出国费用开支标准

（一）贯彻"勤俭办外事"的方针，在核定的年度财政预算内组织安排出国活动，严格执行各项费用开支标准，不得擅自突破。出国人员在出国前，要按规定的开支标准编制经费使用计划，送财务部门审定，并经所在单位领导批准后予以预付经费。

（二）出国人员要选择经济合理的路线。所选航线有中国民航的应按规定乘民航班机，并尽可能购买往返机票。

副部级以及相当于副部级以上人员，可乘坐飞机头等舱、轮船一等舱、火车高级软卧包厢；司局级以及相当于司局级人员可乘坐飞机公务舱、轮船二等舱、火车软卧；其他人员均乘坐经济舱、轮船三等舱、火车硬卧。其所发生的国际旅费在上述标准内据实报销。

出国人员乘坐国际列车，国内段按国内差旅费的有关规定执行；国外段超过 6 小时的按自然（日历）天数计算，每人每天补助 12 美元。

出国人员根据出访任务需要在一个国家城市间旅行，应事先在出访计划中列明，并报本单位外事、财务部门批准。出国人员在批准的计划内旅行，城市间交通费凭有效的城市间原始交通票据实报实销。

持多次前往港、澳签注通行证的临时出访人员单程前往香港交通费按不超过 200 港元的标准凭有关单据实报实销。

（三）出国人员在国外的伙食费和公杂费（指用于市内交通、邮电、办公用品和必要的小费等项目），除特殊情况外，均按规定的标准发给个人包干使用。包干天数按离、抵我国国境之日计算。

根据工作需要和特点，不宜个人包干的代表团组，其伙食费和公杂费由代表团统一掌握，包干使用。

外方以现金或实物形式提供伙食费和公杂费接待我代表团组的，出国人员不再领取伙食费和公杂费。

（四）出国人员国外零用费，按离、抵我国国境之日计算。每人每次出国在 10 天以内的，发给 50 美元；超过 10 天的，从第 11 天起，发给 5 美元/（天·人）。

持多次前往港、澳签注通行证的临时出访人员个人零用费、伙食费、公杂费按规定标准和实际出境时间计算，个人零用钱按 5 美元/（天·人）计算。

（五）出国人员在国外的住宿费，副部级以及相当于副部级以上人员根据工作需要，本着节约的原则安排，据实报销；其他人员在规定标准内予以报销。

参加大型国际会议或活动的出国人员，原则上应按住宿预算标准执行，如对方组织单位要求统一安排，也应严格把关，通过询价方式从紧安排，超出预算标准的，可据实报销。

持多次前往港、澳签注通行证的临时出访人员住宿费按每住一天 450 港元的标准使用，不得突破，具体由各出访单位自行规定。

（六）出访费用由外方负担的，只核个人零用钱用汇。外方邀请函必须注明费用的来源，不注明出访费用的，不予核汇。

（七）各国家和地区住宿费、伙食费、公杂费开支标准表另附。

（八）以上标准凡涉及外汇的，汇率由财务处根据国家公布的外汇汇率确定折算汇率（仅取小数点后一位）。

（九）执行文件或依据：省财政厅《转发财政部、外交部关于印发〈临时出国人员费用开支标准和管理办法〉的通知》，省财政厅《关于临时出国人员费用开支标准和管理办法的补充通知》。

（十）执行时间：2006 年 1 月 1 日。

（十一）标准编号：JF-BZ07-17。

十八、会务费报销标准

（一）由主办单位安排食宿的，会议（培训）期间的住宿费、伙食补助费由主办单位按会议费规定统一开支；不统一安排食宿的，会议（培训）期间的住宿费、伙食补助费和公杂费均按差旅费报销规定报销。

（二）到市区以外参加教育部直属部门（不含挂靠单位）、省教育厅、省委省政府主管部门组织的工作会议、业务培训会议在途期间的住宿费按差旅费报销规定报销，上述会务主办单位收取的会务费凭发票据实报销。其他主办单位组织的省外会务费报销标准为800元/（人·次），省内会务费报销标准为600元/（人·次），超出部分自理。

（三）执行文件或依据：省财政厅《关于印发省直党政机关和事业单位差旅费管理办法的通知》。

（四）执行时间：2008年1月1日。

（五）标准编号：JF-BZ07-18。

十九、市内交通费开支标准

（一）教职工到市内开会、办事和采购等，包干补助交通费10元/（天·人）。报销凭证必须填写出差事由，经本单位领导审批，凡使用校车、公车接送、按规定报销出租车的，不发给交通补助费。

（二）出租车费原则上不得报销。副处级（含相应技术职务）以上级别的人员到市内开会、办事等，可根据具体情况，酌情报销出租车费。其他人员因公办理护照、专程提取贵重仪器设备以及领取、保送保密资料、到银行提取大额现金等或早上5点钟前晚上11:30后发站或到站的可以乘坐出租小汽车，由各单位负责人负责审批，经本单位领导审批，可报销一趟出租车费。凡报销出租车费的，不发给误餐补助。

教育经费（含校属学科建设、校属科研项目、校属教研项目、专业课程建设项目）列支的出租车费，不符合上述规定的，一律不准乘坐出租小汽车，要乘坐出租小汽车需经分管校领导审批。

学校教育经费以外项目列支的出租车费，凡属科研项目的以申报书规定的交通费为限，由项目负责人审批。

（三）凡报销出租车费的，应按实际发生金额填列，报销时由财务人员按到达目的地里程数及现行计费标准进行逻辑审核。

（四）教职工到广州市 10 区内非学历进修学习的，经批准限报 10 元/（天·人）交通补助。在市内非学历进修学习的，不得报销住宿费（党校除外）。

（五）执行文件或依据：省财政厅《关于印发省直党政机关和事业单位差旅费管理办法的通知》。

（六）执行时间：2008 年 1 月 1 日。

（七）标准编号：JF-BZ07-19。

二十、短期培训、外派及挂职锻炼差旅费补贴

（一）干部职工经批准，到市区以外参加国家和省级党政机关、工青妇团体举办的党员培训班、任职培训班、干部培训班（不含学历、学位教育），学习期间伙食费自理的，凭培训通知回所在单位报销学习补助费，补助标准为：学习培训时间在一个月以内的，15 元/（人·天）；学习培训时间在一个月以上的，10 元/（人·天）。不再报销伙食补助费和公杂费。

到市区以外基层单位实（见）习，挂职锻炼和参加各种支援工作队、医疗队等人员，工作时间 10 天以上的，在途期间的住宿费、伙食补助费和公杂费按照差旅费规定执行；在基层单位工作期间，标准为 20 元/（人·天），不再报销住宿费和公杂费。

到市区以外的基层单位工作的人员被省直单位选调（抽调）到省直单位挂职锻炼、开展专项工作或到地方监督工作的，按以下规定报销差旅费：从基层工作单位到省直有关部门或派到异地临时工作单位往返程的城市间交通费，按基层单位所在地的差旅费补助标准回原工作单位报销；在省直有关部门或派到异地工作期间，伙食补助费标准为 20 元/（人·工作日），由选调（抽调）人员的省直单位报销，在原工作单位不再报销公杂费和伙食补助费。

补助经费列支渠道按"谁派出，谁负担，谁审签"原则执行。挂职锻炼、扶贫工作的由党委组织部审签；"三下乡"工作由学生处团委审签；社会调查由人文系审签。

（二）执行文件或依据：省财政厅《关于印发省直党政机关和

事业单位差旅费管理办法的通知》。

（三）执行时间：2008 年 1 月 1 日。

（四）标准编号：JF-BZ07-20。

二十一、教职工探亲路费报销标准

（一）乘坐火车的（包括直快、特快），不分级别，一律报销硬座席位车票。年满 50 周岁以上男女职工并连续乘坐火车 48 小时以上，可以报销硬席卧铺。

（二）乘汽车及其他民用交通工具，平时按 0.20 元/公里核报，春节期间按 0.30 元/公里核报。里程按高等学校与探亲地的距离往返双程计算。

（三）探亲途中的市内交通费（指高等学校往返火车站、汽车站交通费，探亲地的火车站、汽车站往返家庭的交通费，中转地点往返火车站、汽车站的交通费），乘坐公共电车、汽车和轮渡的，按实报销，乘坐出租车的费用自理，按照本标准第二条规定的里程核报探亲路费的，不再报销市内交通费。职工探亲往返途中，需中途转车转船并在中转地住宿的，每中转一次，按一天的住宿费包干报销 20 元。

（四）教职工探亲不得报销飞机票。因故乘坐飞机的，可按实际相同里程的直线车船票核报，或采取本条第二条规定核报。

（五）已婚教职工探望父母的往返路费在本人工资的 30% 以内的，由职工本人自理，超过部分由学校报销。

（六）订票费、退票手续费、候车费、行李托运寄存费、保险费、伙食费等均由教职工个人自理。

（七）家住邻市（县）的教职工，利用公休假探望配偶（未婚教职工探望父母），每月可报一次直线往返车船费的 60%。

（八）执行文件或依据：《国务院关于职工探亲待遇的规定》（国发〔1981〕36 号）。

（九）执行时间：1981 年 3 月 14 日。

（十）标准编号：JF-BZ07-21。

二十二、教职工上下班交通费补贴标准

（一）凡高等学校没有安排住房的教职工，住处距离学校超过两公里，按 80 元/月标准计发交通补贴。

（二）全年按 10 月计算，按月随工资每月计发，由总务部门审签。

（三）市内实习基地的交通费（含伙食及公杂费）补贴标准为 25 元/（出勤天·人）。

（四）执行文件或依据：省财政厅、人事厅《关于修订省级行政事业单位部分补贴标准的通知》。

（五）执行时间：2004 年 5 月起试行。

（六）标准编号：JF-BZ07-22。

二十三、教职工误餐费补贴标准

（一）工作人员在市内联系工作，超过下班时间不能在联系工作单位搭食，又不能赶回本单位或在家就餐，而必须在外买食者，可领取误餐补助费，补助标准为 10 元/（餐·人）（只限午、晚餐）。

（二）凡学校派车、乘坐出租车或报销业务招待费者，不再领取误餐补贴。

（三）执行文件或依据：省财政厅《关于调整省级国家机关事业单位误餐费、夜餐费、学习补助等开支标准的通知》。

（四）执行时间：1996 年 7 月 10。

（五）标准编号：JF-BZ07-23。

二十四、教职工夜餐费标准

（一）因工作需要，经单位负责人批准，人事处备案，夜间加班工作至 23：30 以后可以计发夜餐费，标准为 10 元/（次·人）。夜间工作属于正常工作时间（医生、保卫干部上夜班），只计发夜餐费，不计发加班工资；属于加班，可以同时计发夜餐费和加班工资。非正式编制聘任人员晚上上班（值班）工作至 23：30 以后可

以计发夜餐费，标准为 6 元/（次·人）。

（二）执行文件或依据：省财政厅《关于调整省级国家机关事业单位误餐费、夜餐费、学习补助等开支标准的通知》。

（三）执行时间：1996 年 4 月 9 日。

（四）标准编号：JF-BZ07-24。

二十五、外聘专家（教师）酬金标准

（一）各院（系、部）、各单位确因教学、科研等业务需要对外聘请教师、专家讲课或指导工作，需支付的外聘专家酬金的，按教授（含相应专业技术职称、正副厅级职务人员）80 元/课时标准，副教授（含相应专业技术职称、正副处级职务人员）70 元/课时标准，讲师（含相应专业技术职称、正副科级职务人员）60 元/课时标准，其他人员 50 元/课时标准发放。学校领导特聘的或事前经学校批准的专家（含上级主管部门专家）酬金标准参照上述标准，由财务处酌情控制开支。

受聘客座教授津贴标准为 300 元/月。

本科教学工作水平评估专家劳务费补贴标准为 2000 元/（人·次）。

（二）对于开办不满三年的新专业，确因社会人才缺乏较难聘请教师的，由教学单位申请，经教务处、人事处审核，报分管教学的副校长和校长审批，课酬可适当提高，但不得超过现同级标准的 20%。

（三）对外聘（兼职）教师不另外提供交通补贴，但外聘（兼职）教师可以免费乘坐学校交通车。学校领导特聘的或事前经学校批准的专家（含上级主管部门专家），经校级领导审批可酌情报销差旅费。

（四）外请专家酬金标准已包括外请专家个人应交个人所得税，凡需由学校代交纳个人所得税的由主管校领导审批。

（五）外请专家酬金标准不分经费来源使用统一标准。

（六）执行文件或依据：省教育厅《关于进一步规范教育评估接待工作及专家评审劳务费发放标准的意见（试行）》；《外聘

（兼职）教师管理办法》。

（七）执行时间：2007 年 12 月 20 日。

（八）标准编号：JF-BZ07-25。

二十六、业务招待费开支标准

（一）业务招待费是指高等学校为执行公务或开展业务活动需要合理开支的招待费，包括在招待地点发生的交通费、用餐费和住宿费。任何不符合规定的开支均不得列入业务招待费范围。

（二）业务招待费的总数不得超过"当年教育事业公共支出总额（扣除招待费和维修费）"的 2%。

（三）招待外来人员时招待单位应控制陪同人员数量，外来人员 1~2 人的，陪同人员不超过 3 人；外来人员 3~5 人的，陪同人员不超过 5 人；外来人员 5 人以上的，陪同人员不超过 7 人。

在高等学校校内食堂用餐的，早餐标准为 15 元/（餐·人），正餐标准为 30 元/（餐·人）；在营业性餐饮机构就餐的，早餐标准为 30 元/（餐·人），正餐标准为 80 元/（餐·人）。

高等学校重要的招待，其开支标准由财务处酌情控制。

（四）执行文件或依据：财政部《高等学校教育培养成本监审办法》（第二十四条）。

（五）执行时间：2001 年 9 月 1 日。

（六）标准编号：JF-BZ07-26。

二十七、高等学校校内评审费开支标准

（一）高等学校校级职称评审（高评委、中评委联合评审）标准为 300 元/（人·天（次））。

校级学科与专业建设评审、课程建设评审，评审小组人员（具有表决权）标准为 200 元/人；校级招投标评审，评审小组人员（具有表决权的）标准为 150 元/（人·天（次））。

工作人员（限定评审小组人数 1/3 以下）标准为 100 元/（人·天（次））。

非学校校级评审的不计发评审费。

（二）执行文件或依据：高等学校自行制定。

（三）执行时间：2006 年 1 月 1 日。

（四）标准编号：JF-BZ07-27。

二十八、学历进修资助标准

（一）经批准攻读博士学位并取得学位者，学校资助 15000 元，入学时可预支 5000 元，取得毕业证书和学位证书后一并报销 15000 元。

（二）经批准攻读硕士学位并取得硕士学位者，学校资助 10000 元，入学时可预支 3000 元，取得学位证书后一并报销 10000 元。

（三）凡未在规定学习时间内完成学习任务（以所学习的学校规定的学制为准），按延长时间扣除学习资助费，每延长一年扣 20%，直至扣完为止。

（四）执行文件或依据：高等学校自行制定。

（五）执行时间：2006 年 6 月 30 日。

（六）标准编号：JF-BZ07-28。

二十九、科研项目立题费、管理费、实验室维持费标准

（1）标准

课题类型	立题费	管理费	实验室维持费
省部级以上课题	20%	5%	2%
厅局级课题	10%	5%	2%
横向课题	30%	8%	2%

（二）省部级以上课题包括国家级项目（"973"、"863"、国家自然科学基金、国家科技攻关、国家星火项目、国家火炬项目、国家社科规划基金等项目）、省部级项目（教育部项目、省自然科

学基金、省科技攻关、省社科规划基金项目等）纵向科技项目。

厅局级课题包括省教育厅项目、省农业厅项目、市级科技三项经费项目、市级社科规划基金项目等。

横向课题指学校与企业或单位签订的技术合同项目。

（三）立题费上限不得超过 8 万元，不得将同一项目分拆套取立题费。科技三项项目单项管理费不得超过 5 万元。

（四）立题费和管理费的计提基数以实到经费扣除转出协作费的净额为准，实验室维持费计提基数以实到经费（含转出的对外协作部分）为准。

（五）执行文件或依据：教育部 财政部《关于进一步加强高等学校科研经费管理的若干意见》（教财［2005］11 号）。

（六）执行时间：2006 年 4 月 21 日。

（七）标准编号：JF-BZ07-29。

三十、科研经费开支范围分类标准

（一）科研费用开支范围包括直接费用和间接费用。

直接费用是指科学研究过程中使用的可直接计入课题成本的费用，一般包括设备购置费、能源材料费、试验外协费、资料印刷费、租赁费、鉴定验收费。

间接费用是指科学研究过程中发生的难以直接计入课题成本的费用，一般包括差旅交通费（含自备车辆的路桥油费）、项目管理费、版面费、通信信息费、课题组聘用人员工资、专家咨询费、接待费。

（二）纵向科技项目经费开支，直接费用（含仪器设备购置）不少于 70%，间接费用不超过 30%。计算经费开支比例基数均剔除立题费、科研管理费和实验室维持费。

横向科技项目经费开支，直接费用（含仪器设备购置）不少于 60%，间接费用不超过 40%。计算经费开支比例基数均剔除立题费、科研管理费和实验室维持费。

校级科学基金项目经费开支只限直接费用。

（三）仪器设备不超过项目经费总额的 30%。

购置 0.2 万~0.5 万元的仪器设备，由科研处批准；购置 0.5 万元以上的仪器设备，由分管科研的校领导批准。

（四）使用科研经费出国参加学术交流会议或进行科研考察的需经学校学术委员会批准，严禁私自使用科研经费出国参加学术交流会议或进行科研考察。

（五）执行文件或依据：财政部　国家发改委　经贸部《科技三项费用管理办法（试行）》（财工字［1996］44 号）；财政部国家发改委　经贸部　科技部《产业技术研究与开发资金管理办法》（财建字［2002］30 号）；教育部　财政部《关于进一步加强高等学校科研经费管理的若干意见》（教财［2005］11 号）。

（六）执行时间：2006 年 1 月 1 日。

（七）标准编号：JF-BZ07-30。

三十一、引进人才安家费和科研启动费标准

（一）省级以上重点学科带头人优惠待遇：科研启动费 30 万元；安家费 30 万元。

（二）博士生导师（或国外工作、学习一年以上的正教授）优惠待遇：科研启动费 30 万元；安家费 30 万元。

（三）正高级职称人才优惠待遇：科研启动费 5 万元（文科减半）；安家费紧缺（新兴）学科的 15 万元，学校提供三室一厅周转房一套或一次性发给住房补贴 3 万元。

（四）硕士以上学位副教授、博士学位人员的优惠待遇：科研启动费（文科减半）为具有硕士以上学位副教授 3 万元、博士学位人员 2 万元；安家费为紧缺（新兴）学科博士学位人员或紧缺（新兴）学科的具有硕士以上学位副教授发给安家补贴 3 万元，学校提供二室一厅周转房一套或一次性发给住房补贴 2 万元，其他具有硕士以上学位副教授、博士学位人员只享受一次性住房补贴 2 万元。

（五）夫妻双方均为博士或教授的，以职称或学历高的一方享受补贴，并在现有基础上增加安家费 2 万元。

（六）执行文件或依据：高等学校自行制定。

（七）执行时间：2007 年 11 月 1 日。

（八）标准编号：JF-BZ07-31。

三十二、校级科研教研项目资助额度标准

（一）校级科研基金项目资助额度，理工农科类每项 1 万~2 万元，人文社科类每项 0.5 万~1 万元。

（二）校级教研项目资助额度，不分学科类别每项 0.1 万~0.8 万元。

（三）教材编写资助额度，国家"十五、十一五规划教材"，"二十一世纪规划教材"主编者，资助 1 万~5 万元，资助金额由学校学术委员会批准。

（四）执行文件或依据：高等学校自行制定。

（五）执行时间：2004 年 1 月 1 日。

（六）标准编号：JF-BZ07-32。

三十三、科研项目结题结余经费分配标准

（一）纵向科研项目结余经费按以下比例分配：课题组人员加班津贴 50%，课题组预设课题经费、科研启动费（直接费用）或国内外学术交流活动费 50%。

（二）横向科研项目结余经费按以下比例分配：课题组 70%，院（系、部）20%，学校科技发展基金 10%。

（三）执行文件或依据：高等学校自行制定。

（四）执行时间：2004 年 1 月 1 日。

（五）标准编号：JF-BZ07-33。

三十四、科研论著出版费、论文版面费资助及报销标准

（一）科研论著出版费，由学校学术委员会评审确定资助金额，资助金额标准为 1 万~5 万元，以学术委员会评审会议纪要为准。经费列支渠道为"著作出版费"项目，由财务处立项报销。

（二）省级以上（含省级）刊物发表科研论文，版面费报销标准为 800 元/篇（学校酬金分配办法已计算发放科研工作量酬金

的，资助标准将逐步降低直至取消）；核心刊物发表科研论文，版面费报销标准为 1500 元/篇；权威刊物发表文章，版面费报销标准为 5000 元/篇，由校长审批。

上述标准不含汇款手续费。

（三）执行文件或依据：高等学校自行制定。

（四）执行时间：2006 年 1 月 1 日。

（五）标准编号：JF-BZ07-34。

三十五、研究生生活补贴

（一）由硕士生导师给学生发放生活补贴（工资由原单位发放的定向培养研究生及本校在职研究生除外），以津贴形式发放，一学年按 10 个月计算。

（二）发放标准：一年级 400 元/月，二、三年级 500 元/月。学校鼓励导师在规定的生活补贴以外从科研课题经费或应用开发经费中适当增发硕士研究生生活补贴。

（三）对于不能正常完成学业，违法、乱纪的学生，导师可以中止对其继续发放生活补贴。

（四）对没有能力支付学生生活补贴的导师或课题组，学院将调整其下一年度的硕士研究生招生计划。

（五）执行文件或依据：高等学校自行制定。

（六）执行时间：2006 年 1 月 1 日。

（七）标准编号：JF-BZ07-35。

三十六、稿费、编审费、编辑及校对费开支标准

（一）按学报稿费 80 元/篇，审稿费 50 元/人，编辑部主编编审费 200 元，副主编编审费 120 元，编辑校对人员 80 元/人标准支付。

（二）校报稿费按 1~200 字 3 元，101~200 字 6 元，201~300 字 9 元，301~400 字 12 元，401~500 字 15 元，501~600 字 18 元，601~700 字 21 元，701~800 字 24 元，801~900 字 27 元，901~1500 字 30 元，1500 字以上 40 元标准发放。

主版编辑校对费 50 元/版，中缝编辑校对费 20 元/版，编审费 100 元/期。

（三）院（系、部）编刊报稿费 100 字以下的 5 元/篇，100 字以上的 10 元/篇。院（系、部）编刊报经费由院（系、部）自筹解决。

（四）执行文件或依据：教育部办公厅《高等学校学报管理办法》（教备厅〔1998〕3 号）。

（五）执行时间：2001 年 9 月 1 日。

（六）标准编号：JF-BZ07-36。

三十七、高等院校本专科生学费收入支出比例标准

（一）高等院校普通本专科生学费收入支出比例标准：补充教学经费 25%；教职工超工作量酬金 25%；学生奖学金和助学金 5%（以教育事业收入为基数，与原计算金额差额用于补充教学经费）；补充学校办学经费（含归还基建贷款）35%。

（二）高等院校成教生学历教育收费分配比例，教学点的教学经费 65%，补充学校办学经费 35%；校本部的教职工奖酬金等 25%，补充教学经费 75%。

（三）使用财政性资金投资兴建学生公寓住宿费收入的支出标准：补充教学经费 80%，公寓管理费 20%。

（四）自筹资金或引资兴建学生公寓住宿费收入的支出标准：偿还投资 80%；公寓管理费 20%。

（五）省政府及有关主管部门有关文件明确规定的支出比例应在补充办学经费中统筹安排，不单独解决某项经费比例问题。

（六）执行文件或依据：省教育厅　省财政厅　省审计厅《关于进一步加强高等学校财务管理工作的意见》；省人民政府《普通高等学校和中等职业学校家庭经济困难学生资助政策体系的实施意见》。

（七）执行时间：2007 年 11 月 22 日。

（八）标准编号：JF-BZ07-37。

三十八、工会经费、福利费计提开支标准

（一）省直机关、事业单位工作人员福利费标准，由现行规定的 25 元/（月·人）调整为 30 元/（月·人）。

（二）福利费提取标准比例，由 1965 年规定工资总额的 2.5%，调整为 2.5% ~ 4%。提取的福利费范围包括离退休人员在内。

（三）福利费的使用要有余地，做到略有节余，不能分光用光。提成的福利费用以解决工作人员及其家庭生活困难为主，可用于集体福利费，但比例一般不超过本单位提成福利费总额的 40%。

（四）工会经费按职工工资总额的 2% 比例提取。

（五）执行文件或依据：省人事厅　省财政厅《关于福利费提取办法的规定》；省人事厅　省财政厅《关于调整福利费提取办法的规定》。

（六）执行时间：1997 年 7 月。

（七）标准编号：JF-BZ07-38。

三十九、预算人头费（综合办公费）定额标准

（一）综合办公费标准按人头（不含聘任制人员）计算，教授（正副厅级）1200 元，副教授（正副处级）1000 元，讲师（正副科级）750 元，助教（科员）500 元，其他 400 元。各有关部门按上列标准计算申报；考虑到个别行政部门人员少，公务活动多，计算综合办公费时可核定一定基数，基数由财务处按照实际情况与有关单位协商核定。

（二）执行文件或依据：高等学校自行制定。

（三）执行时间：2003 年 11 月 1 日。

（四）标准编号：JF-BZ07-39。

四十、实习实验费定额标准

（一）实习经费定额标准。

实习每次少于一周的：教学实习（技能训练）按每周五天，文科 4 元/（天·人），其他科类 5 元/（天·人）；生产（毕业）实习按每周六天，文科 5 元/（天·人），其他科类 8 元/（天·人）。

实习每次多于一周的：教学实习（技能训练）按实际天数（实际实习天数），文科 4 元/（天·人），其他科类 5 元/（天·人）；生产（毕业）实习按实际天数（实际实习天数），文科 5 元/（天·人），其他科类 8 元/（天·人）。

指定专业参加学校安排的公益劳动，可适当补贴交通费，按每学期一周，每周 5 天，4 元/（天·人）核定预算额度。

农科、工科学生按毕业论文（毕业设计）200 元/人，课程论文 50 元/人；经济类学生按毕业论文（毕业设计）150 元/人，课程论文 50 元/人核定预算额度。

（二）实验经费标准。

实验经费按一等 1.5 元/人/课时，二等 1.2 元/人/课时，三等 1 元/人/课时，四等 0.8 元/人/课时，五等 0.5 元/人/课时，六等 0.3 元/人/课时核定预算额度。

（三）执行文件或依据：高等学校自行制定。

（四）执行时间：2003 年 11 月 1 日。

（五）标准编号：JF-BZ07-40。

四十一、奖教奖学金

（一）校级奖教奖学金。

奖教金标准：一等奖 1200 元/人，约 3 名；二等奖 800 元/人，约 7 名；三等奖 400 元/人。

奖学金标准：一等奖 1200 元/人，约 3 名；二等奖 600 元/人，约 6 名；三等奖 300 元/人，约 25 名。

（二）优秀新生奖学金。

第一志愿报考我校，且高考分数在第一批录取分数线上的本科新生，可获得一等奖，3000 元/人。

第一志愿报考我校，且高考分数在第二批录取分数线上的本科新生，按 10% 比例评选二等奖，2000 元/人。

（三）优秀毕业生奖学金

优秀三好学生奖金标准 2200 元/人；三好学生奖金标准为 1500 元/人；单项积极分子奖金 700 元/人；特别奖 500 元/人。

（四）执行文件或依据：高等学校自行制定。

（五）执行时间：2003 年 11 月 1 日。

（六）标准编号：JF-BZ07-41。

四十二、学生助学金、勤工助学基金开支标准

（一）农科类学生、师范类学生享受人民助学金，按 50 元/（月·生）、每年 10 个月的标准开支。

（二）勤工助学基金。学生参加学校组织的在各院（系、部）、各单位勤工助学领取的勤工助学金，首先由使用单位申请，学生处在贫困学生库中挑选合格学生面试，人事处审批确定岗位职数。

使用单位应严格做好学生勤工助学金原始考勤记录，由学生处制单，按学生处制定的学生勤工助学管理办法进行审批，由财务处结算中心通过银行转存发放。

学生勤工助学原则上每周不超过 8 小时，每月不超过 40 小时，勤工助学金标准为 8 元/小时。学生勤工助学金每月原则上不得超过 320 元。

（三）执行文件或依据：教育部　财政部《高等学校勤工助学管理办法》。

（四）执行时间：2007 年 11 月 1 日。

（五）标准编号：JF-BZ07-42。

四十三、学生参加学科、科技竞赛管理与奖励办法

（一）对指导教师的奖励。根据学生获奖等级，学校对创新性学科或科技竞赛的指导教师按如下标准进行奖励：

获奖等级 奖励额度 竞赛类别	一等奖 （元/队）	二等奖 （元/队）	三等奖 （元/队）	优秀奖 （元/队）
国家级	10000	6000	4000	2000
全国性、省级、国家级省赛区	6000	4000	2000	1000
全省性、全国性省赛区	2000	1000	500	300
校级	1000	600	300	100

注：（1）获奖等级以竞赛主办单位或团体颁发的证书或文件为依据；

（2）同一个队同时获得同类多等级奖项的按最高级奖励，奖金不累加；

（3）另有计算指导工作量的（如创新基金项目），奖励减半；

（4）获奖等级设特等奖、一等奖、二等奖的，特等奖按上表一等奖奖励、一等奖按上表二等奖奖励，依次类推。

（二）对获奖学生的奖励。

（1）各级学生竞赛的获奖级别的认定，以竞赛主办单位或团体颁发的证书或文件为依据，由主办单位颁发统一的获奖证书，竞赛成绩记入学生档案。

（2）根据获奖等级，学校对获奖学生按如下标准进行奖励：

获奖等级 奖励额度 竞赛类别	一等奖 （元/队）	二等奖 （元/队）	三等奖 （元/队）	优秀奖 （元/队）
国家级	10000	6000	4000	2000
全国性、省级、国家级省赛区	6000	4000	2000	1000
全省性、全国性省赛区	2000	1000	500	300
校级	1000	600	300	100

注：（1）以个人为单位（1人/队）参赛的，按同等级每队奖励额的50%予以奖励；

（2）同一个队同时获得同类多等级奖项的，按最高级奖励，奖金不累加；

（3）获奖等级设特等奖、一等奖、二等奖的，特等奖按上表一等奖奖励、一等奖按上表二等奖奖励，依次类推。

（3）经学校批准组队参加国家级、省级竞赛的竞赛队（校队），报名费由学校承担；其他学生可自由组队以学校名义自费参赛，在不影响校队情况下，参加学校组织的有关培训，如获奖，学校给予报销报名费并与校队享受同等奖励待遇。

（三）对优秀组织单位的奖励。

学校对积极组织并取得显著成效的校外竞赛的组织单位给予奖励。每一竞赛项目，学校按 1 个最高获奖级别学生参赛队的奖励额度奖励承办单位，凡在同一年度内组织两项以上（含两项）竞赛的，不予累加。

（四）执行文件或依据：高等学校自行制定。

（五）执行时间：2008 年 1 月 28 日

（六）标准编号：JF-BZ07-43

四十四、体育教师专项补助标准

（一）教学劳保服装费标准：在编教师 200 元／（人·年），聘任制（聘用期一年以上的）教师 150 元／人·年。体育教师服装费凭法定正式发票报销，发票需载明服装类别为运动服，报销时在不超过规定限额标准内据实报销，票据金额不足标准的按实际金额报销。

（二）高温费补贴标准：体育教师室外高温费补贴标准按每年 3 个月补贴，按每月 22 天 3 元／天标准计算发放，凭考勤记录于每年 9 月 30 日前一次性发放。由体育部制表，人事处审批，在体育维持费中列支。

（三）各项比赛奖励标准。

市级比赛：学生取得单项前三名的教师奖励 250 元，学生取得集体项目前三名的教师奖励 300 元。

省级比赛、区域性比赛：学生取得单项前三名的教师奖励 500 元，学生取得集体项目前三名的教师奖励 600 元。

省大运会比赛：学生取得单项前三名的教师奖励 750 元，学生取得集体项目前三名的教师奖励 800 元。

全国大学生比赛：学生取得单项前三名的教师奖励 1000 元，学生取得集体项目前三名的教师奖励 1200 元。

（四）校级运动会补助标准：竞赛期间各项目裁判长和核准规定工作人员按每人 50 元/天标准给予补贴，凡领取补贴的不得算教分。

（五）执行文件或依据：高等学校自行制定。

（六）执行时间：2001 年 9 月 1 日。

（七）标准编号：JF-BZ07-44。

四十五、学生比赛训练及比赛期间补助奖励标准

（一）学生平时比赛训练期间补助标准：校级田径队、游泳队、排球队、武术队、定向越野等各运动队参加市级单项比赛、省级比赛、区域性比赛、省大运会、全国大运会赛前平时训练，参训队员按 3 元/（人·次）标准计发补助；训练期为 30 天以上的按 6 元/（人·次）标准计发补助。

（二）学生寒暑假比赛训练补助标准：校级田径队、游泳队、排球队、武术队、定向越野等各运动队参加市级单项比赛、省级比赛、区域性比赛、省大运会、全国大运会赛前寒暑假期间技能训练，参训队员按 15 元/（人·次）标准计发补助。

（三）学生比赛期间补助标准：校级田径队、游泳队、排球队、武术队、定向越野等各运动队参加市级单项比赛、省级比赛、区域性比赛、省大运会、全国大运会比赛期间，参赛队员按 20 元/（人·天）标准计发补助。

校级运动会学生裁判员补助标准按每人每天 30 元计发。

（四）校外竞赛获奖奖励标准

市级比赛：个人单项 30 元/分；集体项目 30 元/（分·项）。

省级比赛、中南区比赛：个人单项 60 元/分；集体项目 60 元/（分·项）。

省大运会比赛：个人单项 100 元/分；集体项目 100 元/（分·项）。

全国大学生比赛：个人单项 150 元/分；集体项目 150 元/

（人·分·项）。

（五）执行文件或依据：省教育厅　省财政厅　省体育局《大学生体育比赛经费开支标准及财务管理办法》。

（六）执行时间：2006 年 9 月 1 日。

（七）标准编号：JF-BZ07-45。

第十二章　规范高等学校会计电算化行为，科学防控财务廉政风险

第一节　高等学校会计电算化概述

一、会计电算化的概念

会计电算化是指以电子计算机为主、将当代电子技术和信息技术应用到会计实务中，由计算机代替人工记账、算账、报账，并能部分替代人脑完成的会计信息的分析和判断的过程，其主要任务是研究如何在会计实务中应用电子计算机，以提高会计核算和管理水平。

二、会计电算化信息系统的概念及特点

（一）会计电算化信息系统的概念

会计电算化信息系统是指以电子计算机技术为基础，以计算机及其外部设备为数据处理工具，以各种会计制度为依据，形成的一个特殊形式的会计信息系统。该系统由人员、计算机硬件、计算机软件、相关的信息资料文件和会计规范等基本要素组成，是一个人和计算机相结合的有机系统。

（二）会计电算化信息系统的特点

1. 会计数据处理的规范化、集中化、自动化

会计原始数据的录入必须采用计算机程序默认的统一规格，数据处理规范化；计算机能根据程序进行实时处理或进行批处理，能

够及时提供最新的信息，规模越大，越复杂的数据，越能够体现计算机的集中化处理；计算机在实施网络化后，数据能够共享，数据录入后，一切需要的数据信息通过计算机处理获得，不需要人工干预。

2. 数据处理的高精度、准确性和高效性

计算机具有高精确和逻辑判断能力，在会计信息处理中不但能够提高数据的处理过程，同时能够输出准确无误的信息，增强了会计信息的真实性。

3. 数据存储的磁性化、无纸化

在会计电算化信息系统中，会计数据是以文件的形式予以存储，不再像手工系统那样记录在账簿中，而以磁性介质存储材料为主。存储于磁性介质上的会计数据，与其他电子数据一样，具有修改与删除不留痕迹的特点，而且能够方便随时调用并可重复使用。

4. 会计内部控制程序化

从传统手工会计转变为会计电算化信息系统后，记账程序进入规范化管理，会计数据通过计算机进行程序处理，使得会计内部控制趋于程序化。

5. 会计档案简单化

会计电算化信息系统的档案资料是以磁性介质为主，既节约了空间，又便于查阅和管理。

第二节　高等学校会计电算化的廉政风险

高等学校会计电算化发展迅猛，已经实现了会计电算化，基本摆脱了长久以来的传统手工核算，既规范了会计核算方法，又提高了工作效率。但由于各种原因，高等学校的会计电算化进程仍然缓慢，仍处于会计电算化初级阶段，停留在传统会计核算模式上。近年来高等学校利用计算机进行违法活动的案件不断发生，暴露出高等学校会计电算化的廉政风险，影响了高等学校会计电算化的健康运行。

一、高等学校会计电算化信息系统控制不足，廉政风险大

随着高等学校会计电算化的发展，会计电算化软件的质量问题越来越突出。各高等学校的会计电算化软件不统一，正规软件有：天大天才软件、复旦天翼软件、上海财大科发软件等。有的高等学校使用的软件系统不合规范、实用性和安全性很差，甚至有的高等学校由于经济原因使用仿版的会计软件。许多软件开发商不懂会计，在功能和程序设置中缺乏全面性考虑，在会计电算化系统应用当中经常出现这样那样的问题和漏洞，很可能造成数据丢失、被篡改或破坏。这种现象在各高校的财务业务操作中或多或少都出现过，给电算化系统控制带来很大困难。

二、高等学校会计电算化系统的运行控制薄弱，带病运行

会计电算化信息系统要能够正常运行，是与日常的系统管理和维护分不开的。但在会计电算化工作中，有的高校会计部门只是由原来的手工系统会计人员重新组合，没有电算化系统管理人员，也不懂电算化系统维护，对网络运行也没有监控措施。出现问题得不到及时的修理、修正，很难保证电算化系统的安全，也就更难达到对电算化系统的运行控制，带病运行。

三、高等学校会计电算化系统功能设置不合理，廉政风险漏洞大

手工系统中记账、结账等采取手工操作，各环节紧密衔接，记账、结账后发现问题只能调整账务处理。而会计电算化系统提供"反记账"、"反结账"等功能，出现错误可以反复修改且不会留下痕迹，在一定程度上方便了操作，但这一功能的设置不符合《会计法》的要求，也给会计电算化信息系统内部控制带来了困难。

（一）系统模块间通用性差，集成程度低，内部控制难度加大

由于会计电算化系统的一体化模式尚未建立，高校电算化系统

往往独立于其他子系统，各子系统的会计数据不能完全实现在系统内部进行数据交换，多数子系统仍建立在直接使用数据的基础上。如：账务处理和收费系统之间的数据不能直接传递，账务处理系统只能按照收费系统提供的数据重新输入才能进行处理，这样不仅增加了数据输入的工作量，也会由于人为原因增加出错率，加大会计电算化信息系统内部控制难度。

（二）　会计电算化软件不能满足电算化审计的要求

随着会计电算化的发展，电算化软件种类增多，但大多数软件开发商重视软件的设计和开发，没有为会计电算化审计预留测试通道，阻碍了其提供审计线索的功能，影响了会计电算化信息系统内部控制作用的发挥。

（三）　日常业务控制力度不够

日常业务控制是高校会计电算化系统的经常性控制，也是高校电算化控制的核心环节。会计材料的审批、审核、报账、复核、记账、报表和会计档案的初始形成等工作都是在这个环节形成的。日常业务控制的疏忽，会影响会计信息质量，甚至会导致管理和决策的失误。

（四）　业务流程控制不足

高等学校会计电算化的业务流程主要是指进行程序检查，在经济发生时通过计算机的控制程序，对业务的合理性和合法性、完整性进行检查和控制。但现实中高校在会计电算化业务处理流程控制过程中往往考虑或检查不周，经常是会计业务处理中出现了问题时才进行查漏补缺做相关的设置控制，引起会计电算化系统内部控制滞后。

第三节　高等学校会计电算化防控财务
廉政风险的目标和意义

一、高等学校会计电算化系统防控财务廉政风险的目标

高等学校会计电算化内部控制的设计目标是通过对人机共同控

制以达到的目的或欲达到的效果。会计电算化信息系统内部控制是内部控制的特殊形式，要建立高校会计电算化信息系统内部控制制度，首先必须明确会计电算化内部控制的目标。

（一）保证国家法律、法规的贯彻执行

国家的法律、法规是高校建立会计电算化信息系统内部控制的基础，只有认真贯彻国家的法律法规，才能保证学校经营活动的合法性，内部控制制度才能得以实施。所以，建立高校会计电算化信息系统内部控制制度，其首要目标是要严格执行国家的法律、法规。

（二）保证高校会计资料的真实、完整，提高会计信息质量

会计资料的真实完整是管理层进行决策判断的依据，建立会计电算化信息系统内部控制，健全会计日常业务控制，加强对会计信息的采集、处理、汇总等相关环节的监督和控制，能够有效地避免和减少差错。因而保证高校会计资料的真实完整，提高会计信息质量是建立会计电算化内部控制的一个基础目标。

（三）确保高校的资产安全和完整

资产是高校生存和发展的物质基础，防止贪污、舞弊和其他违法行为的发生，减少不必要的浪费和资产损失与流失，确保高校财物的安全与完整，是建立完善的电算化信息系统内部控制制度的重要目标。

（四）适当规避风险

会计电算化信息系统本身具有程序控制的功能，建立电算化信息系统内部控制制度，其目的是消除手工系统带来的风险，同时减少人为因素操作风险。

（五）促进高校财务管理水平的提高

会计电算化是高校会计工作的核心，通过建立会计电算化信息系统内部控制制度，不断完善会计人员的岗位责任制，规范财务管理，促进财务理水平的提高，是高校经济可持续发展的目标。

二、高等学校会计电算化防控财务廉政风险的意义

会计电算化是一项政策性、制度性、技术性都很强的工作，为

保障高等学校会计电算化工作顺利开展，确保电算化条件下会计数据真实、准确、安全，必须完善并加大推进会计电算化力度。会计电算化在廉政风险防控中具有以下意义：

（1）设置会计电算化授权，防控人为因素造成的廉政风险，形成会计、出纳、财务处领导、会计科科长、系统管理员的权限制衡机制，使不相容职务相分离，消除运行机制的廉政风险。

（2）使用计算机对项目预算进行锁死控制，对预算执行进行预警和防控超支控制，达到提升预算执行力，提升廉政风险防控的主动性。

（3）消除预算执行、项目用途限制、人情预算的廉政风险干扰，做到铁面无私。

第四节　构建科学的高等学校会计电算化廉政风险防控系统

一、高等学校会计电算化信息系统内部控制的设计依据

（一）法律法规依据

《会计法》、《会计电算化管理办法》和《会计电算化工作规范》等有关规定。

1.《会计法》的规定

《会计法》第十三条规定："使用电子计算机进行会计核算的，其软件及其生成的会计凭证、会计账簿、财务会计报告和其他会计资料，也必须符合国家统一的会计制度的规定。"

2. 双层含义

（1）使用电子计算机进行会计核算的单位，使用的会计软件必须符合国家统一的会计制度的规定；

（2）用电子计算机生成的会计资料必须符合国家统一的会计制度的要求。即用电子计算机生成的会计凭证、会计账簿、财务会计报告在格式、内容以及会计资料的真实性、完整性等方面，都必

须符合国家统一的会计制度的规定。

（二）高等学校实际财务管理的依据

会计电算化是会计工作的发展方向，学校应当重视这一工作。开展会计电算化工作，是促进会计基础工作规范化和提高经济效益的重要手段和有效措施。具体而言，高等学校以下的财务管理实际情况使得会计电算化具有必然性。

（1）收入不断增加，规模不断扩大。

（2）强化预算项目管理的需要。

（3）提高工作效率的需要。

（三）控制环境依据

环境是制约内部控制制度建立和实施的各种因素的总称，是内部控制的基础。会计电算化信息系统内部控制的环境，主要包括会计机构设置与会计人员的权责分配、机房环境建设和硬、软件的配备和系统管理维护等。

（四）风险评估与应对依据

是对影响会计电算化信息系统内部控制目标的各种不确定因素进行及时识别、分析，并确定采取应对措施的过程，是实施会计电算化信息系统内部控制的重要环节。

（五）控制措施依据

根据风险评估结果、结合风险应对措施所采取的确保电算化信息系统内部控制目标实现的具体方法，是实施高校会计电算化信息系统内部控制方法的具体应用。

（六）信息与沟通依据

是及时、准确、完整地收集系统控制的各种反馈信息，形成信息管理机制，通过沟通，使各会计人员能够明确自己在电算化信息系统内部控制中的责任，确保其更好地加强内部控制。

（七）监督与评价依据

是对会计电算化信息系统内部控制制度的健全性、合理性和有效性进行检查、监督和评价，并做出相应的处理的过程，是实施会计电算化信息系统内部控制的重要保证。

二、构建高等学校会计电算化系统的基本原则

（一）符合法律、法规规定和学校内部实际情况的原则

依据《内部会计控制规范》、《高校财务管理制度》及《会计电算化基础规范》规定，高校应根据学校的实际情况，在建立会计电算化信息系统内部控制制度时，必须把国家的法律、法规体现在其制度中。我国法律、法规和政策对高校的经营管理起着指导作用，是高校建立会计电算化信息系统内部控制的法律依据。

（二）具有广泛约束性原则

内部控制制度对电算化系统的每个会计人员都具有约束力，制度一旦实施必须无条件遵守，认真执行，不允许有超越内部控制制度的权力。

（三）全面性和系统性原则

全面性原则是指会计电算化信息系统内部控制应当涵盖各个会计经济业务和各相关岗位，并对经济业务处理过程进行会计核算和会计监督，包括授权、审批、审核、复核、控制和评价等。系统性是指经济业务由相互联系、相互制约的各个环节组成的有机整体。坚持全面性原则的同时必须结合系统性原则，以保证会计电算化各环节、各岗位能够相互协调地发挥作用，实现既定的高校会计电算化信息系统内部控制目标。

（四）实行内部牵制原则

内部控制的核心是实行权责明确、互相监督的内部牵制制度。由于会计电算化信息系统的特殊性，应根据系统流程或核算程序，进行合理的组织机构设计，坚持不相容职务分离制度，保证每一经济业务经过审批后处理均经过不同的岗位或人员，使每项业务记录受到牵制，实现责、权、利制衡的内部牵制原则。

（五）讲究成本效益原则

高等学校建立会计电算化内部控制制度的目的是能够有效地防范错误和舞弊行为，保护高校财产安全与有效运行，提高经营业务的处理效率。为了实现目标，高校应在会计机构、人员岗位、控制流程方面合理设置，避免重复设置，合理控制经营成本，提高劳动

效率。

（六） 实行动态发展原则

信息系统内部控制制度是一个动态的发展过程，随着社会经济、科技的发展和内部控制环境的变化而不断发展变化。因此，高校应不断修订和改进会计电算化信息系统的内部控制制度，与时俱进，适应时代的要求。

三、高等学校会计电算化的管理机构及人员

（一） 会计电算化管理机构

会计电算化是一项系统工程，涉及学校内部职能部门和使用单位等各方面，各有关负责人应当亲自组织领导会计电算化工作，主持拟定会计电算化工作规划，协调共同搞好会计电算化工作。财务处是学校会计电算化的职能部门，除直接负责财务处的会计电算化工作外，对校内独立核算单位的会计电算化工作、涉及会计电算化的校内其他单位的会计电算化进行业务领导，各有关单位应配合财务处做好会计电算化工作。

（二） 会计电算化人员

根据《会计法》的规定，从事会计工作的人员，必须取得会计从业资格证书。会计机构负责人（会计主管人员），除具备会计从业资格证外，还应当具备会计师及以上专业技术职务或者从事会计工作三年以上经历。根据《会计电算化工作规范》，实行会计电算化的单位，会计人员不仅具有会计从业资格证书，还必须经过一定培训，掌握会计软件的基本操作技能。应根据高等学校的业务需要，设置会计主管（财务管理）、审核人员、复核人员、出纳、记账、结账人员、会计预算及编报人员、系统管理维护人员、档案管理人员等基本会计工作岗位。

1. 会计主管

负责协调计算机及会计软件系统的运行工作，要求具备会计和计算机知识，以及相关的会计电算化组织管理经验，对本单位的会计工作和资料的真实性和完整性负责，负有组织、管理本单位所有会计工作的责任。电算化主管可由会计主管兼任，必须了解会计电

算化。

2. 审核人员

负责对原始凭证的真实性、完整性和合法性及审批程序和审批范围的有效性进行审核，对不真实、不合法、不完整、不规范的原始凭证，不予受理或退还各有关人员更正、补齐后，再行审核。将审核合格的原始凭据进行数据整理核算，输入计算机制作输出生成记账凭证。此岗位要求具备一定的会计专业和电算化知识。

3. 复核人员

主要是对已经制作好的记账凭证进行严格的复核检查，包括原始凭证和审批程序的有效性和合法性，审查会计科目、会计数据核算的正确性以及部门、项目支出的合理性等等，是一种严格意义上的二次全面审核功能。目的是预防和杜绝错弊，对数据输入进行有效控制。一般由具备财务管理和一定的会计专业及电算化知识的会计人员组成。

4. 出纳

出纳工作除与手工系统相同外还增加了出纳复核这一职责。所有关于现金和银行存款等货币资金的凭证除复核人员的复核外，还要经过一次"出纳复核"进行确认，以确保记账凭证每一笔货币资金收支的准确无误。出纳人员应对会计电算化有一定的了解。

5. 记账、结账人员

通过对记账凭证到系统生成的数据、支出项目和收入进行全面核查后，由记账、结账人员在其授权范围内命令计算机统一进行记账、结账，生成明细账、总账等，依照输出程序进行账、证、表等输出打印。记账的凭证必须是经过复核人员和出纳复核过的，且一旦记账、结账就不能够进行系统再操作和修改，这一程序起到循环监督作用。记账、结账人员与编报人员可以兼任，应具有相当的电算化和会计知识。

6. 会计预算及编报人员

会计预算人员根据学校的本年度工作计划和发展目标制定和编制预算，检查分析预算执行情况。编报人员对系统生成的数据根据需要自动生成或编制财务报告，为管理部门提供参考依据。一般由具有财务管理分析和电算化知识能力的会计人员组成。

7. 系统管理员

负责学校会计（软硬件）核算系统运行环境的建立与维护，组织协调系统的运行操作，提出软件修改的意见；发现和解决操作故障，及时纠正数据差错；对会计人员进行口令授权进入系统和权限操作设置管理；定期杀毒和更新杀毒软件，负责系统的安全保密工作；负责对系统硬件设备的检查及故障处理工作，确保系统的正常运行；负责会计系统和财务处网页及内部局域网的日常管理工作。发生不可处理的错误，应及时与销售单位技术人员取得联系，及时解决发生的错误。一般由计算机专业人员负责。

8. 会计档案管理人员

负责存档数据软盘、程序软盘、各类总账和明细账簿、会计凭证和会计报表等资料的纸质和磁性介质的安全管理工作；对软件、数据及资料的安全保密性负责。做好会计数据的保管保存工作。按照档案管理制度进行档案管理，按规定期限，向各类有关人员催交备份数据及存档数据。一般具备一定的管理能力和计算机知识。

四、高等学校会计电算化的财务核算软件

（一）财务管理软件廉政风险防控的要求

高等学校使用的会计核算软件及其生成的会计凭证、会计账簿、会计报表和其他会计资料，应当符合我国法律、法规、规章的规定。高等学校使用的会计核算软件，必须符合《高等学校财务制度》和《高等学校会计制度》的要求，且是经主管部门同意使用的合法会计核算软件。

（二）财务核算软件系统

高等学校应选用主管部门规定使用的软件系统，包括高等学校财务会计工作计算机管理系统、高等学校学生收费管理系统，各有关方面有责任维护支持系统的正常、安全、有效运行。高等学校应逐步实现设备处固定资产管理、设备处家具及低值易耗品管理、医院医疗药品存货核算、存货核算等工作电算化，以进一步实现财务分析和财务管理工作电算化。

（三）会计软件使用控制

会计电算化系统不论是自行开发还是购买商品化软件，必须符合国家和有关部门的标准和规范，系统软件使用实行"一审二测三使用"的原则。在使用会计软件前首先必须向管理部门进行申请审批；其次对通过审批的会计软件进行测试检验，检测所采用的会计软件是否符合会计制度要求；系统各功能模块的设计是否合理和适用；程序的设计是否可靠；生成的会计信息是否合法、是否满足管理、决策需要，系统是否具有可审计性等。计算机系统经过一定时期的使用后（与手工系统并机运行至少三个月），相关人员逐渐熟悉系统程序特性，针对软件存在的问题根据本校的特点及业务需要要求开发商进行相应修改。软件的选用要与学校的实际情况相结合，应重视软件维护管理和开发改善，切不可盲目求大求先进。软件的实用化、规范化、合法化，是加强会计电算化内部控制的基础和保证。国际上某些会计电算化搞得好的国家基本是通过行业会计协会制定统一的财务会计软件标准，或者通过政府手段规定哪些行业需使用那种会计软件。

五、高等学校会计电算化的硬件

会计电算化使用的电子计算机和会计软件是实现会计电算化的重要物质基础，学校应根据实际情况和今后的发展目标，投入一定的财力，以保证会计电算化工作的正常进行。按有关要求，硬件设备原则上三年给予更换，不得使用带病毒、超过使用期限的电脑设备。高等学校应充分利用计算机设备建立计算机网络，做到信息资源共享和会计数据实时处理。高等学校应根据客户机、服务器体系具有可扩充性强、性能价格比高、应用软件开发周期短等特点，逐步建立客户机、服务器局域网网络结构。

由于财务处处理的数据量大、数据结构复杂、处理方法要求严格和安全性要求高，会计电算化工作的电子计算机设备，应由财务处管理，财务处应单独设立计算机室，并配备正版杀毒软件。高等学校校内其他单位应根据实际情况，配备适当的硬件设备，支持财务处局域网的正常运行。

一般情况下每周周末全面检查一次，并做好检查记录。在发生硬软件故障时，应及时分析原因，排除故障，恢复正常运行，做好维修记录，没有能力维修的应及时与供应商联系解决。对硬件的扩充、更新、维修，必须由系统管理员向电算化主管报告并经批准，在主管的监督下方可进行。硬件的更改对系统有重大影响，还需咨询有关专家，谨慎进行。必要时，还需向学校领导请示汇报。更改后的硬软件必须经测试无误后方可正式运行。操作员要爱护设备，保护设备的整洁，做好防潮防火防磁防尘工作。

六、高等学校会计电算化替代手工记账的基本要求

（一）替代手工记账的内容

采用电子计算机替代手工记账，是指应用会计软件输入会计数据，由电子计算机对会计数据进行处理，并打印输出会计账簿和报表。

（二）财政主管部门的考核

考核主要包括：软件、硬件和管理制度，考核合格颁发替代手工记账许可证，才能实施会计电算化替代手工记账。

（三）会计电算化替代手工记账对原始凭证的要求

1. 会计凭证

记账凭证的类别，可以采用一种记账凭证或收、付、转三种凭证的形式；也可以在收、付、转三种凭证的基础上，按照经济业务和会计软件功能模块的划分进一步细化，以方便记账凭证的输入和保存。

2. 管理辅助凭证

涉及会计电算化的固定资产管理、家具及低值易耗品核算管理、存货核算管理、医疗药品核算应建立健全电脑收发存台账。购进时，应录入电脑，打印收货明细单，并凭收货明细单和发票报销。发货时，应打印发货明细单，并凭发货明细单列作经费支出。

3. 替代手工记账的关键环节

计算机系统会计数据的打印输出和保存是替代手工记账的重要工作，根据会计电算化的特点，应注意以下关键环节：

（1）采用电子计算机打印输出书面会计凭证、账簿、报表的，应当符合国家统一会计制度的要求，采用中文或中外文对照，字迹清晰，作为会计档案保存，保存期限按《会计档案管理办法》的规定执行。

（2）在当期所有记账凭证数据和明细分类账数据都存储在计算机系统的情况下，总分类账可以从这些数据中产生，因此可以用"总分类账户本期发生额及余额对照表"替代当期总分类账。

（3）现金日记账和银行存款日记账的打印，由于受到打印机条件的限制，可采用计算机打印输出的活页账页装订成册，要求每天登记并打印，每天业务较少、不能满页打印的，可按旬打印输出。一般账簿可以根据实际情况和工作需要按月或按季、按年打印；发生业务少的账簿，可满页打印。

（4）在保证凭证、账簿清晰的条件下，计算机打印输出的凭证、账簿中表格线可适当减少。

七、高等学校会计电算化的廉政防控重点

（一）业务审批防控

高校财务应坚持"以规据法，收支并重，先审后批，权责结合"的原则。高校各负责人必须在其授权范围内行使职权和承担责任，严格按照《高等学校财务管理制度》和《国库集中支付管理办法》的要求核算与管理。对每项经济业务严格按批准程序和审核标准执行，逐级审批，签署审批意见，对流量大的货币资金支出实行联审联签制度，包括经费是否按规定使用、收支是否真实、合法、合理等。特别是高校经申请审批获得的各类资金，对经费的使用按照支出属性、项目、类别分别实行专款专用。高校只有加强了财务审批制度控制，严格了高校的财产管理，才能有效地控制高校经济业务的不合理支出，防止和杜绝资金和财物的浪费。

（二）数据输入防控

数据输入的正确性和可靠性是保证会计信息准确性的最主要环节。数据处理的准确性完全依赖数据输入的准确性，所以系统的初始化数据输入和日常操作过程都必须规范化，职责明确化。数据输

入不仅要重视会计审核岗位工作，还应进一步加强复核审查工作，加强复核岗位设置，做到会计工作处理环节事前控制，尽量避免人为因素造成的错误，提高会计电算化信息质量。各会计人员都应在其授权范围内办理各项经济业务。采用校验码控制、合计数控制、平衡校验、符号校验等方法对输入数据进行验证，层层把关，最大限度减少和消除人为操作失误，达到从源头杜绝错误发生（事前控制），保证会计信息质量的准确性、完整性和可靠性。计算机业务的删除和修改设置责任控制，对已录入的凭单非操作本人无权进行修改和删除；录入的凭单经复核后，录入人无权私自进行修改；对会计数据必须进行修改的，设置痕迹控制、日志控制；记账后的凭证不提供修改功能；能够很好地避免非法篡改、删除和舞弊违法行为的发生。

（三）数据处理防控

数据的处理控制主要是对会计电算化信息系统进行的数据处理活动进行控制。一般情况下，数据处理程序包括单项处理和批处理。数据处理要注意会计账务处理过程中账、证、表之间的数据对应关系，预防数据的重复或漏算；鉴别个部门、项目、科目等代码设置的有效性；检查输入记录和文件记录数据及其他功能设计的合理性，使会计系统能够按照设计的程序和要求运行，保证数据处理的准确性。

（四）数据输出防控

数据的输出控制也称反馈控制是高校为了保证系统输出会计信息的准确、完整进行的控制措施。会计电算化的数据输出应严格管理，在设置时，增设若干控制点。数据输出分为两类：打印纸质输出和以磁性介质输出。但两类数据输出都必须由有输出权限的人在授权范围内进行。与计算机会计系统有关的数据资料应及时输出存档，存档资料及时输出打印保存。各类账簿纸质输出一般与输出的凭证和原始凭据核对，保证数据输入和数据输出的一致性和完整性，包括凭证、账簿和报表的编号是否连续，内容是否完整，数据是否对应、真实。通过对各类账簿的核对不仅可以及时发现存在的漏洞，查找分析问题根源，还能够防止利用计算机进行舞弊的行为。磁性介质保存必须以系统源数据为依据进行备份，选择优质的磁性介质或光盘及时备份，重要数据要双重备份，建立数据备份和恢复制度。完善会计电算化对数据的输出控制，做到有打印日志控制、预览控制、打印记录控制和权限责任控制。目前高校实行会计电算化系统还不很成熟，为确保输出数据的真实性、完整性、可靠性，应实行纸质信息和磁性介质信息的双向数据输出方式，实行双套存档并分开存放保管，对特殊数据进行严加保密管理，严禁任何人对电算化数据进行库操作，预防对数据的窃取和破坏。

（五）会计期间防控

会计电算化信息系统依据计算机系统内部的日期和时间来进行会计期间的确认，会计期间应该是计算机系统日期、记账日期和自然日期三个方面的统一。由于计算机系统日期和时间经过操作可以随时修改，如不加以控制可能会引起会计日期的不一致，引起操作程序上的混乱，甚至使业务操作的有效性与数据的正确性和真实性大打折扣，所以，会计期间控制也是会计电算化信息系统具体应用控制的一个重要方面。

（六）业务循环防控

业务循环控制是高校按照会计电算化经济业务事项的方法和程序的先后顺序而实施控制的方法。各高校可以根据自己的经济规模、管理方法、人员结构等设计和实施相应的控制措施，并对会计电算化系统从审核报账到出纳收付款、信息输出等一系列环节进行循环监督的过程。要从单纯的事后制止和纠正错误的状况，转变为事前控制、事中控制、事后控制的全过程控制并重，会计人员应相互配合，加大力度防范出错和舞弊违法活动，加强和逐步完善高校的会计电算化信息系统业务内部控制制度。

八、建立健全高等学校会计电算化管理制度，防控廉政风险

（一）会计电算化的授权制度

（1）明确规定上机操作人员对会计软件的操作工作内容和权限，对操作密码要严格管理，操作人员必须定期更换密码，杜绝未

经授权人员授权操作会计软件。系统管理员不得泄露操作人员密码。

（2）系统运行期间因事离岗的，需退出系统，不得将密码告诉其他人员进入个人操作员系统，防止舞弊行为。

（3）预防已输入计算机的原始凭证和记账凭证等会计数据未经审核而登记机内账簿。

（4）操作人员离开机房前，应执行相应命令退出会计软件。

（二）日常操作程序的有关规定

1. 开机操作程序规定

（1）打开线路电源开关；

（2）接通 UPS 电路；

（3）打开显示器开关；

（4）打开主机电源开关；

（5）通过口令进入网络系统；

（6）通过密码进入操作系统。

2. 关机操作程序规定

（1）存盘退出操作系统；

（2）关闭主机电源；

（3）关闭显示器电源；

（4）关闭 UPS 电源；

（5）关闭线路电源；

（6）加盖防尘罩。

（三）会计电算化的应急预案制度

在操作过程中遇到突然停电，操作员应在 10 分钟内按正常关机程序存盘退出（确保在 UPS 断电前退出操作，关闭计算机）。在操作过程中遇到机器有异常声响或其他异常情况，应及时按正常关机程序存盘退出，并报告系统管理员。

（四）会计电算化防病毒感染管理制度

（1）系统管理员要定期用最新版本杀毒软件对计算机进行病毒检测，发现病毒应及时报告电算化主管，并积极查找病毒源和采取措施删除病毒，如不能解决，应及时请有关专家指导解决。局域网内计算机每星期最少更新两次病毒库。

（2）计算机原则上专机专用，需从事会计电算化、办公自动化处理以外的其他工作必须征得系统管理员的同意，不得把其他资料存入系统服务器。严禁在计算机上安装与工作无关的软件。

（3）因工作需要，开通校园网或拨号上网的，必须经处领导同意方可办理。

（4）禁止在计算机上使用外来软盘，确需使用上下级机关的来往数据软盘需经系统管理员检查或消除病毒后方可使用。禁止将本系统使用的软盘携带出机房，确因业务需要需把软盘带出机房，要征得系统管理员同意，在返回机房前要经检查处理。

（五）会计电算化远程联网管理廉政风险防控

（1）专网使用和管理，为实现分校区等校内远程联网，应使用校园网或租用电信网络专线完成。

（2）分校区会计电算化网络管理，分校区会计电算化凭证单独编号，单独保存纸质档案。

（3）设置分校区系统管理员，分校区应设置系统管理员负责会计电算化工作。

（4）远程联网设施的保护，会计电算化是会计工作的生命线，受法律法规的保护，任何蓄意破坏、干扰会计电算化工作的行为，将依法查处。

（六）必须建立健全财务处主机房管理岗位职责

（1）配备专业能力强的系统管理员，财务处主机房由系统管理员管理，钥匙由处领导和系统管理员持有，其他人员不得持有此钥匙。

（2）按 AB 角配备系统管理员助理，系统管理员因事外出，可以委托系统管理员助理代管，但必须经主管同意。

（3）财务处主机房工作纪律。

①保持安静，严禁吸烟，不得在机房从事用膳、闲聊、会客等与上机工作无关的事情。

②其他人员未经同意不得进入主机房。严禁携带任何强磁性物品进入机房。

③保持机房环境整洁，不得随意堆放杂物。

④严禁在财务处服务器上使用外来存储工具。

⑤系统管理员需保持机房温度稳定，负责财务处主机房空调的调控。

（七）会计电算化介质存档管理制度

会计电算化的档案管理包括计算机打印出来的各种凭证、会计账簿、会计报表（包括报表格式和计算公式）等书面形式的会计数据、信息以及其他磁性介质或光盘存储的会计数据。会计档案管理控制是会计电算化工作连续进行的保障，保证会计电算化信息系统内数据安全与完整的关键环节，也是会计信息得以充分利用的保证。会计档案管理的具体措施：

（1）打印出的会计凭证、账簿、报表等会计资料必须有审核人签字或盖章、复核人的签字或盖章、会计主管签字盖章和有关部门的监督才能够存档保管。

（2）存档会计资料应当及时进行备份，磁盘文件应制作复制件，预防数据意外丢失或遭到破坏，制定档案被破坏时的应急措施和恢复手段。

（3）为了保证会计档案的真实、可靠、安全及完整，对会计电算化资料实行纸质和磁性介质双套存档并分开存放保管，对重要会计档案应单独保存，确保其安全。

（4）为保护备份数据的安全，备份软盘上必须贴上保护标签，放入磁盘套，并做好防水、防火、防潮、防磁场和防震等工作。

（5）分类别整理立卷、装订，按期造册，对磁性介质保存的会计档案定期检查和复制，防止由于磁性介质损坏而使会计档案丢失。

（6）加强会计档案保密工作，任何人伪造、非法涂改和故意破坏会计资料和备份磁盘的行为，将视其情节轻重受到相应的处分、处罚或承担法律责任。不得随便翻阅、打印和复制与工作职责无关的数据。

（7）档案资料的借用、查看和归还采用多用户分管和权限调用制度。

（8）通用会计软件、定点开发会计软件、通用与定点开发相结合会计软件的全套文档资料以及会计软件程序，视同会计档案保管，保管期截至该软件停止使用或有重大更改之后的五年。

（9）电算化会计档案要严格按照财政部有关规定的要求进行管理。

（10）会计档案必须按照《会计档案管理办法》规定的相应保管期限和管理办法进行管理。

第十三章 高等学校会计控制是财务 廉政风险防控系统的基础

第一节 高等学校内部会计控制概述

一、高等学校内部控制的概念

高等学校内部会计控制，是指高等学校为维护资产的安全、完整，保证会计信息的真实、可靠，防范财务风险，防止财务舞弊，实现学校管理目标而形成的一种内部自我协调、制约、监督的内部控制机制。

高等学校内部会计控制的设计应以人为本，重点是财务管理一系列组织体系的建设。在内部会计控制中，人是最重要的因素，人的素质、品质、能力决定了内部会计控制执行的效果。高等学校只有充分重视以人为本的理念，才能制定出科学、完整的内部会计控制体系。

根据美国准则委员会（ASB）《审计准则公告》第 1 号公告（SASNO1）的解释，高等学校内部会计控制由学校计划以及与保护资产和保证财务资料可靠性有关的程序和记录构成，其范围为涉及教学、科研、基建、日常支出、后勤服务等方面的经费支出；学费收入、上级拨款、经营收入等方面的经费收入。

二、高等学校内部会计控制的目标

高等学校会计的目标和任务，就是发挥高等学校会计职能，保证会计信息质量，保证高等学校资金安全完整，从而为重大决策提供可靠的理论依据。内部会计控制作为高等学校整体内部控制的重要组成部分，其目标应符合高等学校教学和行政管理的要求，为教学、科研和其他工作服务，具体目标内容包含以下内容。

（1）依法、科学地组织和规范各项收入、支出活动，保证会计信息的真实、完整。

（2）完善符合高等学校管理要求的会计内部控制机构，形成科学的财务决策机制、执行机制和监督机制，规范会计行为。

（3）确保国家有关财务、财政管理的法律、法规和政策的贯彻执行。

（4）科学配置学校各项资源，提高资金使用效率。

三、高等学校内部会计控制的方法

（一）财务风险控制法

高等教育作为国家的一项事业，以国家财政拨款为主要经费来源，在其不断的发展中存在着教育培养成本提高、学校负债支出增加、学费欠缴等财务风险。因此，高等学校应将树立风险意识作为内部会计控制的一项重要内容予以规范，设立贷款利息支出等风险控制点，并相应采取风险预警、风险识别、风险评估、风险分析及风险报告等措施，控制好高等学校的财务风险。

（二）不相容职务相分离法

所谓不相容职务，是指那些如果由一个人担任既可能发生错误和舞弊行为，又可能掩盖其错误和舞弊行为的职务。高等学校在构建内部会计控制系统时，首先应确定哪些岗位和职务是不相容的；其次是规定各个机构和岗位的职责权限，使不相容岗位和职务之间相互监督、相互制约，形成有效的制衡机制。

（三）全面预算控制法

建立全面预算控制制度是高等学校内部会计控制的重要环节，其内容涵盖教学、科研、经营活动的全过程。高等学校通过全面预算管理，可以使学校管理层用统一的标准在校内职能部门、二级单位之间分配办学资源，从而激励职能部门、二级单位依照学校的目标实行分权管理。高等学校应按照"量入为出、收支平衡"的总原则，实行全面预算控制。其不仅仅是对预算编制，而是包括预算编制、执行、分析及考核等在内的整体的、动态的控制。主要环节包括：确定列入预算的项目、标准、程序；编定和审定预算；预算指标的下达与具体执行预算的二级单位、职能部门责任人落实预算执行的授权；预算执行过程的监控；预算差异的分析和调整；预算的绩效评价和奖惩。

（四）财产保全控制法

财产保全控制是指高等学校为了确保财产安全、完整所采用的方法和措施。高等学校应按照集中管理、安全真实、所有权与使用权分离、效率最优的原则，建立财产记录和实物保管、定期盘点和账实核对、限制接近等措施，确保财产安全。

（五）内部审计控制法

内部审计是内部控制系统的一个子系统，它在内部控制系统中通过监督、评价职能，发挥着防护性和建设性作用。学校内部审计监督应做到以下几点：进行风险评估和投资项目评价；增加收入，控制和防止收入减少；控制教育经济活动中的成本；保证学校资产的安全。在学校内部实行标准操作程序，并密切关注对学校发展起决定性作用的业务程序和相关流程；对被审计的程序发出"内部审计纠正行动请求"，进行后续审计跟踪；将审计结果以报告形式定期报送学校各个管理阶层。

第二节　加强高等学校会计决策控制，完善廉政风险防控的质量保证体系

一、高等学校完善会计决策与控制体系的意义

（一）高等教育发展必然要求高等学校切实提高管理效益

自《面向 21 世纪教育振兴行动计划》颁布实施以来，我国高等教育通过大发展步入大众化阶段，在这样的大背景下，作为高等教育微观管理主体的各高等学校要持续协调发展，必须以科学管理来增强自身的综合竞争力。在经济学中管理的含义是：在既定资源

的投入条件下如何提高效率。随着高等学校办学自主权的落实，高等学校所面对和所需要的不再是一般意义上的管理了。高等学校在履行教学、科研、社会服务三大职能的过程中，已由单纯的社会事业型变成了事业经营型，其办学行为已与社会经济行为融为一体。良好的管理效益是高等学校持续健康发展的前提，直接关系到高等学校整体办学水平和综合竞争力的提高。

（二）提高高等学校管理效益的关键是决策与控制

决策，就是从为达到同样目标而采取的许多方案中选择最佳方案的分析判断过程，决策贯穿于管理工作的各方面。现代管理决策理论创始人，美国管理学家赫伯特·西蒙认为：管理就是决策。正确的决策符合教育规律和客观经济规律，能够调动广大教职工的积极性，从而保证完成学校的既定目标，是提高高等学校管理效益的重要途径。良好的决策需通过完善的控制体系保障实现。控制，就是监督各项活动，以保证它们有计划地按决策的既定目标进行，并纠正各种重要偏差的过程，可分为内部控制与外部控制。高等学校要提高管理效益，内部控制是重要因素。

（三）提高高等学校经济效益需完善会计决策与控制体系

在国家财政已取消全额预算管理制度的"事业单位财务规则"，明确规定对事业单位的预算管理是"核定收支，定额或定项补助，超支不补，节约留用"的原则的情况下，财务管理的作用及意义日益突出。维护学校良好的财务状况，加强财务管理，充分发挥高等学校财务在理财工作中的主动性和创造性，追求资金的使用效益，是目前高等学校管理工作中十分重要的问题。因此，在目前的教育体制和经济环境下，会计决策成为影响与保障高等学校的教学决策、科学研究决策、人事安排决策、物资供应决策、后勤服务决策等经济效益决策的双刃剑，从某种意义上说，高等学校经济效益决策中心是会计决策。

高等学校的会计控制，是指与保护财产物资的安全性、会计信息的真实性和完整性以及财务活动的合法性和有效性有关的控制。会计控制自产生之日起就与会计信息质量密不可分，会计信息是决策者决策的重要依据之一，提供真实、可靠的会计信息是保证会计信息使用者作出正确决策的基本前提和条件，直接关系到组织决策的科学性和有效性，影响高等学校管理的经济效益。同时，建立和完善高等学校内部控制制度，可以形成上下协调、前后呼应、相互制约的控制能力，强化监督、堵塞漏洞，防止错误和舞弊，保护高等学校资产的安全、完整；而且内控制度的完善以提高资源的配置效率为目标，可以有效降低管理成本，直接促进高等学校经济效益提高。

二、高等学校会计决策与控制的特点

会计决策与控制是在会计的专业领域中所体现的具体管理职能，科学的会计决策与控制借助于完善的会计决策与控制管理信息系统得以实现。高等学校在教学管理、科研管理方面经过多年的努力已形成一套有效的工作规范，财务管理工作目前虽然在财务管理的大环节上已有一定的规范，但还缺乏系统的管理，存在一些不足。

（一）实行了会计电算化，会计信息存在局限性

高等学校普遍使用的会计电算化系统平台，较之过去传统会计手工记账生成的会计信息质量有了极大的提高，降低了劳动强度，使账簿与收支册不符等差错率大为下降，改变了手工记账只有到月底才做月结，平时无法得到财务报表等信息的绝对静态状态。但现行的会计信息系统不能满足高等学校快速发展的需要，还存在不少局限：系统信息处理方式单一、系统缺乏管理会计职能、系统所生成输出的会计信息有限、系统缺乏信息交流界面，不利于校内各部门间交流。

（二）片面强调不相容职务分离使管理信息成为信息孤岛

高等学校管理中历来对不相容职务分离工作非常重视。各学校都专门设立人事、教务、资产管理、科研、财务部门等作为职能部门分别负责学校各项管理工作，以实现不相容职务分离。事实上高等学校的管理活动是一个不可分割的整体。从会计的角度讲，学校的各职能部门的工作无一不与财务管理有着无法割裂的关系。现实的高等学校管理中，各部门都运用计算机辅助管理，但数据都是分

别生成，各自为政地运用各专业的管理软件以提高工作效率，学校财务部门的固定资产账与资产管理部门的实物账严重不符，学费收缴明细账与学籍管理情况不一致是许多高等学校客观存在的事实。因此，把学校的人权、财权、物权分属不同部门管理实现了不相容职务分离，但使数据割裂，使职能部门的管理信息成了一个个无法协同发挥作用的信息孤岛。

（三）未能充分运用校园局域网络资源进行会计信息交流界面的建设

目前各高等学校都拥有较完善的校园网络资源，但对网络财务管理系统使用非常贫乏，在会计核算、财务管理上一般是通过财务部门内部组成的局域网以实现网络环境下的实时处理业务系统，运用校园网资源的效率有限。在校园网上实施的主要是由财务部门维护发布财务的法规法律与相关政策的信息，或开通一些职工个人工资信息等查询系统，缺乏高等学校各职能部门的业务数据与财务部门核算互动交流处理的界面。

第三节　高等学校货币资金内部会计控制对廉政风险防控的作用

一、货币资金内部会计控制是高等学校内部会计控制的重点

货币资金内部会计控制是高等学校内部会计控制的重点，必须引起高度重视。货币资金是学校经济活动中最活跃、最重要的部分，应加强学校货币资金管理，如实反映货币资金的增减变动和结存情况，堵塞漏洞，消除隐患，确保国有资产的安全和完整。

二、高等学校货币资金内部控制制度的质量保证

（一）建立健全货币资金内部控制制度的政策依据

应根据财政部《关于印发〈内部会计控制规范——货币资金（试行）〉的通知》（财会［2001］41号）精神，结合学校实际，

建立健全货币资金内部控制制度。

（二）高等学校应建立货币资金内部控制制度责任制

校长对学校货币资金内部会计控制制度的建立健全及有效实施负总责，财务处、审计处等职能部门负责人对货币资金的内部会计控制负责。

（三）货币资金内部会计控制的重点

高等学校货币资金内部会计控制重点包括财务处、财务处结算中心、学生饭堂 IC 卡收费、水电费收费部门等。

（四）货币资金内部控制岗位分工及授权批准

（1）学校应当建立货币资金业务的岗位责任制，明确相关部门和岗位的职责权限，确保办理货币资金业务的不相容岗位相互分离、制约和监督。出纳和会计职责属于不相容职务，必须严格分开。出纳人员不得兼管稽核、会计档案保管和收入、费用、债权债务账目的登记工作。不得由一人办理货币资金业务的全过程。

（2）办理货币资金业务，应当配备合格的人员，并根据单位具体情况进行岗位轮换。原则上出纳应按三年为期限进行岗位轮换。因业务量大，出纳岗位可设置现金出纳和银行存款出纳。办理货币资金业务的人员应当具备良好的职业道德，忠于职守，廉洁奉公，遵纪守法，客观公正，不断提高会计业务素质和职业道德水平。

（3）学校应对货币资金业务建立严格的授权批准制度，明确审批人对货币资金业务的授权批准方式、权限、程序、责任和相关控制措施，规定经办人办理货币资金业务的职责范围和工作要求。

（4）审批人应当根据货币资金授权批准制度的规定，在授权范围内进行审批，不得超越审批权限。授权审批权限按《应收及暂付款管理和财务报销管理细则》执行。经办人应当在职责范围内，按照审批人的批准意见办理货币资金业务。对于审批人超越授权范围审批的货币资金业务，经办人员有权拒绝办理，并及时向审批人的上级授权部门报告。货币资金审批实行直系亲属回避制度。

（5）应按照规定的程序办理货币资金支付业务。

①支付申请。有关部门或个人用款时，应当提前向审批人提交

货币资金支付申请，注明款项的用途、金额、预算、支付方式等内容，并附有效经济合同或相关证明。

②支付审批。审批人根据其职责、权限和相应程序对支付申请进行审批。对不符合规定的货币资金支付申请，审批人应当拒绝批准。

③支付复核。复核人应当对批准后的货币资金支付申请进行复核，复核货币资金支付申请的批准范围、权限、程序是否正确，手续及相关单证是否齐备，金额计算是否准确，支付方式、支付单位是否妥当等。复核无误后，交由出纳人员办理支付手续。

④办理支付。出纳人员应当根据复核无误的支付申请，按规定办理货币资金支付手续，及时登记现金和银行存款日记账。

（五）现金和银行存款管理的内部控制

1. 现金管理应严格执行现金管理制度。

（1）不准超限额库存现金。

（2）不准以白条抵库。

（3）不准私人借支公款。

（4）不准挪用公款。

（5）提取现金要填制"现金提款单"，由出纳科科长审核签章，报处长审批后方可开支票到银行提款。经费核算科应根据现金使用情况及时通知出纳科补充现金。

（6）现金出纳必须每天核对库存现金与账面余额是否相等，做到日清月结，随时接受稽核。

（7）综合科必须指定专人对库存现金进行定期和不定期盘点，定期盘点为每月一次，时间为月末最后一个工作日，不定期盘点为随机突击盘点。

2. 库存现金余额审验办法

（1）审验时，出纳人员暂停现金收付业务，将所有现金锁入保险柜。

（2）出纳人员将未记账的收付款凭证登记入账，结出现金日记账余额，打印出现金收付日报表。

（3）准备好现金清点表。

（4）先由出纳人员点数，稽查人员及会计核算负责人从旁监点，然后将数字填入清点表。清点过程中发现的所有款项，均应计数并填入现金清点表。

（5）稽查人员复查。

（6）清点结束，将现金清点表记录的总额与现金日记账余额进行核对。如发现盘盈、盘亏，应立即查明原因，一并填入清点表。盘盈的现金如属其他单位寄存，出纳应提供证明文件；盘亏短缺的现金，出纳员应说明理由。

（7）清点表应由出纳、稽查人员及会计核算负责人签名，对查出的问题应及时上报处长。同时作进一步调查了解，根据具体情况，提出处理意见。对长款要查明原因，及时入账；对短款也要查明原因，属于出纳人员责任的由出纳人员赔偿。

学校必须根据《现金管理暂行条例》的规定，结合学校的实际情况，确定学校现金的开支范围。不属于现金开支范围的业务应当通过银行办理转账结算。

现金收入应当及时存入银行，不得用于直接支付自身的支出。因特殊情况需坐支现金的，应事先报经开户银行审查批准。对外借出款项必须执行严格的授权批准程序，严禁擅自挪用、借出货币资金。取得的货币资金收入必须及时入账，不得私设"小金库"，不得账外设账，严禁收款不入账。

银行出纳应严格执行银行结算制度和结算纪律，按规定的程序签发支票，不准公款私存，不准出租或出借支票或账户，不准挪用公款等。学校应当严格按照《支付结算办法》等国家有关规定，加强银行账户的管理，严格按照规定开立账户，办理存款、取款和结算。开立银行账户需按省财政厅《省级预算单位银行账户管理暂行办法》的规定，办理审批和备案手续。财务处应当定期检查、清理银行账户的开立及使用情况，发现问题，及时处理。

3. 支票签发管理办法。

应加强对银行结算凭证的填制、传递及保管等环节的管理与控制。

（1）支票签发。学校应当严格遵守银行结算纪律，不准签发没有资金保证的票据或远期支票，套取银行信用；不准签发、取得和转让没有真实交易和债权债务的票据，套取银行和他人资金；不准无理拒绝付款，任意占用他人资金；不准违反规定开立和使用银行账户。

支票签发由银行出纳员进行，电脑审核制单及复核人员不能兼任支票的签发工作。审核人员录入记账凭证需使用支票号时，由报账人员向银行出纳索取书面支票号后四位号码，交由审核人员录入，不得由报账人员直接持有空白支票。

银行出纳员签发支票时，必须根据审核无误并经复核的记账凭证开出。

在签发支票前，出纳人员应认真负责查明银行存款的账面结余数额，禁止签发空头支票；不得签发远期支票，控制签发限额支票。

在签发支票时，应详细列明收款单位及签发日期，并按经济业务列明款项用途及余额；不得巧立名目，套取现金或购套物资；不得签发无日期和无收款单位或金额的支票。签发支票收款单位应与开具发票单位名称相符，使用借款的应与借款单填列的单位名称相符。

因支票印章实行出纳、会计分管，出纳人员在开具支票时先填好有关事项，并加盖所管印章，然后将支票存根附在记账凭证上，连同支票交由另一指定会计核对后加盖印章，支票方为有效。

签发现金支票应遵守现金结算管理制度；严禁用现金支票支付现金结算范围外的应付款项。

原则上不予开具不确定金额的限额空白支票，业务部门可以事先联系确定金额或开具略低于所需金额的支票后，再补足或退回少额现金后回财务处报销时多退少补。

严禁开具远期支票。

（2）支票保管。银行出纳员负责保管空白支票，因出纳写错形成的作废支票统一由出纳员保管，月末装订、登记，经会计核算负责人审核、签名后，附在当月记账凭证后面。

退回的作废支票按规定附在与之相关业务的记账凭证里，随单装入册。定期与银行核对作废支票记录。

设立"支票购入使用登记簿",由票据管理人员负责登记支票的购入使用情况。购买支票,需经出纳提出书面申请,经会计核算负责人批准。购回的支票,由票据管理人员在登记簿上列明所购支票数量及号码并签名,交银行出纳员签收。银行出纳应根据空白支票使用情况,及时通知票据管理人员购买空白支票,避免出现空白支票短缺情况。

开出支票时,由使用者在登记簿上填写支票使用情况,月末(或定期)由银行出纳员将登记簿连同银行日记账交票据管理人员核销已用支票。

票据管理人员负责制定"作废支票登记表"和"支票购入使用登记簿"的具体格式及内容,并在实践中逐步修订完善。

4. 银行对账

(1)银行出纳应及时到开户银行取回银行对账单,交由财务处指定的银行账户对账员。对账员应定期核对银行账户,每月至少核对一次,编制银行存款余额调节表,使银行存款账面余额与银行对账单调节相符。如调节不符,应查明原因,及时处理。

(2)对账单应由对账员签名、出纳科科长签名、财务处处长签名、审计处处长签名、主管财务校长签名。

(六)票据及银行预留印鉴的管理

(1)银行支票和印章分别由银行出纳和会计核算负责人(或指定会计)保管。支票由银行出纳保管,印鉴由指定会计及出纳分管。

(2)委托银行从银行卡(折)代发职工工资,奖酬金及学生各类补贴等,需由个人经费核算人员提供明细资料。明细资料需经过复核确认并作入账原始凭证(或单独装订存查)。

(3)凡委托银行现场收款时,各类收款凭证总计金额必须和银行现场人员核对无误,并取得银行有效入账单后及时进账。

(4)凡校内单位或个人因业务需要,需财务处提供银行账号证明的,需登记所在单位,姓名及用途。财务处将提供加具印章的书面银行账号证明。

（5）支票印鉴章保管。为明确财务会计岗位责任，加强内部牵制，支票印鉴章实行出纳、会计分别管理。

财务处在银行预留印鉴章三枚，银行出纳人员保管两枚印章，另一枚由相应指定会计负责保管。印章应分保险柜存放。

财务专用章由指定人员保管，并按规定使用。负责保管印章的人员不得兼管收据、发票等票据购销、保管工作。

（七）货币资金安全防范的质量保证

（1）存放现金及重要票证，必须用保险柜，不得存放在木制桌柜和无保险防护设施的器具内。库存现金应严格按银行规定限额存放。保险柜钥匙要由专人妥善保管，不得存放在办公室抽屉内。

（2）遇特殊情况，有超限额的大量现金存放财务处过夜的，需经过领导同意，并安排专人值班看护。

（3）到银行提取或送存大额现金，必须有专人专车护送。

（4）加强对支票的管理，坚持检验复核制度，严格执行支票使用规定，防止丢失、受骗。

（八）货币资金监督检查的质量保证

（1）学校应当建立对货币资金业务的监督检查制度，明确监督检查机构或人员的职责权限，定期和不定期地进行检查。对于重要货币资金支付业务，应当实行集体决策和审批，并建立责任追究制度，防范贪污、侵占、挪用货币资金等行为。

（2）货币资金监督检查的内容主要包括：

①货币资金业务相关岗位及人员的设置情况。重点检查是否存在货币资金业务不相容职务混岗的现象。

②货币资金授权批准制度的执行情况。重点检查货币资金支出的授权批准手续是否健全，是否存在越权审批行为。

③支付款项印章的保管情况。重点检查是否存在办理付款业务所需的全部印章交由一人保管的现象。

④票据的保管情况。重点检查票据的购买、领用、保管手续是否健全，票据保管是否存在漏洞。

（3）对监督检查过程中发现的货币资金内部控制中的薄弱环节，应当及时采取措施，加以纠正和完善。

第四节 筹资与投资、基建及内部审计会计控制是财务廉政风险防控的重要环节

高等学校内部会计控制的内容涵盖学校内部各个部门、各项业务。根据其对高等学校发展的重要性与影响程度，重点是货币资金内部会计控制，而筹资与投资、基建工程、内部审计等内部会计控制也十分重要。

一、筹资与投资内部会计控制的质量保证

（一）筹资控制

随着社会、经济的不断进步与发展，高等学校的规模不断扩大。高等学校的资金来源不再完全依靠财政拨款，而是建立了多领域、多元化的筹资渠道，如银行贷款、社会融资、捐助等。然而，筹资是有限的，学校要用以后的自有资金来偿还。因此，学校在筹资之前，要进行充分的论证和分析，防范和控制财务风险。首先，高等学校应依据学校的发展规划和还款能力，分析资金需求量，编制筹资计划，合理确定筹资规模。其次，高等学校要经过深入分析，选择最佳筹资时机，综合考虑筹资收益与筹资成本，只有当运用筹集的资金获得的收益大于付出的成本时，才能考虑如何筹资。最后，学校对筹集的资金要做到专款专用，监督资金的使用情况。

（二）投资控制

随着教育市场化的发展，高等学校将科研成果转化为生产力，进行的投资活动也越来越多。高等学校对外投资主要是利用货币资金、实物、无形资产等向校办企业和其他单位投资。高等学校投资控制主要包括以下几个方面：对申请项目进行可行性研究与分析；评估投资风险；投资立项审批；编制投资预算；完整的会计记录；投资收益的处理。

二、基建工程项目内部会计控制的质量保证

高等学校的基建项目是指基本建设、技术改造、重大维修等投

资多、规模大、工期长的项目。近年来，随着高等学校招生规模的扩大与快速发展，许多高等学校进行了新校区建设，并且国家对高等学校的场馆、设备等基础设施建设的投资也大幅增长。这些项目关系到学校今后的发展，在项目建设中，容易产生贪污、腐败等经济问题，因此，加强高等学校基建工程项目内部会计控制尤为重要。

基建工程项目内部会计控制的内容包括：①项目决策控制。决策控制分为项目投资机会分析、可行性研究、项目建设书编制、项目的决策与评估。②项目概预算设计。会计人员在这一阶段实施内部会计控制，主要是对概预算的合理性、合法性、准确性等进行复核。③招投标控制。主要包括：招标文件的编制、招标项目的技术参数、评分标准、标底计价内容、计价依据等。④工程款支付控制。要建立工程款支付环节的控制制度，对价款支付的方式、工程量的确认、合同等进行严格审核。⑤竣工验收与决算控制。会计人员要结合工程技术人员，对施工方提交的竣工决算书进行审核，编制竣工决算，及时组织决算审计，参加完工后的评价工作。

三、内部审计控制的质量保证

建立高等学校内部和外部相结合的监督检查体系，是单位内部控制实施的主要保障。内部审计机构是强化内部控制制度的一项基本措施。内部审计工作的职责不仅包括审核会计账目，还包括稽查、评价内部控制制度是否合理、健全、有效，确定有关经济资料的真实性、正确性，业务活动的合规性和效益性，评价内部控制目标是否完成，及时向管理层揭示、反馈学校当前管理工作中的主要风险、薄弱环节与制度缺陷，并提出相应的改进建议。

内部审计是单位内部控制系统的一个特殊的组成部分，保证内部审计的相对独立性，对于内部控制制度的有效实施起着非常重要的作用。基于内部审计在高等学校内部控制体系中的特殊地位，教育部办公厅在相关通知中要求各级教育行政部门和单位及审计机构要继续做好对教育经费投入、管理和使用情况的审计与审计调查及对预算执行情况和决算的审计，促使各部门依法落实和用好各项教育经费；当前市场经济条件下的高等学校内审应针对教育经济管理活动的情况和特点，进一步开展效益审计，努力提高资金的使用效率，如基建工程审计、校办产业的经济效益审计等，保证教育资金合理、有效地使用，减少和杜绝损失浪费；高等学校内审还要配合组织、人事部门认真搞好经济责任审计，加强对领导者任职期间履行经济责任情况的管理和监督；围绕教育改革中出现的新问题，如学校划转合并、校办企业改制等活动中资产负债情况及各项收费情况积极开展专项审计和审计调查，通过对审计和审计调查的结果进行分析研究，提出建设性的意见，为领导宏观决策服务；积极开展内控制度评审工作，帮助本部门、本单位建立健全各项内部管理制度和内部控制制度，加强内部科学管理，确立防范意识，保障各项教学、科研活动健康有序地进行。

完善高等学校内部审计控制制度，必须加强财务的内部稽核工作。除了严格的内部审计外，还可以借助必要的外部审计控制，包括政府审计、社会审计在内的外部控制是对内部控制的再控制，可以改善会计控制环境，不断改进内部控制的设计与运行。

第十四章　加强财务监督，健全财务廉政风险防控系统的监督职能

第一节　高等学校财务监督概述

一、高等学校财务监督的概念

高等学校财务监督是指高等学校根据《高等学校财务制度》的要求，在校长和总会计师的领导下，借助于财务收支计划、会计核算、会计检查等方法进行的财务监督工作。高等学校应建立健全内部控制制度、经济责任制度、财务信息披露制度等监督制度，依法公开财务信息，对经济业务实行事前监督、事中监督和事后监督，对收支行为实行日常监督与专项检查，以确保高等学校的财务管理处于全方位的监督之中。

二、高等学校财务监督的目的和内容

1. 高等学校财务监督的目的

财务监督是财务工作的一个重要组成部分，是国家财政监督的基础。财务监督的目的是确保高等学校坚持学校的社会主义办学方向，保证党和国家有关财经的各项方针政策、财经法令、规章制度的贯彻和执行，促进增收节支、合理使用各项资金，讲求经济效益，从而保证高等学校教学、科研计划和任务的完成。

2. 高等学校财务监督的内容

（1）预算编制、财务报告的科学性、真实性、完整性；预算执行的有效性、均衡性；

（2）各项收入和支出的合法性、合规性；

（3）结转和结余的管理情况；

（4）资产管理的规范性、有效性；

（5）负债的合规性和风险程度；

（6）对违反财务规章制度的问题进行检查纠正。

三、高等学校财务监督的机构

（一）外部财务监督机构

外部监督是由国家有关部门组织实施的，主要包括审计监督、税收监督、物价监督、财政监督、银行监督。

1. 审计监督

（1）国家各级审计机关或业务主管部门，依照审计法规，代表国家利益对学校各项财务收支活动和业务活动进行审计，审核这些活动的真实性、合理性和正确性。审计监督是对财务监督的再监督，具有独立性，与学校财务部门内部进行的财务监督目标一致。

（2）校内的审计处依照审计法规，代表学校的利益，审核学校各项财务收支活动和业务活动是否严格执行国家财经政策、法规和规定，确认国有资产是否保值增值。

2. 税收监督

指国家税务机关，依照有关税收法律法规对高等学校的有关经济活动进行检查、督促，要求高等学校按章依法纳税。高等学校必须接受税务监督，严格履行纳税义务。

3. 物价监督

是指各级人民政府的物价管理部门，依据物价管理的法律法规，对高等学校的学生收费等各种收费行为、收费项目进行的监督。

4. 财政监督

是指上级主管部门为学校的整个财务活动进行的指导性监督，学校要严格服从其要求，以保证国家利益与学校利益的一致性。

5. 银行监督

是指各类银行和金融机构对学校的货币资金运转进行的全面监

督。银行监督的内容包括综合性监督国家预算的收付与使用情况，审定各项工资性开支是否合法，严格控制消费基金的开支，定期分析学校内部机构的信贷信誉及偿还能力。

（二）内部财务监督

内部财务监督是指高等学校根据有关法规建立内部财务控制制度，按照国家统一的财经法规和学校内部财务制度，对高等学校的收入、支出、分配等方面进行全方位的监督。财务处应加强对学校货币资金和实物资产的监督，加强对银行账号管理的监督，加强对学校内部结算工作的监督。高等学校校内财务监督的机构包括：审计处、监察处、纪委、教代会及各民主党派组织。

四、高等学校财务监督的方法

（一）审阅法

是指财务监督人员依照财经法规和制度对有关书面凭证和资料进行阅读与审查，以查明有关资料以及经济活动的真实性、合法性和准确性的一种方法。审阅的具体内容有对原始凭证的审阅、记账凭证的审阅、账簿的审阅、会计报表的审阅以及对其他相关资料的审阅。

（二）盘查验证法

是指财务监督人员对现金、有价证券、存货、固定资产、设备等实物资产进行现场检查、点数、计量，据此验证其实有数额和状态的一种方法。

（三）核对法

是指财务监督人员利用各种数据之间的逻辑关系、平衡关系、对应关系、钩稽关系等，在数据之间进行相关对照和比较，以判断是否符合、衔接及其正确性的一种检查方法。核对方法具体包括证证核对、账证核对、账账核对、账实核对、数据与资料核对。

（四）联审互查法

是指进行财务事后监督的一种行之有效的方法。由学校或上级主管部门将有关财会人员集中起来，对各单位的会计凭证、账簿、报表进行联审互查。

五、财务监督的基本原则

(一) 客观性原则

财务监督工作应实事求是，在监督过程中，要弄清事实真相，不能歪曲事实，不能含糊，不能夸大或缩小，要始终保持科学态度，客观真实地反映情况，对可疑之处，要追查到底。

(二) 整体利益原则

正确处理好国家、单位和个人三者之间的关系，是财务监督的一项重要原则。财务监督工作必须从整体利益原则出发，做到局部服从全局、个人服从整体。这就要求以国家的财经政策和法规为依据进行判断，审查学校的经济行为是否符合财经政策和法规的要求，是否符合整体利益的原则。

(三) 效益性原则

财务监督作为财务管理的组成部分，其最终目的是要提高资金使用的经济效益。讲求经济效益和不断提高经济效益，也是财务监督的重要原则，学校的经济效益主要体现在有效地使用资金上，无论设备的购置、原料物资的采购、修缮费的支出、业务费和公务费的使用等等方面，都存在一个经济效益问题；在制作预算、编制计划、审核各项开支时，高等学校应增收节支，提高经济效益，从而使学校的事业计划和预算能圆满完成。

(四) 全员参与原则

财务监督涉及的政策性很强，范围很广，必须全员参与，才能将工作搞好。广大教职工是学校的主人，直接从事教学、科研、生产和服务工作，最了解具体情况，依靠他们，能了解很多活的情况，能找到很多线索。财务监督工作中必须依靠群众，相信群众，有事和群众商量，这样才能使财务监督工作发挥更大的作用。

六、《中华人民共和国会计法》对加强财务监督的规定

按照现行《中华人民共和国会计法》的规定，实施财务监督的主体主要是会计机构和会计人员。实践证明，这种监督机制的作用是十分有限的。财务监督的关键是要建立健全高等学校内部会计

制约机制，明确会计人员、单位负责人、社会中介组织、政府有关部门在会计监督中的责任。新修订的《中华人民共和国会计法》对加强财务监督规定如下：

（1）各单位应当建立、健全本单位内部会计监督制度。

①经济业务事项和会计事项的审批人员、经办人员、财物保管人员、记账人员应当相互分离、相互制约，并明确各自的职责权限；

②重大对外投资、资产处置、资金调度和其他重要经济业务的决策和执行的相互监督、相互制约程序应当明确；

③财产清查的范围、期限和组织程序应当明确；

④会计资料定期进行内部审计的办法和程序应当明确。

（2）单位负责人应当保证会计机构、会计人员依法履行职责，不得指使、强令会计机构、会计人员违法办理会计事项。会计机构、会计人员对违反本法和国家统一的会计制度规定的会计事项，应当拒绝办理或者予以纠正。

（3）会计机构、会计人员和其他人员对违反本法和国家统一的会计制度规定的行为，有权按照有关部门的职责分工，向财政、审计、税务、人民银行、证券监管、保险监管部门或者国务院稽查特派员检举。

（4）有关法律、行政法规规定，需经注册会计师进行审计的单位，应当向受委托的会计师事务所如实提供会计凭证、会计账簿、财务会计报告和其他资料以及有关情况。任何单位或者个人不得以任何方式要求或者示意注册会计师及其会计师事务所出具不实或者不当的审计报告。

（5）财政部门就会计凭证、会计账簿、财务会计报告和其他资料是否真实、完整进行监督，发现重大违法嫌疑时，国务院财政部门及其派出机构可以向与被监督单位有经济业务往来的单位和被监督单位开立账户的金融机构查询有关情况，有关单位和金融机构应当给予支持。

（6）有关监督检查部门对有关单位的会计资料依法实施监督检查后，应当出具检查结论。有关监督检查部门已经作出的检查结论能够满足其他监督检查部门履行本部门职责需要的，其他监督检查部门应当加以利用，避免重复查账。

（7）从事会计工作的人员，必须取得会计从业资格证书；担任单位会计机构负责人、会计主管人员的，除取得会计从业资格证书外，还应当具备会计师以上专业技术职务资格或者从事会计工作三年以上经历。犯有提供虚假财务会计报告罪，做假账罪，隐匿或者故意销毁会计凭证、会计账簿、财务会计报告罪，贪污罪，挪用公款罪，职务侵占罪等与会计职务有关犯罪的人员，或者因伪造、变造、隐匿、故意销毁会计资料被依法吊销会计从业资格证书的人员，不得取得或者重新取得会计从业资格证书。

第二节　高等学校财务监督存在的廉政风险

一、外部财务监督不力，监督和处罚力度不够

由于财务监督体制不够完善，普遍存在很多上级的监督部门在对下一级的财务工作实施监督时，只是走走形式，不注重检查工作的准确性、真实性。一方面外部财务监督不力，长期监督不到位；另一方面监督和处罚力度不够，监督机构存在睁一只眼闭一只眼的情况，大大加强了下级部门造假的"信心"。

二、校内承担监督存在的问题

（一）"统一领导，分级管理"的财务体制不完善，监督难以实现

高等学校理财权限的划分，主要通过"统一领导，分级管理"的财务管理体制来实现。统一领导指实行统一的财经政策，统一编制财务预决算，统一制定财务规章制度，统筹安排和调度资金，统一下达各二级财务预算经费，统一分配各项教育资源。分级管理指二级财务部门，有权对学校下拨的经费进行统筹安排和使用，同时定期向校级财务如实反映活动情况和提供明细财务资料，接受学校一级财务部门的监督。然而据调查，在实际执行中，学校财务处只

是被动地对各使用部门的经费进行数字汇总，至于其经费使用过程中是否存在浪费则无力监管，对有关部门物资利用状况是否良好，有关国家及学校的政策制度执行情况是否严格等也无从监管。这样，校财务处失去了参与监督管理的职能，容易导致财务工作的失控。从二级财务部门的角度而言，一方面，使用经费只需要经过审批或从学校规划中获得经费，容易出现"重分配、轻管理；重拨款、轻效益"的财务执行局面；另一方面，伴随着高等学校财权的改革，财权重心逐步下放，各系管理的资金数量也越来越大，而对系的财务监督并没有随之增强。

（二）监督责任机制不完善，缺乏成本观念，监督措施不力

实现财务监督应充分发挥财务部门、各部门领导及部门财务人员监督职责，然而由于责任未明确落实，很多情况是该属于自身的监督责任没有发挥出来，经济活动的事前、事中及事后监督往往落空，一旦出现问题就相互推诿。同时，长期受计划经济模式的影响，缺乏成本观念。对如何监督资金的使用缺少一定的分析手段、监督措施。很多工作人员不知道该如何监督，再加上财务体制的不健全，自身的职责未明确，财务人员很难发挥自身的监督作用。

（三）预算难以控制，其中重要原因之一就是监督机制不健全

预算是事业单位财务管理的核心，学校从管理的角度出发，预算各项经费支出，以保证学校总体的管理。然而由于日常的财务监督工作不到位，财务部门平时从事报销、汇总各项数据等工作，很难根据预算数据与实际发生的金额去监督各部门的经济活动。最后只有年终报表出来以后，才反映预算执行情况。这就导致预算与实际经济活动脱节，从而学校的管理力度必然会打折扣。

（四）财务管理体制不健全，财务人员法律知识不足，阻碍了监督职能的发挥

各部门的财务人员由各部门安排任用，与各部门存在很大的经济关系，学校财务部门没有管理权力，许多监督措施落实不到位；同时各部门财务人员往往是本部门的行政人员兼任，缺乏必要的财务法规知识。这样对于本部门的资金使用，往往容易造成随意性较大，甚至连出现违纪现象都不清楚。

第三节　建立健全高等学校财务监督质量保证体系，发挥财务廉政风险防控的实效

一、高等学校财务监督必须与时俱进

由于高等教育的快速发展，高等学校财务管理制度的建设与创新必须与高等教育的发展相适应，建立健全适应高等教育发展的财务制度体系，才能使高等学校财务工作有章可循、有法可依。要根据不同时期的经济环境和学校发展的具体情况，调整修订适合新形势发展的一系列高等学校财务管理规章制度，做到财务管理工作的原则性与灵活性的统一，既达到高等学校财务管理的要求，又满足财务监督的需要。

二、加大外部财务监督力度，监督和处罚并举

不断完善外部财务监督体制，加大上级监督部门财务监督的力度，外部财务监督不流于形式，监督到位，充分发挥"五大"外部监督的作用。财务监督与经济处罚并举，加大处罚力度，进一步规范高等学校的财务收支行为，使高等学校自觉履行法律责任，确保会计信息的真实和完整。

三、进一步完善高等学校内部监督体系，实行全过程的财务监督

高等学校财务监督包括事前监督、事中监督和事后监督三种形式。这三种形式表现为财务监督的三个阶段，它体现出财务监督的作用和效果。一般应按经济活动规律，将三种形式有效地结合起来，对财务活动的全过程进行监督。

（一）事前监督

是指对高等学校财务活动在实施以前的准备阶段所进行的监督。主要检查和审核高等学校制订的财务计划、方案、预算以及项目进行的效果是否合法，是否符合最大经济效益原则。财务的事前

监督是在有关部门进行项目的经济技术可行性研究的基础上，从财务收支角度，对资金的投资、回收和效益做可行性研究，对资金的使用效益作分析、评价。

（二）事中监督

是指对高等学校财务活动在实施过程中所进行的监督。它是实施财务管理中的监督、调节与控制，了解和掌握财务计划执行过程中的不足与偏差，解决出现的问题，为实现最有效地发挥资金效益的目标提出修正意见。

（三）事后监督

是指一项业务活动或一定时期的财务活动实施完成以后，对其财务收支状况、成本、费用、效益等方面的情况实施全面的评价监督。财务的事后监督就是检查财务报表会计资料的真实性、准确性和可靠性，审查财务收支是否符合国家财经政策、方针和有关规定，检查财务会计处理是否符合财务制度的有关规定，是否在有限的资金使用下，取得最大的经济效益。事后监督的目标是分析问题，找原因，总结经验、教训，提出改进意见和建议。事后监督完成以后，必须写出财务监督报告，要将监督中所发现的问题归纳、分析、确定其性质，然后进行财务评价，并进一步提出修改的建设性意见。

四、加大财务监督力度，完善财务信息公开的廉政风险防控制度

（一）高等学校财务信息公开的强制性

（1）高等学校财务公开制度是指高等学校依据相关的法律、法规和规章制度，采用一定方式，将学校在开展办学活动和提供公共服务过程中所产生的信息，依据法律规章制度规定的公开范围，向教职工、学生以及社会公开。《关于全面推进校务公开工作的意见》和《高等学校信息公开办法》规定高等学校必须做到财务信息公开。

（2）高等学校财务公开制度是高等学校财务制度的重要组成部分，健全高等学校财务公开制度是完善高等学校财务管理制度的一个重要步骤。

（3）高等学校财务公开制度是防止高等学校贪污、腐败，加强高等学校监督管理的重要方式和手段。

（4）高等学校绝大多数属于公立性质，教育经费的主要来源是政府拨款，高等学校的公立性质决定高等学校财务管理必须接受社会监督，公民、法人和其他社会组织具有依法获取高等学校财务管理信息的权利。

（5）健全财务公开制度，是依法治校的重要组成部分。

（二）构建高等学校财务信息公开制度的质量保证体系，全方位防控廉政风险

1. 加快建立财务公开制度的步伐

完善制度能对行为主体形成有效的约束，提高行为效率。高等学校财务公开制度是高等学校财务监督的重要组成部分，从实际经验来看，透明公开的财务制度，是遏制贪污、腐败，提高监督效率的有效手段。为提高高等学校财务信息的透明度、公开度，必须建立健全财务公开制度。政府一直强调加强高等学校的财务公开制度建设。就高等学校内部来讲，绝大多数高等学校的财务公开制度建设尚处于初始阶段，所以应加快建立学校财务公开制度的步伐。

2. 创新财务信息公开方式

高等学校财务公开的一些基本方式有：

（1）高等学校教职工代表大会；

（2）财务公开栏或财务公开布告窗；

（3）学校文件；

（4）校长信箱，校领导电子信箱；

（5）举报意见箱；

（6）校情发布会，通过召开校务委员会、党政工联席会、学校专家座谈会、中层干部工作会等形式进行财务公开；

（7）财务简报；

（8）公布主要财务数据，公布财务计划进度、财务收支的详细情况等，保护公众的知情权，监督权。

3. 建立长效的财务信息公开机制

　　财务信息公开不能持续、长期地进行，是当前高等学校财务公开的一个主要问题。这一问题存在的原因是学校缺乏财务公开的长效实施机制。因此，建立财务信息公开的长效机制，才能保证财务信息长期公开。

　　（1）设立专门负责财务信息公开的人员或机构。根据《高等学校信息公开办法》，高等学校校长负责高等学校信息公开工作，校长办公室为信息公开工作机构，负责学校信息公开的日常工作。鉴于财务信息的专业性比较强，应该在财务部门设立专门负责财务信息公开的专职人员，进行财务信息报告、发布，以及应对教职工、社会的信息咨询。

　　（2）对财务信息公开实行监督，实施奖惩。财务公开工作的执行效率，不仅取决于完善的制度条款、相关人员的自律意识，同时需要有效的监督、管理。根据实行的情况进行合理的奖惩，以保证财务信息公开的有效实行。政府主管部门在设立财务公开监管机构主管此项工作，严格执行相应监管规章制度，对高等学校财务公开工作进行评价，对于公开工作做得不好的予以惩罚。

五、实施行政问责制，提高高等学校财务监督的针对性

（一）行政问责制的概念

　　行政问责制是指在行政系统内部，一级政府对本级政府各部门行政负责人或下一级政府负责人在其管辖范围内由于故意或者过失，不履行或者不正确履行法定职责，以致影响行政秩序和效率，或者损害行政相对人合法权益，造成不良影响和后果的行为，追究其责任的制度。

（二）行政问责制的要素

　　（1）行政问责的主体是有权的行政机关，包括各级人民政府，行政任免机关和监察部门。

　　（2）行政问责的对象是政府部门的负责人和地方各级政府的负责人，包括正副职。

　　（3）行政问责的事项主要包括违法行政、履行职责或监督不到位以及个人品行不良等，但各地政府对问责事项的归纳不太

一致。

（4）行政问责的归责原则包括过错归责和结果归责，前者是被问责任人直接有过错，即故意或过失，后者指只要出现了重大问题，无论被问责任在主观上是否有过错，都要对后果负责。

（5）行政问责的方式除了《公务员法》规定的六种行政处分外，还有诫勉谈话、劝其引咎辞职等多种形式。

（6）行政问责的程序一般包括启动、调查、初步决定、申辩复议、最终决定等环节。

（三）高等学校行政问责的性质

行政问责追究的是政治责任和行政法律责任。政治责任强调高等学校管理者直接对学校与全体师生负责，强调责任的履行，如其决策是否科学，其应对措施是否及时得当，对其负责的事项是否监管到位，其品行是否不良。引咎辞职也是承担政治责任的一种方式。而行政法律责任追求的是违法责任，凡违法行政、滥用职权者，都要承担相应的法律责任。

（四）高等学校行政问责的适用范围

一般来说，地方政府的规定基本上是下管一级。云南省规定省人民政府所属部门领导班子正副职和各州、市人民政府领导班子正副职，不履行或不正确履行法定职责，造成不良影响和后果的，要进行行政问责；重庆市规定市人民政府对所属各部门行政首长（含副职）不履行或不正确履行法定职责，或行政首长举止不端，在社会上造成不良影响的，要予以行政问责。从现有的规定看，政府只是简单列举行政问责的对象，行政问责的范围并不十分清晰。由于行政问责与一般行政处分在适用上重合，更是模糊了行政问责的边界。高等学校行政问责对象首先要限定在各级权力机关直接任命的高等学校行政官员；高等学校内部任命的行政管理人员，也要接受任命方的行政问责。

（五）高等学校行政问责的适用标准

行政官员不履行职责或履行职责不到位，要承担相应的法律责任，这是责任政府的基本要求。但追究行政官员的责任不应该是无条件的，要求行政管理不出丝毫差错，任何人都做不到。因为管理存在着巨大风险，很多情况难以预料，而且还有许多偶然因素。行政官员如果缺乏相应的手段和制度资源，很难完成行政目标或避免恶性事件的发生。

高等学校行政问责的标准：一是行为标准，违法行使权力、不履行或怠于履行职责、品行不良或举止不端者，都应追究责任；二是结果标准，对违法行使权力或不履行职责者，不管后果如何，都要行政问责，而对怠于履行职责、品行不良或举止不端者，造成严重后果的才予以行政问责；三是过错标准，即行政官员存在主观过错，故意或过失致使不良后果和影响发生，如果是因为客观不能、制度障碍而不是主观问题导致不良后果发生的，则不应行政问责。

（六）实施对财务人员的问责，重点防控财务人员的廉政风险

1. 启动财务人员问责制的意义

问责制是对滥用权力进行责任追究的制度。有权力就必然要负责任，只要在权力范围内出现某种事故，必须有人为此承担责任。高等学校建立健全岗位责任制，财务人员履行岗位责任制，这就产生了权力，也产生了责任，故必须启动问责制，才能让责任"归位"，使监督"强硬"，对失职和渎职的财务人员（包括财务工作领导）一律追究责任，使领导人员树立一种高度的责任意识和危机意识，处理好权与责的关系。这样，才能完善财务工作质量保证体系，加强财务管理。

2. 需要问责的财务人员类型

（1）问责思想道德素质不高，造成大面积会计信息失真的财务人员

财务人员思想素质低，事业心、责任心不强，工作热情不高，缺乏爱岗敬业精神，缺乏认真负责的科学态度，工作中处于被动或消极状态，工作没有原则性，利用手中的权力为自己或他人谋私利，直接影响到财务工作的质量，违反实事求是、客观公正的道德规范，造成大面积会计信息失真，必须进行问责。

（2）问责业务素质不高，影响会计核算质量的财务人员

会计信息是在财务人员对会计要素进行确认与计量中生成的，财务人员要对客观经济活动的不确定因素进行估计、判断和推理，

不同素质的会计人员进行的估计、判断与推理往往导致不同的结果。有的会计人员职业判断能力不强，对政策法规的运用和业务处理不够准确，导致业务处理的估计、判断偏差较大。有的会计人员不认真钻研业务知识，岗位工作敷衍了事，不能履行会计人员的职责；有的会计人员虽然经过正规的学习，但由于满足于现状，不注重提高自身的业务水平和技能，主动学习的意识十分淡薄；有的会计人员知识结构老化、更新较慢，不认真学习新知识，不积极参加继续教育学习。这些财务人员必须进行问责，才能提高财务队伍的素质。

（3）问责法制观念淡薄，出现假账现象的财务人员

财务人员职业的特点就是要求财务人员必须具备较强的法制观念。然而，有些财务人员不认真学习国家有关的法律、法规，不能严格要求自己，法制观念淡薄。因此，财务人员违反法律、法规的事情时有发生。有的财务人员利用职务之便，为了追求个人的经济利益，对造假行为不加以抵制，甚至还帮助出谋划策，同流合污，贪污、挪用公款，置国家法律于不顾。问责就是要他们醒悟，自觉遵守法律法规。

（4）问责职业道德缺失，违法乱纪的财务人员

高等学校个别财务人员职业道德水平不高，没有强烈的慎独性，长时间不接受职业道德教育，导致法律法规观念淡薄，容易受利益的引诱或是领导人的指使来制作虚假数据，对外提供虚假信息。这种做法与会计信息的真实性背道而驰，必须问责并视情况，追究法律责任。

3. 实施财务人员问责制，提高财务监督实效

（1）加强财务人员思想和职业道德教育，监督其依法理财

由于受西方腐朽思想的影响，拜金主义、享乐主义日益抬头，它们侵蚀着财务人员队伍。必须加强财务队伍建设，筑牢思想防线，将职业道德教育作为一项长期的任务，有组织、有计划地进行。通过各种手段使财务人员树立正确的职业道德观，遵循会计职业道德规范，自觉提高道德修养，抵制不良风气的侵蚀，有合格的财务队伍，才能实施有效的财务监督。

（2）加强财务人员法制教育，增强法制观念

采取强有力的措施，组织财务人员认真学习国家财经方针、政策及《中华人民共和国会计法》等相关法律法规和制度，深刻领会、全面掌握有关知识。会计人员要以财经纪律和有关法律法规严格要求自己的职业行为，知法守法，廉洁自律，不提供虚假的、不真实、不合法或记录不准确的信息；要坚持原则，敢于同违法行为作斗争，保护国家、学校的合法权益不受损害；要增强法制观念，加强防范意识，避免工作失误，远离经济犯罪。

（3）提高财务人员素质，推进高等学校内部财务监督

提高财务人员素质，是廉政建设的重要保障。一个合格的财务人员，要发挥其在廉政建设中的作用，应具有合理、科学的知识结构。高等学校财务监督要引进既懂得财会业务，又熟悉财务监督，掌握经济、法律和计算机等知识的复合型优秀人才。高等学校内部财务监督队伍的成长，是提高财务监督实效的保证。

第四节　财务监督对财务廉政风险防控的作用

一、财务监督是财务工作质量保证体系的组成部分

财务监督是由财务监督主体以国家的财经法规及有关规章制度为标准，采用一定的方法，对被监督客体单位的财务活动进行监督、检查、评价和督导活动的总和。财务监督是国家经济监督的重要组成部分，也是财务管理的重要职能之一，财务监督是财务工作质量保证体系的组成部分。高等学校要加强财务管理，必然要加强财务监督。

二、保证高等学校财务收支行为合法合规

高等学校为贯彻执行国家有关的法律法规，必须制定一系列的财务制度，并形成财务制度体系。而高等学校制定的财务制度及财务制度体系，必须以国家的财经法律法规为蓝本，不得偏离正确的财经路线和方针。

高等学校的财务人员必须认真学习有关的方针、政策，遵守财经纪律，随时监督和检查在日常的财务管理和核算工作中有无违反

财经纪律、结算纪律、信贷纪律的行为，有无违反财务规定铺张浪费，私设"小金库"，擅自提高和设立收费标准和收费项目，多拿私分等违纪行为。一旦发生，财会人员必须采取措施予以纠正，从而保证学校各项经济活动合理、合法和有效。

三、提高高等学校财务管理水平，是质量保证体系的根本

促进高等学校改善财务管理水平，提高办学效益。高等学校的管理模式，在当前市场经济体制下，已经从直接管理转为间接管理，财务体制由核算型向管理型过渡。高等学校应通过财务监督及时提供信息，分析学校在办学效益方面的薄弱环节，促进学校聚财、理财、用财机制的完善，全面提高办学效益，建立和完善学校各项财务制度及其实施细则。

四、规范高等学校的财务收支行为，提高管理效益

促进学校增收节支工作，堵塞管理上的漏洞。高等学校在筹资、拓展收入渠道方面，有巨大的潜力，在财务支出方面也有着巨大的节支潜力。高等学校应通过管理监督、开源节流、增收节支、提高资金的使用效益。

五、维护财经工作秩序，保证学校的根本利益

保证国有资产的完整性，维护国家利益。我国的高等学校大多数是国家各级政府部门主办的非营利性的教育单位，以教学和科研中心工作为主，资产以国有资产为主体。因此高等学校财务监督的首要任务就是要保证国有资产的完整性，维护国家利益，保护学校的根本利益。

六、确保不做假账，是质量保证体系的基础保证

保证会计信息的真实性、准确性、可靠性，为财务决策的科学化提供可靠的基础。高等学校应通过财务管理和监督，保证财务信息的真实、可靠和准确，为高等学校的科学决策提供依据。

第十五章 加强廉政文化建设，增强财务廉政风险防控系统的软功能

第一节 高等学校廉政文化建设概述

一、高等学校廉政文化及其内涵

（一）文化的定义

所谓文化（或称文明），乃是包括知识、信仰、艺术、道德、法律、习惯以及其他人类作为社会成员而获得的种种能力、习性在内的一种复合整体。

（二）高等学校廉政风险防控文化的含义

1. 高等学校廉政风险防控文化建设的特点

高等学校承担着培养中国特色社会主义事业接班人的神圣使命，同时也是弘扬和发展中国特色社会主义先进文化的重要阵地。高校廉政文化是全社会廉政文化的重要组成部分，是社会主义先进文化的典型表现，具有高校文化和廉政文化的一般特点。

高等学校廉政风险防控文化建设就是运用高校廉政文化思想理论，以廉政思想为核心，以校园文化为载体，在高校日常管理、教学科研过程中对高校领导干部、教职工、学生开展廉政文化学习与实践的一系列活动，目的在于使全体师生养成廉洁从政、爱岗敬业和诚信自律等思想观念和行为习惯，树立坚定的廉政信仰，杜绝各种不廉洁的思想观念和价值取向，从而形成风清气正、和谐进步的校园整体文化氛围。可以说，高校廉政文化建设对于促进高校反腐

倡廉工作、培养高素质专门人才、对整个社会廉政氛围的形成以及改善全社会廉政状况，都有着十分重要的意义。

2. 高等学校廉政风险防控文化的内涵

高等学校廉政风险防控文化建设承担的主要任务是在校园里形成廉政文化氛围，形成以廉为荣、以贪为耻的共识。高校廉政文化的教育对象包括高校领导干部、教职工和大学生。高等学校廉政风险防控文化的内涵主要体现在以下几个方面：

（1）具有富于教育行业特点的廉政伦理和精神特质。高等学校以育人为本，教育工作者被誉为"人类灵魂的工程师"。必须在高等学校提倡和确立先进、廉洁、引领时代潮流的价值理念，并以此引导和鼓励教育工作者自觉践行教书育人的宗旨、办好人民满意的高等教育。

（2）教育工作者具有基本的职业道德规范和必备的廉洁从教行为准绳。教育工作者的职业道德水准直接关系到德育工作成效以及大学生的健康成长。因此，不论是高等学校领导干部还是普通教职工，都要牢固树立廉洁奉公和"三育人"（教书育人、管理育人、服务育人）的教育理念。

（3）高等学校担负着传播廉政风险防控文化的重要责任。要不断加强和改进大学生思想道德教育，以先进的道德理念丰富学生的思想境界，提升学生的思想内涵，从而培养中国特色社会主义事业合格接班人。

（4）高等学校担负着引领、辐射和带动全社会廉政风险防控文化发展的重要责任。一方面，廉政风险防控文化作为社会主义先进文化的重要内容，势必会对大学文化的传承创新起到一定的影响作用；另一方面，高等学校廉政风险防控文化又可以对全社会的廉政风险防控文化起到引领、辐射和带动作用，可以对整个社会廉洁从政的价值观念、思想意识、思维方式和行为习惯产生积极影响。

（5）高等学校廉政风险防控文化是高等学校内部形成的独特文化观念、价值观、历史传承、作风、道德规范，以及行为方式和准则的总和。依赖于文化为载体，高等学校内部的各种力量统一于共同的指导思想和管理理念之下。廉政风险防控文化是基于反腐败之上的文化形态，是围绕提升高等学校的廉政风险防控系统建设而培育存在于内部的思想理念和行为价值。

（6）高等学校廉政风险防控文化是由支撑反腐败能力提升的思想、理念、行为准则等构成的。它在高等学校教学、科研、管理各项活动中，属于软件建设的范畴，是相对于制度建设并具有不同于制度的柔性管理理念的重要组成部分。

（7）高等学校廉政风险防控文化包括两大组成部分：一是意识形态，这方面主要是关于高等学校廉政风险防控的口号、理念、核心价值观。二是物质表现，这方面主要是与之相应的标志、先进典型代表，以及与之相配套的薪酬奖励措施。加强高等学校廉政风险防控文化建设，必须从这两个方面入手，形成规范、配套的体系，这样廉政风险防控文化才能在高等学校深深扎根，健康发展。

二、高等学校廉政风险防控文化的研究对象

（一）高等学校廉政风险防控的观念

高等学校廉政风险防控文化就是全体教职工所共享的价值观念、信念和行为规范的总和。

（二）高等学校廉政风险防控的风气

高等学校廉政风险防控文化体现在教学、科研、管理等各项活动的全过程中。每一个环节都会充分地体现与高等学校廉政风险防控文化相关的哲学、校训、战略目标、文化的追求、管理模式、形象以及教职工精神风貌。

（三）高等学校廉政风险防控的风格

高等学校廉政风险防控文化体现大学的管理风格，它充分体现在每一个环节、每一个角落，让我们看到是一种什么样的文化在背后影响着他们的实际行动。

（四）高等学校廉政风险防控文化的精神

高等学校廉政风险防控文化的精神是高等学校廉政风险防控文化的价值观体系的内核，它是高等学校使命、宗旨、管理思想、价值观、理论等的高度概括。

三、高等学校廉政风险防控文化的困境溯源

廉政风险防控文化中的传统、信念、价值观、意识、动机、态度、道德、习惯等，在中国的现状体现虽然各有不同，但都呈现出共同的困境特征，分别是因循守旧与开拓创新的冲突、传统思想与现代精神的矛盾、本土文化与外来文化的交织、主流文化与非主流文化的影响。

（一）传统预算执行力文化的路径依赖

传统预算执行力文化的历史特征包括文化的统驭性、文化的全能性、文化的专断性、文化的保守性、文化的封闭性、文化的泛政治性、文化的泛伦理性等。带有传统特征的文化锁定了人们的思维模式，惯性的力量使这一思维模式不断"自我强化"，忽略其他很多更有效果的方式和方法，坚定地沿袭旧有的规则和方式，其历史惯性表现为：执行权力的向上惯性、执行系统的形式惯性、执行过程的非技术惯性以及执行态度的消极惯性。

（二）西方预算执行力文化的强势嵌入

西方漫长的历史进程中累积的文化和制度，决定了当前西方预算执行力文化的诸多特征，包括文化的民本性、文化的制衡性、文化的遏制性、文化的技术性、文化的功利性等。这些文化特质在几百年里不断地嵌入中国，发生着西式文化的中式转变，包括由原来的臣民意识向公民意识、功利意识的转变，由单一强权手段向法律手段、伦理手段、道德手段、经济手段、技术手段等混合性手段的转变等。

（三）中国预算执行力文化的现代嬗变

预算执行力文化的嬗变，既受历史的影响，也受西方的影响，还受现实的影响，表现出多重的转型特征：权变性与多元性的糅合；专制化与民主化的糅合；泛政治化、伦理化与市场化的糅合；管制化与服务化的糅合等。急剧变革的社会生态环境，对文化的变革和转型提出了种种要求，如法治、契约的文化诉求，民主、服务的文化诉求，开放、自主的文化诉求，专业、高效的文化诉求等。为何地方政府面对政策阳奉阴违，却没有相应的法律制裁？为何这

种问题存在良久却始终找不到行之有效的解决办法？只能说这是一种根深蒂固的文化影响。可见，无论是外部，还是内部，无论是宏观，还是微观，导致行政执行不力的种种困境，其深层次的影响因素都是行政执行力文化。

四、高等学校廉政风险防控文化的特点

高等学校廉政风险防控文化是高等学校观念、价值观、历史传承、作风、道德规范，以及行为方式和准则的总和。它是一种管理哲学，是提升高等学校执行力的原动力，它有着鲜明的特点：

1. 高等学校廉政风险防控文化的核心价值观在于防控

高等学校廉政风险防控文化的构建必须建立在统一的价值观念之上，思想一致，行动一体，才能形成强大的执行力。从流程来看，高等学校各项教学科研管理活动，由上至下推行，必须充分接受以高等学校哲学为核心的文化统驭。通过核心价值观的层级分解，使核心价值观转化为教职工的素质要求，从而达到由虚入实、自上而下层层贯彻的效果。

2. 高等学校廉政风险防控文化要求改革管理规章制度

高等学校廉政风险防控文化与人力资源管理、财务管理、科研管理密不可分的特性使得文化建设必须改革管理的规章制度，贯彻高等学校的精神文化，而管理制度则必须站在更高的高度上认识文化对于教职工的牵引作用。基于廉政风险防控文化的规章制度强调的是在高等学校战略目标与哲学的高度统一下的管理制度体系，在这一目标的指导下，廉政风险防控的要求渗透到全体教职工之中。

3. 高等学校廉政风险防控文化就是校级领导者文化

高等学校校级领导的行为对文化产生着决定性的影响。正如布朗所说："每个公司的文化是由这个公司的领导者的行为决定的。"领导者的价值观念通过领导行为贯穿于教学科研活动的各个环节中，领导者所表现的行为决定着其他人的行为。因此，高等学校领导者表现出的行为是决定廉政风险防控文化的重要因素。廉政风险防控文化不可能自觉产生，它必须通过高等学校领导者的深入认识，确定可行的办法积极推行才能形成。

第二节　高等学校廉政风险防控文化的功能

高等学校廉政风险防控文化具有强大的内在驱动力和影响力，它可将"公廉、节俭"理念渗透到人们生活的点点滴滴，深入人们的心灵，升华为社会风尚，对人们的世界观、人生观、价值观、政治觉悟和行为约束等方方面面产生着深刻的影响，是高等学校推进反腐倡廉工作的重要动力。同时，廉政风险防控文化是高等学校的政治文化基础，为高等学校改革发展奠定坚实的政治基础。通过廉政风险防控文化建设，可以加强教育，健全规章制度，规范行为，促使人们弘扬正气、抵制诱惑，敢于宣扬"正能量"，自觉奉公守法。高等学校廉政风险防控文化的功能主要表现在以下几个方面：

一、高等学校廉政风险防控文化具有教育功能

教育是廉政风险防控文化的主要功能之一。它通过各种廉政风险防控文化的教育形式对党员干部、教工师生树立正确的思想理念，培养健康的行为方式起作用。它多层次、多角度向广大教工师生宣传党的路线方针政策、各种法规条例和廉洁自律的要求，灌输清正廉洁的师德师风规范，使广大党员干部树立起廉洁向上的世界观、人生观、价值观，树立正确的权力观和地位观，提高廉洁自律意识，从而在校园内形成恪守清廉、淡泊名利、爱岗敬业、克己奉公的良好风气。高校廉政文化的教育功能不仅体现出社会文化的教育功能，而且体现着高校自身的教育特点。

高等学校是教书育人的地方，也是知识分子云集的地方，主要群体是教职员工和大学生，这个群体和社会群体有着较大的区别，本身受教育程度较高，文化素质和知识水平往往高于普通社会群体，他们往往思想活跃，容易接受新鲜事物和接触最前沿的知识，能够鉴别新旧文化思潮，引领社会思潮。高校浓郁的文化氛围，能够感染师生，使广大师生不知不觉中受到浸润，并进一步内化为一种觉悟、一种习惯、一种信念。

大学教育范围较广，大学的办学理念和办学宗旨、党建工作、党风廉政工作、大学生的德育教育工作，以及高校反腐败工作等等，都体现出大学的廉政教育文化，同时，广大干部职工和师生日常的工作、学习，也一定程度体现出高校的廉政文化，高校廉政文化通过各种文化教育手段和文化载体，对党员干部和广大师生起到教育的作用。高校的廉政教育形式多样，内容丰富，通过多层次、灵活多变、寓教于乐的各类教育活动，净化师生的心灵，一幅标语，一段视频，一场主题教育电影等等，都能触及心灵、启迪人生。良好的、催人上进的高校廉政文化能够使广大教工师生自觉提高廉政意识，自觉抵御腐败风险，广大党员干部和师生员工通过参与各类宣传活动，不断受到启迪和教育。

二、高等学校廉政风险防控文化具有导向作用

文化能够引导人们的思想观念、社会意识、道德情操，具有导向作用。廉政文化也一样，在一定范围内对社会生活起到辐射和导向作用，廉政文化所包含的道德准则和价值观能够通过文化自身的规律和渠道，由内向外，影响受众。导向作用又以无声的形式和语言，滋润人的心灵，潜移默化地提升人的思想境界，让人们于无声处得到感悟，获得新知。范仲淹"先天下之忧而忧，后天下之乐而乐"的名言潜移默化地教育和引导人们树立社会责任感和历史紧迫感，已经为后人充分认可。

文化还蕴涵着一种内聚力，能够将群众憎恨腐败、崇尚廉洁的精神转化为拒腐防变的动力和行为，从而形成一种以廉洁为美德，以贪污为羞耻的道德舆论氛围。高校廉政文化是在党风廉政建设和反腐败实践中形成的，同样具有很强的辐射性，高校廉政文化一旦形成，就可以通过各种文化载体和传播方式，对人们的思想、行为、观念起到积极的促进作用，提升思想境界，营造廉洁氛围，能够引导人们形成廉洁廉政的价值观、人生观和世界观。通过潜移默化地渗透、影响，通过无形的感染力引导人们自觉接受廉洁文化的熏陶，常修为政之德，廉洁自律，拒绝腐败堕落；常怀律己之心，自觉按照群众的要求，摒弃低级趣味的生活观念；常思贪欲之害，

按照廉政文化建设的要求，警钟长鸣。

高等学校本身就是一个传播文化、产生新思想的场所，高校的文化层次和思想品位相对要高于周边地区，高等学校廉政风险防控文化向社会辐射具有其他文化无法比拟的优势，因此高等学校廉政风险防控文化首先向周边区域辐射，继而对整个社会也能产生积极影响。

三、高等学校廉政风险防控文化具有凝聚作用

几千年来，中华民族能够团结统一，文化的凝聚作用是一个很重要原因。高等学校廉政风险防控文化建设同样起到凝聚人心的作用。当前高等学校腐败事件不断出现，大大降低了人们对高等学校的认同度。高等学校的廉政风险防控文化一旦形成，它所倡导的价值观包括对廉政的认知、文化素质、生活观念和价值取向就很容易为大家所认同，在同一类模式的氛围中得到教化，形成共同的思想理念和行为方式，其中的共同理念就像一种黏合剂，从各个层面将高校内部所有成员团结起来，在统一模式的文化氛围中自发形成一种巨大的凝聚力和向心力，这种凝聚力使得广大教职员工心往一处想，劲往一处使，大家为了学校的发展而共同努力。当前高校的腐败现象屡见不鲜，腐败的亚文化是导致高校内部不和谐、不稳定的因素之一，因此，加强高等学校廉政风险防控文化建设迫在眉睫，也是构建和谐校园的重要课题。通过建设高等学校廉政风险防控文化，形成一种文化体系，形成一种廉洁的文化氛围和廉政理念，让大家都深刻认识到"廉洁者美，腐败者丑"，大家共同支持廉洁的从政行为，通过培养共同的廉洁理念，起到凝集人心的作用。

廉政风险防控文化建设还可以采用多种艺术形式挖掘和培养大家的共同情感，比如宣传廉洁的一系列主题教育活动、一套内涵深刻的宣传牌，一些响亮震耳的警示语等，都能让人耳目一新、精神振奋，使广大党员干部从内心里自觉脱离低层次的狭隘的腐朽观念，树立起高尚的理想信念和职业操守，廉洁从教，规范自律。廉政文化内在的向心力和凝聚力能够给广大教职员工一种无形的力量，激发士气，更加明确工作职责，从而积极地、创造性地开展

工作。

四、高等学校廉政风险防控文化具有激励功能

高等学校廉政风险防控文化的激励功能主要体现在精神动力方面，形成一种激励制度，从而产生一种推动力。当前，高等学校重视廉政文化建设，通过塑造精神文化、规范制度文化、示范行为文化以及创设廉政环境等，激励广大干部党员以及教职员工形成廉洁正派的作风和高尚的职业理想。师生都能够树立纯洁的思想道德意识，形成自己正确的人生信仰，进一步将这种信仰内化，用以指导自己的行为规范，成为自己行事的准则和准绳，自觉按照规范修正自己的行为和生活方式，形成正派廉洁的作风，人人以廉为荣、以贪为耻，这种已经内化了的影响力，再加上外部各种制度的约束，更能推动人们积极追求正确的价值导向和价值目标，自觉向正确的价值目标靠近。

高等学校廉政风险防控文化以廉政理论为指导，运用文化手段，通过各种媒介传播，将会对周边受众产生强大的激励作用。例如树立一些勤政、廉洁人物的高大形象，树立典型，传播廉洁的理念，从而引起人们对社会上不廉洁行为思想的反思和憎恨，激励公众自觉向廉洁人物学习，引导人们远离腐败，不断地提升自我内在修养，逐步产生宁静淡泊的高尚情操和博大庄严的历史使命感。

五、高等学校廉政风险防控文化具有约束功能

党风廉政建设是多种社会因素合力的结果，而廉政文化便是其中一种无形的力量。高等学校廉政风险防控文化是一种无形的特殊文化，它没有明确的规章制度，但却能够通过无形的价值观念调整人的行为，促进高校群体廉洁自律，从而减少贪污腐败事件的发生。高校廉政文化的约束作用主要体现在以下几个方面：

（1）从道德层面规范人的行为。道德水平受到人文环境的影响，人们在参与各种廉政文化活动过程中，陶冶了道德情操，净化了心灵。道德促使每个人自觉约束个人行为，远离不健康的生活方式，自觉抵制腐败思想的侵袭，逐渐形成廉洁的道德意识和健康向

上的精神理念。

（2）从政治上规范人的行为。廉政文化是思想政治理论的重要内容之一，不断采用丰富多彩的形式向广大党员干部和教职员工传播思想政治理论，使大家得到正确的引导，从而进一步规范自己的行为思想。

（3）从制度层面规范行为。制定制度的目的就是约束人、规范人的行为。人在制定这些规章制度的过程中，不断学习制度内容，在执行制度的过程中，也受到了廉洁思想的熏陶，廉洁素养就会不断提高，经常不自觉地就在心里筑起一道反腐的堤坝，从而时刻提醒自己不做违法乱纪、贪污腐败的事情。

第三节　高等学校廉政风险防控文化的构建

构建良好的高等学校廉政风险防控文化，对于促进高等学校的可持续发展作用显著，高等学校必须加大力度构建廉政风险防控文化。

一、高等学校构建廉政风险防控文化存在的问题

（1）没有对执行力文化进行深入研究，实施不得其法；

（2）工作浮夸，只喊口号挂标语，而没有实际行动和配套措施；

（3）只有高深理论，而没有有效融入实际；

（4）未长期坚持，期望其培育和形成一朝一夕就能够实现；

（5）执行力文化建设不系统，自相矛盾，出现了初衷和绩效相背离的情况。

二、构建高等学校廉政风险防控文化的重点

高等学校廉政风险防控文化建设是一项复杂长期的系统性工程，涉及政治文化、职业文化、社会文化等多个方面，需要多个部门协同建设。通过搭建创设有效载体，通过各种丰富的活动形式，积极主动、创造性地开展工作，让廉政文化进校园、进课堂、进教

材，进入师生日常的生活，潜移默化，从而构建"人人思廉，人人促廉"的良好校园环境。高等学校廉政风险防控文化建设要在科学发展观的指导下，以社会主义核心价值体系为中心，重点做好以下几个方面工作：

（一）以思想道德教育为先导，夯实廉政文化建设的思想基础

1. 要抓好高等学校管理队伍中领导干部的从政思想道德教育

高等学校领导特别是党员领导干部要忠诚于党的教育事业，爱岗敬业，勤俭节约，甘当师生的服务公仆，始终如一地把职业道德放在首位，自觉抵制不正之风，克己勤勉，淡泊明志。领导干部要志存高远，胸怀远大理想，坚持马克思主义唯物观和物质观，修身立德，坚守职业情操，为人师表，诚信做人，为广大师生做好表率，特别是领导干部的一言一行，更能从细微之处影响教职员工。在当前现实条件下，抓好高校管理者的思想道德教育尤为重要，只有党政干部克己奉公，忠于职守，以德行政，才能保持好廉洁和自律，才能将全部身心投入对事业的忠诚中，才能真正对学生付出关爱，对个人负责，对学校负责，对职业和自己手中的权力负责。党政干部只有在工作中以身作则，才能营造良好的校园环境；反之，想方设法玩弄权术，谋求私利，只会把整个学校弄得乌烟瘴气，风气不正。

2. 要抓好教师的学术道德教育工作

有的高等学校教师学术道德状况不佳，比如说，学术不端，功利思想严重。为了评先进、评职称，学术造假、抄袭剽窃等现象屡见不鲜；虚构科研项目骗取国家科研经费；为了满足私欲，不尊重学术尊严，重大考试漏题、泄题等事件时有发生；还有些高职称老师不尊重同行，打压同行评职称，搞暗箱操作。这些问题尽管是少数，但反映出当前高校个别教师学术道德思想滑坡，缺乏学术道德观念，整天不思学术进步，不是用心搞科研上好课，而是整天沉浸在争名夺利的斗争中。如果不抓好广大教师的学术道德教育工作，高校的廉政文化建设将沦为空谈，因此规范学术行为、加强学术自律，纠正学术道德失范是当下迫在眉睫的工作。

3. 要抓好在校大学生的思想道德教育工作

改革开放以来，社会生活发生了深刻变化，各种思潮涌现，多元化的文化思潮不断冲击着高校这块圣地，加上社会处在转型期出现的一些负面因素，对大学生的理想信念产生了一定影响，很多大学生呈现出信仰迷茫缺失、诚信观念淡薄、价值观念扭曲、缺乏社会责任感等现象。高校要特别重视当前大学生群体出现的道德缺失情况，要弘扬主旋律，加强传统文化的感召力和感染力，不断加强理想信念教育，引导大学生树立正确的世界观、人生观、价值观，诚信做人，诚实做事，自觉加强思想道德修养，自觉将正确的行为规范内化，转化为自己的实际行动，让大学生在求学阶段就能够树立起廉洁思想，自觉抵制腐败文化的侵袭。

（二）加大文化主体建设，拓展廉政风险防控文化建设的空间

1. 抓好三风建设，构建高等学校廉政风险防控文化建设的氛围

三风建设分别指教风、学风、校风建设，三风建设关乎高等学校的整体素质，也是师生一言一行的集中表现，能够反映一所大学的整个精神风貌和灵魂，它代表了这个大学的品牌和形象，体现了办学理念和办学特色，良好的三风建设，能够透过校园给整个社会传递出正能量，也是构建廉洁校园文化的基础工作，加强高校廉政文化建设，必须抓好三风建设。

（1）要抓好教风建设。教风是校风的核心，也深刻影响着学风，良好的教风是老师高尚职业道德的集中表现，教风同时也主导着整个学校的风气。老师是知识的传播者，是学生人生路上的领航人和指明灯，老师的师德深刻影响着当代学子的成长。搞好教风建设，需要老师养成爱岗敬业、淡泊名利、热爱学生、严谨治学、廉洁从教、以身作则的好作风，能够不断提升完善自我，不断增强自己的人格魅力，以自己扎实的专业素养赢得学生的爱戴和信任，感染学生，激励学生；引导学生追求生活中的真善美，摒弃假恶丑，树立正确的是非观、学习观；引导学生正确对待社会热点难点问题并及时答疑解惑，真正成为学生的良师益友。教风影响着校风，反过来良好的校风也是教风的有力保障。

（2）要抓好学风建设。高校的主体是大学生，大学生正处于

风华正茂的青春时期，这个阶段的可塑性非常强，接受新事物很快，自己的人生观、价值观也在逐渐形成，良好的学风对大学生的成长成才起到至关重要的作用。例如，有些学生本来没有作弊的习惯，但由于受不良学风影响，加上个别学生学习目的不明确、意志力薄弱，很快就随波逐流学会了作弊和逃课。相反如果学校治学严谨，学生浸润其中也会养成忘我求知的好习惯，处处严格要求自己，以至于将来走上工作岗位依然带着良好学风的烙印，求真务实、勤勉工作、无私奉献、积极创新。学风是校风的一个侧面体现，良好学风还可以提升学校的美誉度，校风正，学风好，两者相辅相成，相互影响，相互促进。

（3）要抓好校风建设。校风是学校历史文化传统和精神文化风貌等方面的综合反映，校风的好坏直接取决于领导者的管理作风，好的管理作风是学风和教风的有力保障，例如清明廉洁的管理作风带出清正的教风，带出发奋求知的学风；而腐朽庸俗的领导作风，则使师生丧失斗志和信念，对学校失去信心。因此，形成清正廉洁的校风，要求领导干部以身作则，各级领导要身先士卒，勇做表率，身体力行，只有领导的思想作风和生活作风上去了，才能有力推动党内民主和科学管理，才能实现校务公开，科学管理、处处以人为本，上下联动、齐抓共管，不断提升本校的核心竞争力。因此，只有狠抓党风廉政建设，才能使高校各级领导干部永远保持清正廉洁的工作作风。

2. 抓好校园文化建设，积极营造廉洁育人环境

校园文化是一所学校精神文明建设的重要载体，是学校在长期办学过程中积淀下来的物质文明、精神文明建设和生态文明建设的总和。对大学生思想政治素质教育具有潜移默化的作用。校园文化不仅体现在高校建筑物、教学设施、校园环境及其校园整体布局等物质形态上，同时还体现在高校师生员工的价值观取向、具体行为规范及其思维方式方法等整体风貌中。它是一种精神，一种氛围，对高等学校师生员工素质的形成有着润物细无声的促进作用。例如，学校的规章制度、标语标牌、校史校训、各种文化交流和研讨会、学术报告等都可以对教工师生形成思想触动。以廉洁教育为载

体的廉政文化建设是时代的要求。因此建设优秀校园文化要与廉洁教育文化相结合，在校园文化建设中融入、突显出反腐倡廉，充分利用学校图书馆、阅览室、文化广场以及学校的广播电视、标志标牌、网站电台、校刊校报等传递廉洁意识，灌输廉政观念，弘扬廉洁本色，倡导廉政特色，通过廉政警句、廉政漫画、廉政案例、反腐纪实、文艺节目、主题绘画、主题辩论会等众多丰富多彩的形式，把廉政理念和廉政教育融于高校师生的日常生活当中，潜移默化地使高校师生提高自身素质，自觉抵御腐败落后文化的侵袭，自觉摆脱低级趣味，与廉洁为伍，与廉洁同行。

在以廉洁教育为载体的廉政文化建设活动中，要积极搭建、拓展廉洁教育活动平台，充分发挥高校各级党团组织、共青团、学生会的作用，开辟宣传专栏，开辟网络学习园地和互动平台，开展各类主题教育活动，加大青年学生民主参与的力度，努力培养大学生的廉政文化素质。廉政素质教育可以走出去，充分利用博物馆、烈士陵园、标志性建筑等场所，像河南高校师生可以参观郑州二七纪念塔等，通过参观廉政文化教育基地、廉政文化图片展，观看廉政纪录片、电影等对广大师生进行廉政教育。同时，廉洁文化教育也可以请进来，邀请理论造诣深厚的专家学者和实践经验丰富的行家里手为校园人作精彩的廉洁教育报告，增强廉洁教育的感染力、吸引力，激发广大教工师生的参与热情，使校园人在参与廉洁教育活动中感知和接受廉洁文化，树立廉洁的思想理念，形成崇尚廉洁、抵制腐败的情感倾向，提高遵守学校规章制度的自觉性和自觉抵制腐败的免疫力。

与校园文化建设一样，高校廉政文化建设也是一个长期的系统工程，没有哪一个部门能独立完成，必须像校园文化建设那样，纳入学校党建工作和学校发展总体规划，按照"大教育"、"大宣传"、"大建设"格局，依托学校健全的组织结构，依托学校科学的运行机制系统推进，依托学校优秀的文化载体辐射拓展，依托学校丰富的校园活动整体发展，依托学校完善的监督机制跟踪联动，由纪委配合党委协调，举学校之力，整合学校资源，形成多层次、全覆盖的廉洁教育体系和廉政文化建设长效机制。

（三）创新廉政风险防控文化建设形式，增强廉政文化建设实效

1. 在思想政治理论课中开展廉洁教育

大学生是国家的未来和希望，是 21 世纪中国屹立于世界之林的中坚力量，加强建设高校廉政文化建设，提高大学生的廉政文化素质，是当前一项比较紧迫的任务，也是全社会从源头遏制预防腐败的主要举措。高校政治理论课是培养大学生廉政文化素质的主阵地、主渠道，加强廉政教育，要将廉政思想纳入马克思主义理论课和思想品德课的教学计划，贯穿于整个思想政治理论课教学当中，适当增加关于诚信做人、遵纪守法、廉洁奉公、爱岗敬业等廉政文化课程，使廉政思想与其他思想政治教育融为一体，相辅相成。通过两课教育，大学生不仅可以学习毛泽东、邓小平、江泽民、胡锦涛和习近平关于反腐倡廉建设的一系列重要论述，提高廉洁自律意识，同时也可以学习国家的法律法规，接受法制教育，提高守法懂法的文明意识。另外，各个高校开设党课学习时，也要把廉政思想教育纳入其中，对参加党课学习的积极分子和党员干部开展廉洁教育，通过党课和思想政治理论课课堂灌输和引导，使广大师生干部能够树立起健康清廉的价值观，树立起廉洁无私的世界观和物质观，增强反腐倡廉意识，自觉抵制腐朽文化的侵袭和影响。在通过思想政治理论课加强廉政文化教育的过程中，要不断丰富政治理论课的教学内容、教学形式，深入研究教育教学方法和艺术，使政治理论课的教学更加富有时代性、教育性，增强针对性和实效性。

2. 加强高等学校廉政风险防控文化建设和社会之间的互动

加强高等学校廉政风险防控文化建设是全社会共同倡导廉洁教育的需要，因此，社会要勇于营造廉洁的大环境，形成廉洁氛围，尤其是国家机关的公务人员，一言一行都影响着大学生的世界观和价值观，学校的理论灌输是一方面，最重要的是让同学们融入更加丰富的社会实践过程中，大学生高尚的廉洁意识不可能一蹴而就，需要在社会多种实践中磨炼逐渐培养。大量事实可以证明，大学生从参加社会实践活动，亲自体验劳动者的艰辛中获得的知识，更能深刻地入脑入心、永久珍藏。同时从亲自参加社会实践活动中获得的信息，更有助于大学生克服懒惰、懈怠和投机取巧等不良心理，增强他们对社会、对人民负责的正确意识，正确处理个人、集体和国家之间的关系。可以把廉洁思想教育融入各类社会道德实践活动当中，根据大学生自身发展需要，开展丰富多彩的社会实践活动，比如开展思想政治论坛、社会生活实践调查、播放收看廉政教育纪录片、开展公益性活动、廉洁征文比赛等，采取多种方式深入机关、企事业单位、社区等场所，广泛宣传党和国家有关廉政文化建设的方针、政策等等，逐渐引导大学生从实际具体事情做起，让大学生在社会实践中受到廉洁教育，达到知行合一的教育目的。

3. 科学借鉴国内外高等学校廉政风险防控文化建设的成功经验

中华民族历史悠久，同时也是一个非常善于吸收、借鉴和融化外来文化与制度的优秀民族。在当前经济社会全球化的大背景下加强高校廉政文化建设，更加需要我们站在地方性、地区性和全球性结构的互动过程中重新进行思考。西方在廉政文化建设方面成功的做法，我们应该大胆学习并借鉴，例如在廉政风险防控文化建设的观念层面，建立诚信道德体系，重视学校道德教育，营造良好廉政文化氛围；在廉政文化制度建设层面，形成长效机制，完善规章制度预防腐败，以严格的法律法规威慑腐败，如财产申报制度、亲属回避制度和建立独立的监督体系等，我们要充分借鉴西方法律至上、依法行政、民主行政的先进廉政思想观念，加强舆论监督，在高等学校管理干部队伍中树立起法律意识和责任意识，让全体教职工和学生具有主人公意识、权利意识以及监督意识等。当然，学习西方廉政文化建设要避免教条化，要结合我国高等学校实际对西方廉政风险防控文化建设进行科学分析、取其精华、弃其糟粕，深入研究当代领导人的廉政思想和廉政建设方面的做法，以中国特色社会主义理论体系为指导，科学总结高等学校廉政风险防控文化建设的宝贵经验，自觉地把高等学校廉政风险防控文化建设融入构建社会主义和谐社会等重大战略部署中来，为高等学校廉政风险防控文化建设提供广阔空间和宽广的平台。

（四）建立健全廉政制度，提高廉政风险防控文化约束力

1. 加强廉政风险防控文化理论研究，提升廉政风险防控文化建设层次

加强高等学校廉政风险防控文化建设，需要强有力的廉政理论支撑。没有先进的理论做先导，文化建设就会出现偏差。近年来，我国研究廉政文化建设的理论成果越来越多，为高校的廉政文化建设提供了良好的资源。针对新时期出现的新情况、新问题，我们要充分发挥高校自身理论研究的优势和舆论宣传的优势，组织专家学者，开展多角度、全方位、多层次的廉政理论研究。针对高等学校廉政风险防控文化教育建设的特点和规律，运用科学的观点进行探讨、研究，把握规律性、增强针对性，要善于总结经验，提出举措，以法律为准绳，坚持法律面前人人平等，积极营造高等学校"廉洁为荣、贪腐为耻"的良好氛围。要组织有关人员开展理论教材编写，各级领导要从经费上支持设立廉政理论研究机构，开展廉政文化教育理论研究，支持廉政专著的出版发行，为进一步提高廉政文化教育的理论水平提供有力支持。

2. 加强监督，健全高等学校廉政风险防控文化建设长效机制

我党历来高度重视党风廉政建设和反腐败斗争，积极倡导推行廉政文化，胡锦涛同志在十七大报告中提出要加强廉政文化建设，形成拒腐防变教育长效机制。习近平总书记指出"物必先腐，而后虫生"，要想保持党的健康肌体，必须要政治清明，政府清廉，干部清正。对于腐败要"苍蝇老虎一起打"，坚持"把权力关进制度的笼子里"，反腐败是实现"中国梦"的前提，腐败问题不加整治，终将亡党亡国。习近平总书记号召全党同志坚持以邓小平理论、"三个代表"重要思想、科学发展观为指导，坚持标本兼治、综合治理、惩防并举、注重预防方针，更加科学有效地防治腐败，坚定不移把党风廉政建设和反腐败斗争引向深入。李克强总理也提出，要让权力在阳光下运行，要把反腐倡廉建设放在更加突出的位置，要建立和完善不能贪、不敢贪的反腐机制，让腐败行为、腐败分子依法受到严惩，绝不手软。这些都表明反腐败必须建立有效的监督保障机制，只有制度的约束，才能使腐败无所遁形。

　　高校廉政文化建设，也离不开长效的监督保障机制。高校要组织相关部门密切配合、加强协调，逐步将保障监督机制完善起来，并形成长效机制。特别是高校纪委要充分发挥监管职责，根据高校特点建立预警机制，建立有效的制约监督体系，比如：在财务方面，对于"小金库"和"账外账"等要全面清理，违纪的要追究责任，构成犯罪的要移交司法机关，特别是对于基建项目、大宗采购的财务审计和督查，必须动态跟踪监督定期检查；在人事方面，对于重要部门的领导，要定期轮岗和实施离任审计。高校廉政文化建设要进一步明确领导责任制，在党委统一领导下，纪委牵头，党政齐抓共管，各个职能部门分工协作，全校教工师生共同参与，共同研究问题，交流信息，通报情况。可以结合学校自身实际，制定有关的激励制度，各级领导要高度重视，要创造性地开展工作，对于取得突出成绩的部门和个人，要给予表彰或者适当的物质奖励；对于工作松懈、滞后，没有成效的部门，要给予通报批评，及时鞭策。只有层层落实，上下齐动，真抓实干，各司其职；充分做好预防职务犯罪和反腐倡廉建设各项工作，才能真正建立长期有效的工作机制，形成人人反腐、人人拒腐、蓬勃向上、充满活力的高校廉政文化建设新局面。

　　3. 探索建立科学、有效、可操作性强的廉政评价体系

　　高等学校廉政风险防控文化建设需要建立一个量化程度高、可操作性强、可考核性强的科学有效的考核指标体系，这是对高等学校反腐败工作的检查评价活动，能够弥补廉政风险防控文化建设的缺失，测评出反腐败工作的绩效，从而更好地推动高等学校廉政风险防控工作深入进行。建立高等学校廉政风险防控文化建设考核指标体系必须遵循以下原则：

　　第一，系统性原则，把评估对象作为一个整体，不仅要考核廉政建设的局部或某一环节，还要考核其他整体的方方面面，力求全面客观评价，这就要求在设计考核指标时，要全面、综合、涵盖廉政风险防控文化建设的各项内容，避免以点带面，过于空泛。

　　第二，循序渐进原则，高等学校廉政风险防控文化建设是一个长期复杂的系统工程，不可能一蹴而就，因此，考核指标要既立足

当前，又要着眼长远。立足当前能够增强当下指标的针对性和时效性，着眼长远就是要有超前预测功能，增强指标的前瞻性和主动性，更好预防腐败案件的发生。评价标准要边实践、边修改、边完善，设置评价目标要逐步实现。

第三，可操作性原则，评价指标体系一定要力求科学，操作性强，尽量客观、公平、公正，定性与定量相结合，既有主观认知又有客观评价，既有听取汇报的"印象分"成绩，又有具体的数量指标检测，从多方面获取具体数据，争取对廉政文化建设的考察达到客观、精准、公正、科学的效果。高校建立全面、科学的评价指标，要将高等学校领导干部和教工师生纳入考评范围，具体可针对党委要素、财务要素、组织要素、制度要素、素质要素设置具体的考评指标，包括高等学校师生员工、上级部门、学生家长等不同的评价维度和综合考评。通过综合考评，进一步促使高等学校廉政风险防控文化建设向纵深处良性发展。建立高等学校廉政风险防控文化建设考评体系是一个复杂的系统工程，科学性较强，因此需要在具体的工作实践中不断探索、不断完善，使之能够真正反映高等学校廉政风险防控文化建设的实际成效，更好地推动高等学校廉政风险防控文化建设继续深入发展。

第十六章　高等学校财务廉政风险防控系统建设的评估

　　高等学校财务廉政风险防控系统建设的评估是高等学校财务廉政风险防控系统的重要组成部分。高等学校廉政建设取得的成就，反映为提升高等学校的财务管理水平和办学效益状况。高等学校财务工作建立健全了质量保证体系，组织管理、运行机制等制度健全，决策科学，反过来，验证了高等学校财务廉政风险防控系科学、合理、防控效果佳（即评估）。通过对高等学校财务廉政风险防控系统建设的评估，可以促进高等学校建立健全科学、全面、完整的廉政风险防控系统，优化体制机制，堵塞财务廉政风险漏洞，最终体现为高等学校财务管理水平的不断提高。

第一节　高等学校财务廉政风险防控系统建设评估概述

一、评估的概念

　　评估原意是指评定事物的价值和价格，在日常应用中泛指衡量、评议、估定事物或人物的价值和作用，也指考证原先预测事物发展趋势与现实发生的实际有无差距（定性）及差距多大（定量），并做相关的调整。评估就是指衡量人物或事物价值的活动，它存在于社会生活的各个方面，在社会各个运作层面上对活动主客体起着方向引导与调整的作用。评估涉及评估对象、价值标准、估量和评估方法。一般来说，通过评估可以肯定成绩、发现问题、明确方向、提高质量、加强管理，它是有效实践的关键措施。

二、高等学校财务廉政风险防控系统建设评估概述内容

（一）高等学校财务廉政风险防控系统建设评估的概念

高等学校财务廉政风险防控系统建设评估，是指领导高等学校党风廉政建设的组织机构依据相关制度，以相对综合而科学的高等学校财务廉政风险防控系统建设评估指标体系为衡量内容，运用定性与定量相结合的方法，对高等学校党风廉政建设的整体情况（内容上包括党风廉政建设过程与党风廉政建设的成果，对象上包括参与实施党风廉政建设活动的组织及成员）进行的衡量、评议和估定，是对高等学校党风廉政建设作出某种意义上的价值判断的实践活动。

（二）高等学校财务廉政风险防控系统建设评估的内容

1. 高等学校财务廉政风险防控系统建设评估的依据

高等学校党风廉政建设作为影响高等学校发展的重大事项，其评估工作是以科学的理论依据和客观的现实依据作为基础的。高等学校财务廉政风险防控系统建设评估以马克思主义哲学和理论等作为理论依据，以党风廉政建设与惩治预防腐败的法律法规和高等学校党风廉政建设的实际情况为现实依据。

2. 高等学校财务廉政风险防控系统建设评估的主体

评估主体是评估的主导者和实施者，其解决的是"由谁来评估"的问题。高等学校财务廉政风险防控系统建设评估的主体可以是教育行政管理部门、教育科研或社会中介机构或高等学校本身。单就高等学校本身来讲，评估主体包括领导部门和辅助部门，领导部门主要是高等学校党委或者负责高等学校党风廉政建设事务的以高等学校党委、领导班子主要领导为组长的党风廉政建设工作领导小组，又或者是高等学校党的纪检监察机关或行政监察机构，辅助部门主要是高等学校的审计和统计等部门，它们在高等学校财务廉政风险防控系统建设评估体系中起到辅助作用，可以提供反腐败的主要信息和数据。

3. 高等学校财务廉政风险防控系统建设评估的客体

评估客体是评估主体的价值判断活动所指向的客观对象。在主客体相互关系中，客体是否按照主体的尺度满足主体需要，是否对主体的发展具有肯定的作用，这种作用或关系的表现就成为价值。探讨高等学校财务廉政风险防控系统建设评估的客体问题，其实就是解决"评估什么"的问题，也是解决评估范围或评估对象的问题，其评估的客体可以是与党风廉政建设活动有关的一切，在内容上包括党风廉政建设过程与党风廉政建设的效果，在对象上包括参与实施党风廉政建设活动的组织及成员。

4. 高等学校财务廉政风险防控系统建设评估的指标体系

指标体系是由各级各项指标及其相应的指标权重和评估标准构成的有机集合体。由于指标是一种具体的、可测量的、行为化的评估准则，是根据可测或可观察的要求而确定的评估内容，它用诸如行为等具体化的东西来标示被评估的具有抽象属性的项目。因此，在指标设计时，应注意指标的准确性、完整性、可行性和独立性，构建科学、合理的指标体系。

5. 高等学校财务廉政风险防控系统建设评估的方法

评估方法是评估价值系统构成的关键要素，解决的是"怎么评估"的问题，评估方法的科学性与规范性，直接关系到评估结果的信度与效度。在目前的评估研究中较为常用的评估方法主要是定性评估和定量评估。定性评估对于不可量化的评估指标具有较强的适用性，其侧重于工作过程的评估，定量评估则对可量化的指标更为有效，较为侧重于评估工作的结果。高等学校财务廉政风险防控系统建设评估是对高等学校党风廉政建设活动进行价值分析与判断的实践过程，它的价值甄别性与实践性要求其应具有与评估目的相适应的科学方法论体系，即通过定量与定性相结合的方法，不断发掘和优化指标，构建科学的高等学校财务廉政风险防控系统建设评估指标体系，以保障评估工作能取得高效度和高信度的评估结论。

6. 高等学校财务廉政风险防控系统建设评估的本质在于"价值判断"

高等学校作为培养社会主义事业建设者和接班人的重要场所，

肩负着社会主义现代化建设和中华民族伟大复兴的历史使命。党风廉政建设如何直接影响着高等学校培养人才的职能和完成使命任务的能力。高等学校财务廉政风险防控系统建设评估的价值判断就是要保证高等学校履行责任和使命的价值取向。

第二节　高等学校财务廉政风险防控系统建设评估的原则及特点

一、高等学校财务廉政风险防控系统建设评估的原则

（一）全方位评估原则

评估涉及高等学校财务廉政风险防控系统的各个方面，包括财务廉政风险防控绩效（包括贪腐成本和防控支出）、财务管理体制机制、人员素质提升等。

（二）绩效原则

高等学校财务廉政风险防控系统建设的评估，体现为增收节支，体现为集中财力办大事，最终体现为学校的快速健康发展，体现为学校综合财力指标的不断优化。

（三）执行力原则

高等学校财务廉政风险防控系统建设的评估，结构虽然重要，但执行的过程也十分关键，执行力提升就是意味着令行禁止，意味着系统体制机制健全，能确保预算等不折不扣地执行，从而达到防控廉政风险的要求。

（四）评建结合原则

高等学校财务廉政风险防控系统建设的评估，能及时发现问题，重在建设，才能不断改进完善质量保证体系，不断完善财务廉政风险防控系统。

（五）分类评估原则

高等学校财务廉政风险系统建设评估，总要求就是杜绝腐败，对高等学校师生员工不同主体防控廉政风险进行分类评估，使高等学校各层面人群具有较高的廉政素养。在高等学校廉政建设的整体

目标实施过程中，要结合分类目标实施以整体规划为指导，在总的廉政防控建设方针的指导下，把握高等学校廉政风险防控的局部评估，分类考核。考核评估高等学校各职能部门及二级单位及广大高等学校人员在廉政建设中是否有针对性地开展了适合本部门的廉政建设，以局部推动整体建设，体现全局性，增强整体合力，以点带面促进整个高等学校廉政风险防控系统的形成。

二、高等学校财务廉政风险防控系统建设评估的特点

（一）高等学校财务廉政风险防控系统建设评估具有目的性

高等学校财务廉政风险防控系统建设评估的目的就是以实现党风廉政建设的目标为指向，全面地把握党风廉政建设的实际情况，并作出科学的评估或判断以指导党风廉政建设的实践。高等学校财务廉政风险防控系统建设评估正是在这样一种特定目的的驱动下，按照一定的科学、合理设计的程序，有计划、有组织地进行的。高等学校财务廉政风险防控系统建设评估与其他领域的价值判断不同。高等学校财务廉政风险防控系统建设评估的实践过程，要始终以马克思主义基本原理和中国特色社会主义理论体系，以党和国家对党风廉政建设作出的具体要求，以反腐倡廉和惩治与预防腐败指导思想等作为依据，并结合高等学校的教育管理实践活动，运用适当的方式、方法将要评估的内容转化为评估指标体系。党风廉政建设目标既是高等学校财务廉政风险防控系统建设评估的出发点，又是高等学校财务廉政风险防控系统建设评估的落脚点。高等学校财务廉政风险防控系统建设评估是确保党风廉政建设目标达成的过程，也是确保目标达成过程持续改进或及时变革的过程，其目的指向始终是党风廉政建设目标的实现。

（二）高等学校财务廉政风险防控系统建设评估具有过程性

高等学校财务廉政风险防控系统建设评估是对党风廉政建设及其过程作出某种意义上的价值判断。党风廉政建设及其过程是相对复杂的实践活动，所涉及的内容非常广泛，贯穿于高等学校教育管理活动的方方面面，且是一种特殊的连续的活动，在一定程度上表现出动态与静态的结合。高等学校财务廉政风险防控系统建设评估

是对"党风廉政建设及其过程"的价值判断，这种价值判断不是好与坏的简单判断，而是对特定的、复杂的党风廉政建设活动、党风廉政建设过程进行考察及评判。这个"考察与评判"也不是一次性活动，而是一个连续性的、动态性的过程。事实上，要实现高等学校财务廉政风险防控系统建设评估，就必须经过确定目标、制订方案、搜集信息和形成判断等一系列步骤方法，涉及面很广，因此高等学校财务廉政风险防控系统建设评估是一个复杂的活动过程。

（三）高等学校财务廉政风险防控系统建设评估具有系统性

高等学校财务廉政风险防控系统建设评估必须具备几个要素，即评估主客体、评估指标体系、评估方法、评估结果，这几个要素之间相互独立，构成了有机的高等学校财务廉政风险防控系统建设评估。在高等学校财务廉政风险防控系统建设评估的运行过程中，不仅要对党风廉政建设的关键环节与关键要素展开评估，而且要对评估客体的各个方面、各个层次进行评估，避免评估片面化、局部化所导致的高等学校财务廉政风险防控系统建设评估结果失真的可能性，以保证评估结果的可信度和评估正向价值属性的体现。因此，在评估要素和指标的设计时，要力求全面、综合，尽可能地涵盖党风廉政建设的各项内容，保证高等学校财务廉政风险防控系统建设评估目的的实现，只有这样，才能有效地发挥评估的诊断作用。由此可见，高等学校财务廉政风险防控系统建设评估是一项系统化的工作。

（四）高等学校财务廉政风险防控系统建设评估具有复杂性

高等学校财务廉政风险防控系统建设评估是一项实践性很强的活动，同时也是一项高度复杂的系统工程。党风廉政建设的情况具有一定的复杂、多样性，这其中包括组织领导、宣传教育、制度机制、监督举措等等众多的事项，而且每一项工作在单独层面上又自成体系，且工作内容丰富多样，这些都给高等学校财务廉政风险防控系统建设评估带来复杂性。同时，党风与廉政的表现形式多样，行为呈现上也具有一定隐匿性，在评估标准上很难清晰地作出界定，且为了量化评估结果，往往要进行定量评估，而定量评估需要一个科学、严谨的衡量和设计，这也给工作带来了难度。另外，高等学校财务廉政风险防控系统建设评估如果要起到实效，达成目标，就要构建高等学校财务廉政风险防控系统建设评估体系，而这一评估体系内容多样，标准、技术复杂，同时又需要专业的评估组织进行构建和实施评估，这些众多因素相互联系、相互影响，复杂性不言而喻。而长远来看，高等学校财务廉政风险防控系统建设评估体系还要随目标、实事等而变化，且具有一定的生命周期，更增添了环境方面的复杂性。

第三节　高等学校财务廉政风险防控系统建设评估的方法及功能

一、高等学校财务廉政风险防控系统建设评估的方法

（一）定性分析法

是指针对高等学校财务廉政风险防控系统建设的具体内容、特征和依据进行定性分析，确保高等学校财务廉政风险防控系统建设的体制机制健全，防控机构健全，监督体系无明显漏洞，规章制度健全，防控任务清晰、把握性强，进而有利于健全、改进和评估高等学校的财务廉政风险防控系统建设。

（二）定量分析法

在对高等学校财务廉政风险防控系统建设存在的问题及原因分析中，采取图表、数据等方法，对其进行量化分析，以便使问题更清晰明了，说服力更强。主要从绩效量化入手，既能防控廉政风险案件的发生，又能达到增收节支的效果，最终体现为规范收支行为，真正量化绩效。

（三）制度分析法

以国家的财务制度体系为蓝本，借鉴相关的理论和方法，分析高等学校财务廉政风险防控系统建设各个方面的问题，使层次高的制度统驭层次低的制度，以此作为中国高等学校财务制度研究的依据，并延伸为统筹高等学校廉政风险防控系统建设的规章制度、标

准、定额。

（四）国际评估法

运用 ISO9000 体系，对高等学校财务廉政风险防控系统建设进行评估，使体系更加科学规范，可操作性强。

二、高等学校财务廉政风险防控系统建设评估的功能

高等学校财务廉政风险防控系统建设评估的功能是指高等学校财务廉政风险防控系统建设评估对于高等学校的持续、健康发展的功效和作用。高等学校财务廉政风险防控系统建设评估具有一定的内在价值，对高等学校教育管理实践活动，主要是党风廉政建设实践，产生一定的功效、发挥一定的作用。高等学校财务廉政风险防控系统建设评估的出发点和归宿点都是为了完善高等学校的党风廉政建设，为高等学校长远发展和社会主义现代化建设的整体利益服务的。探索高等学校财务廉政风险防控系统建设评估，不仅有利于高等学校党风廉政建设工作的开展和推进，而且有利于高等学校自身体制和教育管理工作的改革和完善，有利于高等学校形成良好的校风和学风。

（一）评估功能

高等学校财务廉政风险防控系统建设评估的评估功能是指高等学校财务廉政风险防控系统建设评估在实施过程中，依据党风廉政建设的要求对党风廉政建设实践的总体状况和具体行为等方面作出评判的作用，它是党风廉政建设评估的最基本功能。科学的高等学校财务廉政风险防控系统建设评估体系，其评估指标全面、评估标准科学、评估方法得当，评估结果能够对高等学校财务廉政风险防控系统建设评估的客体做出相对客观公正的评估，体现了高等学校财务廉政风险防控系统建设评估的评估功能。高等学校财务廉政风险防控系统建设评估的评估功能的实现是与评估标准相挂钩的，高等学校财务廉政风险防控系统建设评估体系的评估标准直接影响了高等学校财务廉政风险防控系统建设评估体系评估功能的好坏。高等学校财务廉政风险防控系统建设评估的总体评估标准应该是实践的，要以是否有利于党的组织作风建设，是否有利于保证党员干部

廉洁从政为具体判断标准。高等学校财务廉政风险防控系统建设评估的评估功能主要是由高等学校财务廉政风险防控系统建设评估的评估标准与评估结果的选择淘汰性与比较批判性所产生的。一方面，高等学校财务廉政风险防控系统建设评估要将那些符合高等学校财务廉政风险防控系统建设评估标准的党风廉政建设实践筛选出来，并在组织和系统的框架内保证和激励得到认可的实践行为继续发展与完善；另一方面，又要将那些不符合高等学校财务廉政风险防控系统建设评估标准的党风廉政建设实践剔除出去，优化组织和系统的内在机制、思想作风和实践行为。最终，依据党风廉政建设评估实践所得到的客观公正的评估结果来评估党风廉政建设实践的状况，指导党风廉政建设的实践发展。高等学校财务廉政风险防控系统建设评估的评估功能，有利于客观地、全面地了解高等学校党风廉政建设的各方面情况，做出符合党风廉政建设要求的评估，有利于增强评估与反思手段在高等学校党风廉政建设中的作用，推动党风廉政建设工作的科学发展。具体来说高等学校财务廉政风险防控系统建设评估的评估功能体现在：一方面，高等学校财务廉政风险防控系统建设评估是对评估客体是否满足党风廉政建设的要求，其党风廉政水平是否达到党风廉政建设的基本规范而做出的评估，这一高等学校财务廉政风险防控系统建设评估是与该阶段党风廉政建设水平相适应的；高等学校财务廉政风险防控系统建设评估要评估总体的党风廉政建设情况，也要对评估客体当中的关键岗位、部门作出评估，特别是要对领导班子和党员干部党风廉政状况是否符合党风廉政建设的要求，领导的党风廉政建设工作水平是否达到标准等给予评估；另一方面，高等学校财务廉政风险防控系统建设评估可以适时地总结判断高等学校党风廉政建设的经验教训，评断一段时期内党风廉政建设的优势与资源，澄清存在的误解与偏向，使得高等学校党风廉政建设的发展更加科学化。高等学校财务廉政风险防控系统建设评估的评估功能，能够判断高等学校党风廉政建设和反腐败工作开展的好坏，反映出党风廉政建设和反腐败工作中存在的问题与难点，并提供给评估客体反思、改进的空间，促进党风廉政建设工作朝着目标方向发展。

（二）引导功能

高等学校财务廉政风险防控系统建设评估的引导功能是指高等学校财务廉政风险防控系统建设评估依据评估目标与评估标准导正评估客体的党风廉政建设方向以及引领党风廉政建设的作用。科学的高等学校财务廉政风险防控系统建设评估体系具有引导功能，通过高等学校财务廉政风险防控系统建设评估的实践，引领评估客体改进党风廉政建设状况，导正党风廉政建设方向，开展更有效的党风廉政建设。从哲学意义上讲，高等学校财务廉政风险防控系统建设评估的引导功能处于统领性的地位，在人类生活中评估最为重要的、处于核心地位的功能是导向功能。人的活动的理想是合目的与合规律的统一，在这种统一中合目的是灵魂。而目的的确立是以评估所判定的价值为基础、为前提的。由此可见，高等学校财务廉政风险防控系统建设评估的引导功能的地位和重要性。高等学校财务廉政风险防控系统建设评估的引导功能主要是由党风廉政建设的评估标准的方向性与目标的指向性所产生的。一方面，党风廉政建设的评估标准在一定程度上是党风廉政建设所属的国家执政者对其系统内掌握公共权力者以及行使公共权力过程所进行的廉洁自律要求的反映，是统治阶级利益意志的表达，这种由统治阶级利益意志表达所产生的党风廉政建设的评估标准是一定时期统治阶级国家治理要求的具体化，为此具有了方向性；另一方面，党风廉政建设的目标是党风廉政建设要求的具体体现，是国家政权组织在一定时期自身发展完善需要的满足，这种体现与满足造成了目标要针对某一具体党风廉政建设方面需要、指向党风廉政建设中的某些具体实践问题，造成了目标具有指向性。高等学校财务廉政风险防控系统建设评估的引导功能，有利于高等学校党风廉政建设沿科学化、合理化、健康化的道路发展，有利于高等学校的自身改革与完善。具体来说高等学校财务廉政风险防控系统建设评估的引导功能体现在：一方面，高等学校财务廉政风险防控系统建设评估为党风廉政建设指明发展的方向，提供发展的目标。高等学校财务廉政风险防控系统建设评估的实践，能对党风廉政建设的发展做出实事求是的判断，使得今后高校党风廉政建设的发展避免再出现可能发生的不良倾向与问题，使其在有反思、有反馈的方式下更快发展。另一方面，高等学校财务廉政风险防控系统建设评估是办好让人民满意的高等教育这一发展目标的体现，促进高等学校为人民所服务、为人民所满意。高等学校是传承社会文明的地方，应该始终代表先进文化的前进方向，并引领良好的社会风气。高等学校财务廉政风险防控系统建设评估有利于高等学校捍卫"教书育人"的声誉，为学生创造一个良好的学习成长环境，为全社会起好带头作用，让高等学校为人民服务、为人民所满意。

（三）激励功能

高等学校财务廉政风险防控系统建设评估的激励功能是指党风廉政建设的评估组织及评估制度通过科学而合理的评估方法来激发被评估对象投身党风廉政建设，开发被评估对象的自我廉政教育的能力，充分调动被评估对象的主动性和能动性，使他们所追求的组织目标或个人目标、工作目标与党风廉政建设的目标相一致的作用。"被评估对象"是指高等学校财务廉政风险防控系统建设评估中评估客体所包含的被评估的组织或个人。科学的高等学校财务廉政风险防控系统建设评估，本身就是对被评估对象的党风廉政建设行为是否被肯定、鼓励或奖励做出评估，这种评估结论决定了高等学校财务廉政风险防控系统建设评估对被评估对象的廉政行为和党风廉政建设工作会有很大的影响。高等学校财务廉政风险防控系统建设评估的激励功能主要是由评估结果的奖惩性与评估方法的刺激性所产生的。一方面，高等学校财务廉政风险防控系统建设评估的结果一般与被评估对象的奖惩升迁机制相挂钩，通过奖惩升迁机制与高等学校财务廉政风险防控系统建设评估相匹配，可以加大高等学校财务廉政风险防控系统建设评估结果的威信，提高党风廉政建设评估的权威，这种高等学校财务廉政风险防控系统建设评估结果的奖惩性促使被评估对象为了自身发展与利益追求而严格要求自己更加廉政；另一方面，高等学校财务廉政风险防控系统建设评估方法是多样性的，可以采用内在自我组织评估，也可以引入外在的机制评估，或者内外结合的综合评价方法。这样的评估方法可以在一定层面上刺激被评估对象自身的作风和廉政行为的建设。高等学校财务廉政风险防控系统建设评估的激励功能，既是对符合党风廉政建设要求的被评估对象或行为的一种积极肯定，也是对不符合党风廉政建设要求的被评估对象或行为及时矫正的一种有效促动。高等学校财务廉政风险防控系统建设评估的激励功能，有利于调动高等学校党委和领导部门进行党风廉政建设的积极性，科学地开展高等学校的党风廉政建设，有利于激发党员领导干部和党风廉政建设参与者的活力，使其主动地、规范地参与到党风廉政建设之中。具体来说高等学校财务廉政风险防控系统建设评估的激励功能体现在：一方面，高等学校财务廉政风险防控系统建设评估能推动高等学校的组织完善和制度建设，使广大师生坚定深入开展党风廉政建设的决心与信心。高等学校财务廉政风险防控系统建设评估对党风廉政建设落实与运行情况的考察评估，可以检测高等学校党的作风和廉政建设的实践，总结相关经验和教训，并为高等学校的组织和制度机制的发展和完善提供依据。另一方面，高等学校财务廉政风险防控系统建设评估可以激发党员干部和广大教职工开展自我教育和监督，提高党风廉政建设的内部动力。党风廉政建设评估提供了有关党风廉政建设效果肯定或否定的各种反馈信息，必然会激发党员干部和广大教职工在思想上产生某种程度的震动和反思，情感上也会产生某种程度的积极或消极的内心体验，从而促使他们在思想和行动上有所改变，起到教育和监督的作用。

第四节　高等学校财务廉政风险防控系统建设评估的内容

一、高等学校财务管理体制的评估，体现为顶层防控

高等学校财务管理体制是国家预算管理体制的具体化，是落实财务制度的基础和保证，核心是划分财权、建立和完善经济责任制度。《高等学校财务制度》规定了高等学校应实行"统一领导、集中管理"的财务管理体制；而对规模较大的学校可实行"统一领导、分级管理"的财务管理体制。

（一）财务领导体制评估

（1）评估是否按《中华人民共和国会计法》和《高等学校财务制度》的规定实施财务法人负责制，并评估实施的效果。

（2）评估是否实施统一的财经政策。重点评估学校的重要财经政策与上级对高等学校财务领导体制的要求是否相符。

（3）统一财会业务领导。有无在财务处之外设置同级财务机构，财务处是否直接领导二级财务机构。

（4）评估是否设置总会计师，不设置重叠的分管财务的副校长。

（5）评估是否成立财经工作领导小组、预算管理委员会，并评估是否各司其职。

（二）财务机构设置评估

（1）财务处是唯一的学校一级财务机构。

（2）财务处在校长和总会计师（分管副校长）领导下，统一管理全校各项财务工作。

（3）财务处下设的科室符合设置规定和满足工作需要。

（4）财务处是否实行岗位责任制，下设科室职责明确，岗位合理。

（5）二级财务机构的设立。满足设立二级管理条件的学校，经过论证可以设立二级财务机构，要有论证和报批手续。

（三）财会队伍建设评估

1. 队伍结构状况

（1）整体结构状况与发展趋势。

（2）会计主管人员资格。

（3）高级职称人员情况。

2. 财会队伍建设发展规划

（1）按学校规模及发展规划的要求，是否确定财会队伍建设计划并认真实施。

（2）对现有财会人员是否按规定按期进行培训，是否经常开展业务研讨，提高财会人员的业务能力等。

（四）财务管理模式的评估

（1）集中管理财权。学校财权必须集中，主要评估对办学经费或资金的统筹安排和使用情况。

（2）集中管理财务规章制度的制定和执行。主要指由学校制定有关规章制度，并监督其贯彻实施的情况。

（3）集中管理会计事务。为保证会计核算资料能够客观真实地反映学校财务收支活动和规章制度执行情况和结果，学校必须集中统一核算学校财务收支，集中管理学校日常会计事务，包括财会人员的业务培训和管理。

二、经济责任制的评估，体现为责权利的评估

（1）评估是否按上级规定制定校内经济责任制，并评估其实施的效果。

（2）评估分管财务工作校长负责制的权责落实情况。

（3）评估总会计师（或分管财务工作的副校长）在学校财经工作和财务管理中领导作用的权责落实情况。

（4）评估财务处长经济责任制的落实情况。

（5）评估各二级单位负责人经济责任制的落实情况。

（6）评估基层财务人员经济责任制的落实情况。

三、财务运行机制的评估，体现为实用性评估

高等学校财务管理是高等学校利用价值形态，对高等学校办学过程中资产的取得、资金的筹集、使用以及取得的经济效益和社会效益分配等方面的经营管理活动，分别按预算管理、收入管理、支出管理、省级教育专项、基金管理、负债管理、资金管理、利益分配等方面进行评估。

（一）预算管理制度的评估

（1）预算管理是否做到坚持"统一领导、分级管理、责权结合、收支平衡"的原则。

（2）预算管理工作是否实行校长负责制并成立由校长负责，其他学校领导及有关部门负责人和院系代表组成的财经工作领导小

组，且财经工作领导小组预算管理职责明确。

（3）是否按上级要求成立预算与投资委员会，并评估是否履行职责。

（4）财务处预算管理职能的发挥情况。财务处作为预算的专职管理部门，具体负责预算的编制、执行、调整和监督工作等。应充分利用现代化管理手段，即时控制预算执行过程，定期对学校的预算执行情况进行检查和分析，财务处预算管理职责明确。

（5）各预算责任单位（学院、系、部、职能部门等）是本部门预算的责任主体。各预算责任单位预算管理职责明确。

（6）预算编制坚持"量入为出、收支平衡、积极稳妥、统筹兼顾、保证重点、效益优先"的原则，年度预算建议草案依据充分，收支项目全面。

（7）年度预算采用"两上两下"的程序编制，并评估调整预算是否履行法定程序。

（二）财务决算管理制度的评估

（1）评估是否严格按照《中华人民共和国会计法》和《高等学校会计制度》和上级的要求准确、及时地办理年终决算。

（2）评估年终决算内容是否完备。

（3）评估年终决算是否按照《高等学校财务分析体系（试行）》进行分析。

（4）评估学校审计部门是否依照国家有关法律进行内部审计并签章。

（三）收入管理制度的评估

体现高等学校面向社会自主办学的法人实体地位，建立一个能全面反映各项资金活动和财务收支状况的新型单位预算管理体系，要求高等学校高度重视资金筹集，依法多形式、多渠道筹措办学经费。在保证国家财政拨款主渠畅通的基础上，不断强化教学、科研、后勤服务和校办产业收入的管理，做到应收尽收。分别对教学服务收入、科研服务收入、校办产业收入及其他收入体系进行评估。

（四）支出管理制度的评估

高等学校应本着用财有效、财权统分适当、追踪问效的原则，建立一整套符合学校实际的决策程序和高效、有序的用财机制。

（1）支出部门设置合理。能够按照统一领导、分级管理、责权结合的预算管理体制要求划分支出部门即预算责任单位，各项支出能够按部门归集和反映，支出部门权责落实。

（2）支出项目设置科学。按《高等学校财务制度》规定设置支出项目，能够按照支出项目的属性、管理的深度（分级）和管理的重点设置支出项目，各项支出能够按项目归集和反映。项目论证程序规范，支出符合要求。

（3）项目资金专款专用。加强资金管理，保证专款专用。禁止巧立名目，挤占、挪用专项资金。

（4）项目执行与监督。财务、审计部门对各支出项目的执行过程进行监督，实施项目绩效考核。

（五）专项资金管理制度的评估

（1）对下达的专项实行项目管理责任制。单位应成立由有关领导、财务、审计及有关业务部门负责人组成的项目管理领导小组，并落实项目负责人。项目管理领导小组和项目负责人责任落实。

（2）严格按照预算批准的项目和用途使用专项资金，专款专用，不得擅自改变项目和用途。

（3）项目完成后，编写项目完工报告，总结项目实际投资及任务完成情况、项目建设的主要经验与做法、存在的问题等内容。

（4）财务、审计部门要按照技术、资金筹措、项目成本管理、审计管理的有关规定对专项资金项目的预算安排、预算支出、预决算审计，项目实施全过程中的考察、洽谈、招标、合同等活动进行管理与监督，发现问题，及时督促纠正。

（六）负债管理制度的评估

负债管理主要是指偿还性资金管理，偿还性资金主要指银行贷款及其他各类负债，学校应树立效益意识和风险意识，防止盲目扩大债务规模。

（1）评估是否建立健全负债风险评估制度，银行贷款或其他借入资金的论证组织程序和贷款合同应规范、科学；举债规模适度。

（2）银行贷款及其他偿还性资金的使用，一般在贷款合同中都指定了具体的用途，学校应严格按照合同的约定使用和按期还本付息。

（3）利息资本化。基建贷款利息资本化、事业贷款利息的合理分摊和列支等应符合现行会计制度规定。严禁将与基本建设无关的利息支出转嫁到基建投资承担，使费用资本化。

（七）货币资金管理制度的评估

（1）财务管理以资金管理为中心，建立规范的资金管理机制，是保证高等学校用好用活有限资金的有力措施和增强学校宏观调控能力的必要手段。主要包括资金管理制度健全、银行账户管理规范、执行现金管理条例严格、资金管理中心的设立、运作及管理规范。

（2）资金结算管理制度。高等学校资金结算，凡支付现金的，必须符合中国人民银行规定的《现金管理暂行条例》和《现金管理暂行条例实施细则》。

（3）凡办理转账结算的，必须符合国家规定的结算纪律和有关制度。

（八）收支标准管理制度的评估

（1）主要评估学校财务收支方面的管理制度制定情况，明确各项收支管理办法，检查各类收费标准的制定与执行情况。

（2）评估是否做到收费标准公开、收费管理制度是否落实，执行是否严格。

四、资产管理制度的评估，体现为保值增值评估

按照国有资产管理的有关规定，主要从如下几方面进行评估。

（一）国有资产管理机构及职责的落实情况评估

（1）评估是否设有国有资产管理工作领导小组或资产管理委员会。

（2）评估是否设有国有资产管理工作日常办事机构。

（3）专、兼职管理人员配备齐全。

（4）各机构及人员职责是否落实。

（二）产权登记情况评估

（1）所属单位设立、分立、合并、改制、撤销、破产，以及隶属关系变更情况，是否按规定办理；

（2）在认真查清年末资产存量的基础上每年按规定的时限参加年检；

（3）按规定办理产权登记、年检等，妥善保管国有资产管理部门核发的产权登记证书，无伪造、涂改、出租、出借；

（4）产权登记证书遗失或者毁坏，按规定申请补领。房屋、土地权及相关证件资料的整理、归档等管理制度健全；

（5）对占有、使用的资产定期清查，家底清楚、账账相符、账实相符；

（6）资产盘盈、盘亏按规定程序及时处理；

（7）及时调剂处置和合理配置使用积压、闲置资产；

（8）固定资产购置及时办理有关手续，规范管理；

（9）捐赠资产及时办理有关手续，规范管理。

（三）资产购置及使用情况评估

（1）购置大型、精密、贵重的设备、仪器、珍版图书，按计划考察论证、公开招标并实行购建项目负责人责任制。

（2）购置大宗的一般设备、仪器、材料等均按计划考察论证、公开招标并实行购建项目负责人责任制。

（3）基建和大型修缮，均按计划考察论证、公开招标并实行购建项目负责人责任制。

（4）固定资产及存货管理责任制落实，入库、验收、借用、领用、保管、修缮、养护、使用情况检查及损失赔偿制度健全。

（5）各项专利权、商标权、著作权、非专利技术、商誉以及其他财产权利，产权关系明晰。

五、财务工作信息技术应用制度的评估，体现为公开性评估

主要通过信息技术的应用情况来评估学校财务管理工作的效能。

（一）财务管理信息技术应用评估

（1）要有健全的财务管理信息网络，通过校园网或独立网络及时迅速地传达财务管理信息。

（2）财务文件、信息、报表、报告、计划等均能通过网络传达。

（二）会计核算信息技术应用评估

（1）使用的会计核算软件是财政部门批准的软件；

（2）会计核算全部实现电算化；

（3）固定资产管理信息技术应用情况评估，高等学校固定资产管理系统应用情况评估。

六、经济管理与财务监督的评估，体现综合水平的评估

经济管理与财务监督是财务管理绩效的保障，其宗旨是努力形成有效的经济约束机制，保证学校在从事各项经济活动中运转正常、规范、有序，经济管理要从执法的角度与经济运行的角度评估。财务监督应将事前、事中、事后监督三种形式有机结合起来，对财务活动的全过程进行监督。主要从以下几方面进行评估。

（1）财务部门参与重大经济活动情况监督评估。

（2）执行监督。财务部门参与学校综合财务收支计划编制与实施的监督。检查监督财务计划与事业发展的一致性。

（3）收入监督。参与学校经费收入与分配的监督。检查监督收费项目及标准是否符合有关规定。

（4）支出监督。财务部门参与学校经费开支合理性的监督。检查监督各项开支与财务计划规定的范围和标准是否一致及取得的经济效果。

（5）货币资金及实物资产监督。财务部门参与学校货币资金

及实物资产的监督。

（6）财务报告、财务分析情况监督。财务部门参与财务报告和财务分析情况方面的监督。

（7）执行法规情况监督。主要检查学校执行国家法律、法规的情况。

第五节　高等学校建立健全财务廉政风险防控系统成果的表现

一、表现在财务人员素质的提高，实现防控的组织保证

（一）提高财务人员的基本素质

从高等学校财务人员队伍的现状看，提高财务人员的基本素质可从增强法制观念、充实业务知识、提升实践能力三方面采取切实可行的措施。

1. 强化财务人员的法制观念

要进一步弘扬高等学校财务人员的法制精神。财务法制精神是指财务人员要学法、知法、守法；尤其要学好《中华人民共和国会计法》等专业法规，在实际工作中，客观公正，如实反映经济活动情况，是财会工作的基本任务，会计记录是经济业务活动在会计账簿中的再现，因此必须真实、准确，不做假账，坚决抵制违反《中华人民共和国会计法》的行为。财务部门和财务人员应依法设置财务账簿，建立健全内部财务监督制度，坚持原则，依法履行岗位职责，自觉抵制违法乱纪行为，不违法办理财务事项，不伪造、变更或隐匿、故意销毁财务凭证和财务账簿，不编制和提供虚假财务报告。

2. 充实财务人员的业务知识

知识经济时代，知识更新速度加快，财务人员若不继续汲取与工作紧密相关的新知识，所学知识很快会过时。因此财务人员需要努力改变忙于日常事务性工作而疏于理论学习的现状，积极主动地学习，不断更新和充实自己的业务知识，拓宽知识面，提高技术业

务水平。从 20 世纪末叶开始，国际上关于成人学习的理论研究和实践探索发生了重大变化。从理论角度而言，刺激反应理论与一般认知学习理论形成的传统话语正在发生修正与更新；从实践角度而言，原本聚焦于课堂学习的目光也正朝向成人学习者的职业生活空间和社会生活空间的学习方面扩展与延伸。这对于高等学校财务人员的业务学习途径与方法的改革有重要借鉴意义。

3. 提升财务人员的实践能力

长期以来，财务人员的继续教育培训一直沿袭的是专题讲座式的单向信息交流模式，导致学者作报告，大家听报告，概念知不少，进修缺实效的现象产生。实践证明，如果不能充分激发财务人员自身的主动性，讲座培训常常是无力的。在财务业务工作中，有大量的知识是隐性的知识，最为典型的是财务职业精神、信仰、道德以及财务经验、机智与智慧等。这些知识的充实与更新，往往不只是通过学者的传授而得到，常常是财务人员在真实的工作环境中，得到伙伴的必要帮助，形成与伙伴的有效互动，通过自主建构获得的。因此，它积极构建高等学校财务人员实践共同体，重视新的学习方式，自主学习，互动参与，实践体验，强化问题解决，实实在在地提升财务工作实务的基本能力。

（二）参与财务分析的素质

高等学校的财务人员要主动参与学校的财务分析，为领导的决策提供依据，为提高办学效益服务。

1. 具有分析日常收支情况的能力

（1）分析收入和支出结构是否合理。收入分析是考察高等学校自筹经费的能力，分析自筹比率是否逐年递增，有筹资能力才有发展潜力。

（2）支出按工作性质可分为教学、科研、行政、学生、后勤支出等，对其经费占有比重分别进行分析；按科目性质可分为人员经费、日常公用、项目经费等，对其所占比重分别进行分析。

2. 具有分析专项经费支出情况的能力

主要是针对财务管理中的薄弱环节和关键问题进行单独分析，进而提出相应的改进措施和方法。例如，对日常修缮和室外工程仪器设备管理和利用率的分析等，都属此列。

3. 具有特殊情况特殊分析的能力

各高等学校的发展均有自身特点，对于新建院校，设备投入大，宣传费及人才引进费用相对较大；对于建校已久的学校，房屋及设施维修费较大，人员支出中的离退休人员的开支较大。同时要针对学校所在地区的差别，比如东部和西部的经济发展基础不同，学校的经济建设的步伐和所需资金也各不相同。

4. 具有分析筹资、偿债能力的能力

在市场经济体制下，风险与收益同在，高等学校也不例外。高等学校的资金来源单一，筹资能力有限，存在举债办学的现象，很可能出现赤字预算。进行筹资能力、偿债能力分析可以评估高等学校组织收益的能力和应对风险的承受能力，以便适度举债、加快发展、防范财务风险。

(三) 提高管理素质

如今高等学校的财务工作已由核算型向管理型转变，从单一学科型向多学科综合型转变，办学资金的筹集逐步由以国家财政拨款为主，变成多方式、多途径筹集资金的新格局，这对高等学校财务管理工作提出了更高的要求，如何树立管理理念、合理运筹资金已经成为每个财务人员所面临的问题。

1. 加强对预算的考核和总结

预算制定出来以后，预算的执行者应当对预算进行管理，促进预算的实施。实施过程中，总体上应按预算严格进行控制。要对预算进行定期检查，当预算指标与所要做的工作产生矛盾或情况发生重大变化时，应根据当时的实际情况作必要修订和调整，以达到预期的目的。对预算的严格考核可以帮助我们将预算指标值与预算的实际执行结果进行比较分析，肯定成绩，找出问题，改进工作。特别是通过比较，找出预算的偏差所在，以制定更符合实际、更为科学的预算。同时，通过考核，奖优罚劣，还可以调动教职工的积极性，增强责任感，激励其共同努力，确保学校总体目标的实现。

2. 资金筹集和运用的管理

在高等学校财务管理中，资金的筹集和运用是很重要的工作，

稍有不慎，就会给学校造成财务窘境或资金损失。一方面学校因扩大办学规模，资金不足需向外部筹措资金时，在筹措资金方式的选择上应谨慎行事，并根据学校发展规划，充分考虑学校的偿还能力，确定筹资方案，既要防止筹资不足而影响学校的发展进程，又要防止盲目增大筹资规模导致学校无法偿还，不堪重负，举步维艰，没有发展后劲。另一方面，学校可以将暂时不用的设备、资产寻求对外合作，既方便学生实习又能获取经济效益。

（四）提高财务人员的综合协调能力

要适应新形势下高等学校建设与发展的需要，财会人员不仅要有做好传统意义上规范收支、借贷平衡等专业工作的能力，还应努力提升综合协调能力。人际关系是人们在共同的活动中彼此为了满足各种需要而建立起来的相互间的心理关系，主要表现为心理距离的远近、个体对他人的心理倾向和行为表现等。财务人员有时人际关系紧张。在财务管理信息不对称的情形下，一些教职员工、学生甚至干部对财务制度的认识不全面甚至有误解是难免的，这是十分正常的现象。财务人员在处理各类业务活动中，首先要注意语态，正确地表达自己的意思，正确地传递财务信息。当面对来自师生的意见和批评时，要认真倾听，仔细分析，耐心解释，真心帮助，通过真诚的态度和扎实的工作来求得理解和谅解，通过对师生员工的尊重来营造和谐的财务工作氛围。高等学校财务工作涉及面宽，综合性强，需要具有较强的指导职能并善于综合协调。财务人员不仅要做好本职财务工作，还要以服务精神正确处理好与学校内各职能处室的关系，积极参与协调校外各相关部门的关系，创造良好的内外环境。

（五）提升财务人员运用现代技术手段的能力

随着现代信息技术的发展，高等学校财务全面实现计算机软件操作，现代财务软件已经越来越普遍地得到使用，涉及账务核算、固定资产、学生缴费、教师课酬、工资、预算管理、报表等，这就相应地要求财务人员具备一定的计算机操作基础以及对所使用的财务软件有全面的了解，熟悉各系统的操作。通过网络平台，及时地获取信息，有利于做出合理的会计估计和适当的会计决策，为会计管理提供强有力的支撑。网络在当今社会已经成了快速获取信息不可或缺的东西，网络开阔了财务人员的思维，建立了交流的平台，提供了学习先进管理方法的快速通道，加快了数据信息的传递，方便财务人员快捷地获取信息，财务人员要积极加强信息网络方面的知识学习和使用培训。

网络时代的财会人员除了必须懂得一些常规的计算机操作知识如录入、查询、打印之外，还应结合财会岗位工作特点，进行有关财务软件的简单维护。如目前常用的办公软件 Word、Excel 等的使用方法。另外，在互联网的使用方面，应掌握其常规使用方法，如电子邮件的编发，常用网址中相关信息的搜寻和检索，专业网页的设计与维护，相关文献的上传、下载等等。对于负责网络管理的财务人员来说，至少应学会一门编程语言并掌握其设计方法，同时还应该掌握 VisualFoxpro、SQLServer 等的用法。

二、表现在预算的执行力方面令行禁止，防控到位

高等学校预算执行力是指高等学校各级预算管理部门不折不扣地实施预算以取得预期效果的能力。包括：预算决策机构执行力；预算组织机构的执行力；管理人员的执行力。设立预算组织体系是实施全面预算管理的首要问题、预算组织体系是预算机制运行的基础环境，应该由预算决策机构，预算组织机构和预算执行机构三个部分组成。

（一）评估预算执行体制是否行之有效

评估预算在高等学校是否得到了学校各级领导的支持，尤其是学校党委的重视，体制运行是否科学合理。

1. 预算决策机构

（1）预算与投资管理委员会的人员构成。预算决策机构是高等学校的预算与投资管理委员会。该委员会是学校党委领导下，涉及学校预算事项的最高权力机构，是全面预算管理组织体系中的核心领导机构。预算与投资管理委员会负责学校全面预算管理工作的组织、领导，协调并解决预算管理中出现的重大问题。高等学校的预算与投资管理委员会成员应包括：校长、党委书记、总会计师

（或分管财务的副校长）、财务处长。

（2）预算与投资管理委员会的主要职责。预算与投资管理委员会是学校预算的决策机构，主要职责包括：确定学校预算管理体系和制定预算管理制度等相关文件；根据学校中长期战略目标和战略规划确定预算的总目标、总方针和总体运行要求；召开年度预算会议，综合平衡、汇总公司年度财务预算方案；审议公司年度财务预算调整方案；研究、解决预算管理中出现的重大问题等。

2. 预算组织机构

高等学校财务处作为预算管理的日常办事机构，应配备专职预算管理人员，负责预算的编制、执行和考核，对各部门提供的预算草案进行必要的初步审查、协调与综合平衡，避免出现部门满意但对学校整体来说不是最优的结果。同时，组织培训，指导各部门预算工作的开展，配合学校整体考核工作的进行。

3. 预算管理人员

无论预算机制多么完备、预算指标多么准确无误，归根结底需要预算管理人员来完成。预算管理人员是学校预算执行的基础，只有预算管理人员的预算执行能力得到了提升，才能够增强整个学校的预算执行力。要想提高员工的预算执行能力，就应让他们正确认识预算管理，明白预算管理的重要性和必要性，以及预算与体制管理会给学校和个人带来怎样的变化，从思想上接受预算管理。预算管理涉及每位教职工的利益，因此它需要每位教职工的配合及参与。

（二）评估预算指标是否科学合理

学校应在认真的调查研究和科学预测的基础上，根据高等学校的特点，制度科学合理的预算指标，做到先进合理，符合实际，便于执行。预算目标应反映和体现学校的管理理念，是学校发展战略在预算中的具体体现。科学合理的预算目标有利于预算管理工作的顺利推进，有利于日常教学管理的有序和协调，反之，不符合实际的目标会使预算管理效率与效益大打折扣，使学校日常管理工作处于无序的境地。

（三）预算编制方法和程序

学校在实践中还应不断地探索更科学、有效的预算编制方法，以提高所编制预算的准确性。预算的编制程序可采用自上而下或自下而上或两者结合的方式进行，预算方案应分级编制，逐级汇总。预算编制过程实质上是个讨价还价的过程，需要各二级单位的协调和配合。在确定了预算的编制方法后，预算目标的确定及分解就成了预算编制过程中的焦点和难点问题。

（四）加强对预算执行过程的监控、分析和调整

（1）预算监控就是在预算执行过程中对预算执行情况进行日常的监督和控制，它是预算目标实现的必要保证，对预算的监控应当保证预算管理系统中数据的真实和完整。各二级单位要以预算为依据进行控制，按基本预算分解并建立相关责任制，包括事前申请、事中控制和事后审批。

（2）预算执行过程中应当进行全程的监控，对于异常现象，尤其是接近或突破预算的项目，必须能够有效监控。

（3）要严格控制预算外项目支出，且预算项目间不得随意挪用，预算项目之间的调整要履行相应的程序。

（4）对预算的执行情况进行全面分析，其目的是找出各项业务与预算之间发生差距的原因，提出改进管理的措施和建议，适时控制预算的执行，确保预算目标的完成。对于预算执行中发现的重大问题，要及时提交预算管理决策机构决策。

（5）财务处应当对预算差异进行追踪并出具差异分析报告，明确差异解决方法并及时了解差异解决情况。对预算调整应严格履行相关程序，预算的调整权属于预算与投资管理委员会和学校党委。因此，必须履行规定的预算审批程序。

（五）建立公正的预算考评制度

在全面预算管理中，考评处于承上启下的关键环节。如果没有以预算为基础的考核，预算就会流于形式，失去控制力。反之，如果考核没有预算做基础，考核也是无米之炊，既无说服力也无效果。通过预算执行结果的考核与评估，正确考核与评估经营者及其所在单位员工的工作成果，实现预算的激励与约束机制作用。

根据目标激励和分级考核的原则，学校应设立定性指标与定量指标相结合、财务指标与非财务指标相结合的考核指标体系，如：对收入完成、费用节省、预算编制错误、预算调整次数等进行系统全面的考核，并作为学校绩效考核体系的重要组成部分，纳入年度绩效考核。降低"实际数和预算数大相径庭"的可能，提高预算管理效果。

预算的考评应遵循可控性原则和公开、公平、公正原则，在考评的环节中，要坚持动态考评和综合考评相结合的原则。动态考评是半年进行的，对于预算的实际执行结果和预算指标之间的差异需即时确认和处理。差异确认和处理越及时，对于预算执行行为的调控越主动，也就越有利于保证预算目标的实现。预算的考评应做到考核全面准确，评估公正合理。

（六）加强预算管理的信息化建设

预算管理涉及高等学校各项活动的全过程、全方位，必须实行动态管理，这就需要大量及时的信息支持。由于数据资料的庞大且繁杂，必须有计算机的辅助，必须充分运用网络技术，建立高效率的信息反馈机制。仅在各职能部门使用计算机来加工和处理信息而不实现信息的资源共享是不行的，应实行计算机的网络化，利用网络技术构建预算管理的信息平台，把各个子系统集成为一体化的系统，只有这样，信息才能及时、全面的取得。因此学校应重视预算管理的信息化建设，注重培养这方面的人才，同时应开发或购买适用的预算管理软件，加快预算信息的反馈速度，节省预算信息在各单位之间传递的时间，提高预算的编制、监控、分析和考评等环节的时效性，提升预算的执行力。

三、表现在高等学校相关经济指标的优劣方面

（一）高等学校经济指标的优劣，取决于财务管理水平的高低，是财务工作质量保证体系的体现

财力指标优，则体现质量保证体系优。如果经费总收入增长率、自筹资金率、教学科研经费增长率、公用经费占事业经费比重、人员经费占事业经费比重、教学经费占事业经费比重、生均事

业支出、生均公用经费、基建经费支出占全年支出比重、生均水电费支出等指标较优，说明质量保证体系发挥的效果好，财力资源使用中管理到位、制度健全、运行规范，达到预期目标。

财力指标劣，则体现质量保证体系劣。如果经费总收入增长率、自筹资金率、教学科研经费增长率、公用经费占事业经费比重、人员经费占事业经费比重、教学经费占事业经费比重、生均事业支出、生均公用经费、基建经费支出占全年支出比重、生均水电费支出等指标较劣，说明质量保证体系发挥的效果差，财力资源使用中管理不到位、制度不健全、运行不规范，没有达到预期的目标，需要改进。

（二）具体的质量保证体系评估指标

1. 财务综合实力

财务综合实力是指高等学校通过建立健全财务工作质量保证体系，加强财务管理，取得的成效的体现。表现在，从政府拨款及自筹经费等渠道获得经费的能力。它一方面反映了学校为加强财务工作力度，努力争取经费的能力；另一方面良好的质量保证体系也反映了学校财务综合实力，反映出学校办学的活力和发展潜力。财务综合实力指标体现为学校总经费收入、国家及地方拨款总额、年末资产总额指标。

2. 财务运行绩效

财务运行绩效是指高等学校通过建立健全财务工作质量保证体系，加强财务管理，收入和产出相比的经济效益评估，它对学校财务运行的效果、效率、效益等多种产出形式进行评估。

（1）事业发展效率指标：具体包括在校学生数、师生比、教职工与学生比等3个指标。

（2）自筹经费的能力指标：具体包括学校自筹经费、学校自筹资金占总收入的状况、学校自筹经费年增长率等。

（3）科研成果评估指标：主要包括教师人均科研经费、科研活动收入年增长率、科研及科技服务收入占总收入的比重、人均对外服务收入等。

3. 财务发展潜力

　　财务发展潜力指高等学校通过建立健全财务工作质量保证体系，加强财务管理，多渠道多领域多元化筹资的能力。全面提升高等学校的财务发展潜力，是全面考核和评估高等学校财务工作质量保证体系建设的重要标志。

参 考 文 献

[1] 程文浩. 建立有中国特色的社会廉洁教育体系 [J]. 中国监察, 2005 (3).

[2] 孟鸿, 李玉华. 我国廉政体系建设问题与对策探讨 [J]. 学习与实践, 2010 (1).

[3] 张弛, 李军, 齐伟. 高校廉政风险的特征、成因及防空对策 [J]. 辽宁行政学院学报, 2013, 12 (12).

[4] 戴永恒. 当前高校腐败问题的成因及对策思考 [J]. 法制与经济, 2009 (7).

[5] 熊孟强, 谭小军. 构建高等院校廉政风险防控机制的思考 [J]. 辽宁行政学院学报, 2011 (3): 54-59.

[6] 王瑞芳, 陈文莉, 郭曰铎. 高等院校廉政风险防范制度分析与对策 [J]. 青岛科技大学学报 (社会科学版), 2011 (3): 102-106.

[7] 李晓光. 实施廉政风险防范管理完善预防腐败长效工作机制 [J]. 前线, 2008 (1): 52-53.

[8] 北京师范大学纪委. 构建高等院校廉政风险防范机制的思考 [J]. 北京教育 (高教), 2010: 15-17.

[9] 李成言. 廉政工程: 制度、政策与技术 [M]. 北京: 北京大学出版社, 2006.

[10] 张金刚, 孙郁. 加强高校廉政风险防控机制建设的思考与对策 [J]. 中国轻工教育, 2012 (5).

[11] 李南雄. 腐败: 权力与金钱的交换 [M]. 北京: 中国经济出版社, 1993.

[12] 王沪宁. 腐败与反腐败——当代国外腐败问题研究 [M].

上海：上海人民出版社，1990.

[13] 刘新华．廉政文化建设的基本内涵与价值初探［J］．宁波大学学报（人文科学版），2005（2）.

[14] 许连纯．廉政评价体系及考核机制的创新［J］．学习论坛，2009（3）.

[15] 何增科．中国目前廉政制度体系总体状况及其有效性评估［J］．学习与实践，2009（5）.

[16] 袭晨．构建我国公办高校预防腐败机制的研究［D］．上海：上海交通大学，2008.

[17] 陈广奕．新时期党风廉政建设探析［D］．济南：山东大学，2010.

[18] 许磊．中国廉政制度评价体系研究［D］．上海：华东师范大学，2009.